广东社会统计年鉴

GUANGDONG STATISTICAL YEARBOOK ON SOCIETY

2015

广 东 省 统 计 局
Statistics Bureau Of Guangdong Province

中国统计出版社
China Statistics Press

图书在版编目（C I P）数据

广东社会统计年鉴. 2015 / 广东省统计局编. -- 北京：中国统计出版社, 2015.12
ISBN 978-7-5037-7714-1

Ⅰ. ①广… Ⅱ. ①广… Ⅲ. ①社会统计－统计资料－广东省－2015－年鉴 Ⅳ. ①C832.65-54

中国版本图书馆 CIP 数据核字(2015)第 281244 号

广东社会统计年鉴-2015

作　　者/ 广东省统计局
责任编辑/ 佘竞雄　陈东清
装帧设计/
出版发行/ 中国统计出版社
地　　址/ 北京市丰台区西三环南路甲 6 号　邮政编码/100073
电　　话/ 邮购（010）63376909　书店（010）68783171
网　　址/ http://www.zgtjcbs.com
印　　刷/ 广州市汇杰印务发展有限公司
经　　销/ 新华书店
开　　本/ 890mm×1240mm　1/16
字　　数/ 1132 千字
印　　张/ 36.75
版　　别/ 2015 年 12 月第 1 版
版　　次/ 2015 年 12 月第 1 次印刷
定　　价/ 360.00 元

如有印装差错，由本社发行部调换。

《广东社会统计年鉴2015》
编辑委员会和编辑部

编者说明

《广东社会统计年鉴2015》（以下称《年鉴》）是广东省社会综合统计资料，主要收录了全省及各地级以上市、县（区）2009—2014年、部分1978年以来的社会各方面的统计数据，是一部全面反映广东社会发展情况的资料性年刊。

《年鉴》分为11个篇章，包括：一、基本情况；二、教育；三、卫生；四、文化；五、劳动就业和社会保障；六、社会安全；七、民政；八、体育；九、广播电影电视、出版、档案；十、社会参与；十一、分县（区）部分指标和主要指标全国对比。

《年鉴》由广东省统计局主编，各篇章数据资料收集分工为：第1章主要由广东省统计局、国家统计局广东调查总队等部门负责综合相关内容；第2章由广东省教育厅负责；第3章由广东省卫生厅负责；第4章由广东省文化厅负责；第5章由广东省人力资源和社会保障厅、广东省社会保险局负责；第6章由广东省公安厅、广东省检察院、广东省高级人民法院、广东省司法厅、广东省安全监督管理局负责；第7章由广东省民政厅负责；第8章由广东省体育局负责；第9章由广东省新闻出版广电局、广东省档案局负责；第10章由广东省人民代表大会工作部门、中国人民政治协商会议广东省委员会工作部门、广东省总工会、广东省妇女联合会、广东省残疾人联合会、共青团广东省委员会、广东省民族宗教事务委员会负责。第11章由广东省教育厅、广东省卫生厅和广东省统计局负责。对各参编单位和参编人员的辛勤劳动，我们一并表示感谢。

由于《年鉴》编写，时间紧、任务重，数据收集、审核难度极大，疏漏、不足难免。随着将来本项工作的持续进行，数据的质量必将得到稳步提高。

《年鉴》统计表中的符号使用说明：1. 数据表原则上只保留1位小数，但特殊情况除外；2. “…”表示数据不足本表最小单位数；3.“#”表示其中主要项；4.“空格”表示该项统计指标数据不详或无该项数据；5.“①”表示本表下有注解。本书中因小数取舍而产生的误差均未做配平处理。

目 录

一、基本情况

二、教育

三、卫生

四、文化

五、劳动就业和社会保障

六、社会安全

七、民政

八、体育

九、广播电影电视、出版、档案

十、社会参与

十一、分县（区）部分指标

一、基本情况

简要说明

1、2013年国家统计局推行城乡住户调查一体化改革，将过去城镇与农村分别开展的调查体系，按照统一指标、统一方法、统一标准、统一调查的原则，整合为城乡一体化住户调查新体系。由于新老调查方案在调查范围和调查对象、城乡划分标准、样本抽选方法、计算和汇总方式、指标名称和口径等方面变化较大，改革后调查数据与历史数据可比性差，新口径与旧口径指标数据衔接困难；

2、2013年起为改革后新口径的数据；

3、2013年以前的农村居民收入数据为人均纯收入。

1-1 行政区划（2014年）

单位：个

市　别	地级市	县级市	县	自治县	市辖区	市辖镇	乡	#民族乡	街道
全省合计	**21**	**21**	**34**	**3**	**61**	**1128**	**11**	**7**	**448**
广　州	1				11	34			136
深　圳	1				6				57
珠　海	1				3	15			9
汕　头	1		1		6	32			37
佛　山	1				5	21			11
#顺　德						6			4
韶　关	1	2	4	1	3	93	1	1	10
河　源	1		5		1	94	1	1	5
梅　州	1	1	5		2	104			6
惠　州	1		3		2	52	1	1	18
汕　尾	1	1	2		1	44			10
东　莞	1					28			4
中　山	1					18			6
江　门	1	4			3	61			17
阳　江	1	1	1		2	38			9
湛　江	1	3	2		4	82	2		37
茂　名	1	3			2	87			22
肇　庆	1	2	4		2	91	1	1	12
清　远	1	2	2	2	2	77	3	3	5
潮　州	1		1		2	41			9
揭　阳	1	1	2		2	61	2		20
云　浮	1	1	2		2	55			8

注：本行政区划截止2014年底。

1-2 人口结构及变动情况

项 目	2009	2010	2011	2012	2013	2014
年末常住人口（万人）	10130.19	10440.94	10505.00	10594.00	10644.00	10724.00
男性比例（%）	51.0	52.1	52.9	52.6	52.1	52.9
女性比例（%）	49.0	47.9	47.1	47.4	47.9	47.1
0~14岁人口比例（%）	19.3	16.9	16.9	16.0	14.6	15.4
15~64岁人口比例（%）	72.7	76.3	76.3	77.0	77.2	76.4
65岁及以上人口比例（%）	8.0	6.8	6.8	7.0	8.2	8.3
城镇人口比例（%）	63.4	66.2	66.5	67.4	67.8	68
人口密度（人/千米2）	563	581	584	590	593	597
户籍人口						
年末总户数（万户）	2258.76	2296.61	2326.44	2325.13	2360.29	2388.47
年末总人口（万人）	8365.98	8521.55	8637.19	8635.89	8759.46	8886.88
#农业人口	3990.01	4054.37	4111.72	4090.05	4031.97	4032.42
非农业人口比例（%）	52.09	52.15	52.17	52.17	53.69	54.32
性别比（女=100）	106.2	106.2	106.1	106.2	106.3	106.2
人口变动情况（‰）						
出生率	11.29	11.18	10.45	11.60	10.71	10.80
死亡率	4.29	4.21	4.35	4.65	4.69	4.70
自然增长率	6.99	6.97	6.10	6.95	6.02	6.10
迁入率	11.64	12.07	11.01	11.34	11.25	10.60
迁出率	7.81	8.35	7.62	13.04	8.94	7.74
总迁移率	19.45	20.42	18.63	24.38	20.19	18.34
净迁移率	3.83	3.72	3.39	-1.70	2.32	2.85
跨省净迁移率	2.71	2.52	2.65	0.84	2.14	2.12

1-3 各市年末常住人口数

单位：万人

市 别	2009	2010	2011	2012	2013	2014
广 州	1186.97	1270.96	1275.14	1283.89	1292.68	1308.05
深 圳	995.01	1037.20	1046.74	1054.74	1062.89	1077.89
珠 海	154.18	156.16	156.76	158.26	159.03	161.42
汕 头	522.02	539.62	541.71	544.81	547.91	552.37
佛 山	687.47	719.91	723.10	726.18	729.57	735.06
#顺 德	234.62	246.31	247.34	248.38	249.34	251.00
韶 关	285.04	283.02	285.00	286.87	289.27	290.89
河 源	287.12	295.82	298.18	301.01	303.76	306.32
梅 州	417.72	424.46	426.81	429.41	430.70	432.33
惠 州	435.08	460.11	463.36	467.40	470.00	472.66
汕 尾	293.12	293.90	295.50	296.90	298.62	300.66
东 莞	786.08	822.48	825.48	829.23	831.66	834.31
中 山	296.53	312.27	314.23	315.50	317.39	319.27
江 门	436.64	445.08	446.55	448.27	449.76	451.14
阳 江	237.19	242.53	244.49	247.00	247.96	249.95
湛 江	693.44	700.38	706.92	710.92	716.71	721.24
茂 名	587.81	582.64	588.26	596.76	601.25	604.90
肇 庆	383.77	392.22	395.14	398.23	402.21	403.58
清 远	367.70	370.38	373.80	376.60	379.11	381.91
潮 州	262.70	267.21	268.37	270.00	271.21	272.04
揭 阳	581.18	588.30	591.54	595.59	599.47	603.54
云 浮	233.41	236.29	237.92	241.65	242.84	244.46
按经济区域分						
珠 三 角	5361.72	5616.39	5646.51	5689.64	5715.19	5763.38
东 翼	1659.02	1689.03	1697.12	1709.69	1717.21	1728.61
西 翼	1518.44	1525.55	1539.67	1556.85	1565.92	1576.09
山 区	1591.00	1609.97	1621.70	1637.82	1645.68	1655.91

1-4 经济发展主要指标

主要指标	2009	2010	2011	2012	2013	2014
1.地区生产总值(亿元)	39492.52	46036.25	53246.18	57147.75	62474.79	67809.85
2.人均地区生产总值(元)	39446	44758	50842	54171	58833	63469
3.第三产业增加值(亿元)	18143.97	20927.50	24464.93	27061.04	30503.44	33223.28
4.居民人均消费水平(元)	15243	17211	19578	21823	22083	24582
5.社会消费品零售总额(亿元)	14891.78	17414.66	20246.72	22677.11	25453.93	28471.15
6.固定资产投资总额(亿元)	13353.15	16113.19	16843.83	19307.53	22828.65	25928.09
7.地区财政收入(亿元)	3649.81	4517.04	5514.84	6229.18	7081.47	8065.08
8.地区财政支出(亿元)	4334.37	5421.54	6712.40	7387.86	8411.00	9152.64
9.全社会劳动生产率(元/人)	71232	81031	89949	95698		
10.进出口贸易差额(亿美元)	1067.93	1214.86	1502.52	1641.70	1809.06	2155.9

1-5 教育和文化事业主要指标

指　　标	2009	2010	2011	2012	2013	2014
全省教育财政性投入	1284.3	1532.7	1884.6	2200.8	2477.6	2735.7
普通本专科在校学生数（万人）	133.4	142.7	152.7	161.7	171	179.4
#女生（万人）	65.9	71.4	77.1	82.8	88.8	94.4
成人本专科在校生数（万人）	46.3	46.4	46	48.9	53.4	62.7
#女生（万人）	27.8	27.8	28.2	30.1	33.8	39.6
高中阶段在校学生数（万人）	377.9	439.1	452	464	449	404.5
#女生（万人）	154.4	178.6	185.2	187.9	180.2	169.7
中等职业教育学生数（万人）	120.5	154.8	152.1	149.6	140.9	128.2
初中、小学在校学生数（万人）	1391.3	1348.7	1301.1	1250.7	1212.7	1208.7
#女生（万人）	633.6	609.8	586.1	561.3	543.9	542.6
初中毕业生升学率（%）	88.53	94.30	94.73	91.40	94.56	95.36
九年义务教育巩固率（%）			94.02	90.59	95.50	92.80
公共图书馆藏书量（万册）	4367	4615	5890	6567	6101	6367
报纸出版（万份）	455781	455912	457530	453166	436021	389869
公共广播节目播出时间（小时）	778520	764901	772551	798898	767484	766093
公共电视节目播出时间（小时）	678278	662706	781663	744564	703381	751274
有线广播电视用户数（万户）	1570.17	1701.53	1825.03	1913.01	1960	2162

1-6 卫生和社会保障事业主要指标

指　　标	2009	2010	2011	2012	2013	2014
政府卫生支出（万元）	307.1	359.3	501.7	587.3		
卫生机构（个）	16238	16541	16962	17470	19088	19925
卫生技术人员（万人）	41.3	44.6	47.6	51.0	54.6	57.6
#执业（助理）医师（万人）	15.6	16.8	17.9	19.2	20.4	21.1
卫生机构床位数（万张）	27.2	30.0	32.5	35.5	37.8	40.6
医院病床使用率（%）	85.7	87.0	86.5	87.0	87.2	85.3
新生儿死亡率（‰）	3.22	2.85	2.32	2.15	1.91	
甲乙类法定报告传染病发病率（1/10万）	244.2	225.2	202.1	317.6	317.1	
已改水受益人口占农村人口百分比（%）	98.6	99.0	98.4	98.8	99.0	99.2
饮用自来水人口占农村人口百分比（%）	80.8	83.9	84.3	86.7	88.4	89.4
农村卫生厕所普及率（%）	81.9	85.8	86.7	88.6	90.0	91.1
城乡居民最低生活保障金支出（万元）	243184	244490	354121	399793	470565	532682
城镇居民最低生活保障人数（万人）	40.9	40.70	40.0	37.2	34.0	31.6
农村居民最低生活保障人数（万人）	171.2	184.00	184.1	177.8	163.2	158.8
收养性社会福利单位数（个）	91	81	85	81	79	71
收养性社会福利单位收养人数（人次）	3617	3179	3667	3836	3647	3734
离婚办理　（对）	119131	127048	122813	155446	176976	177945
参加城镇职工基本养老保险的人数（万人）	2716.4	3215.2	3800.7	4034.1	4183.0	4809.5
参加基本医疗保险的人数（万人）	4568.5	5043.2	6767.1	8421.8	9874.9	9804.2
参加失业保险的人数（万人）	1489.5	1649.6	1875.6	2009.1	2705.1	2840.2
养老、失业、医疗、工伤、生育保险基金当年支出额（亿元）	938.1	1128.2	1432.0	1733.1	2079.1	

1-7 社会安全主要指标

指　　标	2009	2010	2011	2012	2013	2014
律师人数（人）	18148	20228	21537	23209	25093	27208
公证人员（人）	1613	1694	1719	1995	2116	2198
交通事故死亡人数（人）	6542	6223	5873	5714	5647	5623
火灾事故死亡人数（人）	107	107	110	96	177	119
交通事故损失额（万元）	8553	8051	9359	7915	8017	7389
火灾事故损失额（万元）	12608	17488	19693	19940	37831	41318
刑事案件立案数（起）	486476	536146	483950	648255	912343	864551
治安案件查处数（起）	1190608	1000515	904468	1007265	1008796	933703
未成年人刑事案件作案成员占全部刑事案件作案成员的比重（%）	9	8.9	8.3	6.6	5.0	

1-8 人民生活主要指标

指　　标	2009	2010	2011	2013	2014
城镇居民家庭人均可支配收入（元）	21574.72	23897.80	26897.48	29537.29	32148.11
城镇居民家庭人均消费性支出（元）	16857.51	18489.53	20251.80	21621.46	23611.74
食品	6225.62	6746.62	7471.88	7254.04	7850.17
衣着	1064.33	1230.72	1404.60	1283.22	1344.75
居住	1814.00	1925.21	2005.15	4987.86	5291.47
家庭设备用品及服务（元）	1052.57	1208.03	1370.28	1235.16	1361.51
医疗保健（元）	925.62	929.50	948.18	793.63	988.32
交通和通信（元）	2979.88	3419.74	3630.62	3139.02	3625.42
教育文化娱乐服务（元）	2168.88	2375.96	2647.94	2315.55	2468.37
杂项商品和服务（元）	627.01	653.75	773.17	612.98	678.14
住房总建筑面积（平方米/人）	33.86	34.13	34.40	30.27	31.88
每百户城镇居民家庭耐用消费品拥有量					
彩色电视机（台）	142.77	142.99	142.44	92.61	98.68
电冰箱（台）	95.54	96.62	97.56	68.06	71.67
洗衣机（台）	96.65	97.68	98.07	63.44	67.57
家用汽车（辆）	23.31	26.58	30.71	23.10	25.53
农村居民人均可支配收入（元）	6906.93	7890.25	9371.73	11067.79	12245.56
农村居民人均生活费支出（元）	5019.81	5515.58	6725.55	8937.76	10043.21
食品	2425.55	2630.05	3301.14	3761.23	3968.92
衣着	192.68	215.51	277.34	280.23	328.15
居住	946.14	986.70	1172.3	1892.33	2238.82
家庭设备、用品及服务	206.36	235.01	301.29	522.97	599.65
文化教育娱乐用品及服务	296.72	326.53	404.15	791.85	918.22
农村居民人均生活用房面积（平方米）	28.70	29.23	30.73	34.92	39.32
农村每百户耐用品拥有量					
电视机（台）	118.40	120.63	117.90	113.23	114.28
电冰箱（台）	41.33	49.10	60.94	66.10	68.36
摩托车（辆）	101.56	107.11	107.90	101.20	108.06
电话机（部）	82.15	82.38	68.58	54.12	60.49

1-9 历年农村居民人均纯收入及恩格尔系数

年份	人均可支配收入(元)	实际增长(%)	人均生活消费支出(元)	实际增长(%)	恩格尔系数(%)
1978	193.25		184.89		61.7
1979	222.72	13.6	205.18	10.1	59.9
1980	274.37	19.4	222.22	3.9	60.4
1981	325.37	11.4	266.05	12.1	59.3
1982	381.79	12.7	312.44	16.2	58.4
1983	395.92	7.0	328.76	6.3	60.3
1984	425.34	7.2	346.19	5.0	59.3
1985	495.31	9.8	388.00	5.7	60.4
1986	546.43	7.6	454.06	11.1	58.8
1987	662.24	11.1	545.25	9.5	57.3
1988	808.70	2.7	684.67	3.2	55.2
1989	955.02	2.0	870.59	7.3	53.7
1990	1043.03	1.6	932.63	-0.3	57.7
1991	1143.06	9.4	942.40	1.2	57.4
1992	1307.65	10.4	1060.29	8.8	54.0
1993	1674.78	6.1	1391.01	6.8	52.8
1994	2181.52	3.8	1882.00	3.6	55.6
1995	2699.24	6.5	2255.01	5.3	54.5
1996	3183.46	7.6	2584.16	6.9	51.6
1997	3467.69	4.2	2617.65	0.3	52.3
1998	3527.14	3.4	2683.18	3.8	51.1
1999	3628.93	6.2	2645.94	1.7	50.7
2000	3654.48	0.9	2646.02		49.8
2001	3769.79	3.5	2703.36	2.5	49.9
2002	3911.91	5.1	2825.01	6.0	47.6
2003	4054.58	3.4	2927.35	3.4	47.9
2004	4365.87	4.0	3240.78	6.7	48.8
2005	4690.49	4.5	3707.73	11.4	48.3
2006	5079.78	6.4	3885.79	3.2	48.6
2007	5624.04	6.5	4202.32	4.5	49.7
2008	6399.77	7.6	4872.96	9.6	49.0
2009	6906.93	10.7	5019.81	5.3	48.3
2010	7890.25	10.3	5515.58	6.5	47.7
2011	9371.73	11.9	6725.55	15.5	49.1
2012	10542.84	9.3	7458.56	7.8	49.1
2013	11067.79	7.8	8937.76	9.0	42.1
2014	12245.56	8.3	10043.21	10.1	39.5

1-10 历年城镇常住居民人均收支增长及恩格尔系数

年份	人均可支配收入（元）	实际增长（上年为100）	人均消费支出（元）	实际增长（上年为100）	恩格尔系数(%)
1978	412.13		399.96		66.6
1979	416.33	-3.4	424.96	1.5	67.0
1980	472.57	3.7	485.76	4.5	65.5
1981	560.69	11.6	517.44	0.2	65.8
1982	631.45	9.8	592.08	11.5	64.2
1983	714.20	10.0	660.12	8.5	64.5
1984	818.37	12.4	744.36	10.7	63.6
1985	954.12	-0.4	889.56	2.1	58.3
1986	1102.09	10.3	998.88	7.2	58.6
1987	1320.89	6.3	1215.84	7.9	56.7
1988	1583.13	-7.4	1506.99	-4.3	56.7
1989	2086.21	8.1	1921.05	4.6	56.5
1990	2303.15	13.3	1983.86	6.0	57.2
1991	2752.18	16.8	2388.77	17.7	53.1
1992	3476.70	16.5	2830.62	10.4	51.5
1993	4632.38	9.2	3777.43	10.3	48.9
1994	6367.08	13.6	5181.30	13.4	46.4
1995	7438.68	3.3	6253.68	6.7	48.0
1996	8157.81	2.3	6736.09	0.5	47.3
1997	8561.71	2.8	6853.48	-0.3	46.0
1998	8839.68	5.0	7054.09	4.7	44.1
1999	9125.92	4.9	7517.81	8.3	40.6
2000	9761.57	4.7	8016.91	4.3	38.6
2001	10415.19	7.6	8099.63	1.8	38.1
2002	11137.20	10.6	8988.48	12.6	38.5
2003	12380.40	10.4	9636.24	6.5	37.2
2004	13627.65	7.3	10694.79	8.2	37.0
2005	14769.94	6.3	11809.87	8.2	36.1
2006	16015.58	6.5	12432.22	3.4	36.2
2007	17699.30	6.6	14336.87	11.2	35.3
2008	19732.86	5.7	15527.97	2.7	37.8
2009	21574.72	12.0	16857.51	11.3	36.9
2010	23897.80	7.5	18489.53	6.4	36.5
2011	26897.48	6.9	20251.82	4.0	36.9
2012	30226.71	9.3	22396.35	7.6	36.9
2013	29537.29	6.9	21621.46	5.3	33.6
2014	32148.11	6.4	23611.74	6.7	33.2

1-11　各市城镇常住居民人均可支配收入和消费支出

市　别	人均可支配收入(元)	人均消费支出(元)
	2014	2014
广　州	42954.60	33384.74
深　圳	40948.00	28852.77
珠　海	35287.30	26537.80
汕　头	21445.90	18036.48
佛　山	36554.70	26043.19
韶　关	21583.30	15224.00
河　源	18245.98	12467.49
梅　州	19845.60	14064.33
惠　州	27299.60	20065.21
汕　尾	19036.20	14829.40
东　莞	36764.00	27071.10
中　山	34303.90	22943.90
江　门	24976.20	16761.53
阳　江	21239.80	16723.19
湛　江	21317.40	15923.18
茂　名	19540.50	13929.84
肇　庆	21725.80	15214.58
清　远	21093.40	14976.31
潮　州	18854.70	13966.76
揭　阳	19635.20	14025.24
云　浮	18678.60	12991.80

注：按照国家统计局的统一部署，广东自2012年12月起正式启动城乡住户调查一体化改革工作。在经历了为期一年的过渡期后，从2014年开始正式对外发布城乡常住居民人均可支配收入及人均消费支出指标。改革前后，住户调查在调查范围、调查方法和统计口径均有一定变化，2014年发布的城镇常住居民人均可支配收入及人均消费支出与2013年以前所发布的相应指标的不完全可比。

主要统计指标解释

总人口 指一定时点、一定地区范围内有生命的个人的总和。按不同的统计范围可分为常住人口和户籍人口，统计时点通常为每年12月31日24时。

城镇人口比例 指城镇人口与同期总人口之比，反映该区域人口的城镇化水平。通常以百分比表示。

国内(地区)生产总值 指按市场价格计算的一个国家（或地区）所有常住单位在一定时期内生产活动的最终成果。国内（地区）生产总值有3种计算方法，即生产法、收入法和支出法。3种方法分别从不同的方面反映国内生产总值及其构成。

二、教　育

简要说明

1. 本篇资料主要反映广东省教育概况。

2. 本篇资料主要包括：

（1）高等教育、成人教育、中等职业教育、普通高中、义务教育及幼儿学前教育，主要包括学校数、在校生数、招生数、毕业生数、教职工数和专任教师数等。

（2）地区分全省和21个地级以上市。

（3）年份有当年、近5年和1978年以来连续年份。

3. 统计资料来源：本篇资料由广东省教育厅负责整理、审核、提供。

2-1 各级各类教育基本情况（2014）

指　标	学校数（所）	毕业生数（人）	招生数（人）	在校生数（人）	教职工数（人）	专任教师数（人）
一、高等教育	156	647540	878983	2627611	139650	97812
研究生	28	25538	35827	107101		
普通本专科	141	440952	545132	1794188	135226	95193
本科	62	211422	267205	998186		
专科	79	229530	277927	796002		
成人本专科	15	152627	264058	626927	4424	2619
本科		51615	66559	172959		
专科		101012	197499	453968		
网络本专科	3	28423	33966	99395		
二、中等职业教育	495	457010	417047	1282205	58051	45216
三、普通高中	1012	728690	696807	2140193	473585	148361
四、普通初中	3387	1382995	1195611	3767505		278511
五、小学	10731	1243469	1536722	8319147	497687	454377
六、幼儿教育	15416	1142897	1846417	3793381	387991	213800
七、特殊教育	104	2440	5300	28285	3695	3009
八、工读学校	2	51	126	225	84	66

说明:1. 研究生学校数为培养研究生单位数，普通本专科、成人本专科学校数为普通高校、成人高校学校数。中等职业教育不含技工数。2014年起中国科学院大学所辖的广州化学研究所、南海海洋研究所、华南植物研究所、广州能源研究所和广州地球化学研究所的教育事业统一归口中国科学院大学管理。从2014年起研究生数据均不含以上培养研究生单位数据。

2. 普通本专科学生数和教职工数包含独立学校数。

3. 普通高中教职工数包含普通初中教职工数。

2-2 普通高等教育基本情况（2014）

项目	学校数（所）	毕业生数（人）	招生数（人）	在校学生数（人）	教职工数（人）	#专任教师
合计	141	440952	545132	1794188	135226	95193
#女性		229268	289754	943800		44704
按隶属关系分	141	440952	545132	1794188	135226	95193
中央属	4	20691	23569	90006	13617	8646
地方属	137	420261	521563	1704182	121609	86547
按学校类别分	141	440952	545132	1794188	135226	95193
综合大学	69	209035	265078	860464	62884	43901
理工院校	31	105898	126720	404385	28185	20609
农业院校	3	19859	22270	84264	5917	4236
医药院校	7	21945	24649	93850	10776	8217
师范院校	5	25494	28589	104190	9153	5685
语文院校	2	6768	7519	29078	2754	1775
政法院校	13	42056	57860	177517	10883	8053
财经院校	2	3101	2952	10854	1006	459
体育院校	3	2714	3163	10716	1318	720
艺术院校	6	4082	6332	18870	2350	1538

说明：1.学生数为普通高校中的研究生、普通本专科生、成人本专科、网络本专科生数。
2.教职工数为校本部教职工、科研机构人员、校办企业职工、其它附设机构人员。

2-3 中等教育基本情况（2014）

项　目	学校数（所）	毕业生数（人）	招生数（人）	在校学生数（人）	教职工数（人）	#专任教师
中等职业教育	**495**	**457010**	**417047**	**1282205**	**58051**	**45216**
调整后中等职业学校	318	320940	286403	887040	38346	29410
中等技术学校	63	52833	59136	172351	7094	5145
成人中等专业学校	13	6854	2595	11399	589	479
职业高中学校	101	66138	62742	187428	10849	9333
其他机构	43	9121	4580	18879	1173	849
附设中职班	14	1124	1591	5108		
技工学校	243	142165	202518	622614	28743	20840
普通中学	**4399**	**2111685**	**1892418**	**5907698**	**473585**	**426872**
#高中	1012	728690	696807	2140193		148361

2-4 技工学校基本情况（2014）

项　目	合计	地方劳动保障部门办	行业办	企业办	国务院部委办	民办
技工学校个数（所）	**243**	**86**	**54**	**23**	**2**	**78**
招生学校数（所）	156	72	13	12	1	58
在职教职工人数（人）	**28743**	**17734**	**2052**	**1037**	**128**	**7792**
文化技术理论课教师	12882	8579	1023	351	55	2874
#高级讲师	1934	1310	204	75	8	337
生产实习指导老师	7958	5147	481	229	58	2043
#高级实习指导教师	382	249	33	15	5	80
一体化教师	8458	5724	625	220	32	1857
兼职教师（人）	**2811**	**1620**	**170**	**85**	**16**	**920**
文化技术理论课教师	1546	959	97	53	9	428
生产实习指导老师	1159	599	73	27	7	453
招生人数（人）	**202518**	**129409**	**11934**	**3152**	**1087**	**56936**
高级班学生	74897	54418	3773	981	249	15476
技师和预备技师班学生	4145	2546	1150	0	0	449
在校生人数（人）	**622614**	**434268**	**36801**	**9689**	**3157**	**138699**
高级班学生	231744	181191	11480	2129	491	36453
技师和预备技师班学生	12736	7838	3856	41	0	1001
毕业生人数（人）	**142165**	**101717**	**9559**	**3556**	**680**	**26653**
高级班学生	44804	34325	3149	365	59	6906
技师和预备技师班学生	1101	892	59	0	0	150
就业人数（人）	**139113**	**101595**	**9512**	**3462**	**680**	**23864**
高级班学生	44408	34125	3149	365	59	6710
技师和预备技师班学生	1101	892	59	0	0	150
培训社会人员数（人）	**318980**	**175912**	**50812**	**54775**	**1136**	**36345**
培训社会人员结业人数（人）	**212933**	**118537**	**35381**	**28210**	1136	**29669**
获取初级职业资格证	60111	30897	12799	968	64	15383
获取中级职业资格证	40271	25494	6665	664	208	7240
获取高级职业资格证	21540	13928	2777	619	0	4216
获取技师和高级技师资格证	5963	4532	417	269	0	745

2-5 各市普通高等教育基本情况（2014）

市别	学校数（所）	毕业生数（人）	招生数（人）	在校学生数（人）	教职工数（人）	专任教师数（人）
合计	**141**	**440952**	**545132**	**1794188**	**135226**	**95193**
广州	80	253958	301492	1019291	81966	57196
深圳	6	17026	23013	72449	6599	3923
珠海	7	26524	30080	109933	6562	5075
汕头	2	5215	5807	18299	2397	1384
佛山	6	22663	23972	64947	4307	3171
韶关	2	10008	10689	37018	2775	1704
河源	1	3812	4064	12162	695	535
梅州	1	5358	6751	23549	1646	1215
惠州	4	5859	10090	31074	2723	1929
汕尾	1	1311	1875	5093	401	268
东莞	6	12990	22830	69866	4422	3148
中山	3	7814	8949	31083	1877	1459
江门	3	6974	12066	38746	2166	1761
阳江	1	2173	3323	8956	549	406
湛江	5	22454	28451	102677	6950	5065
茂名	2	8906	11057	34888	2013	1591
肇庆	5	12980	21894	61452	3869	2801
清远	2	3302	5521	14374	745	606
潮州	1	5256	6088	18844	1219	912
揭阳	2	3647	4182	11870	783	597
云浮	1	2722	2938	7617	562	447

说明：1.学生数为普通高校中的研究生、普通本专科生、成人本专科、网络本专科生数。
2.教职工数为校本部教职工、科研机构人员、校办企业职工、其它附设机构人员。

2-6 各市中等职业教育基本情况（2014）

市别	学校数（所）	毕业生数（人）	招生数（人）	在校学生数（人）	教职工数（人）	专任教师数（人）
合计	**495**	**457010**	**417047**	**1282205**	**58051**	**45216**
广州	86	74889	88650	245434	11457	7970
深圳	16	9593	13628	36870	3023	2279
珠海	8	7012	7837	21756	1161	908
汕头	22	21035	19615	85327	2097	1613
佛山	36	24875	26068	76322	4763	3935
韶关	22	12680	7212	27892	2176	1662
河源	13	12275	8800	31071	1512	1198
梅州	29	22853	15604	55795	2363	1817
惠州	24	20382	22176	61765	3054	2278
汕尾	13	14025	5523	30923	850	752
东莞	22	14687	19414	50220	2844	2233
中山	11	6764	8167	25189	1570	1486
江门	23	14450	16649	46441	2520	2240
阳江	7	7394	6449	17776	701	609
湛江	54	40068	36275	103765	4497	3348
茂名	29	45285	19352	64333	3125	2475
肇庆	20	20024	22212	64359	3194	2513
清远	14	14507	13382	42553	1947	1597
潮州	12	10197	6556	20446	1106	900
揭阳	20	50273	42648	138706	2868	2348
云浮	14	13742	10830	35262	1223	1055

注：中等职业教育数据不含技工学校数据。

2-7　各市普通高中基本情况（2014）

市别	学校数（所）	毕业生数（人）	招生数（人）	在校学生数（人）	教职工数（人）	专任教师数（人）
合　计	**1012**	**728690**	**696807**	**2140193**	**473585**	**148361**
广　州	120	57739	60116	178106	47291	13793
深　圳	71	35369	39872	114797	34423	9450
珠　海	20	10718	9815	30008	7302	2279
汕　头	93	51253	52132	160793	30470	9886
佛　山	58	37328	38684	113747	24253	8411
韶　关	25	20280	21006	63917	14470	4389
河　源	38	25037	22974	70632	17552	5375
梅　州	63	42863	36762	115909	25341	8432
惠　州	36	31586	29977	94257	21431	6278
汕　尾	37	31320	25653	82783	16397	5072
东　莞	40	25180	26741	78053	19990	5291
中　山	20	15636	16188	46957	11409	3350
江　门	45	27410	26788	81702	17803	5832
阳　江	22	20596	16412	56507	12394	4046
湛　江	80	65051	62168	193675	37409	11669
茂　名	64	73564	67806	211857	37736	13869
肇　庆	32	28695	29302	88027	20846	6373
清　远	32	27178	24133	75688	18125	5386
潮　州	35	25291	21119	66222	12803	4321
揭　阳	61	57333	51724	161058	33638	11098
云　浮	20	19263	17435	55498	12299	3761

说明：教职工数为初级中学、九年一贯制学校、职业初中、完全中学、高级中学、十二年一贯制学校教职工数。

2-8 各市普通初中基本情况（2014）

市别	学校数（所）	毕业生数（人）	招生数（人）	在校学生数（人）	专任教师数（人）
合计	**3387**	**1382995**	**1195611**	**3767505**	**278511**
广州	380	120501	113479	354764	27708
深圳	254	76864	90897	263893	18870
珠海	47	20493	19391	60538	4374
汕头	194	95541	78048	252158	16991
佛山	135	66770	64414	194022	13767
韶关	129	36712	31388	96761	8529
河源	142	42791	36670	114779	10610
梅州	166	62952	45990	147971	14696
惠州	198	63999	60994	182052	12876
汕尾	134	54184	42259	140079	9669
东莞	172	57538	75371	206595	11857
中山	82	34805	33743	100528	7277
江门	140	50263	45454	141250	10602
阳江	84	32618	25274	81478	7058
湛江	236	134153	97962	347100	22830
茂名	204	125315	99654	318182	22397
肇庆	142	71170	53928	178141	13027
清远	144	49325	41153	128103	11113
潮州	104	38220	28110	91362	7346
揭阳	217	109964	83693	276804	19134
云浮	83	38817	27739	90945	7780

2-9 各市小学基本情况（2014）

市别	学校数（所）	毕业生数（人）	招生数（人）	在校学生数（人）	教职工数（人）	专任教师数（人）
合计	**10731**	**1243469**	**1536722**	**8319147**	**497687**	**454377**
广州	938	124999	173884	900072	53106	47379
深圳	331	97928	162498	793178	45623	39115
珠海	115	19848	28020	140593	7146	6613
汕头	750	81398	86580	487220	27478	24911
佛山	406	68356	86118	474382	24440	22421
韶关	184	31373	36124	210459	13748	12990
河源	318	36218	50902	260471	18053	16700
梅州	444	45066	56929	298971	20521	19526
惠州	453	61088	87966	472152	26131	23755
汕尾	650	43443	37977	240454	17725	15536
东莞	320	86693	125039	687269	32963	28679
中山	206	36853	50068	267907	14210	13133
江门	313	46502	52625	299322	17008	16084
阳江	137	25231	36777	192121	13743	12738
湛江	835	97991	99124	549528	37832	34574
茂名	1746	101098	98093	563247	34911	33275
肇庆	219	54843	59447	332450	19620	18604
清远	320	41251	53812	282153	17608	16604
潮州	640	29542	34278	187458	11542	10619
揭阳	1247	85837	82517	484782	31948	29128
云浮	159	27911	37944	194958	12534	11993

注：教职工数由各办学类型教职工数折算得出。

2-10 各市学前教育基本情况（2014）

市别	学校数（所）	毕业生数（人）	招生数（人）	在校学生数（人）	教职工数（人）	专任教师数（人）
合计	**15416**	**1142897**	**1846417**	**3793381**	**387991**	**213800**
广州	1628	100932	137608	404261	56664	28159
深圳	1402	131220	174195	399014	57021	28782
珠海	259	8750	22577	58346	7927	4233
汕头	847	46222	80208	175588	16591	10163
佛山	837	68785	84010	251361	33431	17086
韶关	458	36337	47280	112750	10219	5491
河源	524	51567	66762	120117	10120	5645
梅州	573	34052	87519	136897	9436	6214
惠州	513	59037	90106	175808	18899	10153
汕尾	154	12722	42653	58005	2875	1869
东莞	881	77504	126185	290548	35369	18748
中山	469	41150	44845	122768	14189	7367
江门	480	41961	51195	132851	13863	7780
阳江	454	42280	60203	99316	9413	5369
湛江	1649	86943	175155	278984	20074	12987
茂名	1394	83606	193630	273446	15680	10415
肇庆	479	50358	66344	140417	12412	6792
清远	582	40822	72273	148397	12569	7046
潮州	698	21664	46641	100639	8729	5915
揭阳	810	78836	121112	217759	14732	9072
云浮	325	28149	55916	96109	7778	4514

2-11　各市特殊教育基本情况（2014）

市别	学校数（所）	毕业生数（人）	招生数（人）	在校学生数（人）	教职工数（人）	专任教师数（人）
合计	**104**	**2440**	**5300**	**28285**	**3695**	**3009**
广州	21	799	687	4386	1002	788
深圳	1	104	159	1100	272	179
珠海	2	9	72	426	87	71
汕头	5	70	169	1118	109	84
佛山	5	138	190	1232	276	233
韶关	8	79	278	1319	124	114
河源	6	75	184	845	96	70
梅州	6	59	373	1953	101	91
惠州	6	67	187	1032	323	248
汕尾	2	38	111	480	46	34
东莞	1	48	92	449	75	54
中山	2	92	127	1322	221	193
江门	6	79	376	1397	147	138
阳江	3	32	57	313	53	45
湛江	2	227	361	1975	118	113
茂名	6	84	420	2075	205	159
肇庆	8	193	518	2384	160	143
清远	5	71	445	1747	161	154
潮州	3	24	53	514	41	35
揭阳	2	127	332	1571	23	14
云浮	4	25	109	647	55	49

2-12 各级各类学校教育经费情况（2014）

项目	国家财政性教育经费（亿元）	公共财政预算教育经费	民办学校中举办者投入经费（亿元）	社会捐资经费（亿元）	事业收入合计（亿元）	学费和杂费收入	其他收入（亿元）
合计	**2085.7**	**1970.6**	**24.9**	**10.8**	**647.6**	**534.5**	**69.0**
按学校隶属关系分							
中央	80.2	70.5	0.0	1.4	29.3	14.9	7.9
地方	2005.5	1900.1	24.9	9.4	618.4	519.6	61.0
按学校类别分							
高等教育	**323.9**	**302.4**	**3.7**	**6.5**	**240.7**	**184.9**	**23.0**
普通高等学校	318.3	297.1	3.7	6.5	235.2	180.6	22.9
成人高等学校	5.7	5.4		0.0	5.5	4.4	0.1
高中阶段教育	**394.4**	**370.4**	**1.7**	**1.6**	**119.8**	**94.4**	**11.8**
中等专业学校	81.6	75.2	0.2	0.3	12.6	8.2	3.1
职业高中	36.2	34.1	0.1	0.1	2.1	1.6	0.8
技工学校	42.1	38.5	0.1	0.0	12.5	9.0	1.1
成人中等学校	2.7	2.6		0.0	1.1	0.7	0.2
普通高中	231.9	220.0	1.3	1.2	91.5	74.9	6.7
义务教育	**1057.9**	**1022.6**	**10.3**	**2.2**	**119.0**	**102.0**	**21.2**
初级中学	395.4	380.9	3.0	0.8	41.8	33.8	7.7
小学	653.3	633.4	7.2	1.4	77.1	68.1	13.2
特殊教育学校	9.2	8.3	0.0	0.0	0.2	0.1	0.3
学前教育	**51.2**	**41.7**	**9.2**	**0.3**	**162.3**	**153.0**	**6.5**
幼儿园	51.2	41.7	9.2	0.3	162.3	153.0	6.5
其他	**258.3**	**233.5**		**0.1**	**5.8**	**0.1**	**6.4**

2-13 各级各类学校情况

项　　目	2010	2011	2012	2013	2014
高等学校					
学校数（所）	131	134	138	138	141
毕业生数（人）	334187	357521	404011	412315	440952
本科（人）	152893	162255	181333	200491	211422
专科（人）	181294	195266	222678	211824	229530
招生数（人）	440167	473647	510856	526162	545132
本科（人）	217048	232217	245316	258079	267205
专科（人）	223119	241430	265540	268083	277927
在校学生数（人）	1426624	1527254	1616838	1709881	1794188
本科（人）	778595	842347	900352	949585	998186
专科（人）	648029	684907	716486	760296	796002
教职工数（人）	114018	119351	124085	128161	135226
#专任教师（人）	78569	82916	87402	91099	95193
中等职业教育					
学校数（所）	566	538	522	502	495
毕业生数（人）	331741	366543	419163	488286	457010
招生数（人）	741320	550297	495758	474927	417047
在校学生数（人）	1547785	1520525	1495738	1408894	1282205
教职工数（人）	58754	60632	60847	58927	58051
#专任教师（人）	43533	45993	46193	45443	45216
技工学校					
学校数（所）	246	246	243	243	243
毕业生数（人）	128000	131609	141228	127105	142165
招生数（人）	282000	301870	301322	272962	202518
在校学生数（人）	754000	795187	885190	876154	622614
教职工数（人）	27800	28280	28382	28491	28743
#专任教师（人）	19800	20278	20774	19839	20840
普通中学					
学校数（所）	4334	4328	4326	4366	4399
毕业生数（人）	2102311	2249932	2308266	2240211	2111685
招生数（人）	2419543	2318487	2175745	2030640	1892418

2-13续表 各级各类学校情况

项 目	2010	2011	2012	2013	2014
在校学生数（人）	7090502	6994700	6683932	6252379	5907698
教职工数（人）	445335	457435	466859	470314	473585
#专任教师（人）	391514	405120	415328	421533	426872
小学					
学校数（所）	16806	15148	13396	11824	10731
毕业生数（人）	1741881	1619684	1499644	1370411	1243469
招生数（人）	1359159	1408922	1452959	1500473	1536722
在校学生数（人）	8485498	8220577	8082401	8079381	8319147
教职工数（人）	487773	488280	486028	486056	497687
#专任教师（人）	430735	432451	432374	437532	454377
学龄儿童入学					
学龄儿童总数（万人）	1027	1015	966	901	1127
已入学学龄儿童数（万人）	1024	1012	964	898	1125
学龄儿童入学率（%）	99.7	99.7	99.8	99.7	99.9
小学毕业生升学率					
小学毕业生人数（人）	1741881	1619684	1499644	1370411	1243469
已升学人数（人）	1663662	1540940	1402496	1299856	1195611
小学毕业生升学率（%）	95.5	95.1	93.5	94.9	96.2
幼儿园					
幼儿园数（所）	11161	11785	12720	13793	15416
在园幼儿数（人）	2772293	3078104	3307177	3545757	3793381
教职工数（人）	236760	269963	303996	336666	387991
#专任教师（人）	136321	149764	168842	188182	213800
特殊教育学校					
特殊教育学校数（所）	75	80	94	99	104
招生数（人）	3666	3581	4632	3862	5300
在校学生数（人）	26064	25022	24485	21799	28285

注：1. 1995年以来小学毕业生升学率采用教育部口径，即升学率＝初中招生数/小学毕业生数。
2. 2003年起中等职业教育学校包括：普通中等专业学校、成人中等专业学校、职业高中数据。
3. 高中阶段毕业生数不包括技工学校毕业生数。
4. 特殊教育学校是指独立设置招收盲哑和智残儿童以及其他特殊需要的儿童，青少年进行普通或职业初、中等教育的教学机构。

2-14 研究生教育情况

项　　目	2010	2011	2012	2013	2014
培养单位数（个）	**31**	**31**	**32**	**32**	**28**
高等学校	23	23	24	24	25
科研单位	8	8	8	8	3
招生数（人）	**25798**	**26919**	**28073**	**29255**	**29769**
攻读博士学位	3307	3379	3459	3566	3559
高等学校	3117	3184	3261	3368	3551
科研单位	190	195	198	198	8
攻读硕士学位	22491	23540	24614	25689	26210
高等学校	22135	23209	24274	25342	26134
科研单位	356	331	340	347	76
在校学生数（人）	**72455**	**77579**	**81459**	**85180**	**86568**
攻读博士学位	12341	12991	13438	14351	14169
高等学校	11706	12327	12756	13659	14136
科研单位	635	664	682	692	33
攻读硕士学位	60114	64588	68021	70829	72399
高等学校	59159	63650	67069	69863	235
科研单位	955	938	952	966	72164
毕业生数（人）	**17862**	**20538**	**23220**	**24353**	**25538**
攻读博士学位	2436	2589	2803	2907	2837
高等学校	2288	2413	2620	2732	2830
科研单位	148	176	183	175	7
攻读硕士学位	15426	17949	20417	21446	22701
高等学校	15158	17696	20156	21170	22627
科研单位	268	253	261	276	74

注：2014年起中国科学院大学所辖的广州化学研究所、南海海洋研究所、华南植物研究所、广州能源研究所和广州地球化学研究所的教育事业统一归口中国科学院大学管理，从2014年起研究生数据均不含以上培养研究生单位数据。

2-15 各级各类成人教育在校学生数

单位：人

项　　目	2010	2011	2012	2013	2014
成人高等教育	**463987**	**460467**	**489117**	**534376**	**626927**
成人高等学校	22025	18616	18437	16803	16055
广播电视大学	10980	11100	10856	9196	8799
职工高等学校	6344	6001	5961	5498	5166
管理干部学院	4398	495			
教育学院	303	1020	1620	2109	2090
普通高校附设	441962	441851	470680	517573	610872
函授部	173761	161569	174105	185880	235440
夜大学	265713	279064	296413	331693	375432
成人脱产班	2488	1218	162		
成人中等教育	**29105**	**32900**	**31719**	**30763**	
成人中专学校	27327	28977	27134	29544	
农林类					
资源与环境类					
能源类					
土木水利工程类					
加工制造类					
交通运输类					
信息技术类					
医药卫生类					
商贸与旅游类					
财经类					
文化艺术与体育类					
社会公共事业类					
师范类					
其他					
成人中学		3923	4585	1219	
成人初等教育					
职工初等教育					
农民初等教育	1778	921			
#扫盲班	1778	921			

2-16 各市中等职业技术教育招生基本情况

单位：人

市　别	2010	2011	2012	2013	2014
合　计	**741320**	**550297**	**495758**	**474927**	**417047**
广　州	86423	88006	81671	86776	88650
深　圳	9610	10437	12233	12076	13628
珠　海	7945	7896	7648	7073	7837
汕　头	49515	30705	36422	29699	19615
佛　山	27656	27418	28343	25180	26068
韶　关	15767	13561	13195	9983	7212
河　源	15223	13105	13117	9557	8800
梅　州	35009	21275	19107	20208	15604
惠　州	27622	24974	22685	22082	22176
汕　尾	52873	22036	8184	10663	5523
东　莞	16425	16632	16963	17618	19414
中　山	9541	9228	9621	9529	8167
江　门	18723	17867	18698	17655	16649
阳　江	14542	10043	9096	7462	6449
湛　江	53697	52762	51822	45619	36275
茂　名	111825	59725	33491	30648	19352
肇　庆	23897	25909	26066	22932	22212
清　远	27067	17116	15850	17450	13382
潮　州	30539	8313	5823	6634	6556
揭　阳	90753	54285	51293	51476	42648
云　浮	16668	19004	14430	14607	10830

注：中等职业教育数据不含技工学校数据。

2-17 各市中等职业技术教育在校生基本情况

单位：人

市别	2010	2011	2012	2013	2014
合计	**1547785**	**1520525**	**1495738**	**1408894**	**1282205**
广州	248060	249155	240064	241321	245434
深圳	29731	29826	32067	33618	36870
珠海	19944	22135	22674	21734	21756
汕头	90549	104474	109712	109853	85327
佛山	78432	79727	79827	77497	76322
韶关	49499	43775	40244	35083	27892
河源	36943	39042	38853	32715	31071
梅州	70012	72277	70736	63255	55795
惠州	69884	71306	69894	64998	61765
汕尾	75085	66141	57009	42521	30923
东莞	44576	45244	47259	47910	50220
中山	25432	26506	25473	24739	25189
江门	53332	51456	52275	49780	46441
阳江	26898	30899	30441	22240	17776
湛江	113185	119042	128151	116154	103765
茂名	166714	138932	119089	96954	64333
肇庆	77294	74662	69147	67243	64359
清远	56279	58476	49846	45000	42553
潮州	39575	27410	23764	25554	20446
揭阳	140743	126844	145051	150572	138706
云浮	35618	43196	44162	40153	35262

注：中等职业教育数据不含技工学校数据。

2-18 各市普通高中招生基本情况

单位：人

市　别	2010	2011	2012	2013	2014
合　计	**755881**	**777547**	**773249**	**730784**	**696807**
广　州	60644	59141	59286	60452	60116
深　圳	35198	36378	37493	39637	39872
珠　海	10565	10679	10527	9501	9815
汕　头	49394	52421	56127	55810	52132
佛　山	38177	38615	38275	38447	38684
韶　关	21561	21175	22413	22059	21006
河　源	27916	27524	25534	24017	22974
梅　州	47445	46146	42837	39927	36762
惠　州	30926	31935	33111	33025	29977
汕　尾	28669	40311	37858	27445	25653
东　莞	24668	25647	25758	26039	26741
中　山	15524	16297	16022	15332	16188
江　门	28516	29448	29248	28777	26788
阳　江	24310	24331	22689	19453	16412
湛　江	71942	73501	71898	66222	62168
茂　名	74410	77803	76032	71388	67806
肇　庆	30470	30008	31005	29443	29302
清　远	29218	28553	27527	25620	24133
潮　州	26769	25506	29952	24864	21119
揭　阳	60067	62130	59601	54215	51724
云　浮	19492	19998	20056	19111	17435

2-19 各市普通高中在校生基本情况

单位：人

市别	2010	2011	2012	2013	2014
合计	**2089462**	**2204135**	**2259282**	**2204473**	**2140193**
广州	177943	178373	177188	177227	178106
深圳	98536	102890	107926	113639	114797
珠海	31003	31465	31685	31430	30008
汕头	137894	151113	157622	161614	160793
佛山	111905	113163	113315	113746	113747
韶关	63910	62800	63439	64125	63917
河源	72436	75546	76163	73345	70632
梅州	124973	131647	132677	124487	115909
惠州	83579	90310	93938	96918	94257
汕尾	70233	91704	103872	86886	82783
东莞	70398	73644	75851	77045	78053
中山	44866	46437	47102	46733	46957
江门	82435	82887	83746	84532	81702
阳江	68375	70866	70268	63587	56507
湛江	197849	206842	211097	198448	193675
茂名	195854	213894	221037	218544	211857
肇庆	89013	88005	88773	88210	88027
清远	82619	82053	82618	79605	75688
潮州	68325	73917	83647	77779	66222
揭阳	163242	178611	178315	168633	161058
云浮	54074	57968	59003	57940	55498

2-20 各市普通初中招生基本情况

单位：人

市别	2010	2011	2012	2013	2014
合计	**1663662**	**1540940**	**1402496**	**1299856**	**1195611**
广州	131050	129031	125033	122175	113479
深圳	85137	87004	90490	91523	90897
珠海	21637	21479	21458	20786	19391
汕头	119141	110991	98777	87123	78048
佛山	72498	72182	69019	66939	64414
韶关	44429	38694	34442	32050	31388
河源	53481	46915	41756	38852	36670
梅州	78962	65006	53932	48595	45990
惠州	76186	70714	64934	62619	60994
汕尾	76351	69274	61639	49263	42259
东莞	68528	69508	70590	74131	75371
中山	39431	38731	36936	34702	33743
江门	60292	55192	50488	48871	45454
阳江	40004	34025	28794	28211	25274
湛江	172482	165379	145452	119199	97962
茂名	147331	131077	116966	109469	99654
肇庆	78621	73672	64991	62299	53928
清远	64699	54051	46052	43837	41153
潮州	45992	40860	35488	30590	28110
揭阳	138478	125857	111702	97449	83693
云浮	48932	41298	33557	31173	27739

2-21 各市普通初中在校生基本情况

单位：人

市　别	2010	2011	2012	2013	2014
合　计	**5001040**	**4790565**	**4424650**	**4047906**	**3767505**
广　州	394337	383245	373481	369714	354764
深　圳	236216	244052	251717	258096	263893
珠　海	64299	63914	63276	62456	60538
汕　头	355589	347804	304166	277122	252158
佛　山	211477	210286	205318	201867	194022
韶　关	135955	128780	114484	102929	96761
河　源	168743	154237	137110	122384	114779
梅　州	249625	226558	194402	165197	147971
惠　州	225088	217436	202623	190399	182052
汕　尾	228005	220151	198040	158783	140079
东　莞	187878	189432	192067	201244	206595
中　山	108053	110413	109750	105902	100528
江　门	181477	170182	158109	149752	141250
阳　江	130815	115003	101351	89651	81478
湛　江	508432	500039	469963	390165	347100
茂　名	459283	431164	388287	347954	318182
肇　庆	239346	229987	213776	197486	178141
清　远	197635	177565	154875	138584	128103
潮　州	141575	132932	120277	103198	91362
揭　阳	421558	397396	351484	311894	276804
云　浮	155654	139989	120094	103129	90945

2-22 各市小学招生基本情况

单位：人

市别	2010	2011	2012	2013	2014
合计	**1359159**	**1408922**	**1452959**	**1500473**	**1536722**
广州	138944	148472	151108	167919	173884
深圳	118031	128091	137276	147097	162498
珠海	21550	22850	24531	25299	28020
汕头	81378	82103	84153	84428	86580
佛山	75013	80254	81732	84423	86118
韶关	36428	37018	37069	36084	36124
河源	43719	45016	48747	49628	50902
梅州	51818	53059	53543	53005	56929
惠州	72570	78119	87160	89068	87966
汕尾	49351	48037	49009	41497	37977
东莞	108900	114763	123290	127237	125039
中山	40836	43873	45587	47295	50068
江门	47688	49418	50653	52693	52625
阳江	30427	32269	33489	35559	36777
湛江	96700	97094	95319	96596	99124
茂名	100355	96596	95500	97251	98093
肇庆	53286	54967	55597	58402	59447
清远	44352	45793	47813	51532	53812
潮州	30070	31525	31589	35277	34278
揭阳	86822	87318	86436	84921	82517
云浮	30921	32287	33358	35262	37944

2-23 各市小学在校生基本情况

单位：人

市别	2010	2011	2012	2013	2014
合计	**8485498**	**8220577**	**8082401**	**8079381**	**8319147**
广州	824807	819771	822594	859263	900072
深圳	618459	651307	683058	730232	793178
珠海	126274	126878	128546	131577	140593
汕头	567743	530962	495278	485143	487220
佛山	438153	445475	452779	463667	474382
韶关	207299	205298	205681	206775	210459
河源	255088	249088	247526	247677	260471
梅州	313281	296489	291187	289871	298971
惠州	397983	403950	421074	445608	472152
汕尾	354197	323764	297910	247257	240454
东莞	552377	578279	608118	659138	687269
中山	237846	239896	246097	257539	267907
江门	302376	294749	291292	295745	299322
阳江	175232	171727	176814	181498	192121
湛江	753918	681592	624144	550561	549528
茂名	666633	624065	598040	568011	563247
肇庆	368247	346029	334632	327739	332450
清远	272954	261298	262010	269770	282153
潮州	202423	190553	183840	184134	187458
揭阳	653521	594115	528670	492418	484782
云浮	196687	185292	183111	185758	194958

2-24 各市学前教育招生基本情况

单位：人

市 别	2010	2011	2012	2013	2014
合 计	**1420443**	**1485321**	**1545551**	**1709973**	**1846417**
广 州	108243	107685	117433	126112	137608
深 圳	110977	118843	122138	143792	174195
珠 海	17634	16997	15874	18513	22577
汕 头	60978	60191	66304	71220	80208
佛 山	58410	60182	59663	74527	84010
韶 关	46298	44785	42459	52084	47280
河 源	57670	62529	71074	77100	66762
梅 州	66202	73519	76578	83848	87519
惠 州	73813	74091	78415	88817	90106
汕 尾	38263	43731	38329	37591	42653
东 莞	94541	85512	107074	110484	126185
中 山	32906	33178	37906	35525	44845
江 门	46069	45979	45806	51144	51195
阳 江	38086	47686	52994	53942	60203
湛 江	123349	142306	130598	150459	175155
茂 名	144544	145384	163967	174335	193630
肇 庆	82549	77320	67727	74568	66344
清 远	54393	59440	62946	70652	72273
潮 州	24915	28677	32285	44931	46641
揭 阳	92513	107281	99933	111841	121112
云 浮	48090	50005	56048	58488	55916

2-25 各市学前教育在校生基本情况

单位：人

市 别	2010	2011	2012	2013	2014
合 计	**2772293**	**3078104**	**3307177**	**3545757**	**3793381**
广 州	342762	358861	383364	378728	404261
深 圳	260873	285146	316929	368937	399014
珠 海	46713	47514	50427	54809	58346
汕 头	133284	140425	155305	162260	175588
佛 山	197936	219937	222537	236542	251361
韶 关	86148	94394	101307	107913	112750
河 源	82714	94426	109018	123308	120117
梅 州	97319	108006	116904	129613	136897
惠 州	114440	128324	144528	163139	175808
汕 尾	51868	53958	56700	56181	58005
东 莞	208373	227656	255657	277777	290548
中 山	96347	104926	111171	110688	122768
江 门	115904	120814	122070	128413	132851
阳 江	58244	74468	83835	88490	99316
湛 江	186056	208290	227216	238106	278984
茂 名	187033	234338	254735	258450	273446
肇 庆	127567	133294	128297	136407	140417
清 远	92089	108508	119673	136754	148397
潮 州	66761	74107	81604	96419	100639
揭 阳	151236	184997	178246	199104	217759
云 浮	68626	75715	87654	93719	96109

2-26 历年普通高等教育基本情况

单位：人

年 份	学校数（所）	毕业生数（人）	招生数（人）	在校学生数（人）	教职工数（人）	专任教师数（人）
1978	23	5125	11430	30705	20139	9047
1979	26	1876	8706	37892	21736	9709
1980	27	7595	9654	41004	24223	9480
1981	28	5491	9817	44723	25591	9832
1982	30	15311	11732	40931	28024	11165
1983	33	10411	14588	45592	29592	11974
1984	34	10615	19979	54730	31523	11629
1985	41	11004	25955	69897	34141	13586
1986	44	16284	25464	78346	36956	14824
1987	44	20552	28624	86297	37526	14979
1988	45	25277	36878	97224	38783	15706
1989	45	26248	29317	100393	39008	15762
1990	45	33663	29613	95929	38841	15735
1991	41	32627	30541	92655	38416	15470
1992	43	30294	35519	97432	38894	15076
1993	45	27670	47560	116957	40169	15734
1994	47	25999	47573	137458	40870	16134
1995	42	34830	49419	151788	41464	16552
1996	41	42644	55680	164017	42355	16899
1997	42	44134	57059	174740	42816	16939
1998	43	49270	60976	185047	42683	17053
1999	50	47988	94114	229583	44645	18489
2000	52	49714	120784	299475	46827	20433
2001	62	58835	139050	381926	51057	23467
2002	71	84696	176135	467807	60305	32961
2003	77	105533	225837	587779	70394	40192
2004	94	125229	264569	726866	79820	46951
2005	102	157082	306956	874686	90771	54257
2006	105	196036	344150	1008577	100317	61119
2007	109	233129	354885	1119655	108190	67091
2008	125	282469	390732	1216390	111780	69223
2009	129	309190	438583	1334089	108598	73943
2010	131	334187	440167	1426624	114018	78569
2011	134	357521	473647	1527254	119351	82916
2012	138	404011	510856	1616838	124085	87402
2013	138	412315	526162	1709881	128161	91099
2014	141	440952	545132	1794188	135226	95193

注：2008年以后学校数包含独立学院校数。

2-27 历年成人高等教育基本情况

年份	学校数（所）	毕业生数（人）	招生数（人）	在校学生数（人）	教职工数（人）	专任教师数（人）
1990	61	20043	17899	87153	8561	3897
1991	62	32018	16775	78807	8715	3831
1992	54	23171	22745	75685	8760	3897
1993	57	16275	52608	125213	9417	4294
1994	58	15768	33441	137014	10220	4891
1995	61	41587	46737	135053	11407	5408
1996	61	31593	28535	125780	11552	5611
1997	61	40798	50643	131155	11683	5736
1998	57	36125	51290	146334	11846	6041
1999	54	43980	60709	166291	12345	5472
2000	41	45316	85635	201410	10037	5636
2001	40	56437	97087	233032	10291	7726
2002	37	67432	125537	288992	13505	7259
2003	34	87088	140235	209246	12673	7033
2004	30	97547	137215	258364	12281	5401
2005	20	33000	144159	295618	9172	5586
2006	19	110337	149345	404451	9253	5382
2007	19	129749	140543	424232	9028	5503
2008	19	129315	159472	444980	9223	5503
2009	15	135010	166462	463395	9262	5685
2010	15	144427	161757	463987	9831	6115
2011	15	151953	161819	460467	4573	2835
2012	15	145810	189069	489117	4656	2814
2013	15	156277	215771	534376	4612	2742
2014	15	152627	264058	626927	4424	2619

2-28 历年技工学校基本情况

单位：所，万人

年　份	学校数	毕业生数	招生数	毕业生数	教职工总数	
						专任教师数
1979	80	0.7	0.7		0.4	0.2
1980	82	1.6	0.9	1.0	0.4	0.2
1981	87	1.4	0.5	0.7	0.5	0.2
1982	85	1.0	0.5	0.8	0.5	0.2
1983	85	0.9	0.5	0.5	0.5	0.2
1984	92	1.0	0.6	0.5	0.5	0.2
1985	97	1.5	0.8	0.4	0.5	0.2
1986	95	2.0	1.1	0.5	0.5	0.2
1987	107	2.6	1.3	0.6	0.6	0.3
1988	109	3.4	1.5	0.6	0.7	0.3
1989	124	3.9	1.6	1.0	0.8	0.4
1990	127	5.2	2.1	0.6	0.9	0.4
1991	136	5.6	2.2	1.7	1.0	0.4
1992	145	6.3	2.7	1.7	1.0	0.5
1993	151	7.7	3.5	1.9	1.1	0.5
1994	159	9.5	3.9	2.2	1.1	0.5
1995	171	11.1	4.7	2.8	1.2	0.6
1996	178	12.3	4.8	3.4	1.3	0.7
1997	186	13.3	5.3	3.5	1.2	0.7
1998	190	13.6	5.0	4.1	1.3	0.8
1999	192	15.6	5.6	4.2	1.3	0.7
2000	186	14.5	5.8	4.3	1.1	0.7
2001	186	16.7	7.1	4.1	1.1	0.7
2002	156	19.1	8.2	4.4	1.1	0.8
2003	186	24.0	10.0	4.4	1.3	0.9
2004	186	28.0	11.3	5.5	1.4	1.0
2005	192	32.8	12.9	7.1	1.5	1.0
2006	202	38.1	15.1	8.2	1.6	1.0
2007	217	45.8	18.1	9.5	2.0	1.5
2008	228	53.5	20.3	10.3	2.1	1.6
2009	242	65.0	27.0	11.7	2.5	1.9
2010	246	75.4	28.2	12.8	2.8	2.0
2011	246	79.5	30.2	13.2	2.8	2.0
2012	243	88.5	30.1	14.1	2.8	2.1
2013	243	87.6	27.3	12.7	2.8	2.0
2014	243	62.3	20.3	14.2	2.9	2.1

2-29 历年普通高中基本情况

年 份	学校数（所）	毕业生数（人）	招生数（人）	在校学生数（人）	教职工数（人）	专任教师数（人）
1978	1956	371403	268527	680311	180435	33194
1979	1500	361183	216048	472943	172721	26235
1980	1243	233699	189538	402135	166183	23614
1981	1124	191494	155023	334525	157390	22150
1982	1001	154486	141872	296630	148225	20443
1983	843	113285	126638	283878	145883	18963
1984	820	85740	128431	318630	150582	19506
1985	832	96998	121376	333154	158714	20722
1986	828	98771	121661	350285	165276	21393
1987	825	112049	126351	352768	170755	22422
1988	823	111825	125114	350799	175715	23602
1989	821	108253	123574	351594	176967	23764
1990	837	110310	129526	361234	178487	24693
1991	826	113317	121255	359955	182901	25562
1992	822	114171	116294	348588	190186	26131
1993	802	118953	119641	331501	199399	25871
1994	824	103398	130256	346647	208805	25148
1995	836	102593	155585	389031	223091	26255
1996	848	108762	181399	450928	238141	28738
1997	882	119086	206983	524717	247891	32118
1998	900	142876	226833	590404	256390	35778
1999	914	165284	241505	641074	265253	39187
2000	947	182354	286825	725276	275686	43941
2001	1000	206752	332084	842763	289103	50124
2002	1012	228122	385020	984104	305781	57475
2003	995	274956	442596	1137234	323075	66190
2004	998	318190	508059	1313116	339997	75330
2005	981	374445	569753	1489863	360341	86079
2006	1005	429856	607748	1634639	377490	95581
2007	1019	479969	606934	1724319	395636	103445
2008	1018	534880	668073	1817646	412718	110689
2009	1020	568989	717900	1924412	429596	118549
2010	1026	567648	755881	2089462	445335	125069
2011	1012	630863	777547	2204135	457435	137112
2012	1017	688461	773249	2259282	466859	141835
2013	1015	723659	730784	2204473	470314	144756
2014	1012	728690	696807	2140193	473585	148361

注：普通高中教职工数包含普通初中教职工数。

2-30 历年普通初中基本情况

年份	学校数(人)	毕业生数(人)	招生数(人)	毕业生数(人)	专任教师数(人)
1978	280	725718	985826	2452877	121377
1979	947	655264	842119	2214375	117938
1980	1438	431480	784691	2118968	111346
1981	1941	468396	695854	1852548	101063
1982	2271	392887	662130	1705273	92334
1983	2651	377206	680684	1712052	90874
1984	2705	387346	734342	1888312	93553
1985	3017	436284	747799	2031394	99566
1986	3108	505781	742515	2149010	103438
1987	3313	573271	743567	2173253	106675
1988	3246	616436	723707	2091518	109171
1989	3107	610937	691086	2005700	109359
1990	3042	602594	704083	1979067	110035
1991	2996	591590	758299	2022810	113265
1992	2961	577866	880805	2201651	119239
1993	2964	589105	956982	2440376	128072
1994	2993	637122	1047969	2727104	137655
1995	3009	755564	1156238	3005525	149486
1996	3034	837696	1221333	3280949	160091
1997	3007	933232	1273310	3483818	167975
1998	2979	1035789	1317264	3645724	173199
1999	3000	1091006	1374296	3797987	179712
2000	3017	1135845	1424737	3881614	184661
2001	2917	1140968	1426843	4054225	189195
2002	2932	1220166	1467948	4149939	197320
2003	3184	1282353	1548622	4321843	205339
2004	3243	1314006	1586418	4495533	213640
2005	3301	1368854	1626601	4627044	221224
2006	3327	1425940	1706870	4758296	228956
2007	3297	1434350	1743138	4829437	238399
2008	3334	1429971	1803636	4978825	247359
2009	3322	1481488	1756780	5036732	256571
2010	3308	1534663	1663662	5001040	266445
2011	3316	1619069	1540940	4790565	268008
2012	3309	1619805	1402496	4424650	273493
2013	3351	1516552	1299856	4047906	276777
2014	3387	1382995	1195611	3767505	278511

2-31 历年小学基本情况

年 份	学校数（所）	毕业生数（人）	招生数（人）	在校学生数（人）	教职工数（人）	专任教师数（人）
1978	23820	1142691	1515195	7430209	303467	260933
1979	24458	1062960	1565500	7438125	322562	274065
1980	24981	1043244	1493077	7488593	331390	281403
1981	24728	1042564	1371758	7347804	329762	280398
1982	24916	1044479	1302235	7230311	323942	275502
1983	25037	1143228	1188139	7053368	321185	272479
1984	24821	1166653	1140879	6927289	317692	269535
1985	24630	1141197	1088948	6712468	316431	268120
1986	24566	1064129	1198284	6706215	313210	263428
1987	24651	996946	1227785	6773671	314803	267111
1988	24611	916060	1243156	6887228	320208	269478
1989	24625	836679	1270805	7151532	324942	273601
1990	24610	824945	1299348	7472928	329460	277262
1991	24633	877430	1337393	7789333	336576	283465
1992	24654	1022360	1386454	8039814	343299	289920
1993	24686	1086876	1463095	8321421	351947	298601
1994	24718	1146583	1531761	8622146	360320	305946
1995	24628	1215578	1515530	8831914	376759	321434
1996	24688	1272996	1493611	8976384	392034	338242
1997	24730	1330786	1532419	9113410	402805	346423
1998	24724	1374593	1493285	9351270	404037	347886
1999	24556	1433779	1498378	9209566	414314	357429
2000	24202	1484833	1557286	9299314	420385	364118
2001	23611	1484451	1604435	9529844	428614	371283
2002	23314	1529035	1687362	9796069	437121	379755
2003	22792	1586749	1729914	10253706	447013	389262
2004	21944	1628669	1684682	10496221	455679	396487
2005	21228	1674305	1641550	10670304	463715	403824
2006	20512	1754494	1556420	10569906	467730	407584
2007	19891	1803140	1438722	10176170	474573	414470
2008	19271	1867640	1315880	9564740	476680	416608
2009	18506	1835297	1274186	8876522	477034	418311
2010	16806	1741881	1359159	8485498	487773	430735
2011	15148	1619684	1408922	8220577	488280	432451
2012	13396	1499644	1452959	8082401	486028	432374
2013	11824	1370411	1500473	8079381	486056	437532
2014	10731	1243469	1536722	8319147	497687	454377

2-32 历年学前教育基本情况

年　份	学校数(人)	毕业生数(人)	在校生数(人)	教职工数(人)	专任教师数(人)
1978	7331		438528	30371	16782
1979	5690		395646	26949	14881
1980	6513		479193	28880	15333
1981	6340		487477	30893	16545
1982	6678		585354	34611	19263
1983	6646		634201	37518	20906
1984	6254		771137	41489	24415
1985	6104		929877	43531	28319
1986	6912		1048760	48024	30024
1987	7379		1263029	56064	35270
1988	7249	675080	1327988	58426	37452
1989	7280	733732	1419233	62754	40897
1990	7469	803576	1500521	65195	42905
1991	6335	976754	1657423	68626	45115
1992	6917	1087165	1775729	73770	49308
1993	6533	1189012	1905347	78482	53534
1994	7243	1154865	1918458	85560	57790
1995	7923	1419777	2000082	90904	59344
1996	8582	1390978	2018878	96599	64339
1997	9425	1376406	2027578	104353	68651
1998	10147	1323611	2036463	111288	73096
1999	11836	1345465	2130453	123815	79748
2000	12027	1337009	2141789	129060	83552
2001	9790	1392440	2209151	131919	76490
2002	10135	1183264	2115525	135608	77731
2003	10067	1145873	2125196	143381	82186
2004	10213	1143651	2131994	149289	85805
2005	10359	1082389	2139186	158971	91789
2006	10622	1042662	2192932	169126	98396
2007	10594	1033175	2226430	179061	104541
2008	10533	975273	2323511	191444	111597
2009	11018	978931	2494689	210313	122470
2010	11161	1036468	2772293	236760	136321
2011	11785	981433	3078104	269963	149764
2012	12720	1139751	3307177	303996	168842
2013	13793	1082455	3545757	336666	188182
2014	15416	1142897	3793381	387991	213800

2-33 历年各级各类学校在校学生数

年 份	高等学校	中等学校			小学
		中等职业教育学校	技工学校	普通中学	
1978	3.1	3.6		313.3	743.0
1979	3.8	4.5	0.7	268.7	743.8
1980	4.1	6.3	1.6	252.1	748.9
1981	4.5	6.1	1.4	218.7	734.8
1982	4.1	6.5	1.0	200.2	723.0
1983	4.6	10.0	0.9	199.6	705.3
1984	5.5	13.0	1.0	220.7	692.7
1985	7.0	18.0	1.5	236.5	671.3
1986	7.8	28.2	1.5	249.9	670.6
1987	8.6	34.3	2.6	252.6	677.4
1988	9.7	37.6	3.4	244.2	688.7
1989	10.0	42.1	3.9	235.7	715.2
1990	9.6	45.3	5.2	234.0	747.3
1991	9.3	44.7	5.6	238.3	788.9
1992	9.7	46.3	6.6	255.0	809.0
1993	11.7	50.2	7.7	277.2	832.1
1994	13.8	55.9	9.6	307.4	862.2
1995	15.2	66.7	11.1	339.5	883.2
1996	16.4	67.3	12.3	373.2	897.6
1997	17.5	72.7	13.3	400.9	911.3
1998	18.5	70.5	14.5	423.6	918.0
1999	22.1	69.5	23.0	443.9	921.0
2000	30.0	65.6	15.5	460.7	929.9
2001	38.2	62.0	16.7	489.7	953.0
2002	46.8	61.2	17.8	513.4	979.6
2003	58.8	63.1	23.9	545.9	1025.4
2004	72.7	65.5	28.1	580.9	1049.6
2005	87.5	71.0	32.8	611.7	1067.0
2006	100.9	80.8	38.2	639.3	1057.0
2007	112.0	90.8	45.8	655.4	1017.6
2008	121.6	100.1	53.5	679.5	956.5
2009	133.4	120.5	65.0	696.1	887.7
2010	142.7	154.8	75.4	709.1	848.5
2011	152.7	152.1	79.5	699.5	822.1
2012	161.7	149.6	88.5	668.4	808.2
2013	171.0	140.9	87.6	625.2	807.9
2014	179.4	128.2	62.3	590.8	831.9

注：1. 高等学校人数指普通本、专科人数，下同。
2. 1986年后中等职业教育学校包括普通中专、成人中专、职业高中，1986年前缺成人中专数据。

主要统计指标解释

教育经费支出 分为事业经费和基建支出两部分。1.事业经费支出分为“个人部分支出”和“公用部分支出”两个部分。个人部分支出：指用于公办、民办教职工，离退休人员，学生等个人方面的支出。包括基本工资、补助工资、其他工资、职工福利费、社会保障费及奖贷助学金。公用部分支出包括：公务费、业务费、设备购置费、修缮费、其他属于公用性质的经费支出。2.基建支出：指属于基建投资额度范围内的，并列入各级计划部门基建计划，由学校和教育事业单位经批准用教育基建拨款和其他自筹资金安排的基本建设，并专存银行基建专户的支出。

普通高等学校 是指按国家规定的设置标准和审批程序批准举办的，通过全国普通高等教育统一招生考试，招收高中毕业生为主要培养对象，实施高等学历教育的全日制大学、独立设置的学院和高等专科学校、高等职业学校和其他机构。大学、独立设置的学院主要实施本科及本科层次以上教育。高等专科学校、高等职业学校实施专科层次教育。其他机构是承担国家普通招生计划任务不计校数的机构，包括普通高等学校分校和批准筹建的普通高等学校等。

中等职业教育学校 是指按国家规定的设置标准和审批程序批准成立的实施中等职业教育的学校（机构），包括原属普通中等专业学校、成人中等专业学校、职业高中及技工学校。

初中学生毛入学率 指初级中学（普通初中和职业初中）在校生总数占初中学龄人口数的比重。

高中阶段教育入学率 是指当年初中毕业生进入高中阶段（包括普通高中、职业高中、中等专业学校、技工学校、成人中等专业学校、成人高中）学习的比重。

高等教育毛入学率 是指高等教育阶段（包括国家承认学历的各类高等教育：普通高校本专科、高等学历文凭考试、电视大学注册视听生、自学考试本科专科、军事院校本专科研究生教育）在校学生折合总数占高等教育学龄（18～22岁）人口数的比重。

三、卫　生

简要说明

1. 本篇资料主要反映广东省卫生事业发展情况。

2. 本篇资料主要包括：

（1）级各类卫生机构基本情况、卫生技术人员数、床位及使用情况、医疗业务开展情况、医疗设备拥有和使用情况及农村卫生情况等。

（2）地区全省和21个地级以上市。

（3）年份主要有当年、近5年连续年份。

3. 统计资料来源：本篇资料由广东省卫计委负责整理、审核、提供。

3-1 各类卫生机构基本情况（2014）

卫生机构名称	机构数量（个）	实有床位（张）	卫生人员（人）				
			合计	卫技人员（人）	其他技术人员（人）	管理人员（人）	工勤人员（人）
合计	**19925**	**405707**	**697202**	**575725**	**23447**	**29156**	**68874**
一、医院	1260	319729	439411	361244	14039	20140	43988
二、卫生院	1222	52908	80851	67755	3667	2252	7177
街道卫生院	21	866	1568	1338	51	41	138
乡镇卫生院	1201	52042	79283	66417	3616	2211	7039
三、疗养院	14	1565	1414	795	84	135	400
四、社区卫生服务中心（站）	2527	7533	47085	40797	1267	1349	3672
社区卫生服务中心	1057	7513	40506	34814	1124	1178	3390
社区卫生服务站	1470	20	6579	5983	143	171	282
五、门诊部	2167	164	24277	20993			3284
六、诊所、卫生所、医务室	10599		27540	26477			1063
诊所	8075		20477	19619			858
卫生所、医务室	2523		7059	6854			205
护理站	1		4	4			
七、急救中心（站）	18		471	251	39	109	72
八、采供血机构	43		2247	1623	124	173	327
九、妇幼保健院（所、站）	130	18692	35905	30163	1286	1345	3111
十、专科疾病防治院（所、站）	136	5116	8290	6369	546	495	880
十一、疾病预防控制中心	137		10665	7896	714	725	1330
十二、卫生监督所（中心）	138		4312	3204	135	476	497
十三、医学科学研究机构	17		91	40	15	27	9
十四、医学在职培训机构	17		920	308	421	83	108
十五、健康教育所（站、中心）	31		242	113	59	48	22
十六、其他卫生机构	1469		13481	7697	1051	1799	2934
乡村医疗点	28162						

注：合计中不含乡村医疗点数，下同。

3-2 各类卫生机构卫生技术人员情况（2014）

单位：人

卫生机构名称	执业(助理)医师	注册护士	药师（士）	检验技师（士）	影像技师（士）	其他卫生技术人员
合计	**210658**	**231657**	**36533**	**21982**	**7451**	**67444**
一、医院	117320	164838	22371	12885	5302	38528
二、卫生院	28970	19291	5024	1982	839	11649
街道卫生院	525	478	124	53	21	137
乡镇卫生院	28445	18813	4900	1929	818	11512
三、疗养院	306	294	54	55	14	72
四、社区卫生服务中心（站）	17779	14334	3707	1249	341	3387
社区卫生服务中心	15222	12073	3239	1135	317	2828
社区卫生服务站	2557	2261	468	114	24	559
五、门诊部	10229	7037	1468	826	342	1091
六、诊所、卫生所、医务室	16328	6887	1128	157	55	1922
诊所	12335	5041	917	83	40	1203
卫生所、医务室	3992	1843	211	74	15	719
护理站	1	3				
七、急救中心（站）	58	151	8	5	2	27
八、采供血机构	247	843	14	342	1	176
九、妇幼保健院（所、站）	9563	13254	1572	1598	265	3911
十、专科疾病防治院（所、站）	2626	1861	569	521	116	676
十一、疾病预防控制中心	4069	927	187	1650	86	977
十二、卫生监督所（中心）						3204
十三、医学科学研究机构	19	2	6	9		4
十四、医学在职培训机构	138	101	21	2		46
十五、健康教育所（站、中心）	59	11	5	1		37
十六、其他卫生机构	2947	1826	399	700	88	1737
乡村医疗点	6718	1913				

注：合计中不含乡村医疗点数；乡村医疗点只列出执业（助理）医师、注册护士数。

3-3 医院、卫生院卫生技术人员情况(2014)

单位：人

卫生机构名称	执业(助理)医师	注册护士	药师（士）	检验技师（士）	影像技师（士）	其他卫生技术人员
医院、卫生院合计	**146290**	**184129**	**27395**	**14867**	**6141**	**37401**
一、医院	117320	164838	22371	12885	5302	27582
综合医院	15788	19251	4569	1443	622	3599
中医医院	90508	128091	15661	10091	3980	20974
中西医结合医院	1029	1317	241	102	65	142
专科医院	9933	16030	1882	1244	631	2856
口腔医院	1048	1118	58	16	31	158
眼科医院	554	938	96	33	11	275
耳鼻喉科医院	25	46	9	6	1	0
肿瘤医院	927	1762	181	125	211	213
心血管病医院	147	211	18	14	11	19
胸科医院	182	382	54	59	20	2
妇产(科)医院	769	1210	126	120	66	133
儿童医院	992	1695	225	165	41	131
精神病医院	1612	3357	393	180	83	630
传染病医院	566	703	93	94	18	31
皮肤病医院	216	259	73	57	2	52
麻风病医院	109	89	39	25	1	34
职业病医院	6	1	0	1	0	2
骨科医院	443	660	62	42	19	109
康复医院	838	1100	192	70	37	608
整形外科医院	19	38	3	1	0	4
美容医院	314	483	35	25	6	56
其他专科医院	1166	1978	225	211	73	399
护理院	62	149	18	5	4	11
二、卫生院	28970	19291	5024	1982	839	9819

3-4 各市各类卫生技术人员数（2014）

单位：人

市别	执业(助理)医师	注册护士	药师（士）	检验技师（士）	影像技师（士）	其他卫生技术人员
合计	**210658**	**231657**	**36533**	**21982**	**7451**	**67444**
广州	40284	52213	7971	5142	1798	12934
韶关	6324	7057	1068	698	210	1861
深圳	27081	29930	3501	3143	1138	5692
珠海	5041	5716	805	495	171	1567
汕头	8296	7153	1144	672	185	2373
佛山	14786	17582	3181	1551	518	3787
江门	7580	9115	1602	817	332	3507
湛江	10786	11783	1638	857	336	4682
茂名	10591	9041	1468	689	279	3058
肇庆	5856	7782	1575	728	222	3620
惠州	9606	10802	1374	1068	340	3150
梅州	8471	6592	1681	780	169	2492
汕尾	4475	2358	439	317	159	1411
河源	4193	4511	1024	516	190	1877
阳江	4157	4285	801	426	143	2272
清远	6657	7104	1101	713	228	2313
东莞	14344	18195	2603	1597	469	4500
中山	6334	8495	1194	645	237	2023
潮州	3940	2750	904	350	87	646
揭阳	8108	5363	836	464	129	1596
云浮	3748	3830	623	314	111	2083

注：不含乡村医疗点数。

3-5 各市农村卫生组织情况（2014）

市别	乡村医疗点（个）	执业(助理)医师（人）	注册护士（人）	乡村医生和卫生员（人）		
				合计	乡医	卫生员
全　省	**28162**	**6718**	**1913**	**28512**	**26151**	**2361**
广　州	1081	523	255	1372	1208	164
韶　关	1534	305	46	1394	1352	42
珠　海	151	144	138	183	83	100
汕　头	619	330	45	707	416	291
佛　山	162	168	59	115	94	21
江　门	938	187	68	976	927	49
湛　江	2238	444	105	2790	2384	406
茂　名	3270	426	37	3544	3351	193
肇　庆	2290	293	30	2116	2108	8
惠　州	1490	557	171	1313	1175	138
梅　州	2478	662	62	2008	1941	67
汕　尾	1309	228	9	1396	1260	136
河　源	1700	238	70	1825	1663	162
阳　江	1341	203	16	1595	1335	260
清　远	1765	336	41	1611	1530	81
东　莞	811	737	646	544	468	76
中　山	55	50	72	57	37	20
潮　州	1531	339	15	1437	1368	69
揭　阳	2362	292	5	2150	2108	42
云　浮	1037	256	23	1379	1343	36

3-6 各市乡村医疗点乡村医生学历分布（2014）

单位：人

市别	大专及以上学历(%)	中专学历(%)	中专水平(%)	其他(%)
全省	**7.5**	**68.2**	**8.7**	**15.6**
广州市	9.0	69.0	2.7	19.3
韶关市	15.8	67.5	8.9	7.8
深圳市				
珠海市	10.5	57.0	11.6	20.9
汕头市	19.2	59.7	5.5	15.6
佛山市	8.3	49.0	10.4	32.3
江门市	7.8	45.4	12.3	34.5
湛江市	7.3	69.6	8.0	15.1
茂名市	3.3	76.9	9.3	10.6
肇庆市	3.3	71.7	11.8	13.2
惠州市	16.7	69.6	7.1	6.6
梅州市	6.5	59.9	7.7	25.9
汕尾市	6.1	50.7	14.0	29.2
河源市	5.2	73.2	13.1	8.5
阳江市	7.0	73.3	5.2	14.5
清远市	7.8	73.6	9.0	9.6
东莞市	12.3	55.5	15.1	17.1
中山市	7.5	32.5	27.5	32.5
潮州市	9.8	68.6	6.1	15.5
揭阳市	8.5	65.5	8.7	17.3
云浮市	3.2	76.4	3.2	17.1

3-7 2014年全省及各市医院机构、床位、人员数

地区	机构数(个)	床位数(张)	人员数(人)	卫生技术人员(人)						其他技术人员(人)	管理人员(人)	工勤人员(人)
				小计	执业(助理)医师	注册护士	药师(士)	检验技师(士)	影像技师(士)			
广东省	**1260**	**319729**	**439411**	**361244**	**117320**	**164838**	**22371**	**12885**	**5302**	**14039**	**20140**	**43988**
广州市	224	68685	105730	86671	26553	40737	5542	3160	1433	3724	5051	10284
韶关市	57	11378	12655	10144	3204	4788	676	371	128	251	653	1607
深圳市	127	29068	57297	45365	15931	21117	2279	1908	858	2035	2920	6977
珠海市	38	7004	9486	7986	2634	3676	408	256	113	337	547	616
汕头市	38	12738	15906	13114	4968	5525	722	420	145	630	569	1593
佛山市	99	27255	35237	28983	9443	13214	2214	1004	440	860	1442	3952
江门市	39	13473	16237	13797	3979	6059	889	416	221	477	579	1384
湛江市	82	19343	21682	17757	5490	8250	1021	481	210	727	1502	1696
茂名市	54	15601	14638	12622	4633	5500	750	326	141	531	363	1122
肇庆市	51	10333	14789	11697	3207	5140	943	417	125	479	559	2054
惠州市	62	13470	16704	14088	4535	6671	736	501	209	529	736	1351
梅州市	33	9528	12300	10304	3493	4434	763	425	122	432	352	1212
汕尾市	25	4908	5232	4258	1593	1630	232	161	107	181	281	512
河源市	28	5328	6104	5147	1629	2282	399	221	97	210	236	511
阳江市	37	7275	8021	6900	2198	2782	409	218	91	161	405	555
清远市	45	9110	10089	8606	2704	3921	538	301	114	230	471	782
东莞市	101	25994	39756	32381	10571	14716	1846	1236	386	1098	1982	4295
中山市	47	13123	18144	15143	4783	7146	918	525	196	575	659	1767
潮州市	22	3751	4832	4075	1451	1768	355	176	46	98	235	424
揭阳市	33	7838	8783	7380	2923	3307	384	203	61	324	336	743
云浮市	18	4526	5789	4826	1398	2175	347	159	59	150	262	551

3-8 2014年全省及各市卫生院机构、床位、人员数

地区	机构数(个)	床位数(张)	人员数(人)	卫生技术人员(人)						其他技术人员(人)	管理人员(人)	工勤人员(人)
				小计	执业(助理)医师	注册护士	药师(士)	检验技师(士)	影像技师(士)			
广东省	1222	52908	80851	67755	28970	19291	5024	1982	839	3667	2252	7177
广州市	31	1880	3733	3222	1123	1294	278	149	68	77	171	263
韶关市	103	2662	3608	3119	1253	1024	223	115	39	111	64	314
深圳市	2	81	144	94	31	28	12	4	3	15	19	16
珠海市	12	459	1045	869	310	399	73	30	18	48	66	62
汕头市	33	1488	3205	2644	1235	530	194	53	21	212	95	254
佛山市	11	509	1033	861	337	292	111	42	12	34	25	113
江门市	69	3349	4954	4267	1603	1453	380	136	57	134	155	398
湛江市	95	6465	7045	5602	2171	1619	282	119	76	523	188	732
茂名市	99	6810	8154	6828	3310	1786	368	152	93	474	245	607
肇庆市	98	2543	4886	4066	1183	1192	399	109	54	192	110	518
惠州市	76	3628	5819	4741	1779	1615	316	207	73	293	143	642
梅州市	121	3569	6082	5402	2957	1032	523	135	24	221	113	346
汕尾市	47	1847	3651	2832	1639	441	120	70	33	150	147	522
河源市	98	3971	5291	4380	1556	1269	436	133	58	335	116	460
阳江市	39	1664	2947	2347	866	655	217	78	28	138	134	328
清远市	120	4033	5935	5288	2101	1838	340	204	79	205	95	347
潮州市	45	1843	3221	2450	1327	568	281	69	34	113	112	546
揭阳市	68	4031	6655	5869	3364	1336	308	132	42	199	176	411
云浮市	55	2076	3443	2874	825	920	163	45	27	193	78	298

3-9 2014年全省及各市妇幼保健机构、床位、人员数

地区	机构数（个）	床位数（张）	人员数（人）	卫生技术人员（人）						其他技术人员（人）	管理人员（人）	工勤人员（人）
				小计	执业（助理）医师	注册护士	药师（士）	检验技师（士）	影像技师（士）			
广东省	**130**	**18692**	**35905**	**30163**	**9563**	**13254**	**1572**	**1598**	**265**	**1286**	**1345**	**3111**
广州市	16	2501	5525	4735	1436	2232	256	275	39	182	253	355
韶关市	9	655	1254	1044	410	430	54	63	13	33	51	126
深圳市	9	1836	4762	3994	1439	1828	168	243	67	145	192	431
珠海市	2	530	1223	1152	320	444	54	63	7	66	4	1
汕头市	4	372	508	434	193	158	19	17	2	17	23	34
佛山市	5	1680	3029	2510	843	1129	132	135	8	151	71	297
江门市	6	981	1768	1456	434	681	88	79	18	43	86	183
湛江市	11	1246	2295	1900	596	874	90	76	12	89	102	204
茂名市	5	1184	1778	1473	516	632	90	75	13	137	50	118
肇庆市	7	721	1460	1144	273	503	87	51	11	28	75	213
惠州市	6	1192	2205	1910	482	922	74	90	10	28	88	179
梅州市	9	747	1437	1261	484	414	84	82	8	40	26	110
汕尾市	5	330	596	468	156	162	27	35	3	37	19	72
河源市	6	1020	1307	1124	323	517	49	59	11	75	34	74
阳江市	5	600	1427	1174	306	468	64	50	6	6	118	129
清远市	9	833	1250	1065	301	456	63	48	6	49	50	86
东莞市	1	590	1025	835	279	356	33	46	7	21	4	165
潮州市	4	396	621	471	157	203	29	34	2	33	38	79
揭阳市	6	643	1159	969	368	390	47	38	9	60	36	94
云浮市	5	635	1276	1044	247	455	64	39	13	46	25	161

注：妇幼保健机构含妇幼保健院、所（站）。

3-10 2014年全省及各市中医医院机构、床位、人员数

地区	机构数(个)	床位数(张)	人员数(人)	卫生技术人员(人)						其他技术人员(人)	管理人员(人)	工勤人员(人)
				小计	执业(助理)医师	注册护士	药师(士)	检验技师(士)	影像技师(士)			
广东省	**159**	**40801**	**59716**	**49852**	**16817**	**20568**	**4810**	**1545**	**687**	**1749**	**2430**	**5685**
广州市	32	10193	16866	14306	4959	6131	1508	435	218	682	588	1290
韶关市	9	1416	1867	1600	555	578	154	55	25	35	63	169
深圳市	9	2183	4611	3733	1389	1496	290	134	50	90	340	448
珠海市	4	643	987	868	317	356	63	29	10	30	61	28
汕头市	4	813	977	816	354	247	72	25	4	16	64	81
佛山市	7	3521	5218	4086	1225	1845	423	135	62	130	116	886
江门市	8	3111	4055	3443	1051	1368	318	92	51	65	210	337
湛江市	9	2322	2367	1977	610	827	222	41	14	44	124	222
茂名市	6	2842	2647	2315	899	999	190	67	26	76	50	206
肇庆市	9	1779	2839	2296	619	958	228	64	29	57	100	386
惠州市	9	1168	1917	1599	554	573	135	61	19	67	114	137
梅州市	8	1124	2387	1984	709	665	244	76	26	94	56	253
汕尾市	4	315	396	293	154	66	28	11	12	30	14	59
河源市	6	1242	1418	1211	344	483	117	44	30	40	68	99
阳江市	4	1196	1988	1673	533	679	134	58	23	46	106	163
清远市	8	1659	1678	1455	461	659	140	53	26	37	76	110
东莞市	6	1113	1757	1496	479	660	117	44	14	31	77	153
中山市	3	1650	2448	2056	610	1019	162	47	28	104	31	257
潮州市	3	310	632	434	190	120	72	17	1	9	43	146
揭阳市	7	1050	1124	955	428	315	80	19	9	34	48	87
云浮市	4	1151	1537	1256	377	524	113	38	10	32	81	168

注：中医医院含中西医结合医院。

3-11 2014年全省及各市专科疾病防治机构、床位、人员数

地区	机构数（个）	床位数（张）	人员数（人）	卫生技术人员（人）						其他技术人员（人）	管理人员（人）	工勤人员（人）
				小计	执业（助理）医师	注册护士	药师（士）	检验技师（士）	影像技师（士）			
广东省	**136**	**5116**	**8290**	**6369**	**2626**	**1861**	**569**	**521**	**116**	**546**	**495**	**880**
广州市	8	106	795	570	223	161	59	52	3	81	52	92
韶关市	8	324	600	467	156	208	23	28	10	10	23	100
深圳市	8	130	1242	925	383	238	62	110	22	102	81	134
珠海市	2		210	179	58	69	24	12		16	11	4
汕头市	5	286	573	466	182	172	41	41	5	24	33	50
佛山市	6	377	550	433	160	141	49	36	8	29	17	71
江门市	9	189	395	303	120	91	38	27	9	24	30	38
湛江市	12	429	599	444	202	107	34	26	8	60	38	57
茂名市	7	609	602	483	214	151	39	29	12	36	23	60
肇庆市	8	84	283	232	74	82	26	18	7	11	18	22
惠州市	12	1354	443	321	143	79	16	39	6	35	28	59
梅州市	12	463	427	378	171	80	54	22	2	15	17	17
汕尾市	6	70	178	128	85	9	8	6	2	10	13	27
河源市	5	210	233	176	68	47	17	11	8	20	12	25
阳江市	2	84	73	51	27	14	3	3	1	4	2	16
清远市	9	245	428	334	112	101	39	27	7	42	20	32
东莞市	1	120	249	173	58	67	16	17	2	6	52	18
中山市	2											
潮州市	4		105	70	41	8	13	6		5	12	18
揭阳市	6	17	222	173	123	18	8	7	2	14	7	28
云浮市	4	19	83	63	26	18		4	2	2	6	12

注：专科疾病防治机构含专科疾病防治院、所（站）。

3-12 2014年全省及各市采供血机构、人员数

地区	机构数(个)	人员数(人)	卫生技术人员(人)						其他技术人员(人)	管理人员(人)	工勤人员(人)
			小计	执业医师	执业助理医师	注册护士	药师(士)	检验技师(士)			
广东省	**43**	**2247**	**1623**	**204**	**43**	**843**	**14**	**342**	**124**	**173**	**327**
广州市	5	528	391	49	4	220	4	70	40	44	53
韶关市	1	101	68	16	7	30	2	13	10	4	19
深圳市	3	258	176	11	2	78	1	23	8	36	38
珠海市	1	51	44	7	1	21	1	8	3	4	
汕头市	1	73	55	9	3	20	1	20	5	4	9
佛山市	5	188	141	17	2	64	1	41	12	13	22
江门市	1	96	70	5	2	41		12	1	13	12
湛江市	2	74	55	7	3	29	2	12	4	5	10
茂名市	1	98	73	9	5	43	2	11		5	20
肇庆市	1	86	58	9	1	33		13	5	9	14
惠州市	1	101	71	5	1	51		14	3	6	21
梅州市	4	85	58	9	2	30		12	3	7	17
汕尾市	1	48	30	3	3	12		7	2		16
河源市	1	50	34	2	2	22		7	3	1	12
阳江市	1	45	29	2	2	16		9	4	2	10
清远市	3	79	55	8		29		9	4	9	11
东莞市	1	110	87	8	1	45		28	8		15
中山市	1	49	40	11		21		8	6		3
潮州市	2	33	21	3		8		9		6	6
揭阳市	3	46	32	9	1	10		11	2	4	8
云浮市	4	48	35	5	1	20		5	1	1	11

3-13 医疗机构入院与诊疗人次数（2014）

机构分类	入院人次数（万人次）	总诊疗人次数（万人次）	门诊、急诊人次（万人次）			健康检查人次数（万人次）
				门诊人次	急诊人次	
总 计	**1393.2**	**78233.7**	**77563.2**	**70153.0**	**5985.2**	**3930.3**
一. 医院	1075.0	35297.5	34523.0	30135.9	4387.1	2201.8
二. 卫生院	186.5	7102.5	6968.8	6328.1	640.8	708.9
三. 疗养院	5.2	24.7	21.2	19.5	1.7	20.1
四. 社区卫生服务中心(站)	16.9	11237.6	10838.9	10344.0	495.0	657.5
社区卫生服务中心	16.9	9315.5	8937.3	8516.6	420.7	588.2
社区卫生服务站	0.1	1922.1	1901.6	1827.4	74.2	69.3
五. 门诊部		2035.8	1973.7	1973.7		
六. 诊所. 卫生所. 医务室		5285.6	5246.7	5246.7		
诊所		4003.0	3977.6	3977.6		
卫生所、医务室		1282.5	1269.0	1269.0		
护理站		0.0	0.0			
七. 妇幼保健院(所、站)	104.2	3367.3	3220.7	2834.2	386.5	240.9
妇幼保健院	104.1	3361.4	3217.2	2830.7	386.5	235.4
妇幼保健所	0.0	0.9	0.9	0.9	0.0	3.1
妇幼保健站	0.1	5.0	2.5	2.5		2.4
八. 专科疾病防治院(所、站)	4.9	631.7	607.6	589.4	18.2	61.9
九. 临床检验机构		0.3	0.3	0.3		39.2
十. 村卫生室		13094.6	12509.0	12509.0		

3-14 各市医院入院与诊疗人次数（2014）

市　别	入院人次（万人次）	健康检查人次（万人次）	总诊疗人次数（万人次）	门诊、急诊人次（万人次）		
					门诊人次	急诊人次
广东省	**1075.0**	**2201.8**	**35297.5**	**34523.0**	**31135.9**	**4387.1**
广州市	221.8	439.7	9225.1	9108.9	8203.9	905.0
韶关市	38.3	27.8	522.4	515.0	462.0	52.9
深圳市	107.4	511.2	5030.0	4666.6	4021.9	644.7
珠海市	19.0	69.6	703.8	692.6	613.0	79.6
汕头市	40.6	68.8	734.7	693.6	614.1	79.5
佛山市	102.3	216.3	4875.6	4843.4	4118.0	725.4
江门市	45.1	42.0	1460.5	1455.5	1258.5	197.0
湛江市	61.6	30.1	852.8	820.3	720.2	100.0
茂名市	50.9	41.4	652.6	637.5	559.0	78.5
肇庆市	32.2	45.0	935.5	926.9	783.9	143.0
惠州市	38.3	73.1	1184.5	1154.9	991.9	163.0
梅州市	30.3	21.2	414.0	403.8	372.2	31.6
汕尾市	15.8	6.6	263.9	250.1	216.8	33.3
河源市	19.4	11.8	308.7	306.4	263.5	42.9
阳江市	21.2	16.6	357.1	355.7	314.4	41.3
清远市	33.1	25.3	630.7	603.8	521.0	82.7
东莞市	86.4	349.8	3597.3	3587.3	3081.3	506.1
中山市	57.2	162.6	2478.8	2464.6	2103.4	361.1
潮州市	13.4	4.9	236.8	224.3	215.2	9.1
揭阳市	26.2	20.2	358.8	355.0	318.2	36.7
云浮市	14.4	18.0	473.9	456.9	383.4	73.5

3-15 各市卫生院入院与诊疗人次数（2014）

市别	入院人次（万人次）	健康检查人次（万人次）	总诊疗人次数（万人次）	门诊、急诊人次（万人次）		
					门诊人次	急诊人次
广东省	**186.5**	**708.9**	**7102.5**	**6968.8**	**6328.1**	**640.8**
广州市	5.9	24.7	325.9	321.2	260.4	60.8
韶关市	6.6	53.7	262.5	261.7	244.9	16.9
深圳市	0.1		22.4	22.4	18.1	4.4
珠海市	0.8	9.7	175.6	175.6	144.1	31.5
汕头市	5.1	18.4	149.8	148.1	141.8	6.3
佛山市	1.0	8.0	272.5	264.5	241.9	22.6
江门市	14.6	24.0	781.5	779.8	687.2	92.6
湛江市	23.6	81.2	468.8	462.9	419.2	43.7
茂名市	38.7	86.7	908.3	888.0	836.6	51.4
肇庆市	6.8	62.8	494.1	490.5	430.2	60.3
惠州市	6.8	42.0	576.5	552.7	500.2	52.5
梅州市	12.9	39.9	337.1	328.2	314.8	13.4
汕尾市	7.1	14.2	155.5	151.5	143.9	7.6
河源市	9.6	116.2	307.6	297.7	274.5	23.2
阳江市	4.4	10.9	215.8	202.1	188.1	14.0
清远市	12.7	29.4	504.5	495.9	429.7	66.2
东莞市						
中山市						
潮州市	5.8	21.6	339.3	331.0	321.3	9.6
揭阳市	15.6	24.2	285.0	279.1	266.1	13.0
云浮市	8.5	41.3	519.8	516.0	465.1	50.9

3-16 各市妇幼保健机构入院与诊疗人次数（2014）

市别	入院人次（万人次）	健康检查人次（万人次）	总诊疗人次数（万人次）	门诊、急诊人次（万人次）		
					门诊人次	急诊人次
广东省	**104.2**	**240.9**	**3367.3**	**3220.7**	**2834.2**	**386.5**
广州市	14.5	30.3	614.0	587.4	499.0	88.3
韶关市	3.3	12.3	98.1	97.7	92.6	5.1
深圳市	12.0	31.7	544.6	449.4	391.9	57.5
珠海市	2.7	7.5	104.3	104.3	93.4	10.9
汕头市	1.7	1.5	39.6	38.9	36.8	2.1
佛山市	8.8	30.7	463.1	460.5	384.7	75.8
江门市	5.3	20.8	223.7	223.7	196.9	26.8
湛江市	7.5	28.5	192.7	184.7	170.5	14.2
茂名市	7.8	4.6	113.2	112.1	102.5	9.5
肇庆市	3.1	12.4	116.1	116.1	97.0	19.1
惠州市	6.3	21.6	158.7	157.0	140.5	16.5
梅州市	3.8	6.4	66.7	66.7	64.0	2.7
汕尾市	1.6	2.0	28.9	27.2	27.2	
河源市	5.9	5.2	102.7	102.7	95.7	7.0
阳江市	3.4	5.1	84.5	84.3	73.2	11.2
清远市	4.4	7.9	94.7	91.1	75.7	15.4
东莞市	3.0	1.6	132.1	132.1	117.4	14.7
潮州市	1.5	1.3	31.7	31.6	31.5	0.1
揭阳市	3.7	3.3	50.1	49.9	49.5	0.4
云浮市	3.8	6.1	107.7	103.5	94.2	9.3

3-17 各市医院、妇幼保健院、专科疾病防治院万元以上设备台数（2014）

地　区	合计（台）	10万元以下（台）	10～49万元（台）	50～99万元（台）	100万元以上（台）
广东省	**368855**	**273809**	**72387**	**11929**	**10730**
广州市	104821	78164	20207	3273	3177
韶关市	8171	6112	1664	213	182
深圳市	67303	48272	14590	2385	2056
珠海市	7639	5487	1707	244	201
汕头市	10242	7930	1637	305	370
佛山市	29619	21712	6049	989	869
江门市	12068	9342	2082	343	301
湛江市	11931	9007	2270	368	286
茂名市	7657	5633	1543	250	231
肇庆市	9827	7360	1900	315	252
惠州市	11641	8229	2533	474	405
梅州市	6400	4630	1368	202	200
汕尾市	2794	2070	565	81	78
河源市	4082	3030	801	145	106
阳江市	4689	3341	1025	186	137
清远市	7500	5556	1521	228	195
东莞市	35619	27378	6171	1132	938
中山市	16254	12690	2689	474	401
潮州市	2965	2269	544	56	96
揭阳市	3292	2447	606	112	127
云浮市	4341	3150	915	154	122

3-18 2014年全省卫生技术人员性别、年龄、学历、职称构成

单位：%

分组	合计	执业(助理)医师			注册护士	药剂师(士)	技师(士)		其他
		小计	执业医师	执业助理医师			计	检验技师(士)	
总计	**100**	**100**	**100**	**100**	**100**	**100**	**100**	**100**	**100**
按性别分:									
男	32.6	60.7	60.9	60.1	2.1	35.9	47.5	43.1	41.0
女	67.4	39.3	39.1	39.9	97.9	64.1	52.5	56.9	59.0
按年龄分:									
25岁以下	10.5	0.0	0.0	0.0	7.3	0.3	0.2	0.2	2.6
25-34	39.3	29.0	27.9	34.3	44.4	41.5	41.8	43.2	51.3
35-44	28.4	34.5	32.9	42.0	26.4	27.5	31.5	32.5	15.6
45-54	14.5	21.5	23.0	14.7	9.6	17.6	15.6	14.8	7.8
55-59	2.8	4.8	5.0	3.5	1.0	5.0	3.6	3.1	1.8
60岁及以上	4.4	10.1	11.2	5.0	0.4	3.1	2.6	2.0	1.8
按工龄分:									
5年以下	23.5	10.9	10.8	11.5	28.0	17.1	18.6	17.7	52.1
5-9年	22.2	20.0	19.7	21.2	24.9	23.0	22.5	23.6	19.5
10-19年	26.5	29.4	27.7	37.1	27.1	26.1	28.5	29.4	15.0
20-29年	17.0	21.6	22.0	19.6	15.0	18.4	18.9	19.2	8.0
30年及以上	10.8	18.2	19.8	10.6	5.0	15.3	11.5	10.3	5.4
按技术资格分									
正高	1.9	4.5	5.4	0.0	0.2	0.5	1.2	1.4	0.3
副高	6.4	13.4	16.3	0.1	2.1	2.7	6.3	6.9	1.1
中级	15.8	23.7	28.7	0.6	12.5	12.2	18.4	19.2	3.4
助理/师级	31.4	41.4	43.6	31.0	25.5	36.5	34.0	34.5	17.1
员/士	33.2	11.6	1.3	59.5	52.0	39.6	30.2	28.7	34.5
无职称	11.3	5.4	4.7	8.8	7.7	8.5	9.9	9.3	43.6
按聘任技术职务分									
正高	1.7	4.1	5.0	0.0	0.2	0.4	1.1	1.3	0.3
副高	6.3	13.3	16.2	0.1	2.0	2.7	6.0	6.6	1.0
中级	16.0	24.6	29.7	0.8	12.1	12.2	18.8	19.5	3.5
助理/师级	33.2	45.3	45.2	45.7	26.9	36.8	34.7	35.1	14.8
员/士	32.0	10.0	1.6	48.8	52.4	40.5	30.9	29.6	26.5
待聘	10.7	2.7	2.3	4.6	6.4	7.4	8.6	7.8	52.4
不祥	0.2								1.5
按学历分									
研究生	5.6	12.4	15.0	0.1	0.1	1.9	4.1	4.9	5.5
大学本科	26.8	40.9	48.3	6.6	12.7	25.0	31.0	33.0	29.7
大专	31.6	27.3	23.8	43.6	37.0	29.4	34.5	33.2	26.7
中专及中技	33.3	17.0	11.3	43.4	48.8	33.0	27.2	26.5	33.8
技校	0.1	0.1	0.0	0.2	0.1	0.2	0.1	0.1	0.2
高中及以下	2.6	2.3	1.5	6.1	1.2	10.4	3.0	2.2	4.0

注：数据来源于卫生人力资源数据，截止统计日期为2015年2月

3-19 各市卫生机构数

单位：个

市　别	2009	2010	2011	2012	2013	2014
广东省	**16238**	**16541**	**16962**	**17470**	**19088**	**19925**
广州市	2341	2387	2363	2415	2639	2668
韶关市	685	702	718	733	657	661
深圳市	2486	2456	2481	2623	2885	3185
珠海市	486	510	478	482	518	522
汕头市	288	306	394	521	618	692
佛山市	1051	1071	1086	1039	1194	1267
江门市	899	750	740	727	775	778
湛江市	954	946	1028	1051	1190	1225
茂名市	373	391	419	439	456	502
肇庆市	605	678	735	726	880	830
惠州市	680	719	809	984	1096	1168
梅州市	1172	1178	1202	1203	1042	948
汕尾市	209	306	310	310	376	380
河源市	290	303	303	289	385	380
阳江市	385	388	384	396	434	437
清远市	623	642	658	693	822	792
东莞市	900	985	1006	1016	1106	1383
中山市	442	470	473	482	502	565
潮州市	820	802	809	759	793	794
揭阳市	264	259	260	278	347	370
云浮市	285	292	306	304	373	378

注：1.不含乡村医疗点；2.2013年起，计划生育服务机构纳入统计。

3-20 各市医院数

单位：个

市　别	2009	2010	2011	2012	2013	2014
广东省	**1064**	**1088**	**1125**	**1185**	**1222**	**1260**
广州市	224	216	207	224	222	224
韶关市	60	61	61	59	61	57
深圳市	107	114	116	121	121	127
珠海市	31	31	33	35	37	38
汕头市	39	37	34	35	38	38
佛山市	57	59	82	83	89	99
江门市	33	31	32	36	39	39
湛江市	65	69	72	74	79	82
茂名市	40	47	47	48	48	54
肇庆市	41	42	43	47	50	51
惠州市	42	46	49	61	63	62
梅州市	27	28	29	30	32	33
汕尾市	24	24	25	25	25	25
河源市	22	22	23	24	28	28
阳江市	38	38	36	37	37	37
清远市	37	35	35	40	40	45
东莞市	85	91	95	96	103	101
中山市	44	45	47	48	47	47
潮州市	13	12	19	21	20	22
揭阳市	18	23	23	24	26	33
云浮市	17	17	17	17	17	18

3-21 各市卫生院数

单位：个

市 别	2009	2010	2011	2012	2013	2014
广东省	**1378**	**1356**	**1286**	**1252**	**1225**	**1222**
广州市	29	39	49	35	31	31
韶关市	114	112	109	112	103	103
深圳市	2	2	2	2	2	2
珠海市	17	18	17	14	14	12
汕头市	41	41	34	33	33	33
佛山市	40	39	20	20	17	11
江门市	86	83	78	71	66	69
湛江市	102	99	94	95	95	95
茂名市	104	101	99	99	99	99
肇庆市	105	103	99	98	99	98
惠州市	82	82	82	76	76	76
梅州市	144	138	133	124	118	121
汕尾市	55	53	46	46	47	47
河源市	101	98	98	98	98	98
阳江市	41	41	38	39	39	39
清远市	122	122	119	120	118	120
潮州市	54	53	45	45	45	45
揭阳市	78	78	70	70	70	68
云浮市	61	54	54	55	55	55

3-22 各市妇幼保健机构数

单位：个

市 别	2009	2010	2011	2012	2013	2014
广东省	**127**	**126**	**124**	**127**	**128**	**130**
广州市	14	13	13	15	15	16
韶关市	9	9	9	9	9	9
深圳市	7	7	7	7	9	9
珠海市	2	2	2	2	2	2
汕头市	6	6	4	4	4	4
佛山市	5	5	5	5	5	5
江门市	6	6	6	6	6	6
湛江市	11	11	11	11	11	11
茂名市	5	5	5	5	5	5
肇庆市	7	7	7	7	7	7
惠州市	5	5	6	6	6	6
梅州市	9	9	9	9	9	9
汕尾市	5	5	5	5	5	5
河源市	6	6	6	6	6	6
阳江市	5	5	5	5	5	5
清远市	9	9	8	9	8	9
东莞市	1	1	1	1	1	1
潮州市	4	4	4	4	4	4
揭阳市	6	6	6	6	6	6
云浮市	5	5	5	5	5	5

3-23 各市社区卫生服务机构数

单位：个

市　别	2009	2010	2011	2012	2013	2014
广东省	**1984**	**2267**	**2388**	**2345**	**2489**	**2527**
广州市	232	275	299	313	316	320
韶关市	6	9	12	19	32	33
深圳市	638	604	603	588	588	586
珠海市	96	114	112	118	124	125
汕头市	5	17	35	39	39	42
佛山市	193	287	300	254	360	365
江门市	10	27	35	35	36	31
湛江市	24	45	54	52	50	55
茂名市	20	29	35	42	51	59
肇庆市		20	32	33	30	29
惠州市	55	66	66	75	80	79
梅州市	3	5	9	9	12	12
汕尾市		3	10	10	10	10
河源市	1	5	5	6	7	6
阳江市	55	54	59	52	59	60
清远市	23	27	19	15	17	17
东莞市	348	388	390	387	389	397
中山市	245	249	251	249	248	252
潮州市	20	21	30	18	11	10
揭阳市	10	10	20	20	20	29
云浮市		12	12	11	10	10

3-24 各市村级乡村医疗点数

单位：个

市 别	2009	2010	2011	2012	2013	2014
广东省	**28070**	**28339**	**28973**	**29086**	**28767**	**28162**
广州市	1080	1070	1096	1096	1090	1081
韶关市	1507	1503	1510	1514	1549	1534
珠海市	182	174	159	156	156	151
汕头市	509	566	582	586	642	619
佛山市	198	187	186	176	172	162
江门市	875	926	947	950	955	938
湛江市	2033	2047	2239	2293	2273	2238
茂名市	3323	3407	3399	3468	3277	3270
肇庆市	2387	2437	2472	2483	2368	2290
惠州市	1534	1539	1557	1574	1508	1490
梅州市	2518	2567	2582	2571	2586	2478
汕尾市	1453	1443	1420	1400	1312	1309
河源市	1792	1821	1791	1751	1709	1700
阳江市	964	964	1323	1361	1368	1341
清远市	1853	1834	1824	1813	1789	1765
东莞市	1206	1244	1243	1206	1148	811
中山市	81	66	60	60	58	55
潮州市	1492	1469	1493	1481	1507	1531
揭阳市	2073	2063	2077	2126	2265	2362
云浮市	1010	1012	1013	1021	1035	1037

3-25 各市卫生人员数

单位：人

市　别	2009	2010	2011	2012	2013	2014
全　省	**513997**	**550269**	**582244**	**620173**	**667072**	**697202**
广州市	109831	117281	122411	129509	139831	145843
韶关市	16352	17789	18793	19577	20603	20962
深圳市	67455	67881	71976	76822	83335	87389
珠海市	13313	14064	14227	14923	15690	16237
汕头市	17544	19757	20772	21985	23159	24083
佛山市	38769	40406	42989	45457	47904	49472
江门市	20265	20710	22665	24314	26200	27236
湛江市	26677	28768	31034	33057	35357	36988
茂名市	19087	23198	25003	26941	28063	29474
肇庆市	17914	18881	20012	20883	23678	24951
惠州市	20415	21751	23802	27743	30093	31482
梅州市	18528	20078	20978	20498	23284	24017
汕尾市	8813	9748	10248	11049	11552	11609
河源市	11489	12098	12577	13252	14344	14777
阳江市	9206	10406	11289	12200	13747	14506
清远市	13894	14533	15240	18569	20095	20850
东莞市	39669	42447	44574	46276	49378	51086
中山市	16346	18374	19211	20244	21514	22634
潮州市	8334	8131	8737	9151	9438	10842
揭阳市	11851	15192	15890	17207	18334	19994
云浮市	8245	8776	9816	10516	11473	12770

注：本表不含乡村医疗点数据。

3-26 各市卫生技术人员数

单位：人

市别	2009	2010	2011	2012	2013	2014
全省	**413444**	**446456**	**476446**	**510288**	**545562**	**575725**
广州市	89179	95546	100353	106250	114322	120342
韶关市	13227	14386	15392	16183	16835	17218
深圳市	54121	54261	58128	62079	66624	70485
珠海市	11119	11792	11947	12615	13138	13795
汕头市	13573	15865	16885	18123	18966	19823
佛山市	31453	33292	35580	37472	39714	41405
江门市	16620	17084	19047	20577	21815	22953
湛江市	21031	22881	24997	26608	28368	30082
茂名市	15246	19200	20827	22600	23570	25126
肇庆市	13944	14880	15775	16544	18452	19783
惠州市	16168	17450	19188	23161	24933	26340
梅州市	14982	16879	17689	17401	19400	20185
汕尾市	6660	7525	7820	8762	9073	9159
河源市	9535	10232	10648	11264	12001	12311
阳江市	7262	8236	9132	9896	11259	12084
清远市	11637	12255	12914	15998	17175	18116
东莞市	31874	33832	36002	37520	40074	41708
中山市	13499	15121	16048	17012	18082	18928
潮州市	6566	6364	6917	7193	7415	8677
揭阳市	9007	12249	13032	14316	14886	16496
云浮市	6741	7126	8125	8714	9460	10709

注：本表不含乡村医疗点数据。

3-27 各市执业（助理）医师数

单位：人

市 别	2009	2010	2011	2012	2013	2014
全 省	**155711**	**168486**	**179381**	**192107**	**203673**	**210658**
广州市	32926	33575	35289	37101	39342	40284
韶关市	5081	5370	5922	6058	6229	6324
深圳市	21524	21295	22683	23973	25715	27081
珠海市	4260	4615	4520	4733	4941	5041
汕头市	5225	6682	7243	7894	8171	8296
佛山市	11386	11646	12376	13171	14179	14786
江门市	6381	6472	7142	7409	7723	7580
湛江市	7613	8030	9009	9587	10331	10786
茂名市	5359	8126	8858	9624	9834	10591
肇庆市	4724	4762	4875	5176	5827	5856
惠州市	5852	6223	6824	8564	9154	9606
梅州市	6313	7476	7778	7399	7915	8471
汕尾市	2731	3183	3443	4345	4525	4475
河源市	3451	3937	3918	4042	4309	4193
阳江市	2717	3013	3146	3381	4006	4157
清远市	4168	4106	4301	6381	6632	6657
东莞市	11373	11769	12228	12849	13770	14344
中山市	4915	5383	5337	5635	6013	6334
潮州市	3149	3106	3606	3636	3712	3940
揭阳市	4013	7237	7668	7941	7842	8108
云浮市	2550	2480	3215	3208	3503	3748

注：本表不含乡村医疗点数据。

3-28 各市乡村医生和卫生员数

单位：人

市 别	2009	2010	2011	2012	2013	2014
全 省	**33926**	**34166**	**35193**	**34697**	**33280**	**28512**
广州市	1898	1892	1865	1738	1621	1372
韶关市	1755	1721	1710	1693	1633	1394
深圳市						
珠海市	223	229	219	179	178	183
汕头市	968	1018	884	953	892	707
佛山市	220	214	247	212	201	115
江门市	1032	1087	1067	1062	1073	976
湛江市	3355	3226	3694	3618	3619	2790
茂名市	3968	4343	4357	4425	4154	3544
肇庆市	2737	2773	2746	2672	2567	2116
惠州市	1539	1545	1629	1528	1391	1313
梅州市	2493	2521	2610	2534	2379	2008
汕尾市	1529	1571	1591	1684	1577	1396
河源市	2043	2052	2033	1958	1865	1825
阳江市	1247	1327	1755	1839	1744	1595
清远市	2090	2037	2072	2074	1969	1611
东莞市	1285	1117	1078	982	889	544
中山市	107	81	72	67	58	57
潮州市	1714	1619	1764	1655	1630	1437
揭阳市	2169	2196	2206	2251	2364	2150
云浮市	1554	1597	1594	1573	1476	1379

3-29 各市医疗机构床位数

单位：人

市别	2009	2010	2011	2012	2013	2014
全省	**271972**	**300083**	**325038**	**355274**	**378367**	**405707**
广州市	59038	62552	65940	70649	73301	77011
韶关市	11403	12229	13007	13510	14730	15285
深圳市	21538	22842	24079	28065	29296	31151
珠海市	6341	6569	6736	7439	7510	7993
汕头市	10296	12173	13057	13527	14667	15407
佛山市	21456	23227	24526	25686	27073	29821
江门市	11734	12603	14247	15627	16795	18455
湛江市	17843	21914	22360	24212	26402	28151
茂名市	13618	15509	17046	19748	21458	24838
肇庆市	9186	9712	10889	11869	12688	13953
惠州市	11122	12206	13092	17231	19155	20135
梅州市	9360	10702	11633	12660	14079	14558
汕尾市	5321	5933	6561	6766	7089	7435
河源市	6174	7121	8457	9228	10280	10994
阳江市	5954	6369	7437	8442	8569	9830
清远市	9342	10053	11097	11823	13003	14368
东莞市	18080	19980	22814	24617	25736	26704
中山市	8822	10114	10698	11336	12225	13246
潮州市	3233	3299	5358	5602	5732	6014
揭阳市	6851	9172	9844	10812	11597	12907
云浮市	5260	5804	6160	6425	6982	7451

3-30 各市医院床位数

单位：人

市 别	2009	2010	2011	2012	2013	2014
全 省	**202257**	**224114**	**246050**	**272873**	**294219**	**319729**
广州市	50367	53227	55429	62194	64864	68685
韶关市	8629	9068	9666	9841	10845	11378
深圳市	20011	21196	22349	26214	27141	29068
珠海市	4870	5075	5244	6103	6251	7004
汕头市	8097	9884	10461	10899	12027	12738
佛山市	12578	13894	21255	22140	23845	27255
江门市	8015	8355	9569	10974	12476	13473
湛江市	11533	14613	14079	15742	17894	19343
茂名市	8459	10029	10560	11785	12954	15601
肇庆市	6408	6808	7691	8603	9340	10333
惠州市	6673	7523	7793	11056	12714	13470
梅州市	5633	6812	7155	7752	9065	9528
汕尾市	3307	3772	4170	4359	4627	4908
河源市	2844	3266	3769	4015	4661	5328
阳江市	4083	4214	4961	5863	6048	7275
清远市	5531	5960	6567	6838	7849	9110
东莞市	17685	19571	22276	24042	25026	25994
中山市	8707	10009	10593	11213	12102	13123
潮州市	2023	1976	3160	3417	3524	3751
揭阳市	3706	5322	5602	6107	6768	7838
云浮市	3098	3540	3701	3716	4198	4526

3-31 各市卫生院床位数

单位：人

市别	2009	2010	2011	2012	2013	2014
全省	**48107**	**53012**	**52020**	**51871**	**52259**	**52908**
广州市	1323	3581	4432	2050	1857	1880
韶关市	2021	2159	2153	2425	2542	2662
深圳市	49	81	81	81	81	81
珠海市	997	1017	1015	775	739	459
汕头市	1564	1552	1480	1462	1480	1488
佛山市	7305	7730	1541	1668	1321	509
江门市	3081	3422	3672	3374	3050	3349
湛江市	4734	5498	5999	6299	6124	6465
茂名市	4112	4269	4969	6116	6459	6810
肇庆市	2050	2122	2300	2375	2411	2543
惠州市	3526	3354	3869	3429	3544	3628
梅州市	2960	3024	3279	3386	3557	3569
汕尾市	1751	1713	1741	1745	1772	1847
河源市	2532	2652	3377	3634	3962	3971
阳江市	1375	1531	1549	1587	1625	1664
清远市	3284	3438	3676	3832	3950	4033
东莞市						
中山市						
潮州市	999	1102	1827	1833	1833	1843
揭阳市	2663	3275	3442	3869	3974	4031
云浮市	1781	1492	1618	1931	1978	2076

3-32 各市妇幼保健机构床位数

单位：人

市 别	2009	2010	2011	2012	2013	2014
全 省	**12274**	**12516**	**14717**	**16193**	**17438**	**18692**
广州市	2193	1569	2185	2325	2333	2501
韶关市	386	501	526	546	663	655
深圳市	1317	1404	1485	1598	1910	1836
珠海市	448	451	451	505	520	530
汕头市	447	447	372	372	372	372
佛山市	1233	1273	1371	1530	1530	1680
江门市	556	589	690	779	783	981
湛江市	945	1039	1139	1107	1245	1246
茂名市	488	511	761	882	994	1184
肇庆市	416	416	459	562	561	721
惠州市	437	479	748	928	1093	1192
梅州市	503	496	564	699	737	747
汕尾市	192	292	302	312	330	330
河源市	610	715	791	902	920	1020
阳江市	414	470	557	580	594	600
清远市	412	484	592	729	818	833
东莞市	326	326	455	455	590	590
中山市						
潮州市	211	221	315	316	341	396
揭阳市	375	428	474	488	508	643
云浮市	365	405	480	578	596	635

3-33 各市医院病床使用率

单位：%

市　别	2009	2010	2011	2012	2013	2014
全　省	**85.7**	**87.0**	**86.5**	**87.0**	**87.2**	**85.3**
广州市	87.4	89.5	92.3	91.2	91.0	90.7
韶关市	75.2	78.4	76.0	81.7	82.8	86.3
深圳市	85.2	88.1	89.7	84.4	83.6	84.9
珠海市	76.0	71.7	73.9	74.3	75.6	74.7
汕头市	93.8	87.6	87.1	88.2	87.2	86.7
佛山市	95.5	98.7	93.9	95.0	97.4	95.1
江门市	92.2	97.5	96.7	94.4	90.7	91.3
湛江市	83.0	86.6	85.6	86.6	85.7	85.5
茂名市	89.0	88.3	94.9	97.1	95.8	93.6
肇庆市	82.0	83.7	77.6	83.5	85.0	81.9
惠州市	73.1	79.7	83.9	77.4	78.2	75.0
梅州市	77.6	78.1	80.2	86.7	85.7	84.0
汕尾市	60.2	69.5	67.2	72.4	80.0	82.3
河源市	76.4	76.6	81.7	81.8	78.3	75.3
阳江市	79.7	86.4	79.9	79.5	83.9	54.3
清远市	79.7	79.0	80.9	88.2	85.8	79.2
东莞市	89.9	88.0	77.0	79.1	81.4	79.7
中山市	96.8	97.4	95.4	94.9	93.0	89.6
潮州市	84.1	94.0	79.4	74.7	73.5	73.7
揭阳市	85.1	74.5	77.1	82.6	85.6	83.8
云浮市	82.2	73.4	71.4	80.8	84.1	80.4

3-34 各市医院出院者平均住院日

单位：床日

市　别	2009	2010	2011	2012	2013	2014
全　省	**9.3**	**9.4**	**9.1**	**8.7**	**8.9**	**8.8**
广州市	11.0	11.1	10.8	10.1	9.9	9.7
韶关市	9.4	9.4	9.2	8.9	8.7	8.8
深圳市	8.3	8.2	8.1	8.0	8.1	8.0
珠海市	9.2	8.9	9.1	9.0	9.1	8.8
汕头市	9.8	10.3	10.1	9.5	9.5	9.7
佛山市	10.8	11.8	9.2	9.0	9.1	8.7
江门市	10.2	10.5	10.1	9.4	9.2	9.3
湛江市	9.5	9.8	9.4	9.2	9.1	9.1
茂名市	9.9	10.0	10.0	9.9	9.9	10.0
肇庆市	9.3	9.3	9.0	8.9	9.4	9.5
惠州市	8.7	8.7	8.6	7.8	8.2	8.5
梅州市	8.4	8.4	8.5	5.7	8.8	8.7
汕尾市	7.5	8.5	8.3	8.1	9.0	9.0
河源市	7.4	7.2	7.2	7.1	7.0	7.0
阳江市	9.5	9.9	9.8	9.6	8.8	8.4
清远市	8.6	8.6	8.3	7.6	7.5	7.5
东莞市	8.1	8.1	8.0	8.2	8.4	8.5
中山市	7.3	7.1	7.0	7.1	7.0	7.0
潮州市	7.0	7.7	7.6	7.2	7.6	7.3
揭阳市	7.5	7.5	8.0	8.1	8.5	8.7
云浮市	8.7	8.0	7.8	7.8	8.4	8.4

3-35 各市医院入院病人病死率

单位：%

市　别	2009	2010	2011	2012	2013	2014
广东省	**0.9**	**0.8**	**0.8**	**0.5**	**0.6**	**0.6**
广州市	1.3	1.2	1.2	0.8	0.9	0.9
韶关市	1.5	1.5	1.4	0.5	1.1	1.1
深圳市	0.6	0.6	0.5	0.3	0.5	0.5
珠海市	1.0	1.0	1.0	0.8	0.9	0.8
汕头市	0.7	0.7	0.6	0.4	0.5	0.5
佛山市	0.6	0.6	0.5	0.3	0.4	0.4
江门市	1.2	1.2	1.1	0.3	0.8	0.8
湛江市	0.9	0.7	0.7	0.4	0.5	0.5
茂名市	0.9	0.9	0.8	0.6	0.6	0.5
肇庆市	1.3	1.3	1.1	0.9	0.9	0.9
惠州市	1.1	1.0	1.0	0.6	0.7	0.7
梅州市	1.0	1.0	0.8	0.3	0.5	0.6
汕尾市	0.3	0.3	0.3	0.1	0.2	0.2
河源市	1.2	1.1	1.0	0.7	0.6	0.6
阳江市	0.7	0.6	0.6	0.4	0.4	0.4
清远市	1.2	1.1	0.9	0.6	0.6	0.7
东莞市	0.5	0.5	0.5	0.3	0.4	0.4
中山市	0.3	0.3	0.3	0.1	0.1	0.3
潮州市	0.4	0.4	0.3	0.2	0.2	0.2
揭阳市	0.5	0.4	0.4	0.2	0.2	0.3
云浮市	1.3	1.2	1.1	0.4	1.0	1.1

3-36 各市医院万元以上设备台数

单位：台

市　别	2009	2010	2011	2012	2013	2014
广东省	**185121**	**212677**	**236050**	**279184**	**316858**	**337843**
广州市	60845	68342	75646	89853	93970	99198
韶关市	4173	5007	5260	5851	6598	7163
深圳市	29081	36174	39536	49218	61816	60167
珠海市	4368	4529	4571	5011	5173	6404
汕头市	5447	5008	5527	6101	7580	9534
佛山市	10685	13866	19046	22733	23350	26116
江门市	7490	8085	8798	9957	10003	11246
湛江市	6211	7578	7773	9500	10413	11388
茂名市	4014	4390	4637	5621	6010	6342
肇庆市	3712	4314	4924	6515	8199	9317
惠州市	3693	4623	6050	7434	9198	9942
梅州市	3513	4402	4527	4117	5177	5299
汕尾市	1497	1651	2032	2122	2517	2536
河源市	1244	1538	1022	2149	2257	2778
阳江市	1527	2018	2526	2991	3569	4029
清远市	3186	3790	4173	4000	5518	6664
东莞市	17206	21749	22199	26704	32901	34038
中山市	11882	9821	11453	13131	15040	16254
潮州市	1523	1663	1865	1899	2518	2799
揭阳市	1395	1497	1925	1978	2491	2863
云浮市	2429	2632	2560	2299	2560	3766

3-37 妇幼工作基本情况

项　目	2009	2010	2011	2012	2013	2014
广东省						
婴儿死亡率（‰）	4.4	4.8	3.9	3.6	3.2	2.9
孕产妇死亡率（1/10万）	13.9	13.1	14.3	12.4	12.0	12.0
新生儿死亡率（‰）	3.2	2.9	2.3	2.2	1.9	--
全国						
婴儿死亡率（‰）	13.8	13.1	12.1	10.3	9.5	8.9
孕产妇死亡率（1/10万）	31.9	30.0	26.1	24.5	23.2	21.7
新生儿死亡率（‰）	9.0	8.3	7.8	6.9	6.3	--

3-38 广东省农村卫生户厕普及率

单位：%

年　度	2009	2010	2011	2012	2013	2014
合　计	**81.89**	**85.79**	**86.73**	**88.58**	**90.03**	**91.10**
广　州	95.02	97.78	98.16	98.58	98.79	99.00
韶　关	84.78	86.17	87.14	90.02	97.71	92.69
深　圳	100.00	100.00	100.00	100.00	100.00	100.00
珠　海	94.02	95.53	94.07	96.62	98.05	98.11
汕　头	92.61	93.74	94.89	95.50	95.09	95.38
佛　山	97.56	99.12	99.48	99.19	100.00	100.00
江　门	77.14	79.45	84.41	87.30	87.89	88.47
湛　江	66.88	70.17	72.70	73.60	73.95	74.15
茂　名	76.75	79.79	80.72	84.23	86.13	86.32
肇　庆	87.90	92.37	91.82	93.23	93.75	94.56
惠　州	89.67	92.68	94.07	95.76	96.56	97.28
梅　州	89.80	92.68	94.77	95.48	95.59	95.91
汕　尾	66.02	72.34	78.07	80.95	86.40	87.73
河　源	64.63	72.95	73.72	75.16	77.36	82.86
阳　江	67.27	72.03	72.53	85.30	86.83	88.36
清　远	61.18	73.82	75.38	76.09	82.24	85.76
东　莞	99.43	100.00	100.00	100.00	100.00	100.00
中　山	100.00	100.00	100.00	100.00	100.00	100.00
潮　州	81.40	85.87	91.07	93.09	93.86	93.92
揭　阳	91.36	93.39	90.28	90.83	92.83	93.92
云　浮	58.79	75.57	80.57	81.92	84.16	88.46

3-39 广东省农村无害化卫生厕所普及率

单位：%

年　度	2009	2010	2011	2012	2013	2014
合　计	**73.43**	**77.74**	**78.80**	**81.12**	**83.24**	**84.94**
广　州	92.94	94.94	95.11	95.87	96.26	97.62
韶　关	61.45	63.43	71.59	75.65	82.01	85.25
深　圳	100.00	100.00	100.00	100.00	100.00	100.00
珠　海	78.41	82.71	92.32	95.43	97.12	97.18
汕　头	91.93	93.10	94.25	94.51	93.23	94.79
佛　山	97.15	97.94	98.61	98.98	99.79	99.86
江　门	67.84	76.62	77.82	81.43	82.56	82.65
湛　江	66.21	69.51	72.03	72.94	73.29	73.49
茂　名	55.85	59.89	61.28	65.33	67.40	68.96
肇　庆	68.39	74.16	74.86	75.82	77.86	80.44
惠　州	79.85	83.68	87.81	90.67	92.48	94.21
梅　州	65.53	67.51	72.56	75.70	77.40	78.64
汕　尾	50.32	57.85	66.63	70.09	83.11	84.90
河　源	49.43	59.16	61.13	62.87	65.91	74.42
阳　江	59.30	60.99	61.60	74.23	80.21	82.43
清　远	57.27	68.97	70.56	72.85	76.93	79.50
东　莞	99.43	100.00	100.00	100.00	100.00	100.00
中　山	95.04	95.04	99.79	100.00	100.00	100.00
潮　州	81.40	85.87	91.07	93.09	93.86	93.92
揭　阳	91.30	93.39	90.28	90.83	91.58	93.23
云　浮	56.98	75.57	71.46	72.34	74.62	76.90

3-40 广东省农村自来水普及率

单位：%

年　度	2009	2010	2011	2012	2013	2014
合　计	**80.79**	**83.89**	**84.33**	**86.71**	**88.38**	**89.44**
广　州	97.47	97.74	97.98	98.26	98.56	99.99
韶　关	71.46	75.49	79.08	86.00	88.76	89.45
深　圳	100.00	100.00	100.00	100.00	100.00	100.00
珠　海	100.00	100.00	100.00	100.00	100.00	100.00
汕　头	90.95	91.68	92.48	92.14	92.40	93.13
佛　山	99.18	99.18	99.18	99.21	99.15	99.36
江　门	95.10	96.45	94.16	95.12	95.56	97.22
湛　江	89.42	89.71	89.90	90.09	90.24	90.41
茂　名	72.45	81.98	83.06	84.91	87.29	88.21
肇　庆	92.77	93.69	93.75	95.10	95.79	95.99
惠　州	83.50	87.78	88.91	90.55	91.37	92.21
梅　州	71.99	74.15	76.62	78.34	79.69	80.29
汕　尾	60.41	68.74	70.49	74.39	79.47	83.72
河　源	57.65	60.71	61.90	63.32	66.57	71.55
阳　江	54.11	56.29	59.75	81.60	83.21	86.31
清　远	68.58	76.61	78.42	79.62	81.67	83.39
东　莞	99.83	100.00	100.00	100.00	100.00	100.00
中　山	100.00	100.00	100.00	100.00	100.00	100.00
潮　州	84.50	85.41	85.44	85.47	85.38	85.60
揭　阳	74.86	76.75	77.88	82.93	87.24	87.83
云　浮	80.30	87.72	85.73	85.51	85.57	85.70

3-41 广东省农村饮用清洁水普及率

单位：%

年 度	2009	2010	2011	2012	2013	2014
合 计	**98.57**	**98.99**	**98.35**	**98.81**	**99.00**	**99.20**
广 州	99.67	99.96	99.97	99.80	99.99	99.99
韶 关	98.30	98.59	98.86	99.31	99.26	99.26
深 圳	100.00	100.00	100.00	100.00	100.00	100.00
珠 海	100.00	100.00	100.00	100.00	100.00	100.00
汕 头	96.14	96.86	98.23	99.10	99.11	99.71
佛 山	100.00	100.00	100.00	100.00	99.80	100.00
江 门	97.14	99.16	99.35	98.67	98.88	98.94
湛 江	100.00	100.00	100.00	100.00	100.00	100.00
茂 名	98.88	99.02	98.99	99.00	99.36	99.75
肇 庆	99.93	99.93	97.86	99.02	99.37	99.48
惠 州	99.47	97.82	98.36	98.89	99.02	99.10
梅 州	97.32	100.77	98.23	99.02	99.57	99.57
汕 尾	96.48	97.91	95.87	96.71	96.90	97.90
河 源	99.91	99.89	99.87	99.89	99.37	99.87
阳 江	97.63	96.83	97.58	97.20	98.07	98.65
清 远	98.12	98.42	98.56	98.55	98.31	98.42
东 莞	100.00	100.00	100.00	100.00	100.00	100.00
中 山	100.00	100.00	100.00	100.00	100.00	100.00
潮 州	99.46	99.12	99.06	99.26	98.97	99.16
揭 阳	98.27	98.36	93.01	95.72	96.92	96.92
云 浮	96.42	97.22	99.46	99.34	98.76	98.77

主要统计指标解释

卫生机构 是指从卫生部门取得“医疗机构执业许可证”，或从民政、工商行政、机构编制管理部门取得法人单位登记证书，为社会提供医疗保健、疾病控制、卫生监督服务或从事医学科研、医学教育等的卫生单位和卫生社会团体。

卫生技术人员 是指从事卫生技术工作并在卫生事业机构领取劳动报酬的专业人员。包括中医师、西医师、中西医结合高级医师、护师、中药师、西药师、检验师、其他技师、中医士、西医士、护士、助产士、中药剂士、西药剂士、检验士、其他技士、其他中医、护理员、中药剂员、西药剂员、检验员以及其他初级卫生技术员。

低出生体重儿发生率 是指年内出生的活产婴儿中，出生1小时内测量其体重小于2500克的活产婴儿数占当年活产婴儿总数的比例。

婴儿死亡率 是指某地年内每1000名活产儿中未满1周岁的婴儿死亡人数占当年活产儿的比重。

孕产妇死亡率 是指某地区1年内每10万名活产儿中孕产妇死亡数。孕产妇死亡数是指产妇从妊娠开始至产后42天内死亡者，不论妊娠时间与部位，包括内外科原因、计划生育手术、宫外孕及葡萄胎死亡者，但不包括意外原因（车祸、中毒）死亡者。

四、文　化

简要说明

1. 本篇资料主要反映广东省劳动就业和社会保险的基本情况。

2. 本篇资料主要包括：

（1）各级各类文化产业机构及人员基本情况，艺术表演团体和场馆基本情况，公共图书馆、博物馆、群艺馆基本情况，文化设施情况等。

（2）地区全省和21个地级以上市。

（3）年份主要有当年、近5年和1978以来连续年份。

3. 统计资料来源：本篇资料由广东省文化厅负责整理、审核、提供。

4-1 文化产业机构及人员基本情况（2014）

指 标	机构数（个）	从业人员（人）	文化部门		其他部门	
			机构数（个）	从业人员（人）	机构数（个）	从业人员（人）
合计	18066	170410	2538	31348	15528	139062
艺术业	372	12266	110	5421	262	6845
图书馆业	138	4047	138	4047		
#少儿图书馆	4	158	4	158		
群众文化服务业	1746	10951	1746	10951		
省级文化馆	1	54	1	54		
地市级文化馆	22	543	22	543		
县区级文化馆	124	1701	124	1701		
文化站	1599	8653	1599	8653		
艺术教育业	5	545	5	545		
#高等院校	1	262	1	262		
中等专业学校	3	275	3	275		
其他教育机构	1	8	1	8		
文化市场经营机构（不含非公有制艺术表演团体）	15191	125913			15191	125913
文艺科研	7	97	7	97		
#文化科技研究机构	3	46	3	46		
综合性艺术研究机构	3	43	3	43		
地方戏艺术研究机构	1	8	1	8		
文物业	271	4262	261	4101	10	161
文物科研机构	4	220	4	220		
文物保护管理机构	35	321	35	321		
博物馆	176	3309	176	3309		
文物商店	4	79	4	79		
其他	336	12329	271	6186	65	6143

4-2 各市文化、文物事业机构数（2014）

单位：个

市别	艺术表演团体	文化馆	公共图书馆	博物馆
广州	38	13	14	30
深圳	55	8	11	16
珠海	6	4	3	2
汕头	7	8	9	6
佛山	8	7	6	16
韶关	2	11	9	9
河源	16	7	7	6
梅州	11	9	10	10
惠州	6	6	5	6
汕尾	19	6	4	5
东莞	6	1	1	7
中山	8	1	1	5
江门	8	8	7	8
阳江	2	5	4	3
湛江	74	11	8	6
茂名	12	7	5	6
肇庆	6	9	9	7
清远	6	9	9	11
潮州	2	4	4	4
揭阳	21	6	6	6
云浮	2	6	5	5
省直	10	1	1	2

4-3 各市文化、文物事业机构人员情况（2014）

单位：人

市别	艺术表演团体	公共图书馆	群众艺术馆、文化馆	文化站	博物馆
合计	**10759**	**4047**	**10951**	**8653**	**3309**
广州	1532	579	1116	904	695
深圳	757	1050	1104	882	271
珠海	144	81	207	161	45
汕头	239	114	500	387	49
佛山	218	326	567	418	450
韶关	66	105	358	187	120
河源	475	66	214	146	81
梅州	439	141	516	377	111
惠州	201	147	553	436	148
汕尾	678	49	215	153	60
东莞	330	176	2115	2040	325
中山	202	57	378	354	122
江门	227	108	437	337	92
阳江	59	77	168	111	70
湛江	2228	92	416	297	88
茂名	345	145	339	251	80
肇庆	125	118	489	369	111
清远	125	85	291	184	67
潮州	145	41	227	167	61
揭阳	963	135	443	328	74
云浮	58	59	244	164	49
省直	1203	296	54		140

4-4 艺术表演团体基本情况（2014）

单位：人

指标	剧团数（个）	从业人员（人）	国内演出场次（万场次）		国内观众人次（万人次）	演出收入（万元）
				农村演出场次		
合计	325	10759	4.637	2.09	2741.677	31783
按隶属关系分						
#省级	10	1203	0.126	0.072	179.728	5096
地市级	24	1603	0.304	0.101	335.88	6564.3
县区级	291	7953	4.207	1.917	2226.069	20122.7
按登记注册类型分	—	—	—	—	—	
#国有剧团	68	4139	0.931	0.871	961.911	13965.2
集体经营剧团						0
其他	257	6620	3.767	3.766	1779.766	17817.8
按剧种分	—	—	—	—	—	
话剧、儿童剧、滑稽剧团	43	1109	1.774	0.12	103.894	4140.6
歌舞、音乐类	62	2372	0.541	0.237	464.886	10643.8
京剧、昆曲类	3	66	0.007	0.002	3.01	105.5
地方戏曲类	138	5353	1.688	1.457	1845.445	11303.7
杂技、魔术、马戏类	7	338	0.114	0.019	42.515	1073.4
曲艺类	15	391	0.127	0.033	72.662	914.2
乌兰牧骑						
综合性艺术表演团体	57	1130	0.387	0.223	209.265	3601.7

4-5 艺术表演场馆基本情况（2014）

指　　标	合计	剧场、影剧院	省级	地市级	县、区级
机构数（个）	44	37	2	19	23
从业人员数（人）	1467	1024	116	786	565
座席数（个）	50783	41047	3185	19748	27850
演（映）出场次（场）	15230	14130	370	7120	7740
#艺术演出场次（场）	2160	1500	370	1350	440
#艺术演出观众人次（万人次）	143.78	98.96	32.11	79.62	32.05
本年收入合计（万元）	31014	15607	3927	21898	5188
#财政补助收入	13457	6450	1248	9038	3171
艺术演出收入	5125	3839	48	5019	58

4-6 公共图书馆基本情况（2014）

指　　标	合计	少儿图书馆	省级	地市级	县、区级
机构数（个）	138	4	1	26	111
从业人员（人）	4047	158	296	1601	2150
总藏量（万册、件）	6366.80	560.80	740.90	3075.60	2550.30
#图书（万册）	5485.00	528.70	555.40	2749.50	2180.00
报刊（万册）	431.30	0.84	127.80	157.70	145.90
微缩制品（万件）	2.48	0.00	2.29	0.02	0.16
其他（万册）	159.60	0.08	0.38	20.86	138.84
本年新购藏量（万册、件）	600.67	125.81	60.55	334.27	205.84
电子图书（万册）	602.26	200.23	0.01	391.57	210.67
公用房屋建筑面积（万米^2）	112.77	3.01	7.87	48.61	56.30
#书库	19.25	0.12	2.50	6.34	11.07
阅览室	32.82	0.75	1.17	14.71	16.94
阅览室座席数（个）	80527	2235	7213	27681	45633
总流通人次（万人次）	7657.00	265.94	1346.30	2707.12	3603.59
#书刊文献外借人次	1697.669	36.963	130.07	693.714	873.885
书刊文献外借册次（万册次）	3848.31	177.03	280.82	2076.22	1491.28
计算机（台）	14398	656	842	5390	8166
网站访问量（页次）	89722779	2540219	9336350	39478840	40907589
为读者举办各种活动					
次数（次）	9,906	963	1620	3911	4375
参加人次（万人次）	886.21	35.766	217.997	385.038	283.176

4-7 文化馆（站）基本情况（2014）

指　　标	合计	文化馆	文化站
机构数（个）	1746	147	1599
从业人员（人）	10, 951	2, 298	8, 653
举办各种活动			
举办展览（个）	7, 979	1, 482	6, 497
组织文艺活动次数（次）	47, 791	11, 598	36, 193
举办训练班班次（次）	45, 111	16, 790	28, 321
训练班培训人次（万人次）	440. 82	113. 07	327. 74
组织公益性讲座（次数）	1, 356	1, 356	
藏书（万册）	2, 433. 40	31. 40	2, 401. 99
公共房屋建筑面积（万米^2）	366. 31	59. 96	306. 35
本年收入合计（万元）	173, 539	56, 958	116, 581
#财政补助收入	152, 669	52, 752	99, 915
事业收入	1, 098	1, 098	
经营收入	225	225	
本年支出合计（万元）	170, 951	56, 751	114, 201

4-8 对外、对港澳台文化交流情况（2014）

指　　标	来访/出访批次（批次）	来访/出访人数（人）
来访、出访合计	854	14606
演出	647	13467
展览	93	360
其他	114	779

4-9 博物馆基本情况（2014）

指　　标	藏品（件）		举办陈列展览（个）	参观人次（万人次）	门票收入（万元）
	合计	一级品			
合计	**1080018**	**1, 352**	**1404**	**4020. 58**	**4537**
综合类	815190	761	888	1609. 61	471
历史类	128308	310	283	1700. 14	3104
艺术类	52738	251	85	263. 51	678
自然科技类	11614	0	17	33. 58	42
其他	72168	30	131	413. 75	243

4-10 文化商店基本情况（2014）

指　　标	库存文物（件）	营业成本金额（万元）	营业收入金额（万元）
合计	**240435**	**4144**	**4539**
省级	180444	561	628
地市级	59991	3583	3911
县区级			

4-11 文化市场经营机构综合情况（2014）

指　　标	机构数（个）	从业人员（人）	营业收入（万元）	营业务利润（万元）
合　　计	15444	132439	947527	158048
按城乡分				
城　市	5466	51654	399267	74295
县　城	4217	39788	260108	44935
县以下	5761	40997	288152	38817
按经营范围分				
非国有艺术表演团体	253	6526	45219	2808
娱乐场所	7211	89953	657376	103395
互联网上网服务营业场所（网吧）	7980	35960	244931	51844

4-12 各市文化市场经营机构综合情况（2014）

市　　别	机构数（个）	从业人员（人）	主营营业收入（万元）	主营业务利润（万元）
合　　计	**15191**	**125913**	**902308**	**155240**
广 州 市	1706	16005	105827	12805
韶 关 市	448	2985	22905	4751
深 圳 市	2144	16628	101134	20547
珠 海 市	407	5699	30450	6170
汕 头 市	545	3982	40752	14044
佛 山 市	1092	9011	63514	4652
江 门 市	1059	4635	40197	7360
湛 江 市	643	5358	27178	6978
茂 名 市	458	4694	25835	4610
肇 庆 市	388	2898	18376	2757
惠 州 市	906	8298	61909	12591
梅 州 市	397	2256	26413	8489
汕 尾 市	268	2668	12320	1976
河 源 市	513	3708	30191	7907
阳 江 市	282	2919	25941	9603
清 远 市	581	4013	25638	900
东 莞 市	1662	17673	157953	21615
中 山 市	661	4773	35072	80
潮 州 市	247	1755	9082	398
揭 阳 市	501	3853	26021	2220
云 浮 市	283	2102	15602	4790

4-13 娱乐场所综合情况（2014）

指　　标	机构数（个）	从业人员（人）	营业收入（万元）	营业利润（万元）
合　　计	**7,211**	**89,953**	**657376**	**103395**
按城乡分				
城　市	2,667	40,012	309,942	54,115
县　城	2,095	24,584	166,329	29,514
县以下	2,449	25,357	181,106	19,766
按经营范围分				
歌舞娱乐场所	4,283	82,928	608,007	98,752
游艺娱乐场所	2,905	6,572	40,694	3,844
其他	23	453	8,676	799

4-14 各市娱乐场所综合情况（2014）

市别	机构数（个）	从业人员（人）	主营营业收入（万元）	主营业务利润（万元）
合计	**7211**	**89953**	**657376**	**103395**
广州市	735	11,264	75,909	8,759
韶关市	260	2,259	17,949	4,041
深圳市	983	12,414	73,315	9,996
珠海市	193	4,486	23,857	5,070
汕头市	191	2,989	35,808	13,370
佛山市	604	6,769	50,519	2,877
江门市	768	3,519	32,608	5,775
湛江市	200	3,130	14,855	3,598
茂名市	132	2,954	17,026	2,815
肇庆市	234	2,211	14,790	1,823
惠州市	333	5,505	44,889	7,894
梅州市	146	1,612	18,640	4,980
汕尾市	135	1,891	8,636	1,424
河源市	210	2,698	21,816	5,479
阳江市	156	2,453	23,865	9,092
清远市	331	2,982	20,005	-805
东莞市	634	10,885	91,628	12,957
中山市	515	4,077	30,602	-558
潮州市	87	1,403	7,591	253
揭阳市	199	2,879	20,843	1,203
云浮市	165	1,573	12,225	3,353

4-15 互联网上网服务营业场所（网吧）综合情况（2014）

项目	机构数（个）	从业人员（人）	主营营业收入（万）元	主营业务利润（万元）
合计	**7,980**	**35,960**	**244,931**	**51,844**
按城乡分				
城市	2,799	11,642	89,325	20,181
县城	1,869	8,678	48,560	12,613
县以下	3,312	15,640	107,046	19,051

4-16 各市互联网上网服务营业场所（网吧）综合情况（2014）

市别	机构数（个）	从业人员（人）	主营营业收入（万元）	主营业务利润（万元）
合计	**7980**	**35960**	**244932**	**51844**
广州市	971	4,741	29,918	4,046
韶关市	188	726	4,956	709
深圳市	1,161	4,214	27,818	10,551
珠海市	214	1,213	6,592	1,099
汕头市	354	993	4,944	674
佛山市	488	2,242	12,995	1,775
江门市	291	1,116	7,589	1,585
湛江市	443	2,228	12,323	3,380
茂名市	326	1,740	8,809	1,795
肇庆市	154	687	3,586	934
惠州市	573	2,793	17,020	4,696
梅州市	251	644	7,773	3,509
汕尾市	133	777	3,685	552
河源市	303	1,010	8,374	2,427
阳江市	126	466	2,076	511
清远市	250	1,031	5,633	1,705
东莞市	1,028	6,788	66,325	8,659
中山市	146	696	4,470	638
潮州市	160	352	1,491	145
揭阳市	302	974	5,178	1,017
云浮市	118	529	3,378	1,437

4-17 文物业基本情况（2014）

项目	机构数（个）	从业人员（人）	具有专业资质人数（人）	文物藏品合计（件）	举办陈列、展览（个）	参观人次（万人次）	业务用房（万米²）
合计	**271**	**4,262**	**1,810**	**1,735,546**	**1476**	**4,331.10**	**119.53**
文物科研机构	4	220	56	383,992	1	0.01	1.47
文物保护管理机构	35	321	96	31,101	71	310.52	5.55
博物馆	176	3,309	1,609	1,080,018	1404	4,020.58	109.97
文物商店	4	79	36	240,435			0.98
其他文物机构	52	333	13				1.56
省级	7	242	153	358,586	30	145.76	8.36
地市级	81	2,098	1,033	977,731	656	2,596.18	58.76
县市级	183	1,922	624	399,229	790	1,589.17	52.40

4-18 文化产业增加值情况（2014）

指标	总计		文化部门		其他部门	
	总产出（万元）	增加值（万元）	总产出（万元）	增加值（万元）	总产出（万元）	增加值（万元）
合计	**1827702**	**1112964**	**660256**	**404719**	**1167446**	**708245**
艺术业	116791	97464	70119	58189	46672	39275
#艺术表演团体	87762	79522	41986	41557	45776	37966
艺术表演场馆	28213	17229	27318	15919	895	1310
图书馆业	92531	65138	92531	65138		
群众文化业	105841	91631	105841	91631		
艺术教育	14097	12019	14097	12019		
文化市场经营机构	902313	557486			902313	557486
动漫企业	217516	110666			217516	110666
文艺科研	2504	1942	2504	1942		
文物业	106799	56436	105878	55640	922	796
其他	269310	120183	269286	120161	24	23

4-19 各市公共图书馆机构数

单位：个

市别	2009	2010	2011	2012	2013	2014
合计	**133**	**133**	**134**	**137**	**137**	**138**
广州	14	14	14	14	14	14
韶关	9	9	9	9	9	9
深圳	8	8	9	11	11	11
珠海	4	3	3	3	3	3
汕头	8	8	8	8	8	9
佛山	6	6	6	6	6	6
江门	7	7	7	7	7	7
湛江	7	7	7	8	8	8
茂名	5	5	5	5	5	5
肇庆	8	9	9	9	9	9
惠州	5	5	5	5	5	5
梅州	10	10	10	10	10	10
汕尾	4	4	4	4	4	4
河源	7	7	7	7	7	7
阳江	4	4	4	4	4	4
清远	9	9	9	9	9	9
东莞	1	1	1	1	1	1
中山	1	1	1	1	1	1
潮州	4	4	4	4	4	4
揭阳	6	6	6	6	6	6
云浮	5	5	5	5	5	5
省直	1	1	1	1	1	1

4-20 各市群艺馆（文化馆）机构数

单位：个

市别	2009	2010	2011	2012	2013	2014
合计	**145**	**144**	**144**	**145**	**147**	**147**
广州	13	13	13	13	13	13
韶关	11	11	11	11	11	11
深圳	8	7	7	8	8	8
珠海	4	4	4	4	4	4
汕头	8	8	8	8	8	8
佛山	6	6	6	6	7	7
江门	8	8	8	8	8	8
湛江	11	11	11	11	11	11
茂名	7	7	7	7	7	7
肇庆	9	9	9	9	9	9
惠州	6	6	6	6	6	6
梅州	9	9	9	9	9	9
汕尾	5	5	5	5	6	6
河源	7	7	7	7	7	7
阳江	5	5	5	5	5	5
清远	9	9	9	9	9	9
东莞	1	1	1	1	1	1
中山	1	1	1	1	1	1
潮州	4	4	4	4	4	4
揭阳	6	6	6	6	6	6
云浮	6	6	6	6	6	6
省直	1	1	1	1	1	1

4-21 各市博物馆机构数

单位：个

市别	2009	2010	2011	2012	2013	2014
合计	**152**	**164**	**161**	**168**	**175**	**176**
广州	26	28	28	29	30	30
韶关	9	9	9	9	9	9
深圳	14	18	16	16	16	16
珠海	2	2	2	2	2	2
汕头	5	5	5	5	5	6
佛山	8	9	9	9	16	16
江门	8	9	9	9	8	8
湛江	6	6	6	6	6	6
茂名	5	5	5	6	6	6
肇庆	7	7	7	7	7	7
惠州	5	6	6	6	6	6
梅州	7	11	11	11	10	10
汕尾	5	5	5	5	5	5
河源	6	6	6	6	6	6
阳江	2	2	2	3	3	3
清远	10	10	10	11	11	11
东莞	5	5	5	7	7	7
中山	5	5	4	4	5	5
潮州	4	4	3	4	4	4
揭阳	5	5	6	6	6	6
云浮	5	5	5	5	5	5
省直	3	2	2	2	2	2

4-22 各市文化站机构数

单位：个

市　别	2009	2010	2011	2012	2013	2014
合　计	**1594**	**1594**	**1596**	**1599**	**1599**	**1599**
广　州	164	165	165	165	161	161
韶　关	104	104	104	104	106	107
深　圳	55	55	56	57	57	57
珠　海	22	22	23	23	24	24
汕　头	69	69	69	69	71	71
佛　山	33	33	33	33	33	32
江　门	81	81	80	80	80	80
湛　江	117	119	119	119	119	119
茂　名	110	110	109	109	109	109
肇　庆	108	108	108	107	104	104
惠　州	70	70	73	73	73	73
梅　州	112	111	111	112	112	112
汕　尾	56	56	56	57	57	57
河　源	100	100	99	100	101	101
阳　江	48	46	46	46	46	46
清　远	87	87	87	87	87	87
东　莞	33	33	33	33	33	33
中　山	24	24	24	24	24	24
潮　州	50	50	50	50	50	50
揭　阳	88	88	88	88	88	88
云　浮	63	63	63	63	64	64

4-23 各市公共图书馆公用房屋面积

单位：米²

市别	2009	2010	2011	2012	2013	2014
合计	**784230**	**840820**	**975100**	**1012880**	**1093662**	**1127730**
广州	126320	135370	134800	137350	182358	232860
韶关	19840	20030	24900	22940	24713	28633
深圳	142000	142000	217400	216020	230582	233274
珠海	20370	18790	22900	21010	22221	23291
汕头	39080	38180	39100	39360	39953	43981
佛山	70170	70170	67600	67700	67827	61103
江门	30270	30270	29900	32780	32774	32774
湛江	39010	39310	46900	49090	49582	37360
茂名	16780	16780	37500	37570	42500	42572
肇庆	19810	22270	24100	44100	43019	43219
惠州	32310	32310	47000	46960	46954	41165
梅州	34780	35140	35600	35320	36024	36024
汕尾	5460	7970	7700	7670	18995	18995
河源	11790	11860	10900	11860	11857	11944
阳江	14080	16100	18600	18560	18328	20172
清远	22690	22690	22700	28340	28593	34917
东莞	53650	53650	53600	53650	53654	53654
中山	9140	9140	14800	9140	2363	2363
潮州	6840	6940	8600	8650	9052	9052
揭阳	18150	20050	20300	20280	27782	27782
云浮	13460	13460	13500	13910	13911	13911
省直	38230	78340	76700	90620	90620	78684

4-24 各市群艺馆（文化馆）公用房屋面积

单位：米^2

市　别	2009	2010	2011	2012	2013	2014
合　计	**407930**	**396610**	**498100**	**3465000**	**574537**	**599642**
广　州	66010	66560	66200	504400	68650	68195
韶　关	17110	17790	24800	101100	21832	20904
深　圳	97290	63340	100300	366800	128604	130604
珠　海	9160	9210	11700	84100	11520	15673
汕　头	13460	15210	14800	71700	16553	24950
佛　山	28780	33220	35300	246200	72466	73416
江　门	30050	30550	29200	143000	30367	31867
湛　江	15870	18530	18600	134600	20625	20108
茂　名	7600	4000	12300	98100	15730	16730
肇　庆	17350	15140	23600	125300	24303	27338
惠　州	5460	10810	23000	164800	23087	22923
梅　州	14880	13260	19700	142500	19013	19313
汕　尾	4200	3060	3800	27800	6757	6846
河　源	9660	9660	16400	76000	17492	17492
阳　江	8190	11130	16500	57100	16630	17530
清　远	16130	16130	16200	98500	20761	26406
东　莞	6690	7440	5600	626800	5550	5550
中　山	7190	7190	7200	162600	7192	7192
潮　州	8440	8440	10500	53900	11219	11219
揭　阳	9930	20830	21000	100000	16400	15600
云　浮	12480	13110	19600	77900	17998	17998
省　直	2000	2000	1800	1800	1788	1788

4-25 各市博物馆公用房屋面积

单位：米^2

市别	2009	2010	2011	2012	2013	2014
合计	**709200**	**823350**	**835400**	**986100**	**1063988**	**1099668**
广州	172900	175730	178800	191900	192759	207391
韶关	20800	23550	23600	23600	30963	30674
深圳	87000	122420	107200	131200	122765	120975
珠海	18400	37980	10800	10800	10788	10788
汕头	25000	24950	23400	23400	29517	46501
佛山	39800	45180	31200	33200	84985	108408
江门	30400	42430	31600	37200	33233	33233
湛江	15600	26470	28300	69600	67153	67849
茂名	8000	7960	8600	13700	24606	24606
肇庆	12800	13010	15800	15300	19333	19333
惠州	28600	31280	34000	34000	35426	35420
梅州	18800	23030	52500	54600	50662	50782
汕尾	4100	5480	4200	4200	6459	11406
河源	8200	8220	14900	14800	14790	15080
阳江	21600	21610	21600	22000	22609	22609
清远	21900	21940	22600	24600	39204	32778
东莞	43900	44300	52000	91900	90533	73632
中山	27900	26320	24600	24600	28834	28834
潮州	12200	21020	18400	27400	27383	27383
揭阳	43600	48400	48600	49000	48935	48935
云浮	13200	13220	13800	14100	14071	14071
省直	34500	38850	68900	75000	68980	68980

4-26 各市文化站公用房屋面积

单位：米²

市别	2009	2010	2011	2012	2013	2014
合计	**674980**	**2304410**	**922900**	**2961900**	**2993946**	**3063456**
广州	259860	372560	264400	435800	433823	432,554
韶关	6310	88960	6500	78200	72809	75,991
深圳	128970	141170	282800	277200	250828	251,866
珠海	39710	80320	14000	64800	68975	69,205
汕头	19110	43060	25800	56900	79620	155,916
佛山	58350	175700	58400	210700	235803	236,379
江门	22260	91810	26700	112800	111314	115,063
湛江	6930	79770	15800	114400	134915	141,230
茂名	3210	44700	6200	85400	95888	125,508
肇庆	9930	111430	11100	101000	99448	113,187
惠州	35180	106150	38400	141700	160206	157,258
梅州	6640	116870	6900	123200	109948	136,719
汕尾		21960	100	24000	28207	33,356
河源	2270	53340	3000	58400	61116	62,075
阳江	750	20510	1800	40500	41080	45,167
清远	2720	80370	2900	81900	44639	66,948
东莞	24970	456250	91000	621200	629507	470,758
中山	27710	104360	35600	155400	146754	163,590
潮州	4560	32220	6700	42600	44074	44,977
揭阳	9260	41050	15200	76000	82784	86,601
云浮	6280	41850	9600	59800	62208	79,108

4-27 各市人均拥有公共图书馆藏书册数

单位：册

市　别	2009	2010	2011	2012	2013	2014
合　计	**0.38**	**0.40**	**0.56**	**0.62**	**0.57**	**0.59**
广　州	0.95	0.80	0.97	1.12	1.08	1.77
韶　关	0.30	0.29	0.29	0.35	0.40	0.48
深　圳	0.89	0.86	1.42	1.54	1.28	1.26
珠　海	0.69	0.55	1.02	1.16	0.73	0.90
汕　头	0.21	0.20	0.22	0.24	0.25	0.26
佛　山	0.49	0.42	0.49	0.55	0.49	0.51
江　门	0.38	0.37	0.44	0.48	0.49	0.48
湛　江	0.16	0.17	0.18	0.19	0.19	0.20
茂　名	0.09	0.10	0.11	0.15	0.17	0.17
肇　庆	0.25	0.28	0.36	0.47	0.45	0.50
惠　州	0.23	0.21	0.24	0.26	0.31	0.36
梅　州	0.33	0.29	0.33	0.35	0.34	0.37
汕　尾	0.06	0.06	0.06	0.08	0.09	0.09
河　源	0.18	0.19	0.19	0.20	0.20	0.20
阳　江	0.25	0.25	0.26	0.27	0.29	0.31
清　远	0.22	0.24	0.24	0.26	0.40	0.30
东　莞	0.25	0.22	0.30	0.32	0.30	0.28
中　山	0.37	0.34	0.41	0.44	0.42	0.48
潮　州	0.16	0.16	0.17	0.17	0.18	0.18
揭　阳	0.11	0.11	0.15	0.20	0.16	0.17
云　浮	0.26	0.28	0.29	0.35	0.34	0.34

注：人均藏书册数按常住人口计算。

4-28 各市公共图书馆人均购书费

单位：元

市别	2009	2010	2011	2012	2013	2014
合计	**1.3**	**1.20**	**1.27**	**1.64**	**1.74**	**1.74**
广州	1.90	1.60	0.87	3.45	4.68	6.99
韶关	0.19	0.22	0.87	0.72	0.86	1.16
深圳	3.98	2.79	4.56	4.55	2.57	4.17
珠海	1.79	2.21	2.63	5.03	3.11	3.52
汕头	0.20	0.15	0.14	0.14	0.14	0.23
佛山	0.71	1.19	0.86	1.07	2.12	1.83
江门	0.35	0.28	0.33	0.44	0.59	0.72
湛江	0.10	0.15	0.14	0.17	0.20	0.11
茂名	0.12	0.15	0.24	0.10	0.21	0.24
肇庆	0.19	0.25	0.17	0.28	0.47	0.72
惠州	0.14	0.28	0.25	0.28	0.79	0.54
梅州	0.13	0.15	0.12	0.10	0.40	0.36
汕尾	0.27	0.15	0.02	0.13	0.36	0.08
河源	0.13	0.14	0.08	0.09	0.08	0.08
阳江	0.11	0.28	0.30	0.45	0.43	0.52
清远	0.22	0.26	0.25	0.37	1.10	0.30
东莞	1.19	0.84	0.84	0.96	0.96	1.01
中山	0.54	1.34	0.83	0.54	1.00	0.37
潮州	0.12	0.11	0.10	0.18	0.13	0.15
揭阳	0.14	0.86	0.12	0.18	0.13	0.16
云浮	0.14	0.15	0.17	0.21	0.27	0.16

注：人均购书经费按常住人口计算。

4-29 各市文化文物事业费

单位：万元

市别	2009	2010	2011	2012	2013	2014
合计	**279589**	**331611**	**415917**	**484434**	**514713**	**556973**
广州	60710	79354	92244	92989	105527	123343
韶关	5140	4361	5989	6313	9073	8093
深圳	66265	67677	83627	93013	101450	117283
珠海	7920	7417	13393	18355	17989	16687
汕头	5794	7555	6059	10685	7236	8360
佛山	21607	22429	27588	32152	33589	38072
江门	5212	7266	10019	11857	11797	11730
湛江	3541	4558	4645	5908	8042	6688
茂名	2046	2386	3625	3780	3842	5041
肇庆	4204	6497	6978	7725	10854	11823
惠州	6171	7703	9100	12310	18340	19313
梅州	4252	4802	5742	10781	9164	12803
汕尾	1709	2513	2114	3244	3235	3927
河源	3125	3508	3444	3692	4428	5920
阳江	1980	2713	4201	5363	4134	6190
清远	2692	3052	4387	7353	8039	8115
东莞	24122	37292	55848	70681	60067	57004
中山	9951	10715	11190	15910	17577	18714
潮州	2406	2811	3322	4153	3724	4337
揭阳	2353	3262	2936	3846	4449	4596
云浮	2351	2555	3712	4359	4781	5305
省直	36038	41185	55754	59965	67376	63632

4-30 历年文化文物事业机构数

单位：个

年 份	艺术表演团体	艺术表演场所	博物馆	公共图书馆	群众艺术馆、文化馆	文化站	中等艺术学校
1978	172	7	30	76		15	6
1979	197	47	25	86	2	1650	8
1980	195	42	26	97	13	1766	8
1981	190	40	36	103	14	1802	8
1982	190	38	45	108	13	1880	8
1983	186	39	61	108	15	1966	8
1984	178	38	87	114	15	2006	9
1985	171	38	106	117	15	1989	9
1986	159	96	106	117	15	2046	12
1987	155	92	106	118	16	2046	11
1988	131	83	101	100	16	1753	9
1989	131	82	101	102	19	1788	9
1990	130	83	106	103	20	1809	9
1991	122	78	107	104	20	1839	9
1992	125	80	108	108	20	1920	9
1993	126	81	108	110	20	1957	11
1994	132	78	111	111	20	1927	11
1995	134	79	113	114	21	1957	10
1996	136	69	114	115	137	1878	10
1997	138	75	117	119	139	1923	10
1998	139	76	122	120	139	1913	10
1999	140	76	128	121	139	1902	10
2000	138	76	131	125	140	1902	10
2001	139	69	140	129	140	1868	9
2002	141	71	140	131	142	1802	7
2003	144	70	144	129	139	1700	8
2004	140	69	143	128	141	1601	8
2005	139	68	146	129	139	1586	8
2006	138	67	147	129	142	1589	8
2007	128	46	153	130	143	1597	9
2008	127	48	152	132	143	1600	7
2009	119	45	152	133	145	1594	6
2010	111	44	164	133	144	1594	6
2011	89	40	161	134	154	1596	6
2012	58	28	168	137	145	1599	6
2013	75	45	175	137	147	1599	5
2014	72	44	176	138	147	1599	3

4-31 历年公共图书馆业务活动情况

年份	机构数（个）	总藏量（万册、件）		总流通人次（万人次）		图书流通册次（万册次）	发放借书证数（万个）
			书刊		外借人次		
1986	117	1096	1096	804		928	37
1990	103	1261	1261	903		1441	50
1991	104	1327	1319	1241	480	663	49
1992	108	1408	1396	1452	478	607	32
1993	110	1494	1479	1432	469	619	36
1994	111	1591	1570	1631	527	666	43
1995	114	1651	1633	1447	504	687	49
1996	115	1860	1840	1500	586	858	35
1997	119	1901	1879	1634	660	983	42
1998	120	2027	2000	1857	737	1142	45
1999	121	2088	2051	2026	734	1136	44
2000	125	2330	2296	2517	840	1234	44
2001	129	2239	2186	2505	880	1236	89
2002	131	2300	2227	2627	992	2843	119
2003	129	2498	2431	2635	1032	3132	129
2004	128	2740	2637	3021	1021	1636	141
2005	129	3119	3059	3543	1511	2037	144
2006	129	3454	3316	4695	1777	3097	173
2007	130	3698	3540	3819	1115	1851	190
2008	132	3995	3904	4101	1173	2081	209
2009	133	4367	4112	4565	1238	2536	245
2010	133	4615	4336	4540	1166	2267	258
2011	134	5890	4713	6072	1329	2618	300
2012	137	6567	5096	6418	1459	3070	342
2013	137	6101	5629	7357	1588	3499	410
2014	138	6367	5997	7657	1698	3848	438

注：1. 表中1986年数包括海南行政区。
2. 书刊是指古籍、报刊、图书。

4-32 历年群众文化事业业务活动、经费收支及设施情况

年 份	机构数（个）	举办展览个数（个）	组织文艺活动次数（次）	举办培训班次（次）	藏书（万册）
1986	152	839	2151	1290	34
1990	145	724	2338	1808	27
1991	142	668	3472	2235	17
1992	146	833	2634	1846	20
1993	184	665	2902	2197	27
1994	948	1279	4093	3247	94
1995	1100	1619	5377	3949	15
1996	2015	5228	18031	10811	619
1997	2062	6304	21200	10734	826
1998	2052	5778	21327	13802	891
1999	2041	7076	21327	10941	1237
2000	2024	6918	22969	11932	1066
2001	2008	6523	22980	13611	1025
2002	1944	6569	22099	13218	1085
2003	1839	6997	21824	13190	1243
2004	1742	6609	23658	14735	1274
2005	1725	7228	23132	14288	1309
2006	1731	7392	25285	19613	1464
2007	1740	7268	34004	17924	1536
2008	1743	7760	30555	20817	1630
2009	1739	7536	29983	27522	1735
2010	1738	7399	32382	29041	1751
2011	1740	7930	37970	29590	1963
2012	1744	7627	38842	30198	2162
2013	1746	8176	41121	31158	2335
2014	1746	7979	47791	45111	2433

4-32续表 历年群众文化事业业务活动、经费收支及设施情况

年份	收入合计（万元）	财政补助收入	支出合计（万元）	业务费	公用房屋建筑面积（万米²）
1986	192		912	241	9
1990	414		1478	303	19
1991	1990	1250	1846	441	13
1992	2500	1448	2198	425	15
1993	3676	2064	3108	786	15
1994	5312	2854	4864	943	46
1995	6714	3514	5937	1028	26
1996	17187	5551	17005	3086	138
1997	21005	6847	20497	3123	140
1998	24696	8757	25189	3505	159
1999	27976	11805	27814	3687	180
2000	26414	12113	27213	4626	193
2001	27827	14671	26853	4406	193
2002	32250	18455	32677	4420	207
2003	43554	25682	42018	6161	288
2004	49354	31799	47538		232
2005	61089	40125	57669		238
2006	72577	47583	69416		235
2007	79486	56138	76499		261
2008	85678	64876	84031		284
2009	92396	75038	89841		278
2010	109816	85211	101362		270
2011	129786	116226	137740		332
2012	154069	136560	150638		346
2013	166169	143041	161075		357
2014	173539	152669	170951		366

4-33 历年博物馆业务活动情况

年 份	机构数（个）	文物藏品（件）	一级品	参观人次（万人次）	外宾人次	未成年人次
1985	106	342909	1470	633		
1986	106	354569	1573	688		
1990	106	412249	1708	666		
1991	107	418321	1448	715	88	
1992	108	444682	1443	1198	98	
1993	108	461828	1565	594	84	
1994	111	459243	952	562	69	
1995	113	458864	1062	550	47	
1996	114	466919	1105	655	47	
1997	117	464157	1353	732	39	
1998	122	463131	1180	703	24	
1999	128	472204	1491	731	31	
2000	131	490948	1843	822	39	
2001	140	492298	1174	839	43	266
2002	140	530249	1200	866	45	223
2003	144	542982	1195	826	17	132
2004	143	592570	1136	1002	27	303
2005	146	662177	1120	1036	47	288
2006	147	712703	1163	1071	47	281
2007	153	703627	1172	1130		249
2008	152	710814	1186	1251		297
2009	152	828060	1296	1891		488
2010	164	807102	1289	2457		521
2011	161	838181	1321	2761		562
2012	168	982169	1318	3204		618
2013	175	996706	1362	3599		782
2014	176	1080018	1352	4021		904

主要统计指标解释

文化机构 是指专门从事文化工作并具有法人资格，独立核算的事业、企业单位以及单独核算，附属于事业单位的经营性专业文化活动单位。包括从事艺术、图书馆、群众文化、文物管理、文化艺术教育、娱乐等机构以及其他文化机构。

艺术表演团体 是指从事戏曲、音乐、舞蹈、杂技等专业艺术表演，具有独立账户，实行单独核算的团体，不包括半工半艺、半农半艺和民间职业剧团。

艺术表演场所 是指由各级文化主管部门、文化单位和其他部门（除部队系统外）举办的，具有观众厅、舞台、灯光设备，经常供专业艺术表演团体演出，并在工商、税务部门登记，公开售票的营业场所。

图书馆 是指通过文献、信息的收集、整理、存储和利用，为社会读者服务的文化、教育与科学机构。

图书馆总藏量 是指本馆已编目的古籍、图书、期刊和报纸的合订本、小册子、手稿以及缩微制品、录像带、录音带、光盘等视听文献资料数量之和。

文物机构 包括文物管理机构、博物馆（综合类博物馆、历史类博物馆、艺术类博物馆、自然科技类博物馆及其他博物馆）和文物店的文物专业机构。

藏品 藏品是文博机构根据收藏品的文化属性、自然属性等情况，所划分的文物藏品、模型藏品（含具有收藏、展示价值的雕塑、绘画等艺术作品）和复制品藏品的总和。

五、劳动就业和社会保障

简要说明

1.本篇资料主要反映广东省劳动就业和社会保险的基本情况。

2.本篇资料主要包括：

（1）劳动合同签订情况，劳动争议仲裁情况，职业介绍情况，就业和失业情况，基本养老、职工医疗、失业、工伤、生育保险情况以及社会保险基金收入、支出、结余等情况。

（2）地区全省21个地级以上市。

（3）年份主要为2009—2014年数据。

3.统计资料来源：本篇资料由广东省人力资源和社会保障厅、广东省社会保险局负责整理、审核、提供。

5-1 各市劳动合同签订情况（2014）

市 别	劳动合同签订率（%）
合 计	**93.6**
广 州	98.5
深 圳	93.1
珠 海	99.8
汕 头	93.0
佛 山	93.0
韶 关	93.3
河 源	93.0
梅 州	93.8
惠 州	94.0
汕 尾	93.0
东 莞	93.0
中 山	93.8
江 门	93.9
阳 江	93.5
湛 江	93.1
茂 名	93.2
肇 庆	93.1
清 远	92.7
潮 州	93.0
揭 阳	93.0
云 浮	93.0
省 直	-
珠 三 角	93.7
东 翼	93.0
西 翼	93.3
山 区	93.1

说明：省直企业单位劳动合同签订情况包含在地市统计数据中，无单独统计口径。

5-2 劳动人事争议仲裁情况（2009年）

项　　目	合计	国有企业	集体企业	港澳台及外资企业	民营企业
上年末结争议案件数(件)	25178	676	795	7323	5420
当期立案受理情况					
立案受理案件总数(件)	118225	3694	3487	30599	51447
集体劳动争议(件)	1776	25	46	727	621
劳动者申诉(件)	107336	3321	3271	28355	46291
按争议类型分					
劳动报酬(件)	47687	1247	1373	11263	21954
社会保险待遇及福利(件)	10994	355	341	2687	4795
经济补偿、违约金、赔偿金(件)	32533	963	797	10529	13496
确认劳动(人事)关系(件)	1712	97	64	257	748
签订劳动(聘用)合同(件)	4869	95	194	986	2416
履行劳动(聘用)合同(件)	448	21	75	99	165
变更劳动(聘用)合同(件)	544	30	28	96	279
解除劳动(聘用)合同(件)	13232	490	499	3253	5568
终止劳动(聘用)合同(件)	1947	311	40	554	667
辞职(离职)(件)	9				
辞退(除名)(件)	12				
其他(件)	4238	85	76	875	1359
立案受理案件涉及劳动者人数(人)	198951	4701	6783	52827	85995
集体劳动争议(人)	72877	927	2643	20988	31400
案件处理情况					
结案数(件)	120746	3559	3707	31959	51233
按处理方式分					
仲裁调解(件)	35960	1045	1345	9557	15707
仲裁裁决(件)	65055	1926	1771	17840	27465
仲裁撤诉	13885	274	419	3412	5841
其他(件)	5846	314	172	1150	2220
按处理结果分					
用人单位胜诉(件)	17949	621	507	4867	7540
劳动者胜诉(件)	31721	715	1013	8736	13403
双方部分胜诉(件)	71076	2223	2187	18356	30290
期末累计未结案数(件)	22657	811	575	5963	5634
案外调解案件数(件)	199228	2742	3715	60241	89152

5-2续表　劳动人事争议仲裁情况（2009年）

项　目	其他	机关	事业单位	社会团体	军队文职人员聘用单位
上年末结争议案件数(件)	10902		62		
当期立案受理情况					
立案受理案件总数(件)	28928		70		
集体劳动争议(件)	357				
劳动者申诉(件)	26028		70		
按争议类型分					
劳动报酬(件)	11850				
社会保险待遇及福利(件)	2816				
经济补偿、违约金、赔偿金(件)	6748				
确认劳动(人事)关系(件)	546				
签订劳动(聘用)合同(件)	1178				
履行劳动(聘用)合同(件)	64		24		
变更劳动(聘用)合同(件)	111				
解除劳动(聘用)合同(件)	3397		25		
终止劳动(聘用)合同(件)	375				
辞职(离职)(件)			9		
辞退(除名)(件)			12		
其他(件)	1843				
立案受理案件涉及劳动者人数(人)	48575		70		
集体劳动争议(人)	16919				
案件处理情况					
结案数(件)	30167		121		
按处理方式分					
仲裁调解(件)	8230		76		
仲裁裁决(件)	16008		45		
仲裁撤诉	3939				
其他(件)	1990				
按处理结果分					
用人单位胜诉(件)	4388		26		
劳动者胜诉(件)	7801		53		
双方部分胜诉(件)	17978		42		
期末累计末结案数(件)	9663		11		
案外调解案件数(件)	43298		80		

5-3 劳动人事争议仲裁情况（2010年）

项目	合计	国有企业	集体企业	港澳台及外资企业	民营企业
上年末结争议案件数(件)	22651	811	575	5963	5634
当期立案受理情况					
立案受理案件总数(件)	93389	2925	4105	21166	44393
集体劳动争议(件)	1013	76	51	158	531
劳动者申诉(件)	89547	2838	4047	20131	42840
按争议类型分					
劳动报酬(件)	37039	900	1093	7093	18245
社会保险待遇及福利(件)	9746	427	334	2151	4796
经济补偿、违约金、赔偿金(件)	26650	692	892	8109	12359
确认劳动(人事)关系(件)	1817	64	61	226	1025
签订劳动(聘用)合同(件)	3106	129	225	354	1747
履行劳动(聘用)合同(件)	177	10	9	43	66
变更劳动(聘用)合同(件)	150	11	5	26	66
解除劳动(聘用)合同(件)	9008	565	229	2344	3977
终止劳动(聘用)合同(件)	1498	29	701	149	434
辞职(离职)(件)	7				
辞退(除名)(件)					
其他(件)	4191	98	556	671	1678
立案受理案件涉及劳动者人数(人)	144860	4698	5149	33770	70236
集体劳动争议(人)	54163	2313	2498	14431	25465
案件处理情况					
结案数(件)	105317	3456	4438	24780	45115
按处理方式分					
仲裁调解(件)	35594	1502	2381	8173	14683
仲裁裁决(件)	55236	1642	1677	13440	24011
仲裁撤诉	11355	205	217	2497	5084
其他(件)	3132	107	163	670	1337
按处理结果分					
用人单位胜诉(件)	15617	521	434	3566	7046
劳动者胜诉(件)	26050	903	805	6564	12284
双方部分胜诉(件)	63650	2032	3199	14650	25785
期末累计未结案数(件)	10723	280	242	2349	4912
案外调解案件数(件)	219468	4447	5783	68707	92043

5-3续表 劳动人事争议仲裁情况（2010年）

项目	其他	机关	事业单位	社会团体	军队文职人员聘用单位
上年末结争议案件数(件)	9663		5		
当期立案受理情况					
立案受理案件总数(件)	20718	4	78		
集体劳动争议(件)	197				
劳动者申诉(件)	19609	4	78		
按争议类型分					
劳动报酬(件)	9702		6		
社会保险待遇及福利(件)	2036	1	1		
经济补偿、违约金、赔偿金(件)	4587	2	9		
确认劳动(人事)关系(件)	434		7		
签订劳动(聘用)合同(件)	648		3		
履行劳动(聘用)合同(件)	40		9		
变更劳动(聘用)合同(件)	41		1		
解除劳动(聘用)合同(件)	1885		8		
终止劳动(聘用)合同(件)	183		2		
辞职(离职)(件)		1	6		
辞退(除名)(件)					
其他(件)	1162		26		
立案受理案件涉及劳动者人数(人)	30925	4	78		
集体劳动争议(人)	9456				
案件处理情况					
结案数(件)	27453	3	72		
按处理方式分					
仲裁调解(件)	8827	1	27		
仲裁裁决(件)	14455	1	10		
仲裁撤诉	3346		6		
其他(件)	825	1	29		
按处理结果分					
用人单位胜诉(件)	4015		35		
劳动者胜诉(件)	5480	1	13		
双方部分胜诉(件)	17958	2	24		
期末累计未结案数(件)	2928	1	11		
案外调解案件数(件)	48479	1	8		

5-4 劳动人事争议仲裁情况（2011年）

项　　目	合计	国有企业	集体企业	港澳台及外资企业	私营企业
上年末结争议案件数（件）	10723	280	242	2349	4912
当期立案受理情况					
立案受理案件总数（件）	93817	2101	1281	20962	47483
集体劳动争议（件）	1008	15	10	112	608
劳动者申诉（件）	91209	2082	1267	20400	45945
按争议类型分					
劳动报酬（件）	38270	931	304	5923	20438
社会保险（件）	11286	234	398	2088	6246
确认劳动关系（件）	3075	103	75	271	1796
解除、终止劳动合同（件）	31982	640	404	10665	14961
履行聘用合同（件）	19				
解除人事关系（件）	14				
其他（件）	9171	193	100	2015	4042
立案受理案件涉及劳动者人数（人）	145518	2479	1897	33379	74927
集体劳动争议（人）	51027	434	566	12755	27308
案件处理情况					
结案数（件）	94196	2169	1325	21389	46810
按处理方式分					
仲裁调解（件）	34218	1255	691	7052	17636
仲裁裁决（件）	51452	782	561	12574	25015
其他（件）	8526	132	73	1763	4159
按处理结果分					
用人单位胜诉（件）	12589	202	153	3102	5993
劳动者胜诉（件）	22028	278	173	5626	11482
双方部分胜诉（件）	53201	1528	937	11637	26482
其他（件）	6378	161	62	1024	2853
期末累计未结案数（件）	10344	212	198	1922	5585
案外调解案件数（件）	227226	2092	4519	70459	117225

5-4续表　劳动人事争议仲裁情况（2011年）

项　　目	机关	事业单位	社会团体	军队文职人员聘用单位	其他
上年末结争议案件数（件）	1	19			2920
当期立案受理情况					
立案受理案件总数（件）	188	663	62	2	21075
集体劳动争议（件）	1	3	1		258
劳动者申诉（件）	176	657	60	2	20620
按争议类型分					
劳动报酬（件）	107	131	29	1	10406
社会保险（件）	16	62	4		2238
确认劳动关系（件）	8	95			727
解除、终止劳动合同（件）	28	231	22	1	5030
履行聘用合同（件）	2	17			
解除人事关系（件）		14			
其他（件）	27	113	7		2674
立案受理案件涉及劳动者人数（人）	247	1222	65	2	31300
集体劳动争议（人）	58	377	25		9504
案件处理情况					
结案数（件）	188	660	50	1	21604
按处理方式分					
仲裁调解（件）	88	296	12		7188
仲裁裁决（件）	89	307	31		12093
其他（件）	11	57	7	1	2323
按处理结果分					
用人单位胜诉（件）	32	46	6		3055
劳动者胜诉（件）	19	155	7		4288
双方部分胜诉（件）	125	389	30		12073
其他（件）	12	70	7	1	2188
期末累计未结案数（件）	1	22	12	1	2391
案外调解案件数（件）	78	433	65		32355

5-5 劳动人事争议仲裁情况（2012年）

项　　目	合计	国有企业	集体企业	港澳台及外资企业	私营企业
上年末结争议案件数（件）	10346	212	198	1922	5587
当期立案受理情况					
立案受理案件总数（件）	100329	1165	796	21627	55639
集体劳动争议（件）	1763	17	17	327	1025
劳动者申诉（件）	97055	1094	758	21175	53994
按争议类型分					
劳动报酬（件）	40644	448	303	6433	23299
社会保险（件）	10515	173	89	1897	6313
确认劳动关系（件）	3888	131	61	226	2465
解除、终止劳动合同（件）	35123	301	281	11032	18560
履行聘用合同（件）	16				
解除人事关系（件）	31				
其他（件）	10112	112	62	2039	5002
立案受理案件涉及劳动者人数（人）	169527	2052	1187	36340	96033
集体劳动争议（人）	75671	1049	408	19530	41452
案件处理情况					
结案数（件）	102127	1318	954	22368	55409
按处理方式分					
仲裁调解（件）	37687	474	361	6433	21958
仲裁裁决（件）	56323	727	520	14596	29340
其他（件）	8117	117	73	1339	4111
按处理结果分					
用人单位胜诉（件）	12347	277	129	3028	5927
劳动者胜诉（件）	22306	227	177	6395	11930
双方部分胜诉（件）	56430	664	504	11673	31248
其他（件）	11044	150	144	1272	6304
期末累计未结案数（件）	8548	59	40	1181	5817
案外调解案件数（件）	231561	1680	1472	72452	118273

5-5续表　劳动人事争议仲裁情况（2012年）

项　　目	机关	事业单位	社会团体	军队文职人员聘用单位	其他
上年末结争议案件数（件）	1	22	12	1	2391
当期立案受理情况					
立案受理案件总数（件）	117	516	141		20428
集体劳动争议（件）		5			372
劳动者申诉（件）	115	465	38		19416
按争议类型分					
劳动报酬（件）	37	152	19		9953
社会保险（件）	12	75	3		1953
确认劳动关系（件）	7	37			961
解除、终止劳动合同（件）	48	153	12		4736
履行聘用合同（件）	2	5			9
解除人事关系（件）	6	17	1		7
其他（件）	5	77	6		2809
立案受理案件涉及劳动者人数（人）	123	700	42	1	33049
集体劳动争议（人）	2	125			13105
案件处理情况					
结案数（件）	110	479	50	1	21438
按处理方式分					
仲裁调解（件）	53	174	22		8212
仲裁裁决（件）	50	249	21	1	10819
其他（件）	7	56	7		2407
按处理结果分					
用人单位胜诉（件）	19	63	8		2896
劳动者胜诉（件）	14	102	7		3454
双方部分胜诉（件）	59	254	31	1	11996
其他（件）	18	60	4		3092
期末累计未结案数（件）	8	59	3		1381
案外调解案件数（件）	34	261	86		37303

5-6 劳动人事争议仲裁情况（2013年）

项目	合计	国有企业	集体企业	港澳台及外资企业	私营企业
上年末结争议案件数（件）	8531	59	40	1249	5787
当期立案受理情况					
立案受理案件总数（件）	91965	1691	745	14802	57294
集体劳动争议（件）	1658	12	26	198	1096
劳动者申诉（件）	89145	1654	736	14509	56053
按争议类型分					
劳动报酬（件）	31039	838	210	3468	20353
社会保险（件）	10335	94	75	1644	6492
确认劳动关系（件）	3433	74	107	217	2311
解除、终止劳动合同（件）	38057	513	205	8332	23034
履行聘用合同（件）	45				
解除人事关系（件）	27				
其他（件）	9029	172	148	1141	5104
立案受理案件涉及劳动者人数（人）	150513	1890	1707	22594	98261
集体劳动争议（人）	64522	667	965	11000	42790
案件处理情况					
结案数（件）	94364	1711	763	15473	58956
按处理方式分					
仲裁调解（件）	32887	776	276	3718	21976
仲裁裁决（件）	54613	850	353	10779	33170
其他（件）	6864	85	134	976	3810
按处理结果分					
用人单位胜诉（件）	11794	675	70	2141	6342
劳动者胜诉（件）	19262	170	120	3641	11988
双方部分胜诉（件）	50644	662	330	8636	31803
其他（件）	12664	204	243	1055	8823
期末累计末结案数（件）	6132	39	22	578	4125
案外调解案件数（件）	224727	1539	5394	56068	133693

5-6续表　劳动人事争议仲裁情况（2013年）

项　目	机关	事业单位	社会团体	军队文职人员聘用单位	其他
上年末结争议案件数（件）	7	59	3		1327
当期立案受理情况					
立案受理案件总数（件）	109	827	92	2	16403
集体劳动争议（件）		3	1		322
劳动者申诉（件）	103	807	89	2	15192
按争议类型分					
劳动报酬（件）	27	124	66		5953
社会保险（件）	8	61			1961
确认劳动关系（件）	5	81			638
解除、终止劳动合同（件）	58	449	20	2	5444
履行聘用合同（件）		7			38
解除人事关系（件）		20			7
其他（件）	11	85	6		2362
立案受理案件涉及劳动者人数（人）	121	1042	92	2	24804
集体劳动争议（人）		206	28		8866
案件处理情况					
结案数（件）	112	835	76	2	16436
按处理方式分					
仲裁调解（件）	54	437	29		5621
仲裁裁决（件）	36	345	46	2	9032
其他（件）	22	53	1		1783
按处理结果分					
用人单位胜诉（件）	15	91	2	1	2457
劳动者胜诉（件）	10	99	2		3232
双方部分胜诉（件）	52	537	67	1	8556
其他（件）	35	108	5		2191
期末累计未结案数（件）	4	51	19		1294
案外调解案件数（件）	52	542	341	5	27093

5-7 劳动人事争议仲裁情况（2014年）

项　　目	合计	国有企业	集体企业	港澳台及外资企业	私营企业
上年末结争议案件数（件）	6131	39	22	578	4124
当期立案受理情况					
立案受理案件总数（件）	94866	1108	1110	11633	63048
集体劳动争议（件）	2491	17	174	241	1622
劳动者申诉（件）	91755	1100	1099	11438	61051
按争议类型分					
劳动报酬（件）	34418	481	211	3255	23309
社会保险（件）	10558	54	52	1663	6822
确认劳动关系（件）	5421	46	575	289	3348
解除、终止劳动合同（件）	35466	436	180	5483	23821
履行聘用合同（件）	35				
解除人事关系（件）	66				
其他（件）	8902	91	92	943	5748
立案受理案件涉及劳动者人数（人）	195188	2428	6120	27502	126576
集体劳动争议（人）	102097	1317	5177	16462	64589
案件处理情况					
结案数（件）	95347	1102	1109	11751	63167
按处理方式分					
仲裁调解（件）	37869	524	304	3658	26002
仲裁裁决（件）	50074	496	353	7166	32910
其他（件）	7404	82	452	927	4255
按处理结果分					
用人单位胜诉（件）	11017	103	98	1775	6450
劳动者胜诉（件）	21700	113	91	2747	14840
双方部分胜诉（件）	47973	770	423	6062	31868
其他（件）	14657	116	497	1167	10009
期末累计未结案数（件）	5650	45	23	460	4005
案外调解案件数（件）	196259	889	748	45544	124393

5-7续表　劳动人事争议仲裁情况（2014年）

项　目	机关	事业单位	社会团体	军队文职人员聘用单位	其他
上年末结争议案件数（件）	4	51	19		1294
当期立案受理情况					
立案受理案件总数（件）	153	822	57	1	16934
集体劳动争议（件）	2	11			424
劳动者申诉（件）	143	814	57	1	16052
按争议类型分					
劳动报酬（件）	45	160	22		6935
社会保险（件）	10	41			1916
确认劳动关系（件）	7	87	2		1067
解除、终止劳动合同（件）	48	388	29		5081
履行聘用合同（件）	1	3			31
解除人事关系（件）	1	63			2
其他（件）	41	80	4	1	1902
立案受理案件涉及劳动者人数（人）	223	1102	57	1	31179
集体劳动争议（人）	72	265			14215
案件处理情况					
结案数（件）	153	817	63	1	17184
按处理方式分					
仲裁调解（件）	71	427	19		6864
仲裁裁决（件）	72	337	34	1	8705
其他（件）	10	53	10		1615
按处理结果分					
用人单位胜诉（件）	17	87	2		2485
劳动者胜诉（件）	12	206	18		3673
双方部分胜诉（件）	85	431	32	1	8301
其他（件）	39	93	11		2725
期末累计末结案数（件）	4	56	13		1044
案外调解案件数（件）	60	325	127		24173

5-8 各市职业技能鉴定综合情况（2009-2014）

市　别	期末职业技能鉴定机构（个）					
	2009年	2010年	2011年	2012年	2013年	2014年
合　计	**495**	**504**	**526**	**544**	**557**	**580**
广　州	94	94	94	94	94	100
深　圳	51	51	51	51	51	92
珠　海	7	7	7	7	7	7
汕　头	5	5	7	7	7	7
佛　山	19	21	21	22	26	19
韶　关	11	11	11	11	12	13
河　源	4	4	12	12	12	12
梅　州	14	14	14	14	14	14
惠　州	19	20	22	23	23	25
汕　尾	6	6	6	6	6	6
东　莞	7	7	7	7	7	11
中　山	8	8	8	8	8	11
江　门	20	20	20	20	20	21
阳　江	10	10	10	10	10	10
湛　江	15	15	15	16	16	17
茂　名	11	11	11	11	11	11
肇　庆	17	17	18	20	20	20
清　远	9	9	9	9	11	12
潮　州	8	8	8	10	10	10
揭　阳	13	13	15	15	15	16
云　浮	11	11	12	12	12	12
省　直	136	142	148	159	165	164
珠三角	242	245	248	252	256	266
东　翼	32	32	36	38	38	39
西　翼	36	36	36	37	37	38
山　区	49	49	58	58	61	63

5-8续表1 各市职业技能鉴定综合情况（2009-2014）

市别	本期参加鉴定考核（人）					
	2009年	2010年	2011年	2012年	2013年	2014年
合计	**1863827**	**1681128**	**1753573**	**1739864**	**1747737**	**1655521**
广州	271716	266999	303929	362074	360743	347785
深圳	105581	136785	129781	80494	61311	70205
珠海	13748	24907	21320	20184	21232	20689
汕头	26754	23791	17168	21377	18388	21997
佛山	116654	73472	96900	91925	96853	60349
韶关	34971	45042	56984	60727	48861	29674
河源	32449	36504	42634	38155	25318	21462
梅州	68590	69945	100720	73711	47203	22156
惠州	84405	102429	75389	52022	36105	46824
汕尾	6410	8753	8877	4206	5512	5489
东莞	42584	31318	25971	33739	22720	27812
中山	40578	21806	32186	27884	27653	23648
江门	60035	63352	59851	56064	45826	35631
阳江	23774	15331	25970	22812	37883	10962
湛江	82928	54786	43579	44887	49996	43932
茂名	90912	65047	64904	51789	46116	23912
肇庆	35051	30016	42469	39450	41618	20521
清远	65649	53164	34967	31215	29981	45643
潮州	12670	14520	20015	23969	13409	15188
揭阳	26619	15976	21112	15283	21236	17835
云浮	36940	20446	21798	32841	37050	52108
省直	584809	506739	507049	555056	652723	691699
珠三角	770352	751084	787796	763836	714061	653464
东翼	72453	63040	67172	64835	58545	60509
西翼	197614	135164	134453	119488	133995	78806
山区	238599	225101	257103	236649	188413	171043

说明：2009-2011年全省合计数剔除部分市重复累计数据。

5-8续表2 各市职业技能鉴定综合情况（2009-2014）

市别	本期获取职业资格证书（人）					
	2009年	2010年	2011年	2012年	2013年	2014年
合计	**1413404**	**1304042**	**1351835**	**1354376**	**1352527**	**1234363**
广州	221575	218742	243805	298555	298792	283719
深圳	49948	54430	54479	34635	26755	29907
珠海	12728	22519	18479	16645	17692	16630
汕头	23797	20496	15249	18957	15357	17962
佛山	107217	64582	85970	77636	74418	34478
韶关	30247	39136	49886	53663	42007	23329
河源	26744	31295	35639	31754	21388	16243
梅州	62927	66146	80770	62253	41951	18987
惠州	67276	86927	64968	42058	30728	41469
汕尾	4952	7334	7976	3272	4466	4486
东莞	33071	24472	20534	24272	15188	20777
中山	36510	18609	27629	24487	25011	21010
江门	54742	57951	52071	46722	38322	27192
阳江	20224	13362	21917	19595	33745	9305
湛江	70657	47699	38005	39062	43467	37949
茂名	70434	55318	46658	37777	34588	18925
肇庆	31278	26940	37786	35181	37142	18395
清远	53199	44526	29426	27374	26726	37733
潮州	11210	12498	17522	20851	11698	13678
揭阳	22818	14889	19125	13971	19067	15529
云浮	26495	16089	18016	27346	31506	44129
省直	375355	360082	365925	398310	462513	482531
珠三角	614345	575172	605721	600191	564048	493577
东翼	62777	55217	59872	57051	50588	51655
西翼	161315	116379	106580	96434	111800	66179
山区	199612	197192	213737	202390	163578	140421

5-9 各市就业再就业进展情况（2009-2014）

单位：人

市别	城镇新增就业人数					
	2009年	2010年	2011年	2012年	2013年	2014年
合计	**1723106**	**1863301**	**1770655**	**1674717**	**1645396**	**1596011**
广州	707599	969500	962325	560437	536170	495003
深圳	105363	73648	120305	99413	84342	93010
珠海	40877	44262	44928	43815	43308	45876
汕头	82646	82855	83349	83309	61644	61026
佛山	117851	104302	112105	91056	90961	82363
韶关	52914	55342	55424	53978	53904	51754
河源	41149	40496	47810	41990	49050	41643
梅州	32726	32737	32755	32376	32374	31939
惠州	60361	62454	68432	65310	65603	72883
汕尾	40774	41701	45463	45379	45503	46488
东莞	133210	98331	83760	72105	84835	83956
中山	97110	80067	51360	50715	50882	55965
江门	53289	53931	42847	47671	47065	47354
阳江	42663	43669	44136	44393	44630	42506
湛江	64710	66246	70024	71346	73119	77284
茂名	53091	72953	73165	63126	75015	71286
肇庆	48648	49783	46562	46487	47196	48113
清远	57643	56100	55987	56650	52756	51952
潮州	30798	35079	35094	33860	31273	25013
揭阳	31142	32539	32324	32801	35816	35015
云浮	32067	33276	34720	38500	39950	35582
珠三角	1364308	1536278	1532624	1077009	1050362	1024523
东翼	185360	192174	196230	195349	174236	167542
西翼	160464	182868	187325	178865	192764	191076
山区	216499	217951	226696	223494	228034	212870

5-9续表1　各市就业再就业进展情况（2009-2014）

单位：人

市　别	城镇失业人员再就业人数					
	2009年	2010年	2011年	2012年	2013年	2014年
合　计	**692500**	**651554**	**742762**	**684737**	**677163**	**686746**
广　州	178412	122691	226762	202234	215894	268866
深　圳	24061	47189	46031	42652	43271	32592
珠　海	33445	31517	23876	12867	13352	13252
汕　头	42847	42986	43454	43593	31152	28270
佛　山	34609	38531	49680	50133	43384	40433
韶　关	41515	41783	42748	42313	42543	40555
河　源	22013	22279	26812	10622	10800	10227
梅　州	25568	26897	28843	27693	28975	27151
惠　州	21029	22040	21679	20950	21198	20514
汕　尾	21626	21644	23119	23161	23222	22834
东　莞	33212	25506	11345	10165	8213	8343
中　山	8045	8622	7352	8412	7681	5477
江　门	42995	42176	34638	34705	34187	32058
阳　江	29086	29392	29579	29635	29729	27452
湛　江	50695	41679	42613	42667	43479	39305
茂　名	21059	22152	22922	21583	21291	17740
肇　庆	15859	15873	12747	10822	11286	12696
清　远	14232	15366	15496	15821	15329	13350
潮　州	10829	11241	11002	10761	8112	4027
揭　阳	12138	12175	12214	12548	12605	12277
云　浮	9225	9815	9850	11400	11460	9327
珠三角	391667	354145	434110	392940	398466	434231
东　翼	87440	88046	89789	90063	75091	67408
西　翼	100840	93223	95114	93885	94499	84497
山　区	112553	116140	123749	107849	109107	100610

5-9续表2 各市就业再就业进展情况（2009-2014）

单位：人

市别	就业困难人员实现再就业人数					
	2009年	2010年	2011年	2012年	2013年	2014年
合计	**169945**	**159705**	**183625**	**196129**	**201651**	**187459**
广州	69469	58080	84240	109174	118208	115488
深圳	11081	33740	34059	24529	26190	18942
珠海	3073	2207	2519	2022	2286	2188
汕头	5559	3507	3518	3531	3176	3163
佛山	8307	9464	12595	14940	11883	8098
韶关	6022	4383	3963	3228	3598	3101
河源	5508	5864	6597	2344	2140	2133
梅州	2647	3058	3227	3279	3511	3289
惠州	3889	3275	3225	3278	3453	3579
汕尾	2061	2068	2163	2187	2209	2213
东莞	19341	9047	2919	2857	2723	2637
中山	2084	1610	1093	1321	1349	1257
江门	4404	3539	2630	2671	2854	2647
阳江	4111	3276	3239	3451	3495	2721
湛江	5157	2188	2208	2273	1891	1729
茂名	2267	2589	4224	4808	3522	3688
肇庆	4006	3533	2070	2026	1848	2109
清远	3282	1446	1512	1385	1110	3020
潮州	2012	1513	2817	2119	1389	1014
揭阳	3027	3071	2527	2106	2098	2058
云浮	2638	2247	2280	2600	2718	2385
珠三角	125654	124495	145350	162818	170794	156945
东翼	12659	10159	11025	9943	8872	8448
西翼	11535	8053	9671	10532	8908	8138
山区	20097	16998	17579	12836	13077	13928

5-10 各市城镇登记失业率

单位：%

市别	2009	2010	2011	2012	2013	2014
合计	**2.6**	**2.5**	**2.5**	**2.5**	**2.4**	**2.44**
广州	2.3	2.3	2.4	2.4	2.2	—
深圳	2.6	2.5	2.2	2.4	2.4	—
珠海	2.8	2.7	2.4	2.3	2.3	—
汕头	3.3	2.8	2.4	2.4	2.4	—
佛山	1.8	1.9	2.3	2.4	2.3	—
韶关	3.2	3.0	2.9	2.8	2.4	—
河源	3.3	3.0	2.5	2.5	2.5	—
梅州	2.5	2.5	2.2	2.4	2.3	—
惠州	2.5	2.3	2.3	2.4	2.3	—
汕尾	2.8	2.7	2.7	2.6	2.4	—
东莞	1.6	1.7	2.1	2.3	2.2	—
中山	2.2	2.1	2.2	2.3	2.3	—
江门	2.4	2.4	2.3	2.4	2.3	—
阳江	3.0	2.9	2.6	2.5	2.3	—
湛江	3.1	3.0	3.0	2.8	2.3	—
茂名	3.2	3.1	2.8	2.8	2.4	—
肇庆	2.4	2.3	2.5	2.4	2.4	—
清远	3.2	3.1	3.1	2.8	2.3	—
潮州	2.5	2.3	2.4	2.4	2.3	—
揭阳	3.1	3.0	2.7	2.4	2.3	—
云浮	2.9	2.8	2.8	2.8	2.4	—

5-11 各市城镇登记失业人数

单位：人

市别	2009	2010	2011	2012	2013	2014
合计	**395093**	**392274**	**388345**	**396062**	**379789**	**368318**
广州	77204	76485	76592	75503	66121	57597
深圳	33988	35302	33220	38165	38787	38752
珠海	12903	12501	11145	11339	10972	11077
汕头	18580	16127	15404	15391	16781	15475
佛山	18818	19628	22233	23085	21580	21917
韶关	18556	16928	15784	15159	12965	13641
河源	15112	13951	10999	10940	10289	8992
梅州	14494	14200	12591	13750	13173	13955
惠州	15737	15696	16267	16869	17317	18772
汕尾	10871	11314	11926	12156	11961	12281
东莞	7674	8655	11120	12150	11226	12026
中山	9506	9246	9178	9785	8973	9444
江门	20341	21380	22249	24119	24827	24833
阳江	15542	15012	13423	12952	11519	12302
湛江	23437	23882	24637	23374	20416	20700
茂名	26904	30504	29321	29796	24096	26396
肇庆	12004	11662	12745	12671	12781	12585
清远	13683	14257	14805	14785	13672	13550
潮州	8785	8362	8605	8682	8711	9246
揭阳	11948	11357	10299	9708	8863	9173
云浮	9006	5825	5802	5683	5089	5604
珠三角	208175	210555	214749	223686	212584	207003
东翼	50184	47160	46234	45937	46316	46175
西翼	65883	69398	67381	66122	56031	59398
山区	70851	65161	59981	60317	55188	55742

5-12 就业及城镇登记失业情况

指　　标	2009	2010	2011	2012	2013	2014
城镇登记失业情况						
城镇新登记失业人员数（万人）	62.4	66.0	69.5	62.5	60.9	66.4
就业转失业（万人）	24.6	22.7	29.0	22.8	21.7	21.4
高校毕业生（万人）	6.3	9.3	10.6	7.3	12.9	8.2
城镇失业人员就业数（万人）	58.4	59.6	66.1	59.9	60.5	63.1
城镇登记失业人员期末实有人数（万人）	39.5	39.2	38.8	39.6	38.0	36.8
长期失业者（万人）	11.8	10.0	8.6	7.7	4.6	6
城镇登记失业率（%）	2.6	2.5	2.5	2.5	2.4	2.44

5-13 各市职业介绍工作情况

年　份	期末职业介绍机构（个）	本期单位登记招聘（人）	本期登记求职(人)	本期职业指导(人)	本期介绍成功(人)	求人倍率（%）
2009	1850	11226180	10023535	3537443	3921215	1.12
2010	1817	8951958	7306739	2540150	2382833	1.23
2011	1803	8927994	6516529	2514776	2156377	1.37
2012	1755	11585779	10757844	3626594	3832113	1.08
2013	1419	5374076	3044225	713675	1216890	1.77
2014	1661	5533418	3258464	901833	1446366	1.7

5-14 各市享受各项就业扶持政策情况（2009-2014）

单位：人次

市别	享受职业培训补贴					
	2009	2010	2011	2012	2013	2014
合计	**538729**	**374216**	**558398**	**762876**	**516183**	**351190**
广州	68222	27586	82237	251633	189105	81808
深圳	63685	14673	16968	8304	16109	78187
珠海	12853	6171	4812	11589	12326	10295
汕头	18189	11765	13318	6468	8501	5004
佛山	52188	27173	19462	72251	18543	21411
韶关	5872	5115	11190	19659	10316	1191
河源	17491	16347	14187	13052	17582	12333
梅州	6509	5831	20814	26938	11498	3254
惠州	16001	17568	1546	27415	24428	5833
汕尾	4246	1927	1882	4770	3165	1831
东莞	121032	88074	214541	205234	64614	74835
中山	9043	32003	16151	5866	18834	24700
江门	54853	41650	56948	24247	6627	3961
阳江	15890	9897	12455	8126	12656	1067
湛江	28479	33843	28628	20631	23201	928
茂名	7028	7080	4725	5984	14365	131
肇庆	12117	9063	13911	19205	35858	13445
清远	5473	3952	4239	11136	10379	3558
潮州	2267	8512	15743	15443	7086	1322
揭阳	8813	1460	1396	848	3115	992
云浮	8478	4526	3245	4077	7875	5104
按经济区域分						
珠三角	409994	263961	426576	625744	386444	314475
东翼	33515	23664	32339	27529	21867	9149
西翼	51397	50820	45808	34741	50222	2126
山区	43823	35771	53675	74862	57650	25440

5-14续表1 各市享受各项就业扶持政策情况（2009-2014）

单位：人次

市别	享受职业介绍补贴					
	2009	2010	2011	2012	2013	2014
合计	**873891**	**390615**	**501219**	**450689**	**185065**	**57924**
广州	80338	18532	158148	233313	88497	8353
深圳	238602	16867	25657	570	1531	4188
珠海	2238	810	308	825	551	3442
汕头	12653	13315	2488	1354	835	49
佛山	257330	173327	176444	117071	1	5
韶关	7936	10916	20042	17400	18034	5469
河源	14469	14159	9437	24398	18503	9407
梅州	9906	6282	9959	10510	1960	2042
惠州	11997	6154	3536	2583	16821	913
汕尾	6419	5586	3845	4645	4762	2889
东莞	86822	4477	2664	1784	786	583
中山	783	28629	15309	1698		
江门	56501	33044	24607	3319	8540	18997
阳江	7476	5882	13582	210	5016	
湛江	8270	4557	2179	3623	7	15
茂名	6960	4012	13148	7969	1858	13
肇庆	8166	11096	4885	11842	9190	1444
清远	13623	28237	9042	4932	6044	54
潮州	449	105	3975	2412	1008	
揭阳	38039	2092	1027	193	1121	61
云浮	4914	2536	937	38		
按经济区域分						
珠三角	742777	292936	411558	373005	125917	37925
东翼	57560	21098	11335	8604	7726	2999
西翼	22706	14451	28909	11802	6881	28
山区	50848	62130	49417	57278	44541	16972

5-14续表2 各市享受各项就业扶持政策情况（2009-2014）

单位：人次

市别	享受社会保险补贴					
	2009	2010	2011	2012	2013	2014
合计	**885640**	**818217**	**880758**	**1205500**	**1408122**	**1335318**
广州	711381	530905	450547	809693	983068	844668
深圳	59614	171354	288402	234938	223101	285534
珠海	4556	11848	15332	15422	17627	21928
汕头	381	158	132	300	118	308
佛山	25346	21512	20226	32054	31706	27245
韶关	12604	18910	36111	21120	8144	3232
河源	2098	3145	1747	1372	1997	1254
梅州	850	321	2415	10567	5408	2990
惠州	8417	4809	1781	978	2750	19264
汕尾	2	105	60	4	89	4542
东莞	8445	8863	7370	10140	48922	3223
中山	5208	3491	6659	7283	13810	25443
江门	8057	7483	16830	13243	14325	15650
阳江	2276	2982	2988	2245	1723	1053
湛江	7641	5472	6505	22633	12195	16121
茂名	11324	12285	11833	15747	28866	26790
肇庆	3242	3577	2247	2118	2553	5777
清远	10399	9597	8994	4722	6884	19021
潮州	220	82	236	286	31	392
揭阳	2781	738	93	139	93	2980
云浮	798	580	250	496	4712	7903
按经济区域分						
珠三角	834266	763842	809394	1125869	1337862	1248732
东翼	3384	1083	521	729	331	8222
西翼	21241	20739	21326	40625	42784	43964
山区	26749	32553	49517	38277	27145	34400

5-14续表3 各市享受各项就业扶持政策情况（2009-2014）

单位：人次

市别	享受技能鉴定补贴					
	2009	2010	2011	2012	2013	2014
合计	**271361**	**230634**	**256018**	**350291**	**276913**	**143981**
广州	48321	33551	55308	149679	106167	47176
深圳	786	311	175	35	116	541
珠海	8940	3933	5583	8305	8191	10354
汕头	10722	4548	6182	1487	5459	5298
佛山	30303	15770	15277	65871	7689	5999
韶关	3216	1063	4123	1957	932	665
河源	490	2939	4988	4258	10192	2000
梅州	6410	1483	19782	20124	7950	1281
惠州	1543	2046	285	400	8942	5217
汕尾	1405	458	695	936	1046	454
东莞	86938	59658	48373	1098	13069	38221
中山	2281	54269	6554	9466	16889	903
江门	26920	13501	27246	18187	3510	3170
阳江	8048	7325	6291	6437	11143	681
湛江	11544	18011	22852	17942	19455	840
茂名	5530	1891	1175	2878	4086	24
肇庆	2301	1078	6399	15286	31926	9380
清远	3430	2957	3141	7864	7320	5055
潮州	844	2844	6769	12716	6883	1322
揭阳	9504	1648	1246	1218	2448	269
云浮	1885	1350	13574	4147	3500	5131
按经济区域分						
珠三角	208333	184117	165200	268327	196499	120961
东翼	22475	9498	14892	16357	15836	7343
西翼	25122	27227	30318	27257	34684	1545
山区	15431	9792	45608	38350	29894	14132

5-15 各市社会保险参保人数（2014）

单位：人

市别	基本养老保险	城镇职工基本养老保险	企业+其他	城乡居民社会养老保险	基本医疗保险
合计	**72431949**	**48094651**	**46360502**	**24337298**	**100151039**
广州	10488826	9255618	9255618	1233208	10546721
深圳	8706948	8700187	8640601	6761	11578277
珠海	1209240	1098172	1006941	111068	1554105
汕头	3376206	1479812	1388184	1896394	5052118
佛山	4585217	3941387	3825892	643830	4796479
韶关	1550392	657828	584221	892564	2814438
河源	1951722	730407	665823	1221315	3394390
梅州	2632203	964969	875579	1667234	4848794
惠州	3237523	2129107	2033153	1108416	4280729
汕尾	1678332	504331	455975	1174001	3005714
东莞	6397124	6307614	6253061	89510	6156884
中山	2197437	2196658	2116574	779	2599154
江门	3439083	1861874	1748845	1577209	3887146
阳江	1677013	553305	497873	1123708	2587828
湛江	3504300	1065665	943710	2438635	7042910
茂名	2967743	852293	747377	2115450	6605440
肇庆	2191209	744478	636179	1446731	4085797
清远	2474394	1026356	965201	1448038	4047571
潮州	1455345	571101	522006	884244	2587059
揭阳	3056230	942865	814464	2113365	5943482
云浮	1564515	419677	379972	1144838	2736003
省直	2090947	2090947	2003253		
按经济区域分					
珠三角	42452607	36235095	35516864	6217512	49485292
东翼	9566113	3498109	3180629	6068004	16588373
西翼	8149056	2471263	2188960	5677793	16236178
山区	10173226	3799237	3470796	6373989	17841196

注：1.省直医疗保险、失业保险属地化管理，故无数据，下表同。
2.东莞市执行城乡统一医疗保险，在职工医疗口径反映。
3.各区域不包括省直。

5-15续表 各市社会保险参保人数（2014）

单位：人

市别	城镇职工基本医疗保险	城乡居民基本医疗保险	失业保险	工伤保险	生育保险
合计	**36470808**	**63680231**	**28401826**	**30925925**	**28012790**
广州	5720692	4826029	4417340	4153258	3572028
深圳	10041610	1536667	9421817	9986876	5946148
珠海	1100613	453492	892406	903897	897094
汕头	500987	4551131	725649	703793	684454
佛山	2729387	2067092	2201481	2244812	2221569
韶关	520113	2294325	283371	411949	181495
河源	289677	3104713	274493	281008	211714
梅州	429046	4419748	242923	281846	281970
惠州	1666847	2613882	1307447	1454069	1666847
汕尾	279084	2726630	166019	185927	149722
东莞	6156884		3925945	4922846	6156884
中山	2599154		1510826	1528092	2599154
江门	1190865	2696281	739990	769738	738330
阳江	266147	2321681	206978	232166	190551
湛江	606216	6436694	365886	394295	380578
茂名	412598	6192842	261305	318233	259248
肇庆	607873	3477924	415387	442620	409612
清远	555313	3492258	368076	413761	367805
潮州	311721	2275338	310979	307268	254125
揭阳	277759	5665723	192910	199024	207408
云浮	208222	2527781	170598	175904	139587
省直				614543	496467
按经济区域分					
珠三角	31813925	17671367	24832639	26406208	24207666
东翼	1369551	15218822	1395557	1396012	1295709
西翼	1284961	14951217	834169	944694	830377
山区	2002371	15838825	1339461	1564468	1182571

注：1.省直医疗保险、失业保险属地化管理，故无数据，下表同。
2.东莞市执行城乡统一医疗保险，在职工医疗口径反映。
3.各区域不包括省直。

5-16 各市城镇职工基本养老保险参保人数

单位：人

市别	2009	2010	2011	2012	2013	2014
合计	**27164342**	**32151757**	**38007439**	**40340837**	**41830372**	**48094651**
广州	3520000	3750002	5656340	5834193	6029256	9255618
深圳	5994306	7076802	7691157	8115011	8349147	8700187
珠海	835421	942750	1014672	1064443	1077967	1098172
汕头	594175	709654	944997	1202683	1278801	1479812
佛山	2588403	2785311	3295886	3361685	3519813	3941387
韶关	473384	503455	546327	586617	617485	657828
河源	368280	387820	414553	434250	449296	730407
梅州	396922	741082	790712	861417	917931	964969
惠州	1269901	1563087	1977641	2105935	2068017	2129107
汕尾	240655	310436	390060	417725	452740	504331
东莞	3217255	4429646	5034190	5202761	5292575	6307614
中山	1396232	1969319	2089754	2118886	2170032	2196658
江门	859182	934954	1603648	1760163	1812026	1861874
阳江	327849	360354	399274	502457	529491	553305
湛江	816791	852389	931925	971510	992790	1065665
茂名	535161	574828	611598	772661	879206	852293
肇庆	496337	548367	621896	677754	720716	744478
清远	515577	548637	592165	644313	753357	1026356
潮州	412885	473742	527127	579041	622371	571101
揭阳	381120	676848	702961	862750	933835	942865
云浮	214146	226864	303271	328700	347014	419677
省直	1710360	1785410	1867285	1935882	2016506	2090947
按经济区域分						
珠三角	20177037	24000238	28985184	30240831	31039549	36235095
东翼	1628835	2170680	2565145	3062199	3287747	3498109
西翼	1679801	1787571	1942797	2246628	2401487	2471263
山区	1968309	2407858	2647028	2855297	3085083	3799237

5-17 各市城镇职工基本养老保险（企业+其他）参保人数

单位：人

市别	2009	2010	2011	2012	2013	2014
合计	**25629694**	**30586988**	**36394120**	**38616242**	**40146329**	**46360502**
广州	3520000	3750002	5656340	5834193	6029256	9255618
深圳	5941049	7023510	7635674	8057775	8288069	8640601
珠海	759919	863975	934212	980690	989613	1006941
汕头	514920	626595	854989	1109485	1185569	1388184
佛山	2462387	2665385	3181737	3241252	3398934	3825892
韶关	405481	435264	476582	516676	547084	584221
河源	308616	327226	351761	370932	385714	665823
梅州	312652	653272	702112	772364	828700	875579
惠州	1185729	1477149	1874128	1919423	1954508	2033153
汕尾	195358	266118	343384	370906	405922	455975
东莞	3167886	4378728	4981246	5149152	5238314	6253061
中山	1396232	1969319	2089754	2118886	2170032	2116574
江门	756921	824867	1492583	1647925	1696284	1748845
阳江	270117	301946	343801	447602	473627	497873
湛江	699637	736123	813008	850476	868875	943710
茂名	438088	471492	507932	666818	773090	747377
肇庆	412679	456358	522670	578864	613591	636179
清远	452849	486113	529334	583446	691769	965201
潮州	364945	424980	478072	529749	572906	522006
揭阳	258946	550154	571203	729509	803295	814464
云浮	175927	188265	265247	284608	301013	379972
省直	1629356	1710147	1788351	1855511	1930164	2003253
按经济区域分						
珠三角	19602802	23409293	28368344	29528160	30378601	35516864
东翼	1334169	1867847	2247648	2739649	2967692	3180629
西翼	1407842	1509561	1664741	1964896	2115592	2188960
山区	1655525	2090140	2325036	2528026	2754280	3470796

5-18 各市城乡居民社会养老保险参保人数

单位：人

市 别	2010	2011	2012	2013	2014
合 计	**5090277**	**13079662**	**22733102**	**23515774**	**24337298**
广 州	786952	1159144	1227078	1237724	1233208
深 圳				6261	6761
珠 海	119892	134125	136394	152980	111068
汕 头	1836	614928	1800310	1854750	1896394
佛 山	911851	645604	849479	624911	643830
韶 关	115101	446511	837914	871385	892564
河 源	213518	508787	1149665	1191364	1221315
梅 州	869719	1207285	1603054	1666879	1667234
惠 州	404120	701493	969941	1015869	1108416
汕 尾	51403	129021	840520	897287	1174001
东 莞				95091	89510
中 山	118378		35	519	779
江 门	334812	1543988	1588142	1582414	1577209
阳 江	119882	408262	966013	1087341	1123708
湛 江	105987	1048681	2275028	2366441	2438635
茂 名	142817	818019	1886793	1998590	2115450
肇 庆	189560	1079091	1355501	1387299	1446731
清 远	141480	643780	1354164	1412188	1448038
潮 州	41987	587735	830188	860440	884244
揭 阳	203062	661473	1992485	2081119	2113365
云 浮	217920	741735	1070398	1124922	1144838
省 直					
按经济区域分					
珠三角	2865565	5263445	6126570	6103068	6217512
东 翼	298288	1993157	5463503	5693596	6068004
西 翼	368686	2274962	5127834	5452372	5677793
山 区	1557738	3548098	6015195	6266738	6373989

注：城乡居民社会养老保险2010年起全面建立。

5-19 各市城镇职工基本医疗保险参保人数

单位：人

市　别	2009	2010	2011	2012	2013	2014
合　计	**25563814**	**30000422**	**32343260**	**33734152**	**34729624**	**36470808**
广　州	3826813	4273645	4662753	5078604	5382826	5720692
深　圳	8470840	9611077	9897087	10008155	9995291	10041610
珠　海	846791	956429	1016380	1073276	1078995	1100613
汕　头	389435	423952	453160	471596	488537	500987
佛　山	1826201	2011561	2282096	2423893	2583450	2729387
韶　关	439354	460269	478008	490843	499213	520113
河　源	222106	239534	254349	271751	282412	289677
梅　州	258129	295231	371003	385218	389317	429046
惠　州	771208	818247	1348895	1394912	1593023	1666847
汕　尾	127344	180580	249669	260255	270032	279084
东　莞	4202614	5922690	6024092	6168589	6180883	6156884
中　山	1255238	1417655	1526978	1581239	1634629	2599154
江　门	728177	862338	934875	1035852	1131478	1190865
阳　江	185371	200515	226179	239578	252884	266147
湛　江	472976	490985	539066	560663	581918	606216
茂　名	285750	346703	394243	416260	416652	412598
肇　庆	390721	455178	511505	574208	598588	607873
清　远	346632	411982	453829	526484	548300	555313
潮　州	209806	249482	297966	323634	347658	311721
揭　阳	157498	217316	239384	256057	276167	277759
云　浮	150810	155053	181743	193085	197371	208222
省　直						
按经济区域分						
珠三角	22318603	26328820	28204661	29338728	30179163	31813925
东　翼	884083	1071330	1240179	1311542	1382394	1369551
西　翼	944097	1038203	1159488	1216501	1251454	1284961
山　区	1417031	1562069	1738932	1867381	1916613	2002371

5-20 各市城乡居民基本医疗保险参保人数

单位：人

市别	2009	2010	2011	2012	2013	2014
合计	**20121052**	**20431779**	**35327926**	**50483937**	**64019658**	**63680231**
广州	2253505	2510022	2585729	2603576	4774433	4826029
深圳	1044943	1150500	1249124	1379221	1581185	1536667
珠海	414943	413438	424337	427575	440813	453492
汕头	380480	458280	2594636	4440037	4524173	4551131
佛山	2179432	2149501	2140904	2057959	2059293	2067092
韶关	310663	345266	363824	383646	2362178	2294325
河源	257972	357627	363093	367728	3240437	3104713
梅州	403252	403252	441739	4206041	4374661	4419748
惠州	2370216	2452233	2520055	2528791	2547577	2613882
汕尾	308854	432520	507920	2635723	2660582	2726630
东莞	1163058					
中山	906462	916840	922163	925531	924372	
江门	439586	421516	2839211	2762673	2721664	2696281
阳江	365520	407731	2221342	2234120	2264549	2321681
湛江	5631786	5924014	6311738	6370263	6361169	6436694
茂名	153047	182952	269306	302457	6070455	6192842
肇庆	423980	424263	431638	3372081	3401922	3477924
清远	436700	434175	3478642	3473575	3491921	3492258
潮州	127252	148764	271410	2189786	2236687	2275338
揭阳	353100	707862	5207164	5406119	5498256	5665723
云浮	196301	191023	183951	2417035	2483331	2527781
省直						
按经济区域分						
珠三角	11196125	10438313	13113161	16057407	18451259	17671367
东翼	1169686	1747426	8581130	14671665	14919698	15218822
西翼	6150353	6514697	8802386	8906840	14696173	14951217
山区	1604888	1731343	4831249	10848025	15952528	15838825

注：1. 东莞市居民医疗2010与职工医疗制度合并，中山市居民医疗2014与职工医疗制度合并。
2. 2013年广州、韶关、河源含新农合参合人数，其中韶关、河源于2014年并入城乡居民医保；2014年广州含新农合人数，次年并入城乡居民医保。

5-21 各市失业保险参保人数

单位：人

市别	2009	2010	2011	2012	2013	2014
合计	**14895425**	**16496028**	**18756188**	**20091249**	**27050903**	**28401826**
广州	3121036	3360000	3624810	3916627	4132275	4417340
深圳	2189716	2586234	3001335	3405853	9304475	9421817
珠海	669637	767568	823449	862784	874204	892406
汕头	381157	453330	581933	657353	697680	725649
佛山	1408976	1552213	1811886	1940515	2088290	2201481
韶关	263810	266551	270499	276389	280313	283371
河源	228978	238548	250965	260922	269066	274493
梅州	212387	221562	226213	229158	234978	242923
惠州	327711	300280	910052	925282	1273804	1307447
汕尾	118012	124191	135160	145648	150279	166019
东莞	2591526	2798974	2993826	3127847	3224378	3925945
中山	1134303	1290996	1399340	1450741	1494161	1510826
江门	494673	578934	619953	661855	712397	739990
阳江	180006	181815	178083	187580	196967	206978
湛江	331538	340745	352564	358077	363820	365886
茂名	226318	239047	253289	263761	261282	261305
肇庆	301535	325286	365791	387674	410538	415387
清远	164432	247679	293817	335632	355813	368076
潮州	276410	313767	339073	352828	366237	310979
揭阳	147332	170632	178397	189150	192216	192910
云浮	125932	137676	145753	155573	167730	170598
省直						
按经济区域分						
珠三角	12239113	13560485	15550442	16679178	23514522	24832639
东翼	922911	1061920	1234563	1344979	1406412	1395557
西翼	737862	761607	783936	809418	822069	834169
山区	995539	1112016	1187247	1257674	1307900	1339461

5-22 各市工伤保险参保人数

单位：人

市别	2009	2010	2011	2012	2013	2014
合计	**24354998**	**26578232**	**28478180**	**29627706**	**30572534**	**30925925**
广州	3551017	3750021	3981321	4067073	4153885	4153258
深圳	8156498	9195698	9466449	9915271	9879598	9986876
珠海	690440	787442	842151	877577	883880	903897
汕头	374737	443094	569207	639896	676518	703793
佛山	1870410	1964281	2089440	2108507	2181318	2244812
韶关	268479	287158	316531	337059	400516	411949
河源	217439	225615	245120	254889	270441	281008
梅州	178483	188472	201124	226819	247689	281846
惠州	641302	585535	1119446	1131063	1424805	1454069
汕尾	112943	125341	135183	148059	160122	185927
东莞	4388691	4690761	4794400	4941366	4960279	4922846
中山	1151271	1306097	1414806	1466855	1511092	1528092
江门	463600	546565	608701	670895	738552	769738
阳江	160157	170725	185757	209836	220014	232166
湛江	268236	285309	302571	305018	369386	394295
茂名	265938	274698	290647	313250	312356	318233
肇庆	270687	326585	380357	407934	431364	442620
清远	304097	323089	351426	376825	404210	413761
潮州	265216	303499	330598	350062	364419	307268
揭阳	117385	147067	160914	168552	190242	199024
云浮	116415	126245	156725	165309	172111	175904
省直	521557	524935	535306	545591	619737	614543
按经济区域分						
珠三角	21183916	23152985	24697071	25586541	26164773	26406208
东翼	870281	1019001	1195902	1306569	1391301	1396012
西翼	694331	730732	778975	828104	901756	944694
山区	1084913	1150579	1270926	1360901	1494967	1564468

5-23 各市生育保险参保人数

单位：人

市别	2009	2010	2011	2012	2013	2014
合计	**15862514**	**20384929**	**23397227**	**24849269**	**27115918**	**28012790**
广州	1661260	2080173	2524079	2766591	3194209	3572028
深圳	3344781	3976325	4586851	5066080	5804624	5946148
珠海	366776	419508	477576	550695	878156	897094
汕头	361006	426883	551127	620916	656215	684454
佛山	1581677	1734705	1980474	2097635	2103903	2221569
韶关	143963	146121	147822	153616	169146	181495
河源	112052	133668	156660	167062	205533	211714
梅州	168697	198436	209075	215825	247147	281970
惠州	407536	364893	1348895	1394912	1593023	1666847
汕尾	84707	102987	114316	125769	130081	149722
东莞	5365672	5922690	6024092	6168589	6180883	6156884
中山	67079	2334495	2449141	2506770	2559001	2599154
江门	335626	502567	598330	646916	709274	738330
阳江	121417	131241	141780	159558	176214	190551
湛江	336322	340310	354751	360323	370433	380578
茂名	161488	184043	229676	255424	257845	259248
肇庆	227397	277928	325097	366420	404135	409612
清远	122173	132011	140366	156862	360242	367805
潮州	148586	190916	224349	246461	264562	254125
揭阳	144412	185746	189269	191432	212468	207408
云浮	86334	91527	112195	117798	127407	139587
省直	513553	507756	511306	513615	511417	496467
按经济区域分						
珠三角	13357804	17613284	20314535	21564608	23427208	24207666
东翼	738711	906532	1079061	1184578	1263326	1295709
西翼	619227	655594	726207	775305	804492	830377
山区	633219	701763	766118	811163	1109475	1182571

5-24 各市城镇职工基本养老保险缴费人数

单位：人

市　别	2009	2010	2011	2012	2013	2014
合　计	**20379315**	**23291841**	**25174560**	**28304846**	**29348594**	**30409491**
广　州	2801391	3020407	3271030	3553300	3679428	3965515
深　圳	5166272	6233922	6818589	7275842	7550538	7697924
珠　海	780724	884617	943771	985580	991587	1003956
汕　头	425728	445404	472883	705145	688866	703891
佛　山	1682074	1855696	2073339	2153174	2279439	2377632
韶　关	280527	299373	323752	364341	389744	405807
河　源	242802	280811	259699	281393	319049	351381
梅　州	272827	342501	405370	536733	555124	563749
惠　州	736475	670949	774181	1426767	1520505	1540061
汕　尾	160736	182111	200363	293337	318114	306143
东　莞	2663116	3332971	3518322	3639565	3715184	4403342
中　山	1285954	1693137	1795817	1838533	1877698	1875603
江　门	651783	704773	782790	1016733	1038099	903774
阳　江	197096	210539	210777	275190	284096	267351
湛　江	450504	462406	522993	521211	599625	589286
茂　名	312598	341982	375172	501174	504751	566357
肇　庆	288708	333308	305893	430765	451739	437701
清　远	385851	418994	460018	509273	542619	457302
潮　州	225082	216633	250393	296547	295606	236222
揭　阳	260106	305803	352274	568738	629760	603729
云　浮	165465	177341	173800	224795	206768	241914
省　直	943496	878163	883334	906710	910255	910851
按经济区域分						
珠三角	16056497	18729780	20283732	22320259	23104217	24205508
东　翼	1071652	1149951	1275913	1863767	1932346	1849985
西　翼	960198	1014927	1108942	1297575	1388472	1422994
山　区	1347472	1519020	1622639	1916535	2013304	2020153

5-25 各市城镇职工基本养老保险离退休人数

单位：人

市别	2009	2010	2011	2012	2013	2014
合计	**2941632**	**3395940**	**3725534**	**3902484**	**4213018**	**4458614**
广州	626920	657529	693054	733957	785604	829400
深圳	153379	163347	173960	190661	210101	231772
珠海	54697	58133	70901	78863	86380	94216
汕头	139394	157412	166227	182553	195494	204667
佛山	261085	334044	399160	432745	465829	494921
韶关	95547	105382	115825	127774	136354	143984
河源	42601	46409	50529	55127	59930	63418
梅州	97645	105839	117184	184125	216511	233561
惠州	69642	74511	77845	84417	91952	96531
汕尾	31203	35313	37810	41719	46601	49541
东莞	59180	211222	223710	69894	73457	76842
中山	108159	172483	248500	258870	269578	279676
江门	172621	185450	206679	236990	256308	280657
阳江	45074	48803	51848	58103	61918	64721
湛江	184486	195218	211301	228884	240313	254007
茂名	117158	122851	127202	134304	141808	147710
肇庆	92342	97545	102243	110026	118518	125255
清远	66424	71624	75779	74496	105968	114496
潮州	78908	82243	86420	103112	112175	119333
揭阳	84290	97754	106011	118843	127833	132721
云浮	37659	39427	41041	43814	46041	48382
省直	323218	333401	342305	353207	364345	372803
按经济区域分						
珠三角	1598025	1954264	2196052	2196423	2357727	2509270
东翼	333795	372722	396468	446227	482103	506262
西翼	346718	366872	390351	421291	444039	466438
山区	339876	368681	400358	485336	564804	603841

5-26 各市领取失业保险金人数

单位：人

市别	2009	2010	2011	2012	2013	2014
合计	**257324**	**208238**	**196248**	**198154**	**189025**	**281414**
广州	69797	53237	52550	59364	62458	64430
深圳	16201	13564	10171	9379	9474	50977
珠海	5273	4525	4759	5249	5493	9187
汕头	6887	5137	4493	4696	5228	4705
佛山	12547	34396	34504	31488	29266	32653
韶关	5047	8059	8198	7438	6383	5175
河源	9731	6501	6257	5225	4078	4071
梅州	8050	7341	6930	7361	5799	3447
惠州	5171	5472	6252	6661	5953	7671
汕尾	5017	3501	3777	2849	1449	1019
东莞	5687	3967	4483	6046	7868	42521
中山	14537	5146	4954	5522	6545	14024
江门	31423	10677	9592	10640	10594	14179
阳江	5571	6166	7391	7021	4934	3460
湛江	19246	12312	10071	9967	7433	6544
茂名	14399	8685	6550	5525	3964	3369
肇庆	7342	6052	5325	5054	4636	5419
清远	6607	5559	4168	4736	4424	5905
潮州	5289	4933	3523	2161	1660	1565
揭阳	458	310	120	76	27	42
云浮	3044	2698	2180	1696	1359	1051
省直						
按经济区域分						
珠三角	167978	137036	132590	139403	142287	241061
东翼	17651	13881	11913	9782	8364	7331
西翼	39216	27163	24012	22513	16331	13373
山区	32479	30158	27733	26456	22043	19649

5-27 各市享受工伤保险待遇人数

单位：人

市别	2009	2010	2011	2012	2013	2014
合计	**150027**	**147761**	**153541**	**167248**	**167458**	**171285**
广州	14971	13693	19862	21090	20189	14965
深圳	41652	44069	43587	43334	41875	39573
珠海	6132	5707	3687	4600	5666	6652
汕头	596	598	623	762	825	685
佛山	24775	24375	21693	20773	19314	18531
韶关	3656	5557	3824	3866	4528	5722
河源	974	1154	1289	1340	1445	1601
梅州	543	312	475	1755	1886	1972
惠州	4444	4808	5346	5441	5336	5779
汕尾	123	173	184	224	160	254
东莞	24857	20805	24404	32187	34583	43339
中山	11657	11877	14190	15163	14788	14952
江门	3102	3708	4194	4829	4414	5038
阳江	435	476	668	779	801	847
湛江	913	882	597	655	703	878
茂名	850	918	912	1097	1245	1307
肇庆	1746	1987	2190	2303	2340	2247
清远	3558	3219	2484	2862	2953	3400
潮州	251	376	341	512	506	545
揭阳	351	442	375	494	503	493
云浮	3020	1190	966	1574	1646	742
省直	1421	1435	1650	1608	1752	1763
按经济区域分						
珠三角	133336	131029	139153	149720	148505	151076
东翼	1321	1589	1523	1992	1994	1977
西翼	2198	2276	2177	2531	2749	3032
山区	11751	11432	9038	11397	12458	13437

5-28 各市享受生育保险待遇人次

单位：人次

市别	2009	2010	2011	2012	2013	2014
合计	**125379**	**242673**	**325611**	**401498**	**450330**	**508283**
广州	26007	30349	40834	55503	111371	135567
深圳		93285	128957	177586	94259	112789
珠海	17620	18783	21247	26956	34203	64495
汕头	3322	3976	4413	5814	6385	6627
佛山	24223	27699	31821	38153	82565	68401
韶关	1928	2002	2149	2756	2883	3123
河源	716	1116	1605	2531	5818	6644
梅州	2990	1856	1275	3423	8556	7038
惠州	6053	6959	2440			
汕尾	179	206	225	571	628	722
东莞	15412	20613	21879	22480	27033	25369
中山	1360	6684	17863	20674	22286	21881
江门	4979	5183	7975	10291	10285	9706
阳江	962	1389	2106	2484	2831	2863
湛江	4090	4661	15499	5612	5712	5668
茂名	1	1870	3294	4295	6439	6849
肇庆	3597	2594	4323	4235	4796	4545
清远	1343	2275	2705	3560	7140	8618
潮州	1584	1649	2088	2662	4734	4705
揭阳	1271	1381	1595	1690	1898	1927
云浮	1071	1266	1669	1457	1821	2205
省直	6671	6877	9649	8765	8687	8541
按经济区域分						
珠三角	99251	212149	277339	355878	386798	442753
东翼	6356	7212	8321	10737	13645	13981
西翼	5053	7920	20899	12391	14982	15380
山区	8048	8515	9403	13727	26218	27628

注：1.深圳市享受待遇人数2010年前并入医疗保险中，故2009年无数据。
2.惠州市2012年起享受待遇人数并入医疗保险中。

5-29 各市社会保险基金收入情况（2014）

单位：万元

市别	城镇职工基本养老保险	企业+其他	城乡居民社会养老保险	城镇职工基本医疗保险	城乡居民基本医疗保险	失业保险	工伤保险	生育保险
合计	**23091156**	**22211570**	**1806131**	**8227517**	**2833815**	**1405541**	**697542**	**457639**
广州	3569506	3569506	655935	2814472	261200	333433	98922	151762
深圳	5832053	5775366	2363	1768356	127026	543081	133537	116288
珠海	683885	584084	32948	259926	21171	56764	21230	22533
汕头	515343	488433	72554	120296	172371	46615	8854	12934
佛山	1510882	1407594	90348	768580	196702	69732	66747	80779
韶关	384760	362442	39861	144753	106592	16735	24712	3171
河源	185936	161286	51186	80174	124766	9710	4709	6166
梅州	309691	287096	66951	86571	190030	9909	8579	2958
惠州	599744	561842	82339	351989	123039	22645	26786	2036
汕尾	141572	127294	28997	34734	106186	5523	2668	1380
东莞	2054413	2032529	31232	572906		75679	136260	
中山	881715	828583	57	304902		45664	43548	
江门	652834	581826	76231	275935	109135	32325	13744	7572
阳江	169315	158914	46129	53887	95176	3943	2347	1128
湛江	700729	667514	113524	144006	244551	19600	7622	6433
茂名	452035	422032	100434	113398	245274	20075	10169	7818
肇庆	343306	308104	72899	112137	146194	17813	8772	4115
清远	318326	297639	56798	105381	155703	17362	10042	7600
潮州	251073	237024	35977	43885	82529	8699	4854	3260
揭阳	362263	248122	97666	23115	213177	5615	2826	601
云浮	134841	123416	51701	48116	112996	7215	3617	1814
省直	3036934	2980924				37402	56998	17290
按经济区域分								
珠三角	16128338	15649434	1044352	7229203	984467	1197136	549546	385085
东翼	1270251	1100873	235194	222030	574263	66452	19202	18175
西翼	1322079	1248460	260087	311291	585001	43618	20138	15379
山区	1333554	1231879	266497	464995	690087	60931	51659	21709

5-30 各市社会保险基金征收收入情况（2014）

单位：万元

市别	城镇职工基本养老保险	企业+其他	城乡居民社会养老保险	城镇职工基本医疗保险	城乡居民基本医疗保险	失业保险	工伤保险	生育保险
合计	**19233875**	**18472881**	**600113**	**7751448**	**2752609**	**1238942**	**584412**	**443756**
广州	3354970	3354970	325303	2648232	253341	275611	87286	149722
深圳	5363531	5316526	458	1646287	123283	534106	125002	113627
珠海	625518	531774	13387	257789	21136	52633	19261	22278
汕头	328519	306348	22427	105677	168562	26686	6632	12687
佛山	1392348	1296947	27739	724307	194675	59396	57936	76945
韶关	238925	220353	9215	138838	104590	14781	9576	2852
河源	140144	120752	10629	69380	124146	8615	3989	6064
梅州	235298	215023	9880	79352	180318	9439	5356	2913
惠州	531906	497040	14003	321116	122234	19283	20679	30
汕尾	98282	88137	2223	32664	103859	4953	2265	1240
东莞	1903826	1885441		555655		73654	128741	
中山	834511	782454	2	290944		40166	41086	
江门	600201	539028	14655	269518	108908	29839	11715	7018
阳江	110715	100549	10650	50943	94518	3559	1884	1120
湛江	317597	288276	31306	138910	241224	16488	6436	6012
茂名	261929	234209	28603	107118	229391	17367	8982	7392
肇庆	252590	221520	25899	108383	144817	17369	8076	4104
清远	249045	231889	13854	97909	149642	15990	9106	7332
潮州	155259	143278	6879	41264	81072	7918	4309	3180
揭阳	212710	130811	16965	22047	206045	4883	2307	574
云浮	104379	95080	16038	45116	100847	6207	3165	1757
省直	1921673	1872476					20623	16909
按经济区域分								
珠三角	14859401	14425700	421446	6822231	968394	1102057	499782	373724
东翼	794770	668574	48494	201652	559538	44440	15513	17681
西翼	690241	623034	70559	296971	565133	37414	17302	14524
山区	967791	883097	59616	430595	659543	55032	31192	20918

5-31 各市社会保险基金支出情况（2014）

单位：万元

市别	城镇职工基本养老保险	企业+其他	城乡居民社会养老保险	城镇职工基本医疗保险	城乡居民基本医疗保险	失业保险	工伤保险	生育保险
合计	**15380761**	**14875834**	**1058758**	**6128116**	**2499054**	**326733**	**470899**	**318777**
广州	3361628	3361628	273754	1935849	215371	115793	59747	151255
深圳	1553485	1493177	2419	935608	120714	42695	100626	59011
珠海	332788	266161	18783	219480	19976	16130	13359	16507
汕头	450995	447405	41068	113998	114972	19086	2931	10156
佛山	1278881	1209315	84785	627561	199510	36966	34319	40327
韶关	332410	326582	27303	127454	80497	7533	16740	1335
河源	128724	123863	33377	71360	90753	2923	3041	3717
梅州	382789	377895	65322	88242	144888	4368	4835	1185
惠州	270211	265683	50721	286168	115399	6106	13657	
汕尾	108328	106302	26004	32587	94996	965	820	360
东莞	591923	589029	30915	540487		29288	119603	
中山	568118	519423	55	258468		10459	26557	
江门	590570	529126	53672	293318	139647	8012	10304	2165
阳江	139012	137054	28092	53001	79665	2890	3239	2040
湛江	562214	555440	65220	137216	219569	5707	3724	1687
茂名	351326	344816	63185	105839	249722	3311	4330	1306
肇庆	284721	262135	39853	107489	138385	4352	5497	1701
清远	225277	222056	39378	87487	148838	3368	6553	4439
潮州	231999	219708	28063	40290	56365	1610	1568	2228
揭阳	294110	193621	57442	25316	171748	186	936	273
云浮	106868	104888	29344	40895	98040	783	2210	609
省直	3234382	3220528				4200	36304	18477
按经济区域分								
珠三角	8832325	8495677	554957	5204428	949002	269801	383669	270966
东翼	1085432	967036	152577	212191	438081	21847	6255	13017
西翼	1052552	1037310	156497	296056	548956	11908	11293	5033
山区	1176068	1155284	194724	415438	563016	18975	33379	11285

5-32 各市社会保险基金累计结余情况（2014）

单位：万元

市别	城镇职工基本养老保险	企业+其他	城乡居民社会养老保险	城镇职工基本医疗保险	城乡居民基本医疗保险	失业保险	工伤保险	生育保险
合计	**54441665**	**51277017**	**2976814**	**14472406**	**2218460**	**5156808**	**2170908**	**737794**
广州	3938467	3938467	1685112	5702858	120722	1976250	394334	76035
深圳	22679887	22573210	4314	4983117	111949	1184447	461554	299842
珠海	2643325	2276261	73775	236640	11202	227737	72951	27380
汕头	280011	114986	83931	151798	236742	162822	32569	11597
佛山	3685024	3371080	113377	894748	110424	293158	237132	130193
韶关	242669	95506	55477	170470	88816	83504	12888	8534
河源	340064	199535	47709	47319	118874	36680	12185	9327
梅州	600553	454987	75011	64941	140160	21479	18384	6494
惠州	1624390	1443106	108615	490782	63419	83927	71171	17836
汕尾	165534	98609	16276	25568	72522	22055	11324	5834
东莞	7898729	7734213	-2269	549892		182807	248681	
中山	1863238	1797884	11	243568		143868	84331	
江门	903679	799481	94896	242099	57279	133104	44774	27225
阳江	236372	169904	56996	64568	82532	23779	9917	3633
湛江	353439	155098	119229	123074	197605	80093	26655	22164
茂名	358798	185279	97706	180498	184908	111386	41518	25820
肇庆	365696	255989	90865	84790	92992	82919	23116	13483
清远	569639	442677	57377	134495	96090	73325	22351	16872
潮州	170966	144590	34258	28460	119849	44221	20574	6221
揭阳	224953	161695	104966	17316	238490	34858	10844	2114
云浮	229997	166372	59181	35408	73885	31184	8502	5557
省直	5066233	4698085				123204	305155	21634
按经济区域分								
珠三角	45602435	44189691	2168696	13428494	567987	4308217	1638044	591994
东翼	841464	519880	239431	223142	667603	263956	75311	25766
西翼	948609	510281	273931	368140	465045	215258	78090	51617
山区	1982922	1359077	294755	452633	517825	246172	74310	46784

5-33 各市城镇职工基本养老保险基金收入情况

单位：万元

市别	2009	2010	2011	2012	2013	2014
合计	**9506909**	**12270981**	**15115792**	**18060774**	**19611779**	**23091156**
广州	1598090	1849287	2444313	2932251	3391649	3569506
深圳	2042209	2868183	3708765	4200713	4871676	5832053
珠海	312309	382968	532144	567865	696916	683885
汕头	208759	235907	260912	367943	384972	515343
佛山	806228	1348859	1124584	1289828	1476450	1510882
韶关	144221	194106	218460	256833	245384	384760
河源	73573	106009	131001	137482	144851	185936
梅州	192678	217080	307352	477387	250119	309691
惠州	226928	250981	316039	380862	455267	599744
汕尾	44685	62351	82838	100032	98563	141572
东莞	714507	976257	1248706	1492882	1758836	2054413
中山	286908	384769	504421	754343	653194	881715
江门	275457	342252	507138	589000	601947	652834
阳江	69674	85621	117580	132122	128463	169315
湛江	243119	303463	379554	487042	390250	700729
茂名	156205	223544	239510	318937	330425	452035
肇庆	141162	161678	226668	259449	271705	343306
清远	110346	144826	198603	272785	251228	318326
潮州	87089	125603	188297	228553	167625	251073
揭阳	113586	137067	184054	231245	257475	362263
云浮	64987	70038	83852	112801	114226	134841
省直	1594189	1800130	2111002	2470416	2670555	3036934
按经济区域分						
珠三角	6403798	8565234	10612778	12467193	14177640	16128338
东翼	454119	560928	716101	927773	908635	1270251
西翼	468998	612628	736644	938101	849138	1322079
山区	585805	732059	939268	1257288	1005808	1333554

5-34 各市城镇职工基本养老保险（企业+其他）基金收入情况

单位：万元

市别	2009	2010	2011	2012	2013	2014
合计	**8998049**	**11695930**	**14458261**	**17347808**	**18784195**	**22211570**
广州	1598090	1849287	2444313	2932251	3391649	3569506
深圳	2010590	2835523	3651238	4162786	4831233	5775366
珠海	249863	313912	455837	483666	596629	584084
汕头	190849	218190	242940	346080	360830	488433
佛山	723738	1254874	1027033	1185527	1376037	1407594
韶关	131073	179047	201134	236604	221966	362442
河源	61999	91654	112603	115111	121935	161286
梅州	179784	203515	292872	456947	229888	287096
惠州	215294	235129	298688	358453	424317	561842
汕尾	41172	57609	73205	90789	87986	127294
东莞	701061	961108	1228725	1477559	1737691	2032529
中山	260922	355153	469069	711083	599789	828583
江门	219761	280270	445694	522282	533252	581826
阳江	66222	80042	110933	122874	117524	158914
湛江	229074	287148	356315	457487	356352	667514
茂名	140998	206706	219944	297538	302990	422032
肇庆	118462	136889	199089	228434	240761	308104
清远	98812	132657	184264	256951	234541	297639
潮州	77759	114795	178159	217766	156931	237024
揭阳	63548	77895	118265	155967	161989	248122
云浮	53014	58219	72935	99330	99749	123416
省直	1565961	1766308	2075005	2432323	2600155	2980924
按经济区域分						
珠三角	6097781	8222145	10219686	12062041	13731358	15649434
东翼	373328	468489	612569	810602	767736	1100873
西翼	436294	573896	687192	877899	776866	1248460
山区	524682	665092	863808	1164943	908079	1231879

5-35 各市城乡居民社会养老保险基金收入情况

单位：万元

市　别	2010	2011	2012	2013	2014
合　计	**578872**	**1027050**	**1141446**	**1417086**	**1806131**
广　州	162726	614906	440331	502531	655935
深　圳			4799	2633	2363
珠　海	23430	21087	17969	30179	32948
汕　头	358	22763	44073	55045	72554
佛　山	71359	51692	84667	97521	90348
韶　关	3144	15243	34270	36540	39861
河　源	7284	10430	29850	39625	51186
梅　州	76080	55679	38576	42134	66951
惠　州	19269	29343	36130	66435	82339
汕　尾	2161	4599	19938	26270	28997
东　莞				32442	31232
中　山	163077		12	37	57
江　门	9932	35586	53131	67277	76231
阳　江	3487	13238	26304	37598	46129
湛　江	2729	27577	62969	78719	113524
茂　名	3986	25308	52666	71952	100434
肇　庆	7030	23975	38971	42309	72899
清　远	7771	17115	36215	47234	56798
潮　州	1217	14976	31938	29752	35977
揭　阳	7289	23325	59492	74106	97666
云　浮	6543	20208	29145	36746	51701
省　直					
按经济区域分					
珠三角	456823	776589	676010	841364	1044352
东　翼	11025	65663	155441	185173	235194
西　翼	10202	66123	141939	188269	260087
山　区	100822	118675	168056	202279	266497

5-36 各市城镇职工基本医疗保险基金收入情况

单位：万元

市别	2009	2010	2011	2012	2013	2014
合计	**3353335**	**3971598**	**5203871**	**6022216**	**7154467**	**8227517**
广州	1160909	1265146	1761082	2113440	2446399	2814472
深圳	621046	840171	1083354	1292751	1503889	1768356
珠海	109417	127253	160738	192679	227591	259926
汕头	65316	72394	90763	94129	109824	120296
佛山	315850	422560	470365	541240	650366	768580
韶关	86598	97706	128090	123434	146528	144753
河源	31147	39256	42917	56973	71051	80174
梅州	34169	43860	58458	61764	70963	86571
惠州	116738	127685	180461	222146	272823	351989
汕尾	16187	18199	25284	25935	33320	34734
东莞	281366	333340	415350	450985	643783	572906
中山	83345	85007	123394	129616	149341	304902
江门	129734	160373	231384	219895	261801	275935
阳江	28444	32884	41096	51430	55121	53887
湛江	71405	74757	91901	90568	112807	144006
茂名	48079	58515	75167	87267	103690	113398
肇庆	50972	57255	79682	94400	106481	112137
清远	52234	55127	63089	84126	87020	105381
潮州	16757	19353	27679	33177	38795	43885
揭阳	10441	12394	20019	18653	20450	23115
云浮	23177	28361	33598	37609	42422	48116
省直						
按经济区域分						
珠三角	2869377	3418790	4505810	5257152	6262474	7229203
东翼	108701	122340	163745	171894	202389	222030
西翼	147928	166156	208164	229265	271618	311291
山区	227325	264310	326152	363906	417984	464995

5-37 各市城乡居民基本医疗保险基金收入情况

单位：万元

市别	2009	2010	2011	2012	2013	2014
合计	**285817**	**408515**	**1018662**	**1634076**	**2521185**	**2833815**
广州	38372	39197	59672	158525	221328	261200
深圳	8015	58961	83063	108620	127912	127026
珠海	6872	8066	11848	15042	17492	21171
汕头	6917	8594	26407	123254	150922	172371
佛山	92738	104286	159892	149497	214980	196702
韶关	5341	7678	12605	14972	81135	106592
河源	2196	5383	7592	9058	72455	124766
梅州	4736	7509	11790	113432	139644	190030
惠州	13050	43755	77847	81739	84445	123039
汕尾	3025	4602	7794	66412	86857	106186
东莞						0
中山	4566	9213	9944	10934	12796	0
江门	8293	5956	86973	90806	96397	109135
阳江	2274	3565	53598	63516	71077	95176
湛江	67684	73988	189063	179729	361751	244551
茂名	1881	4027	7706	7142	210589	245274
肇庆	3783	4944	8400	102066	100890	146194
清远	4444	7489	87908	111711	129863	155703
潮州	2722	3042	8783	65203	71557	82529
揭阳	5742	4849	102188	125895	180413	213177
云浮	3165	3410	5587	36525	88682	112996
省直						
按经济区域分						
珠三角	175689	274378	497639	717229	876240	984467
东翼	18406	21087	145172	380764	489749	574263
西翼	71839	81580	250367	250387	643417	585001
山区	19882	31469	125482	285698	511779	690087

5-38 各市失业保险基金收入情况

单位：万元

市别	2009	2010	2011	2012	2013	2014
合计	**339346**	**333540**	**819430**	**932587**	**1299176**	**1405541**
广州	64399	51597	373838	439750	351536	333433
深圳	36510	43804	57144	70479	516328	543081
珠海	14410	11079	37397	41662	53455	56764
汕头	18515	14893	28823	22603	30640	46615
佛山	34016	32721	75866	75651	65600	69732
韶关	11148	10694	17861	20127	19087	16735
河源	4804	7367	8051	9139	9289	9710
梅州	8229	4467	5607	5456	6111	9909
惠州	9860	7205	9712	11728	13767	22645
汕尾	4031	3440	5109	5369	5020	5523
东莞	25488	27008	32312	35929	44983	75679
中山	13190	13774	25573	26364	30262	45664
江门	16973	17518	33260	35005	29555	32325
阳江	5451	6054	8448	9720	6870	3943
湛江	16562	26119	11706	20222	15948	19600
茂名	13083	13952	20884	20825	20290	20075
肇庆	9016	8961	17882	21908	19235	17813
清远	7194	8595	15143	16925	16039	17362
潮州	5379	5098	13097	10531	9465	8699
揭阳	3985	4098	5990	5871	5687	5615
云浮	4796	3805	5996	7460	7042	7215
省直	12308	11292	9730	19864	22969	37402
按经济区域分						
珠三角	223862	213667	662984	758476	1124721	1197136
东翼	31910	27529	53019	44374	50812	66452
西翼	35096	46125	41038	50767	43108	43618
山区	36171	34928	52658	59107	57568	60931

5-39 各市工伤保险基金收入情况

单位：万元

市　别	2009	2010	2011	2012	2013	2014
合　计	**310071**	**316917**	**533343**	**568366**	**609660**	**697542**
广　州	48559	44853	91432	73996	97287	98922
深　圳	58585	60855	113668	145040	123730	133537
珠　海	7851	8056	16118	17236	20622	21230
汕　头	3567	3390	4161	5655	7086	8854
佛　山	38000	39625	57352	54592	57017	66747
韶　关	5861	5724	10996	13282	8815	24712
河　源	1924	3461	2863	3319	3878	4709
梅　州	2213	1924	5016	4812	4918	8579
惠　州	9823	9776	12067	13135	16933	26786
汕　尾	1139	1190	1641	1940	2015	2668
东　莞	57053	62807	97613	100178	121083	136260
中　山	13614	15220	22922	26057	34337	43548
江　门	6681	6863	13727	13304	11564	13744
阳　江	2225	2040	2518	2752	2207	2347
湛　江	3967	3790	5111	5060	5343	7622
茂　名	4778	4778	6900	6539	9155	10169
肇　庆	3422	3351	6255	6858	8062	8772
清　远	3877	3847	5953	6262	9442	10042
潮　州	1878	1850	4584	3719	4232	4854
揭　阳	1270	1225	2055	1978	2381	2826
云　浮	1895	1543	2363	2910	2942	3617
省　直	31889	30748	48030	59740	56610	56998
按经济区域分						
珠三角	243588	251406	431154	450396	490635	549546
东　翼	7854	7655	12441	13292	15714	19202
西　翼	10970	10608	14529	14351	16705	20138
山　区	15770	16499	27191	30585	29995	51659

5-40 各市生育保险基金收入情况

单位：万元

市别	2009	2010	2011	2012	2013	2014
合计	**158475**	**192896**	**247582**	**301180**	**385224**	**457639**
广州	45911	58951	82170	103366	125313	151762
深圳	46183	58149	74433	89882	101256	116288
珠海	6968	8153	10230	12619	16832	22533
汕头	3629	3136	5874	9990	12504	12934
佛山	18876	22313	28115	32407	66846	80779
韶关	1395	1573	1815	2264	2567	3171
河源	1166	2038	2664	3411	5202	6166
梅州	1089	1298	1565	1925	2513	2958
惠州	4152	4328	469	75	39	2036
汕尾	557	390	730	943	1186	1380
东莞						
中山	1967					
江门	2541	4312	5723	6057	6589	7572
阳江	1329	1624	1588	1646	1328	1128
湛江	3507	3800	4085	4396	5057	6433
茂名	2363	3227	4424	5546	6862	7818
肇庆	1411	1540	2830	3514	3989	4115
清远	2089	2769	3878	4268	5279	7600
潮州	1792	2449	2096	2514	2983	3260
揭阳	503	400	468	444	524	601
云浮	794	696	848	1208	1717	1814
省直	10254	11748	13575	14705	16639	17290
按经济区域分						
珠三角	128009	157746	203970	247920	320864	385085
东翼	6481	6375	9168	13891	17197	18175
西翼	7199	8651	10097	11588	13247	15379
山区	6533	8374	10770	13076	17278	21709

5-41 各市城镇职工基本养老保险基金征收收入情况

单位：万元

市别	2009	2010	2011	2012	2013	2014
合计	**8401721**	**10534734**	**12830847**	**15529547**	**17477823**	**19233875**
广州	1504943	1777531	2316630	2765865	3252917	3354970
深圳	2011858	2457752	3162102	3784653	4751820	5363531
珠海	294718	352222	486554	514574	603533	625518
汕头	143890	186634	209424	300814	324657	328519
佛山	774766	1314643	1068949	1166920	1392568	1392348
韶关	127755	168341	187484	212435	214027	238925
河源	59911	77763	107667	116429	128775	140144
梅州	156878	192813	273122	434089	212655	235298
惠州	208818	236854	290818	341637	438096	531906
汕尾	38332	50361	68543	80002	86778	98282
东莞	641793	860653	1087009	1316202	1553632	1903826
中山	279499	357730	470157	714434	616209	834511
江门	258742	318419	468963	543490	555756	600201
阳江	50898	56796	92681	103253	112334	110715
湛江	166684	186196	265054	322316	316569	317597
茂名	128474	149511	181343	234371	256701	261929
肇庆	121886	139645	193385	219278	247003	252590
清远	92459	125873	169526	242967	227491	249045
潮州	64857	95160	142574	187207	150629	155259
揭阳	93162	112020	149643	176841	196787	212710
云浮	50285	59100	69930	97437	98562	104379
省直	1131111	1258715	1369290	1654332	1740322	1921673
按经济区域分						
珠三角	6097023	7815449	9544567	11367053	13411534	14859401
东翼	340241	444175	570184	744864	758851	794770
西翼	346056	392503	539078	659940	685604	690241
山区	487288	623890	807729	1103357	881510	967791

5-42 各市城镇职工基本养老保险（企业+其他）基金征收收入情况

单位：万元

市 别	2009	2010	2011	2012	2013	2014
合 计	**7934301**	**10010483**	**12243665**	**14889135**	**16771968**	**18472881**
广 州	1504943	1777531	2316630	2765865	3252917	3354970
深 圳	1988028	2433234	3130986	3754831	4721046	5316526
珠 海	235382	288156	417187	437422	516333	531774
汕 头	130500	171028	192309	280929	303308	306348
佛 山	696527	1227411	975919	1073558	1297478	1296947
韶 关	115851	154703	171915	195581	195131	220353
河 源	48551	64686	92242	98590	109818	120752
梅 州	145216	179583	259077	417533	194727	215023
惠 州	197241	221018	273467	319248	407162	497040
汕 尾	34819	45945	60357	71411	76734	88137
东 莞	628715	846997	1072333	1300524	1537138	1885441
中 山	253587	328382	435484	672501	568767	782454
江 门	208271	263867	412478	485373	497755	539028
阳 江	47882	51597	86947	94888	101538	100549
湛 江	152897	169995	241863	292844	283155	288276
茂 名	113463	133086	162583	214212	231782	234209
肇 庆	101612	118808	169866	193607	219130	221520
清 远	81914	114057	156054	229065	212370	231889
潮 州	55574	85977	132833	177215	140337	143278
揭 阳	51307	61511	90640	113302	121941	130811
云 浮	39135	48020	59205	84398	85782	95080
省 直	1102883	1224893	1333292	1616239	1697620	1872476
按经济区域分						
珠三角	5814306	7505404	9204350	11002929	13017726	14425700
东 翼	272200	364461	476139	642857	642320	668574
西 翼	314242	354678	491393	601944	616475	623034
山 区	430667	561049	738493	1025167	797828	883097

5-43 各市城乡居民社会养老保险基金征收收入情况

单位：万元

市 别	2010	2011	2012	2013	2014
合 计	**388682**	**466965**	**402342**	**438886**	**600113**
广 州	88701	327642	197310	231808	325303
深 圳			3720	875	458
珠 海	12410	8869	6949	10816	13387
汕 头	240	5881	15259	16121	22427
佛 山	32437	15377	24552	24924	27739
韶 关	1066	6850	13967	10307	9215
河 源	1995	3179	10532	7949	10629
梅 州	72551	20395	6956	6537	9880
惠 州	6903	9390	9122	12507	14003
汕 尾	311	883	2378	1831	2223
东 莞					
中 山	157505		1	1	2
江 门	5106	16868	17478	18029	14655
阳 江	878	2598	7329	8134	10650
湛 江	982	10279	20669	21178	31306
茂 名	590	6751	12707	15308	28603
肇 庆	2038	8978	9584	11095	25899
清 远	568	5740	11091	10758	13854
潮 州	346	3988	8778	5092	6879
揭 阳	1487	4223	17455	17559	16965
云 浮	2568	9073	6507	8061	16038
省 直					
按经济区域分					
珠三角	305100	387124	268716	310055	421446
东 翼	2384	14975	43870	40603	48494
西 翼	2450	19628	40705	44620	70559
山 区	78748	45237	49053	43612	59616

5-44 各市城镇职工基本医疗保险基金征收收入情况

单位：万元

市别	2009	2010	2011	2012	2013	2014
合计	**3186679**	**3668751**	**4812332**	**5730439**	**6708237**	**7751448**
广州	1098426	1218713	1706420	1997780	2323899	2648232
深圳	608960	679614	924196	1238695	1428949	1646287
珠海	107652	125855	156601	190103	224461	257789
汕头	57734	63294	78922	82991	98115	105677
佛山	308923	416560	463487	521605	631743	724307
韶关	79834	93110	103597	117124	139344	138838
河源	25253	29619	38357	44607	62389	69380
梅州	29454	38673	46988	54785	66526	79352
惠州	107117	120925	165789	213525	267680	321116
汕尾	13414	15979	21203	24480	32334	32664
东莞	272650	320480	386530	440372	497804	555655
中山	81306	79926	105949	125407	144351	290944
江门	124659	154762	221487	216148	254074	269518
阳江	24122	27371	36147	47697	51533	50943
湛江	68440	71931	87394	86641	107552	138910
茂名	47685	55738	68910	82819	97837	107118
肇庆	46645	53394	73548	92097	102849	108383
清远	39137	49157	58631	71616	82299	97909
潮州	16100	18065	23594	30869	36424	41264
揭阳	9290	11562	15330	16534	18952	22047
云浮	19874	24023	29255	34540	39123	45116
省直						
按经济区域分						
珠三角	2756338	3170229	4204007	5035732	5875810	6822231
东翼	96538	108900	139049	154874	185825	201652
西翼	140247	155040	192451	217157	256922	296971
山区	193552	234582	276828	322672	389681	430595

5-45 各市城乡居民基本医疗保险基金征收收入情况

单位：万元

市　别	2009	2010	2011	2012	2013	2014
合　计	**278655**	**393633**	**981899**	**1612026**	**2434036**	**2752609**
广　州	38160	38987	59365	158009	193966	253341
深　圳	7675	57697	83375	107402	124993	123283
珠　海	6771	8034	11804	14788	17459	21136
汕　头	6902	8502	26313	121839	147667	168562
佛　山	89019	101551	154949	147625	213140	194675
韶　关	5299	7640	12557	14592	79691	104590
河　源	2137	4530	7544	7571	46690	124146
梅　州	4730	6807	11061	112892	136076	180318
惠　州	10807	35214	77958	78417	83860	122234
汕　尾	3023	4590	7769	65868	86024	103859
东　莞						
中　山	4554	9178	9876	10844	12642	
江　门	8276	5933	75464	87310	95739	108908
阳　江	2154	3559	53328	63024	70347	94518
湛　江	67477	73726	171794	178505	358597	241224
茂　名	1875	4021	7520	6969	207265	229391
肇　庆	3771	4927	8352	101445	100084	144817
清　远	4436	7485	87790	110535	124036	149642
潮　州	2711	3027	8727	64310	70527	81072
揭　阳	5715	4818	100775	123951	177099	206045
云　浮	3163	3409	5577	36130	88134	100847
省　直						
按经济区域分						
珠三角	169033	261521	481143	705840	841883	968394
东　翼	18351	20937	143584	375968	481317	559538
西　翼	71506	81306	232642	248498	636209	565133
山　区	19765	29871	124529	281720	474627	659543

5-46 各市失业保险基金征收收入情况

单位：万元

市别	2009	2010	2011	2012	2013	2014
合计	**253582**	**268081**	**748920**	**842529**	**1192134**	**1238942**
广州	30559	30787	352148	400993	305995	275611
深圳	33492	41480	53066	66644	512940	534106
珠海	11970	7859	32219	37676	46043	52633
汕头	12365	12776	17006	20921	25801	26686
佛山	29989	29476	74118	68800	59784	59396
韶关	9757	10027	16881	18919	16829	14781
河源	4328	4845	7612	8936	8735	8615
梅州	4022	4140	4890	4860	5732	9439
惠州	7704	5912	8696	10624	13682	19283
汕尾	3306	3243	4574	4925	4822	4953
东莞	20929	24052	28259	33203	39879	73654
中山	12482	13411	21639	24578	28743	40166
江门	16005	17081	31964	34287	28627	29839
阳江	4827	5407	7696	8633	6658	3559
湛江	14352	16070	18008	19005	15541	16488
茂名	12606	12987	19321	19881	18106	17367
肇庆	8053	8485	16779	20665	18599	17369
清远	6540	8530	14196	16460	15208	15990
潮州	3465	3937	8541	10035	8831	7918
揭阳	3712	4089	5578	5475	5076	4883
云浮	3118	3486	5729	7008	6504	6207
省直						
按经济区域分						
珠三角	171183	178543	618888	697470	1054292	1102057
东翼	22848	24045	35699	41356	44530	44440
西翼	31785	34464	45025	47519	40305	37414
山区	27765	31028	49308	56183	53008	55032

5-47 各市工伤保险基金征收收入情况

单位：万元

市别	2009	2010	2011	2012	2013	2014
合计	**254262**	**276205**	**462640**	**489065**	**538126**	**584412**
广州	41444	40275	85493	64140	86914	87286
深圳	47157	54186	105415	137358	117997	125002
珠海	6576	7677	14234	15263	18660	19261
汕头	2454	2843	3987	5205	6418	6632
佛山	34747	37415	54908	49574	52573	57936
韶关	4929	5602	6330	7029	8666	9576
河源	1577	1838	2581	2970	3657	3989
梅州	1270	1477	2284	3513	4544	5356
惠州	8653	9099	10996	12888	16888	20679
汕尾	897	1065	1326	1500	1903	2265
东莞	53280	60068	85302	97624	111286	128741
中山	12995	13903	22264	25312	29550	41086
江门	5185	6580	11824	12705	11228	11715
阳江	1836	1895	2044	2151	2044	1884
湛江	2868	3097	4137	4256	4733	6436
茂名	4206	4136	6084	5993	7952	8982
肇庆	2809	3220	5633	6144	8030	8076
清远	3335	3780	5106	5879	9213	9106
潮州	1051	1226	2773	3277	3896	4309
揭阳	1033	1204	1697	1768	2180	2307
云浮	1227	1454	2026	2572	2884	3165
省直	14733	14166	26196	21944	26910	20623
按经济区域分						
珠三角	212846	232423	396069	421008	453126	499782
东翼	5435	6338	9783	11750	14397	15513
西翼	8910	9128	12265	12400	14729	17302
山区	12338	14151	18327	21963	28964	31192

5-48 各市生育保险基金征收收入情况

单位：万元

市别	2009	2010	2011	2012	2013	2014
合计	**151978**	**187030**	**239887**	**291118**	**378189**	**443756**
广州	44503	58001	80984	100892	122999	149722
深圳	44266	56355	71037	85912	100192	113627
珠海	6925	8117	10091	12587	16792	22278
汕头	2444	2967	5825	9875	12249	12687
佛山	18558	22161	27432	30881	66448	76945
韶关	1360	1529	1768	2086	2408	2852
河源	1162	1447	2655	3386	5108	6064
梅州	1086	1289	1559	1877	2461	2913
惠州	3678	4014	123	57	31	30
汕尾	546	360	682	866	1112	1240
东莞						
中山	1878					
江门	2419	4237	5650	5937	6420	7018
阳江	1276	1592	1484	1502	1252	1120
湛江	3478	3672	3943	4231	4465	6012
茂名	2361	3205	4382	5362	6558	7392
肇庆	1284	1440	2712	3287	3942	4104
清远	2024	2760	3605	4118	5059	7332
潮州	1412	1820	2091	2476	2910	3180
揭阳	503	399	467	440	512	574
云浮	601	666	841	1204	1516	1757
省直	10214	10999	12554	14143	15756	16909
按经济区域分						
珠三角	123511	154325	198029	239553	316824	373724
东翼	4905	5546	9065	13657	16783	17681
西翼	7115	8469	9809	11095	12275	14524
山区	6233	7691	10428	12671	16552	20918

5-49 各市城镇职工基本养老保险基金支出情况

单位：万元

市别	2009	2010	2011	2012	2013	2014
合计	**6202851**	**7211597**	**8749117**	**10346165**	**11676625**	**15380761**
广州	1474151	1828362	2082449	2388421	2722840	3361628
深圳	793454	734272	984426	1080105	1271664	1553485
珠海	139760	137297	171773	210452	299568	332788
汕头	197697	205743	252122	303760	361341	450995
佛山	464837	561458	704765	905358	1060964	1278881
韶关	126215	154831	189276	226724	267594	332410
河源	55459	78418	78169	90999	102720	128724
梅州	119962	135603	163757	246931	297443	382789
惠州	114944	121655	147913	172338	221326	270211
汕尾	38909	47129	57063	67639	81874	108328
东莞	272952	249888	317962	391915	473076	591923
中山	187979	222597	355304	421651	476371	568118
江门	239302	280356	327587	396951	468390	590570
阳江	52515	70330	79705	92805	110471	139012
湛江	226932	278768	330902	390007	450345	562214
茂名	151501	192914	218054	248986	287254	351326
肇庆	128530	147915	172392	200248	231303	284721
清远	84153	99076	118054	145574	179382	225277
潮州	93701	111148	148929	152433	181688	231999
揭阳	105320	130390	158344	195921	237283	294110
云浮	48507	53018	61812	73996	86112	106868
省直	1086070	1370426	1628361	1942947	1807618	3234382
按经济区域分						
珠三角	3815909	4283800	5264571	6167439	7225502	8832325
东翼	435627	494410	616458	719753	862186	1085432
西翼	430948	542012	628661	731798	848070	1052552
山区	434296	520946	611068	784224	933251	1176068

5-50 各市城镇职工基本养老保险（企业+其他）基金支出情况

单位：万元

市别	2009	2010	2011	2012	2013	2014
合计	**5887095**	**6883296**	**8297755**	**9920830**	**11208951**	**14875834**
广州	1473763	1828362	2082449	2388421	2722840	3361628
深圳	747075	691413	848369	1012868	1205667	1493177
珠海	108773	101818	131817	165024	243877	266161
汕头	191570	203381	249711	300743	357870	447405
佛山	408876	502622	643124	840931	995582	1209315
韶关	123745	151949	185986	222230	261763	326582
河源	53691	76377	72972	88255	98795	123863
梅州	117305	132827	160809	242929	293548	377895
惠州	113252	119524	145640	169301	217936	265683
汕尾	37869	46207	55893	66637	80187	106302
东莞	271808	248660	316623	389709	471031	589029
中山	165183	196049	319754	385627	435581	519423
江门	192950	231739	277941	345061	414004	529126
阳江	51748	69129	78751	91521	109002	137054
湛江	224326	275675	327614	385670	445095	555440
茂名	148523	189752	215091	244682	282630	344816
肇庆	113856	131752	155522	181231	211287	262135
清远	82642	96653	115980	142706	176226	222056
潮州	85688	102512	140024	142669	170969	219708
揭阳	61351	80033	101347	122715	149963	193621
云浮	41597	44864	53009	59385	69685	104888
省直	1071504	1361999	1619328	1932514	1795412	3220528
按经济区域分						
珠三角	3595536	4051939	4921239	5878173	6917805	8495677
东翼	376478	432133	546975	632764	758989	967036
西翼	424597	534556	621456	721873	836727	1037310
山区	418980	502670	588756	755505	900017	1155284

5-51 各市城乡居民社会养老保险基金支出情况

单位：万元

市别	2010	2011	2012	2013	2014
合计	**163411**	**351380**	**682147**	**909255**	**1058758**
广州	15944	142939	186704	231673	273754
深圳			857	2204	2419
珠海	7537	11813	9835	15744	18783
汕头	263	5532	28399	35506	41068
佛山	51726	48523	60687	77100	84785
韶关	1178	4058	17683	23234	27303
河源	4812	4269	20259	30219	33377
梅州	27330	44501	65892	58335	65322
惠州	7058	12034	23935	46293	50721
汕尾	1604	2432	14111	21883	26004
东莞				32313	30915
中山	26705		11	29	55
江门	1641	12326	34617	42033	53672
阳江	2090	5696	15047	25315	28092
湛江	1298	4259	42045	55620	65220
茂名	2485	7972	30237	52759	63185
肇庆	2451	9619	32510	32194	39853
清远	707	6779	22618	33749	39378
潮州	612	9649	19760	21579	28063
揭阳	4560	10528	36068	48329	57442
云浮	3410	8451	20873	23142	29344
省直					
按经济区域分					
珠三角	113062	237254	349156	479583	554957
东翼	7039	28141	98338	127297	152577
西翼	5873	17927	87329	133694	156497
山区	37437	68058	147325	168679	194724

5-52 各市城镇职工基本医疗保险基金支出情况

单位：万元

市　　别	2009	2010	2011	2012	2013	2014
合　　计	**2460185**	**2904093**	**3739577**	**4245277**	**5265836**	**6128116**
广　　州	737259	857641	1100552	1364858	1661111	1935849
深　　圳	382778	489693	549026	642980	815442	935608
珠　　海	106403	117406	134350	157841	188343	219480
汕　　头	44871	63098	70307	87422	104670	113998
佛　　山	253112	250040	415290	459125	540159	627561
韶　　关	71486	81437	87997	108214	133340	127454
河　　源	28713	40741	43735	53922	57750	71360
梅　　州	29445	39817	50760	60402	68937	88242
惠　　州	63827	88908	112511	167078	225773	286168
汕　　尾	13008	15379	20170	25129	31693	32587
东　　莞	267091	299974	430502	378328	572422	540487
中　　山	111086	106900	110374	112632	130796	258468
江　　门	111617	148109	255229	209127	239367	293318
阳　　江	23093	40241	38510	39442	48331	53001
湛　　江	52380	67466	80351	82569	98761	137216
茂　　名	32971	41775	52224	62493	75445	105839
肇　　庆	47532	52663	67538	80049	98006	107489
清　　远	38923	45583	50796	71224	78935	87487
潮　　州	12533	21087	24958	32310	37638	40290
揭　　阳	8109	10088	14032	16220	20328	25316
云　　浮	23949	26048	30364	33914	38589	40895
省　　直						
按经济区域分						
珠三角	2080705	2411334	3175372	3572018	4471419	5204428
东　　翼	78521	109652	129467	161081	194329	212191
西　　翼	108444	149482	171085	184504	222537	296056
山　　区	192516	233626	263652	327676	377551	415438

5-53 各市城乡居民基本医疗保险基金支出情况

单位：万元

市别	2009	2010	2011	2012	2013	2014
合计	**217516**	**349563**	**678717**	**1257169**	**2011441**	**2499054**
广州	26424	44398	59092	154645	215155	215371
深圳	8370	39356	62330	78442	99402	120714
珠海	8326	7385	11086	12421	18599	19976
汕头	2786	6753	8021	63156	101078	114972
佛山	81069	86890	126123	152538	184470	199510
韶关	4705	5849	6990	9828	72239	80497
河源	2072	4116	7094	7190	52489	90753
梅州	5289	6258	9174	93219	117784	144888
惠州	6252	32262	47367	60647	102249	115399
汕尾	2638	3145	4436	46611	75710	94996
东莞						
中山	1861	6665	8080	9780	12140	
江门	4593	6867	38985	64917	91889	139647
阳江	1881	3760	30119	47309	63300	79665
湛江	43429	71594	136430	143497	168987	219569
茂名	1502	2311	3412	5145	152400	249722
肇庆	2666	4432	5906	65633	109851	138385
清远	4365	5943	41203	96584	116773	148838
潮州	2037	2991	5114	30595	42684	56365
揭阳	3833	5600	62691	79665	128392	171748
云浮	3420	2988	5065	35345	85850	98040
省直						
按经济区域分						
珠三角	139561	228255	358969	599023	833755	949002
东翼	11294	18489	80262	220027	347864	438081
西翼	46812	77665	169961	195951	384687	548956
山区	19851	25154	69526	242166	445135	563016

5-54 各市失业保险基金支出情况

单位：万元

市别	2009	2010	2011	2012	2013	2014
合计	**210479**	**320605**	**355850**	**227780**	**264734**	**326733**
广州	51686	85155	100621	94882	105042	115793
深圳	15177	26313	35689	9367	34907	42695
珠海	4795	14824	33735	12109	12267	16130
汕头	9443	3003	17425	3582	4230	19086
佛山	24005	33448	40340	31717	31275	36966
韶关	6482	9147	6531	4252	4963	7533
河源	1855	8071	3380	3453	3299	2923
梅州	8670	4953	8945	4487	4329	4368
惠州	5287	20118	4501	4952	4662	6106
汕尾	2534	1809	4959	1735	1207	965
东莞	17795	48056	20958	18312	21193	29288
中山	13355	18065	3572	4476	6731	10459
江门	12341	14401	10497	7699	8671	8012
阳江	2189	2574	9989	4844	3874	2890
湛江	11422	7924	12903	6811	5677	5707
茂名	5707	5119	4954	3707	3461	3311
肇庆	2979	2835	9239	3431	3686	4352
清远	3024	6151	2087	2515	2531	3368
潮州	3941	6641	7398	1748	1278	1610
揭阳	273	418	7556	204	182	186
云浮	2519	1581	5622	1397	1269	783
省直	5000		4950	2100		4200
按经济区域分						
珠三角	147420	263215	259152	186945	228434	269801
东翼	16191	11871	37338	7269	6897	21847
西翼	19318	15617	27846	15362	13012	11908
山区	22550	29903	26565	16104	16391	18975

5-55 各市工伤保险基金支出情况

单位：万元

市别	2009	2010	2011	2012	2013	2014
合计	**192768**	**210328**	**289185**	**361921**	**386841**	**470899**
广州	20401	24134	35408	58682	53544	59747
深圳	50783	55806	69371	82713	92803	100626
珠海	5637	7041	7777	10281	11820	13359
汕头	2483	1231	1721	2659	2903	2931
佛山	21245	23852	29171	32929	34397	34319
韶关	4225	6094	7566	12113	14489	16740
河源	862	2218	2045	2167	2389	3041
梅州	1306	1545	2226	3542	4047	4835
惠州	4274	4212	6796	8478	7942	13657
汕尾	373	268	353	517	948	820
东莞	44252	50703	69267	79275	95738	119603
中山	9317	10630	16996	19444	24133	26557
江门	4056	3729	7089	7568	8762	10304
阳江	901	943	1926	1648	2253	3239
湛江	1559	1670	2168	2337	3009	3724
茂名	2049	2144	3443	2994	3437	4330
肇庆	2093	2363	3530	4145	5002	5497
清远	2646	2926	3181	4593	5475	6553
潮州	930	1012	1963	1043	937	1568
揭阳	274	266	508	724	1019	936
云浮	1424	1406	1662	1962	2258	2210
省直	11680	6134	15017	22109	9533	36304
按经济区域分						
珠三角	162058	182470	245405	303515	334141	383669
东翼	4060	2777	4545	4943	5807	6255
西翼	4509	4757	7537	6979	8699	11293
山区	10463	14189	16680	24377	28658	33379

5-56 各市生育保险基金支出情况

单位：万元

市别	2009	2010	2011	2012	2013	2014
合计	**97677**	**122130**	**155697**	**210553**	**275772**	**318777**
广州	37213	48081	69474	100205	125210	151255
深圳	18550	28258	36176	46727	50018	59011
珠海	5640	6096	7176	9272	8666	16507
汕头	4429	4420	4934	7139	9042	10156
佛山	9717	10465	12355	14618	46630	40327
韶关	729	686	737	1020	1187	1335
河源	533	1534	1428	1929	2970	3717
梅州	615	617	772	1044	1003	1185
惠州	3680	4185				
汕尾	55	57	88	197	277	360
东莞						
中山	1340					
江门	1161	1171	1762	2223	2329	2165
阳江	313	543	804	1197	1621	2040
湛江	854	1124	1341	1524	1610	1687
茂名		253	711	860	1289	1306
肇庆	1089	793	1463	1472	1674	1701
清远	967	1579	1972	2702	3271	4439
潮州	1253	1594	1263	1888	1950	2228
揭阳	152	194	215	638	272	273
云浮	477	342	390	473	615	609
省直	8908	10136	12636	15425	16140	18477
按经济区域分						
珠三角	78390	99049	128406	174517	234527	270966
东翼	5889	6265	6500	9862	11541	13017
西翼	1167	1920	2856	3581	4520	5033
山区	3321	4758	5299	7168	9046	11285

5-57 各市城镇职工基本养老保险基金累计结余情况

单位：万元

市别	2009	2010	2011	2012	2013	2014
合计	**19514378**	**24714832**	**31081507**	**38796116**	**46731270**	**54441665**
广州	2135159	2156085	2517949	3061779	3730589	3938467
深圳	6822448	8956359	11680698	14801306	18401319	22679887
珠海	931425	1177096	1537467	1894880	2292228	2643325
汕头	88896	119060	127849	192033	215664	280011
佛山	1445846	2233247	2653067	3037537	3453024	3685024
韶关	113963	153237	182420	212530	190320	242669
河源	113814	141406	194238	240721	282853	340064
梅州	265448	346924	490520	720975	673651	600553
惠州	554942	684267	852393	1060916	1294857	1624390
汕尾	42212	57434	83209	115601	132290	165534
东莞	2251330	3118768	4049512	5150480	6436240	7898729
中山	728836	891008	1040125	1372817	1549640	1863238
江门	274361	336258	515808	707857	841415	903679
阳江	95595	110886	148761	188077	206069	236372
湛江	104637	129332	177984	275019	214924	353439
茂名	92882	123512	144968	214918	258090	358798
肇庆	139468	153231	207507	266708	307110	365696
清远	151233	196983	277532	404744	476590	569639
潮州	36013	50468	89836	165955	151892	170966
揭阳	68898	75575	101285	136608	156801	224953
云浮	96044	113064	135104	173909	202024	229997
省直	2960929	3390633	3873274	4400744	5263681	5066233
按经济区域分						
珠三角	15283815	19706319	25054526	31354280	38306422	45602435
东翼	236019	302537	402179	610197	656647	841464
西翼	293114	363730	471713	678014	679083	948609
山区	740502	951614	1279814	1752879	1825438	1982922

5-58 各市城镇职工基本养老保险（企业+其他）基金累计结余情况

单位：万元

市　别	2009	2010	2011	2012	2013	2014
合　计	**17824849**	**22778553**	**28939059**	**36366037**	**43941281**	**51277017**
广　州	2135159	2156085	2517949	3061779	3730589	3938467
深　圳	6568559	8712669	11515538	14665455	18291021	22573210
珠　海	750830	962924	1286944	1605586	1958337	2276261
汕　头	17624	32432	25661	70999	73958	114986
佛　山	1311589	2063841	2447750	2792346	3172800	3371080
韶　关	42824	69922	85070	99444	59647	95506
河　源	57208	72485	112116	138971	162112	199535
梅　州	192678	263366	395428	609446	545786	454987
惠　州	482762	598367	751415	940567	1146947	1443106
汕　尾	16952	28355	45667	69819	77618	98609
东　莞	2170585	3024102	3936205	5024054	6290714	7734213
中　山	690640	849744	999059	1324515	1488724	1797884
江　门	234027	282558	450311	627533	746781	799481
阳　江	65073	75986	108168	139522	148044	169904
湛　江	19777	31250	59950	131768	43024	155098
茂　名	13039	29993	34846	87702	108062	185279
肇　庆	84640	89777	133344	180547	210021	255989
清　远	90246	126250	194534	308779	367095	442677
潮　州	15796	28079	66215	141312	127275	144590
揭　阳	47135	44997	61915	95167	107193	161695
云　浮	44554	57909	77836	117780	147844	166372
省　直	2773153	3177462	3633138	4132947	4937689	4698085
按经济区域分						
珠三角	14428791	18740067	24038515	30222382	37035934	44189691
东　翼	97507	133863	199458	377297	386044	519880
西　翼	97889	137229	202964	358992	299130	510281
山　区	427510	589932	864984	1274420	1282484	1359077

5-59 各市城乡居民社会养老保险基金累计结余情况

单位：万元

市别	2010	2011	2012	2013	2014
合计	**902823**	**1202232**	**1690281**	**2195395**	**2976814**
广州	275334	778447	1032073	1302932	1685112
深圳			3942	4370	4314
珠海	27771	37045	45176	59610	73775
汕头	401	17231	32905	52445	83931
佛山	49205	36743	86932	107352	113377
韶关	1966	13025	29613	42919	55477
河源	3583	9143	18734	28140	47709
梅州	102937	116899	89583	73382	75011
惠州	26456	44660	56855	76997	108615
汕尾	557	2724	8896	13283	16276
东莞				-2586	-2269
中山	376195		1	9	11
江门	8898	28580	47094	72338	94896
阳江	1992	8848	20105	32388	56996
湛江	1683	24703	47826	70925	119229
茂名	1501	18836	41265	60458	97706
肇庆	9225	17186	23648	33763	90865
清远	8095	12100	25697	39182	57377
潮州	724	5846	18024	26197	34258
揭阳	2729	15541	38966	64743	104966
云浮	3571	14673	22945	36549	59181
省直					
按经济区域分					
珠三角	773084	942661	1295721	1654785	2168696
东翼	4411	41342	98791	156668	239431
西翼	5176	52387	109196	163771	273931
山区	120152	165840	186572	220172	294755

5-60 各市城镇职工基本医疗保险基金累计结余情况

单位：万元

市别	2009	2010	2011	2012	2013	2014
合计	**6106327**	**7171534**	**8635828**	**10412675**	**12300707**	**14472406**
广州	2222330	2629836	3290366	4038948	4824236	5702858
深圳	1927346	2277824	2812150	3461922	4150370	4983117
珠海	85873	95720	122108	156946	196193	236640
汕头	103883	113179	133636	140343	145498	151798
佛山	324381	496900	551975	634090	744295	894748
韶关	68405	84674	124766	139985	153172	170470
河源	24453	22967	22150	25202	38504	47319
梅州	51482	55525	63224	64587	66612	64941
惠州	216319	255096	323046	378115	424962	490782
汕尾	13054	15873	20987	21794	23421	25568
东莞	355243	388609	373454	446113	517474	549892
中山	109954	85763	98783	115767	134312	243568
江门	237911	250175	226329	237006	259440	242099
阳江	49675	42319	44904	56893	63683	64568
湛江	75398	82689	94239	102237	116284	123074
茂名	80238	96977	119921	144694	172940	180498
肇庆	40582	45174	57316	71665	80142	84790
清远	73775	83318	95611	108513	116600	134495
潮州	21856	20121	22841	23709	24866	28460
揭阳	9068	11373	17361	19795	19517	17316
云浮	15108	17421	20656	24351	28188	35408
省直						
按经济区域分						
珠三角	5519939	6525097	7855527	9540572	11331424	13428494
东翼	147861	160546	194825	205641	213302	223142
西翼	205311	221985	259064	303824	352907	368140
山区	233223	263905	326407	362638	403076	452633

5-61 各市城乡居民基本医疗保险基金累计结余情况

单位：万元

市别	2009	2010	2011	2012	2013	2014
合计	**160955**	**219907**	**620415**	**1290282**	**2004463**	**2218460**
广州	27374	22173	22753	69931	74894	120722
深圳	6611	26216	46949	77127	105637	111949
珠海	7051	7732	8493	11114	10007	11202
汕头	6556	8397	26783	129499	179343	236742
佛山	34599	51995	85764	82723	113232	110424
韶关	4771	6600	12216	17360	62365	88816
河源	1023	2290	2789	4657	63087	118874
梅州	1274	2525	5141	73157	95017	140160
惠州	10518	22011	52491	73583	55779	63419
汕尾	1460	2917	6275	50186	61332	72522
东莞						
中山	2882	5429	7293	8447	9103	
江门	7239	6329	56239	83283	87792	57279
阳江	1552	1357	43037	59244	67021	82532
湛江	32017	34411	87044	123275	316038	197605
茂名	2101	3818	8112	10109	179730	184908
肇庆	3820	4333	6827	94144	85183	92992
清远	2678	4224	56510	76137	89226	96090
潮州	1144	1195	4864	64812	93685	119849
揭阳	5305	4554	78911	125140	197062	238490
云浮	978	1401	1923	56355	58929	73885
省直						
按经济区域分						
珠三角	100094	146218	286809	500352	541627	567987
东翼	14465	17063	116833	369637	531422	667603
西翼	35670	39586	138193	192628	562789	465045
山区	10724	17040	78579	227666	368624	517825

5-62 各市失业保险基金累计结余情况

单位：万元

市别	2009	2010	2011	2012	2013	2014
合计	**1862236**	**1875171**	**2338751**	**3043559**	**4078000**	**5156808**
广州	927589	894031	1167249	1512118	1758611	1976250
深圳	102583	120074	141528	202640	684061	1184447
珠海	116445	112699	116362	145915	187102	227737
汕头	66575	78466	89864	108884	135294	162822
佛山	147333	146606	182133	226066	260391	293158
韶关	31426	32973	44304	60178	74302	83504
河源	14249	13545	18216	23903	29893	36680
梅州	17011	16525	13187	14157	15939	21479
惠州	59209	46296	51507	58283	67388	83927
汕尾	8270	9901	10051	13685	17498	22055
东莞	104703	83655	95010	112626	136416	182807
中山	45534	41242	63243	85131	108662	143868
江门	34720	37837	60601	87907	108791	133104
阳江	12916	16396	14855	19731	22726	23779
湛江	25520	43715	42519	55930	66201	80093
茂名	35914	44747	60677	77794	94622	111386
肇庆	20663	26789	35432	53908	69458	82919
清远	15913	18356	31412	45823	59331	73325
潮州	16006	14463	20162	28945	37131	44221
揭阳	16143	19823	18257	23924	29429	34858
云浮	10318	12542	12916	18979	24751	31184
省直	33197	44489	49269	67033	90002	123204
按经济区域分						
珠三角	1558779	1509229	1913065	2484594	3380880	4308217
东翼	106994	122653	138334	175438	219352	263956
西翼	74350	104858	118051	153455	183549	215258
山区	88917	93941	120035	163040	204216	246172

5-63 各市工伤保险基金累计结余情况

单位：万元

市别	2009	2010	2011	2012	2013	2014
合计	**1164254**	**1270843**	**1515001**	**1721447**	**1944265**	**2170908**
广州	219360	240079	296103	311417	355160	394334
深圳	286044	291093	335389	397716	428643	461554
珠海	39968	40982	49324	56278	65080	72951
汕头	14867	17026	19467	22463	26646	32569
佛山	116468	132241	160421	182084	204704	237132
韶关	6361	5991	9421	10590	4916	12888
河源	5813	7057	7875	9027	10516	12185
梅州	9328	9708	12498	13769	14639	18384
惠州	33557	39121	44393	49050	58042	71171
汕尾	4775	5697	6985	8408	9476	11324
东莞	145324	157428	185775	206678	232024	248681
中山	40007	44597	50524	57137	67341	84331
江门	23024	26158	32795	38531	41334	44774
阳江	8061	9158	9750	10854	10809	9917
湛江	12637	14757	17700	20423	22757	26655
茂名	20326	22959	26417	29962	35679	41518
肇庆	10354	11342	14068	16781	19841	23116
清远	9536	10457	13228	14897	18863	22351
潮州	7859	8696	11317	13993	17287	20574
揭阳	3834	4792	6338	7592	8954	10844
云浮	4625	4762	5462	6410	7094	8502
省直	142127	166740	199752	237383	284460	305155
按经济区域分						
珠三角	914106	983041	1168792	1315672	1472169	1638044
东翼	31335	36211	44107	52456	62363	75311
西翼	41024	46874	53867	61239	69245	78090
山区	35663	37975	48484	54693	56028	74310

5-64 各市生育保险基金累计结余情况

单位：万元

市别	2009	2010	2011	2012	2013	2014
合计	**239731**	**306568**	**398453**	**489079**	**598931**	**737794**
广州	48698	59568	72264	75425	75528	76035
深圳	80022	109913	148171	191326	242565	299842
珠海	4730	6787	9841	13188	21354	27380
汕头	2849	1566	2506	5357	8819	11597
佛山	24129	35977	51737	69525	89742	130193
韶关	2110	2997	4075	5319	6698	8534
河源	1424	1928	3164	4646	6878	9327
梅州	856	1537	2330	3210	4720	6494
惠州	15072	15215	15684	15760	15799	17836
汕尾	2182	2515	3157	3903	4813	5834
东莞						
中山	3929					
江门	6622	9763	13724	17558	21817	27225
阳江	2525	3606	4390	4838	4545	3633
湛江	5678	8354	11098	13971	17418	22164
茂名	2363	5336	9050	13735	19308	25820
肇庆	4597	5345	6711	8753	11069	13483
清远	7040	8230	10136	11702	13711	16872
潮州	1841	2696	3530	4156	5189	6221
揭阳	869	1075	1328	1134	1786	2114
云浮	1703	2057	2515	3250	4352	5557
省直	20490	22103	23042	22321	22821	21634
按经济区域分						
珠三角	187799	242568	318132	391535	477874	591994
东翼	7741	7852	10521	14550	20607	25766
西翼	10566	17296	24538	32544	41271	51617
山区	13133	16749	22220	28127	36359	46784

主要统计指标解释

城镇登记失业率 指报告期末，城镇登记失业人数占期末城镇就业人员总数与期末实有城镇登记失业人数之和的比重。

求人倍率 劳动力市场中常用指标，它等于需求人数/求职人数，表明劳动力市场中每个岗位需求所对应的求职人数，如0.9表示10个求职者竞争9个岗位。

社会保险 是指社会保障的一个子系统和核心。它是指以劳动者为保障对象，以劳动者的年老、患病、生育、伤残、死亡等暂时或永久性丧失劳动能力以及失业中断劳动而失去收入来源等特殊事件为保障内容的一种社会保障制度。社会保险分为基本保险和补充保险，基本保险包括养老保险、医疗保险、失业保险、工伤保险和生育保险等内容，补充保险主要包括各种互助保障、个人或单位自主参加的其他保险。

参加保险人数 是指报告期末按照国家法律、法规和有关政策规定参加基本社会保险的人数。

社会保险基金收入 是指根据国家规定，由纳入基本社会保险范围的单位，按照国家规定的缴费基数和缴费比例缴纳的社会基金以及通过其他方式取得的形成基金来源的收入，包括单位缴纳的社会统筹基金收入、个人缴纳社会保险费、财政补贴收入、利息收入及其他收入。

社会保险基金支出 是指按照国家政策规定的开支范围和开支标准从社会统筹基金中支付给参加基本社会保险人员个人的费用以及由于保险关系转移、上下级之间调剂资金等原因而发生的支出。

社会保险基金结余 是指截至报告期末基本养老保险的基金结余金额（含统筹基金结余和个人账户积累），包括银行存款、财政专户、债券投资和其他。

六、社会安全

简要说明

1. 本篇资料主要反映广东省公安、检察、法院、司法以及安全生产的基本情况。

2. 本篇资料主要包括：

（1）全省刑事案件立案和破案、违反治安管理案件、交通和火灾事故及机动车拥有情况；人民检察院受理举报、控告、申诉案件情况；人民法院审理案件及判处罪犯情况；全省律师、公证及人民调解情况；全省各类生产安全事故情况等。

（2）地区全省和21个地级以上市。

（3）年份有当年、近5年和1978年以来连续年份。

3. 统计资料来源：本篇资料由广东省公安厅、广东省人民检察院、广东省高级人民法院、广东省司法厅、广东省安全生产监督管理局负责整理、审核、提供。

6-1 2009年广东省刑事案件立案和破案情况

项目	立案	破案
合计	**486476**	**192179**
伤害	16497	9585
盗窃	279717	89802
其中：入室盗窃	81465	32448
盗机动车	89614	31630
抢劫	54441	26679
其中：入室抢劫	3493	1327
抢机动车	9527	4129
抢夺	30079	15038
其他	105742	51075

6-2 2010年广东省刑事案件立案和破案情况

项目	立案	破案
合计	**536146**	**196105**
伤害	17899	10726
盗窃	326791	99292
其中：入室盗窃	91726	30990
盗机动车	82532	32909
抢劫	41148	18670
其中：入室抢劫	2432	958
抢机动车	6166	2682
抢夺	29286	12919
其他	121022	54498

6-3 2011年广东省刑事案件立案和破案情况

项目	立案	破案
合计	**483950**	**187690**
伤害	16391	9923
盗窃	293423	96465
其中：入室盗窃	79943	27310
盗机动车	80016	32629
抢劫	35122	16521
其中：入室抢劫	1889	804
抢机动车	4698	2108
抢夺	28197	12590
其他	110817	52191

6-4 2012年广东省刑事案件立案和破案情况

项　　目	立　案	破　案
合　计	**648255**	**211917**
伤　害	16189	10218
盗　窃	399481	97001
其中：入室盗窃	103479	24470
盗机动车	97795	32952
抢　劫	33361	15982
其中：入室抢劫	1670	701
抢机动车	4089	1798
抢　夺	34456	11267
其　他	164768	77449

6-5 2013年广东省刑事案件立案和破案情况

项　　目	立　案	破　案
合　计	**912343**	**187402**
伤　害	16963	9906
盗　窃	586988	94204
其中：入室盗窃	156000	24201
盗机动车	128833	29653
抢　劫	33720	10717
其中：入室抢劫	1422	491
抢机动车	2739	864
抢　夺	61864	12273
其　他	212808	60302

6-6 2014年广东省刑事案件立案和破案情况

项　　目	立　案	破　案
合　计	**866451**	**206946**
伤　害	14278	8382
盗　窃	517995	87195
其中：入室盗窃	136812	17825
盗机动车	110149	35214
抢　劫	24409	7306
其中：入室抢劫	1095	343
抢机动车	1763	668
抢　夺	50015	7422
其　他	259754	96641

6-7 2009年—2014年各市刑事案件立案情况

地　　区	2009年	2010年	2011年	2012年	2013年	2014年
广　　州	60617	52029	53252	108362	236127	214581
深　　圳	144868	202763	150867	155454	126133	111524
珠　　海	16355	16628	17330	21551	34970	35590
汕　　头	13693	13323	12539	15329	16957	16854
佛　　山	65381	61916	54846	84418	88299	83843
韶　　关	11391	11325	11744	12845	16350	15612
河　　源	5628	5573	5569	6196	7269	8997
梅　　州	5841	5825	5803	10736	11487	10954
惠　　州	12996	13721	14539	14900	62135	56478
汕　　尾	2425	2174	1826	2707	2497	2834
东　　莞	33309	36965	37831	38180	112749	103598
中　　山	16158	15903	16572	55265	46613	39338
江　　门	21800	20596	21664	29495	40464	34999
阳　　江	7530	6900	7526	12558	12153	11136
湛　　江	11826	12369	11236	12487	12704	26199
茂　　名	11732	12039	12353	12390	12102	13606
肇　　庆	15508	15696	17282	22955	30250	29600
清　　远	11568	11546	11216	11090	16993	19928
潮　　州	5255	5201	4663	4795	7442	7176
揭　　阳	6355	7517	8460	10053	9808	12830
云　　浮	6240	6138	6832	6489	8841	8874
全　　省	**486476**	**536146**	**483950**	**648255**	**912343**	**864551**

6-8 2009年—2014年各市刑事案件破案情况

地　区	2009年	2010年	2011年	2012年	2013年	2014年
广　州	34860	33612	31737	31769	22766	30327
深　圳	26220	27731	21357	26664	18022	22397
珠　海	7288	6567	6362	8066	8746	8601
汕　头	4833	6155	5697	8048	6819	6931
佛　山	29094	28575	27337	30469	31422	30022
韶　关	5391	5330	5653	5851	5602	5376
河　源	3777	3096	3181	3297	2626	3308
梅　州	3679	3456	3419	3902	4191	4541
惠　州	7527	8144	8469	9262	10400	13575
汕　尾	843	767	823	1452	1239	1328
东　莞	12525	16271	17796	18959	19801	20396
中　山	10662	10617	10831	11377	12286	11569
江　门	12347	12279	11843	15905	9411	9736
阳　江	3074	3004	3331	3921	4053	4567
湛　江	6018	5761	5674	6336	5784	7419
茂　名	6046	6675	5867	6425	6724	6997
肇　庆	5899	5596	5979	6652	5444	6442
清　远	3842	3950	4049	4067	3937	4255
潮　州	2195	2228	2054	2226	2310	2278
揭　阳	3017	3026	3203	4132	3626	3977
云　浮	3042	3265	3028	3137	2193	2905
全　省	**192179**	**196105**	**187690**	**211917**	**187402**	**206947**

6-9 2009年广东省违反治安管理案件情况

项　　目	发现受理（起）	查处（起）	处罚人员（人次）
合　计	**1226409**	**1190608**	**997559**
扰乱公共场所秩序	52436	50355	36808
妨害公共安全	12054	11623	6715
殴打他人	193984	187860	83777
盗　窃	250541	234405	46927
抢　夺	16223	14686	2369
诈　骗	25936	24519	5827
卖淫嫖娼	9177	9136	19942
赌　博	308552	308552	518652
其　他	357506	349472	276542

6-10 2010年广东省违反治安管理案件情况

项　　目	发现受理（起）	查处（起）	处罚人员（人次）
合　计	**1037680**	**1000515**	**749510**
扰乱公共场所秩序	37988	37604	23626
妨害公共安全	12739	12307	6391
殴打他人	223002	215317	115495
盗　窃	249067	231767	38050
抢　夺	13611	12030	1526
诈　骗	24779	23585	4210
卖淫嫖娼	9387	9290	19695
赌　博	109706	109297	281881
其　他	467107	458615	540517

6-11 2011年广东省违反治安管理案件情况

项　　目	发现受理（起）	查处（起）	处罚人员（人次）
合　计	**940090**	**904468**	**623071**
扰乱公共场所秩序	20728	20238	13903
妨害公共安全	12715	12004	6093
殴打他人	186513	178044	85556
盗　窃	260998	244537	32284
抢　夺	11022	9736	969
诈　骗	36642	35076	2466
卖淫嫖娼	2499	2501	15173
赌　博	87404	87086	236991
其　他	321569	315246	229636

6-12 2012年广东省违反治安管理案件情况

项目	发现受理（起）	查处（起）	处罚人员（人次）
合计	**1048029**	**1007265**	**686815**
扰乱公共场所秩序	24899	24329	16477
妨害公共安全	15157	14369	6994
殴打他人	203954	192230	89903
盗窃	264179	248560	27614
抢夺	8915	7937	747
诈骗	46671	44210	2365
卖淫嫖娼	7092	7015	15601
赌博	79375	78979	228055
其他	397787	389636	299059

6-13 2013年广东省违反治安管理案件情况

项目	发现受理（起）	查处（起）	处罚人员（人次）
合计	**1085101**	**1008796**	**663159**
扰乱公共场所秩序	25566	25004	15313
妨害公共安全	13774	13024	5798
殴打他人	182310	170825	74026
盗窃	315824	271224	24164
抢夺	7888	6232	533
诈骗	65869	57303	2217
卖淫嫖娼	7112	6997	15655
赌博	70936	70520	210249
其他	395822	387667	315204

6-14 2014年广东省违反治安管理案件情况

项目	发现受理（起）	查处（起）	处罚人员（人次）
合计	**1070602**	**933703**	**604842**
扰乱公共场所秩序	27197	26455	17993
妨害公共安全	14560	13757	6708
殴打他人	142213	129712	48154
盗窃	369246	290545	23325
抢夺	11579	6741	639
诈骗	93004	70810	1920
卖淫嫖娼	12756	12518	27753
赌博	72372	71165	229121
其他	327675	312000	249229

6-15　2014年各市违反治安管理案件情况

地　　区	发现受理（起）	查处（起）	处罚人员（人次）
广　　州	156130	151353	102411
深　　圳	251280	233296	67836
珠　　海	34785	34777	29080
汕　　头	25207	23331	16007
佛　　山	117702	117679	62053
韶　　关	19666	18666	12984
河　　源	15073	12218	9347
梅　　州	26337	26246	11728
惠　　州	49317	47930	40904
汕　　尾	3585	3559	4220
东　　莞	124203	60155	51113
中　　山	61221	35300	27774
江　　门	24213	21797	25672
阳　　江	19401	19314	20706
湛　　江	29319	25884	27671
茂　　名	20440	16910	23695
肇　　庆	33054	32250	13889
清　　远	23022	22308	17473
潮　　州	10907	10907	9897
揭　　阳	14463	10592	15796
云　　浮	11277	9231	14586
全　　省	**1070602**	**933703**	**604842**

6-16 2009年—2014年各市违反治安管理案件发现受理情况

地　　区	2009年	2010年	2011年	2012年	2013年	2014年
广　　州	230509	181312	178323	167944	160583	156130
深　　圳	358411	214164	172077	185960	231959	251280
珠　　海	31578	39586	29227	43042	50158	34785
汕　　头	45347	38293	34168	36417	25556	25207
佛　　山	127649	147311	107836	129941	111883	117702
韶　　关	13753	15927	14609	22584	20207	19666
河　　源	11813	20030	14562	17424	12799	15073
梅　　州	11684	11427	20993	25311	21416	26337
惠　　州	48099	50753	63136	54943	68913	49317
汕　　尾	8575	5408	5981	5299	4114	3585
东　　莞	64506	44979	50877	50321	76313	124203
中　　山	25984	44044	28858	60862	66868	61221
江　　门	37957	43670	30354	30323	24159	24213
阳　　江	17564	17358	15905	21119	18928	19401
湛　　江	49908	37354	30424	30081	29138	29319
茂　　名	26973	18924	16903	22151	22120	20440
肇　　庆	40971	34771	26738	24448	22312	33054
清　　远	25969	23084	22364	24354	22581	23022
潮　　州	17166	20891	30260	36720	33950	10907
揭　　阳	13822	15814	33099	46116	46358	14463
云　　浮	18171	12580	13330	12669	14786	11277
全　　省	**1226409**	**1037680**	**940024**	**1048029**	**1085101**	**1070602**

6-17 2009年—2014年各市违反治安管理案件查处情况

地区	2009年	2010年	2011年	2012年	2013年	2014年
广州	229622	179777	176051	165339	157050	151353
深圳	343988	203353	163149	177663	220732	233296
珠海	31332	39421	29142	43029	50147	34777
汕头	45258	38113	33947	35639	24115	23331
佛山	127559	147297	107832	129906	111879	117679
韶关	13203	15784	14544	21301	19615	18666
河源	11674	19697	14064	16846	11944	12218
梅州	11525	11324	20915	25238	21339	26246
惠州	47681	49807	61732	53745	67839	47930
汕尾	8756	5248	5901	5182	4072	3559
东莞	58868	37818	45133	44932	48785	60155
中山	25124	43315	28047	52727	47401	35300
江门	35751	42187	29527	29782	23268	21797
阳江	12884	10570	9017	17160	18770	19314
湛江	47980	35127	28179	28354	26942	25884
茂名	26971	18482	16397	21773	21019	16910
肇庆	40141	34243	26223	24019	21682	32250
清远	25307	22409	21305	23580	21994	22308
潮州	17166	20861	30260	36715	33950	10907
揭阳	13041	14291	31232	43611	43448	10592
云浮	16777	11391	11807	10724	12805	9231
全省	**1190608**	**1000515**	**904404**	**1007265**	**1008796**	**933703**

6-18 2009年—2014年各市违反治安管理案件处罚人员情况

地区	2009年	2010年	2011年	2012年	2013年	2014年
广州	163963	123413	114285	113924	105016	102411
深圳	218470	108079	54377	49601	55619	67836
珠海	29191	29353	19589	28264	42168	29080
汕头	41673	30308	24402	25395	13145	16007
佛山	81185	98342	69393	86649	71998	62053
韶关	8668	9177	7888	12572	10167	12984
河源	14043	19204	16258	21712	10641	9347
梅州	15850	12289	16300	16321	10864	11728
惠州	31843	23262	29203	32011	45286	40904
汕尾	9986	3990	4933	4666	3401	4220
东莞	65351	42815	48230	49071	47083	51113
中山	39913	51708	34209	45188	35601	27774
江门	55691	45431	37274	32990	28194	25672
阳江	23753	17815	16939	18009	19740	20706
湛江	51316	34192	29415	30922	28710	27671
茂名	27313	16024	14255	19401	19975	23695
肇庆	32956	16322	10044	13936	11463	13889
清远	31542	23800	18982	17263	17020	17473
潮州	14220	9296	12176	13385	30315	9897
揭阳	19520	19100	32169	43846	40414	15796
云浮	21112	15590	12669	11689	16339	14586
全省	**997559**	**749510**	**622990**	**686815**	**663159**	**604842**

6-19 2009年全省火灾事故情况

项目	起数	死人	伤人	直接财产损失(万元)
合计	4548	107	76	12607
其中：较大火灾	3	10	2	51
重大火灾	1	13	3	21.6
特别重大火灾				

6-20 2010年全省火灾事故情况

项目	起数	死人	伤人	直接财产损失(万元)
合计	6065	107	56	17517
其中：较大火灾	10	41	4	30.5
重大火灾				
特别重大火灾				

6-21 2011年全省火灾事故情况

项目	起数	死人	伤人	直接财产损失(万元)
合计	8148	110	64	19692
其中：较大火灾	11	45	10	236
重大火灾	1	15	1	51
特别重大火灾				

6-22 2012年全省火灾事故情况

项目	起数	死人	伤人	直接财产损失(万元)
合计	8101	98	60	21797
其中：较大火灾	12	41	16	4846
重大火灾				
特别重大火灾				

6-23 2013年全省火灾事故情况

项目	起数	死人	伤人	直接财产损失(万元)
合计	21100	177	137	37800
其中：较大火灾	14	62	12	4322
重大火灾	1	16	5	187
特别重大火灾				

6-24 2014年全省火灾事故情况

项目	起数	死人	伤人	直接财产损失(万元)
合计	22113	112	119	41318.2
其中：较大火灾	5	20	3	539.3
重大火灾	1	12	5	13.3
特别重大火灾				

6-25 2009年广东省火灾事故原因情况

项目	起数	死人	伤人	直接财产损失(万元)	烧毁建筑（平方米）
合计	**4548**	**107**	**76**	**126079034**	**345468.9**
电气火灾	1678	52	26	61069513	116599
生产作业类火灾	286		6	13763501	26462.2
生活用火不慎	570	16	28	4206774	21974.1
吸烟	160	8	1	282056	5400.6
玩火	124	8	5	1088877	4468.2
自燃	172			12385511	18666.4
雷击	32			467013	1903.3
静电	5			238010	2914
不明确原因	309	8	3	21035182	77589.2
放火	72	3	2	1409991	6343.3
其他	1140	12	5	10132606	63148.6

6-26 2010年广东省火灾事故原因情况

项目	起数	死人	伤人	直接财产损失(万元)	烧毁建筑（平方米）
合计	**6065**	**107**	**56**	**175174313**	**440438.1**
电气火灾	2287	53	17	71339439	127963.1
生产作业类火灾	438	2	8	41028445	63621.1
生活用火不慎	745	14	7	4896585	25937.3
吸烟	167	4		539113	15745.3
玩火	72	7	3	318317	2230.2
自燃	235	1	1	7909618	35461.7
雷击	29			787405	4000.5
静电	11		3	2353662	527
不明确原因	598	6	5	14792976	49808.4
放火	124		1	583289	5546.7
其他	1359	20	11	30625464	109596.8

6-27 2011年广东省火灾事故原因情况

项目	起数	死人	伤人	直接财产损失(万元)	烧毁建筑（平方米）
合计	**8148**	**110**	**64**	**196927547**	**687702.1**
电气火灾	2755	66	27	93123775	153972.8
生产作业类火灾	517	1	4	36173688	58015.7
生活用火不慎	835	8	8	4302535	148669.8
吸烟	226	5	4	1285456	9712.7
玩火	210	4	2	2384796	28436.8
自燃	310			4661655	26230.9
雷击	12			56260	30.6
静电	16			808809	1795
不明确原因	698	2	5	18753654	65502
放火	217		2	6840342	25182.2
其他	2352	24	12	28536577	170153.6

6-28　2012年广东省火灾事故原因情况

项　　目	起数	死人	伤人	直接财产损失(万元)	烧毁建筑（平方米）
合　　计	**8101**	**98**	**60**	**217978836**	**472740.1**
电气火灾	3494	61	19	135054741	198638.7
生产作业类火灾	436	5	11	18481462	37554.3
生活用火不慎	987	4	9	3827069	22305.9
吸　　烟	233	3		1576041	3526
玩　　火	150	11	13	988696	6770.3
自　　燃	257			5031134	6436.7
雷　　击	17			217624	1482.9
静　　电	9			155800	666
不明确原因	473	5	5	33919217	55897.3
放　　火	150	1	1	1904332	5097.6
其　　他	1895	8	2	16822720	134364.4

6-29　2013年广东省火灾事故原因情况

项　　目	起数	死人	伤人	直接财产损失(万元)	烧毁建筑（平方米）
合　　计	**21142**	**177**	**137**	**378308305**	**664969.2**
电气火灾	7805	106	60	221932705	238946.5
生产作业类火灾	926	3	12	44688454	69615.2
生活用火不慎	2672	11	16	13248739	73438.2
吸　　烟	467	1	1	718471	8950.2
玩　　火	219	15	8	2450316	6969.6
自　　燃	732			12856749	36262.1
雷　　击	38			73643	308.7
静　　电	22			1008633	6212.1
不明确原因	1141	4	8	22959938	53863.8
放　　火	250	13	11	1647628	7679.4
其　　他	6747	22	20	55816921	156296.8

6-30　2014年广东省火灾事故原因情况

项　　目	起数	死人	伤人	直接财产损失(万元)	烧毁建筑（平方米）
合　　计	**22113**	**119**	**112**	**413181240**	**707778**
电气火灾	7931	48	59	151911600	252046.5
生产作业类火灾	969	6	10	96649911	83406.3
生活用火不慎	2679	12	21	14593136	53684.3
吸　　烟	421	4	2	819842	9540.5
玩　　火	290	16	5	782651	8480.6
自　　燃	913			30210560	35673.1
雷　　击	47			1072603	2827.5
静　　电	8			693203	2218
不明确原因	1116	5		42772814	58647.3
放　　火	335	9	2	2125547	7725.3
其　　他	7280	19	10	70708258	183524.3

6-31 全省各市火灾事故发生起数情况

地区	2009年	2010年	2011年	2012年	2013年	2014年
广州	1188	1199	1031	1019	2413	3304
深圳	774	1013	1733	1006	2374	2024
珠海	89	61	46	49	1448	691
汕头	40	40	234	205	492	736
佛山	54	77	81	735	946	1452
韶关	45	65	47	66	300	704
河源	20	7	15	20	360	513
梅州	21	34	34	159	372	454
惠州	286	494	864	704	1054	961
汕尾	105	136	288	173	282	478
东莞	1058	1872	2479	1579	2770	2567
中山	52	61	99	178	2919	2111
江门	135	302	490	398	248	925
阳江	16	13	20	220	380	554
湛江	115	102	45	37	1110	1028
茂名	295	295	327	215	287	375
肇庆	43	121	133	285	487	599
清远	85	49	65	182	530	637
潮州	72	56	48	559	542	741
揭阳	22	22	37	235	1088	899
云浮	33	34	32	27	240	360
全省	**4548**	**6052**	**8148**	**8051**	**21142**	**22113**

6-32 全省各市火灾事故死亡人数情况

地　区	2009年	2010年	2011年	2012年	2013年	2014年
广　州	17	13	12	11	22	20
深　圳	12	3	10	2	28	5
珠　海			3	6	3	2
汕　头	25	10	7	12	15	6
佛　山	6	6	22	11	18	12
韶　关		7	3	2		0
河　源	4	1	2	2		1
梅　州	1	1	2		5	4
惠　州	7	5	2	2	4	7
汕　尾	1	1	2	5	3	5
东　莞	6	15	14	11	39	14
中　山	4			4		3
江　门	3	9	11		1	2
阳　江	3	2	1	7	2	2
湛　江	3	8	6		3	5
茂　名	3		3	3	7	3
肇　庆	4	4	1		6	2
清　远		4		5	6	1
潮　州	3	4	2	7	4	4
揭　阳	3	14	7	6	8	19
云　浮	2				3	2
全　省	**107**	**107**	**110**	**96**	**177**	**119**

6-33 全省各市火灾事故受伤人数情况

地 区	2009年	2010年	2011年	2012年	2013年	2014年
广 州	8	9	9	7	17	14
深 圳	25	10	11		14	17
珠 海	1				15	4
汕 头	5	7	2	1	6	
佛 山	2	4	7	5	10	12
韶 关		1			5	3
河 源	9		1	2	3	1
梅 州	3				4	
惠 州	3	3		9		15
汕 尾					2	
东 莞	2	7	11	3	25	10
中 山	9	6	8	9	6	2
江 门		1	1		3	
阳 江	1			2	4	2
湛 江	3	2	1		7	9
茂 名			1		5	2
肇 庆				1	5	
清 远				1	4	3
潮 州	2	2	3	10		7
揭 阳	1	2	7	1	2	10
云 浮	2	1	2			1
全 省	**76**	**55**	**64**	**51**	**137**	**112**

6-34 全省各市火灾事故直接财产损失情况

单位：万元

地　区	2009年	2010年	2011年	2012年	2013年	2014年
广　州	1398.4	1623.3	1594.4	1764.3	9597.4	2912.7
深　圳	1158.1	2027.7	1503.0	1129.6	4202.9	2692.1
珠　海	252.9	238.5	236.6	118.6	1447.1	1236.5
汕　头	282.8	515.5	2235.5	805.2	914.0	2269.4
佛　山	703.9	578.9	1462.7	1495.4	4080.3	4258.3
韶　关	308.1	1097.2	180.2	231.1	1078.0	1985.8
河　源	187.3	13.9	149.4	34.3	494.6	743.7
梅　州	221.6	139.5	558.8	146.9	660.4	456.9
惠　州	675.4	958.0	993.8	920.4	752.1	1621.1
汕　尾	96.9	508.0	1154.7	424.3	1669.2	767.4
东　莞	3781.1	4013.0	3574.2	7363.7	4663.4	5501.4
中　山	876.4	1136.3	738.9	763.1	866.9	808.9
江　门	414.7	863.8	1673.7	880.9	1354.5	3519.1
阳　江	74.4	72.2	71.6	183.7	602.7	1264.4
湛　江	151.1	290.3	700.6	127.8	603.9	1905.9
茂　名	481.9	490.2	599.6	360.6	634.8	1312.2
肇　庆	754.4	1805.9	996.4	1398.2	1820.1	2360.8
清　远	109.6	94.2	99.0	713.9	944.9	1271.2
潮　州	242.2	741.9	468.2	474.4	533.0	364.5
揭　阳	224.9	192.8	611.8	475.7	772.8	3737.8
云　浮	211.8	86.5	89.6	128	137.9	328.1
全　省	**12607.9**	**17487.6**	**19692.8**	**19939.8**	**37830.8**	**41318.1**

6-35 2009年全省交通事故及原因情况

项目	起数	死亡	受伤	直接财产损失(元)
合计	**32378**	**6534**	**38481**	**85680059**
机动车违法	27644	5585	33329	73947959
非机动车违法	1022	197	1077	1349494
行人乘车人违法	678	219	546	1360055
道路	4	1	3	400
其他违法	7	3	5	4051
非违法过错	1314	239	1590	5712147
意外	61	16	72	903660
其他	1648	274	1859	2402293

6-36 2010年全省交通事故及原因情况

项目	起数	死亡	受伤	直接财产损失(元)
合计	**29629**	**6045**	**35547**	**78664066**
机动车违法	25706	5273	31200	68275593
非机动车违法	745	131	795	846048
行人乘车人违法	549	197	422	1017975
道路	2	0	3	1000
其他违法	7	1	9	15740
非违法过错	1124	192	1372	5672432
意外	58	16	59	301605
其他	1438	235	1687	2533673

6-37 2011年全省交通事故及原因情况

项目	起数	死亡	受伤	直接财产损失(元)
合计	**26576**	**5866**	**31050**	**93573820**
机动车违法	22933	5114	26994	82822713
非机动车违法	619	124	619	723114
行人乘车人违法	426	171	309	1024537
道路	2	1	2	5200
其他违法	39	25	32	116051
非违法过错	1193	195	1480	5886250
意外	29	12	27	181330
其他	1335	224	1587	2814625

6-38 2012年全省交通事故及原因情况

项目	起数	死亡	受伤	直接财产损失(元)
合计	**25741**	**5711**	**29178**	**79335029**
机动车违法	21982	4913	25105	66556759
非机动车违法	669	112	734	965200
行人乘车人违法	334	162	200	1041020
道路	5		5	14400
其他违法	60	33	48	182650
非违法过错	1211	247	1395	7640410
意外	47	20	46	517200
其他	1433	224	1645	2417390

6-39 2013年全省交通事故及原因情况

项目	起数	死亡	受伤	直接财产损失(元)
合计	**25424**	**5647**	**28435**	**80169336**
机动车违法	21603	4871	24224	69542690
非机动车违法	693	101	793	844711
行人乘车人违法	283	147	167	1150300
道路	5	3	2	7300
其他违法	125	46	110	345152
非违法过错	1190	237	1357	5337309
意外	35	11	36	388550
其他	1490	231	1746	2553324

6-40 2014年全省交通事故及原因情况

项目	起数	死亡	受伤	直接财产损失(元)
合计	**26882**	**5628**	**30720**	**73596596**
机动车违法	22816	4868	26207	64179232
非机动车违法	752	114	832	894590
行人乘车人违法	250	128	147	869260
道路				
其他违法	146	61	103	491425
非违法过错	1140	215	1395	4629447
意外	27	7	22	69700
其他	1751	235	2014	2462942

6-41 2009年全省交通事故机动车违法行为情况

项　　目	起　数	死　亡	受　伤	直接财产损失(元)
合计	**32378**	**6534**	**38481**	**85680059**
不按规定使用灯光	30	6	27	39352
超速行驶	1598	580	1779	3558961
酒后驾驶	476	113	536	1947915
逆　　行	910	198	1291	2581061
疲劳驾驶	204	76	235	1459678
无证驾驶	1493	435	2069	1568118
未按规定让行	4921	844	5847	8086696
违法变更车道	1046	174	1299	3161813
违反交通信号	662	133	899	2171624
违法占道行驶	287	47	298	368908
违法超车	481	119	669	905558
违法倒车	345	69	283	512787
违法掉头	327	43	431	665054
违法会车	896	208	1323	4206638
违法抢行	74	16	87	147658
违法装载	101	64	143	724903
违法停车	92	43	105	807491
其　　他	18435	3366	21160	52765844

6-42 2010年全省交通事故机动车违法行为情况

项　　目	起　数	死　亡	受　伤	直接财产损失(元)
合计	**29629**	**6045**	**35547**	**78664066**
不按规定使用灯光	47	10	48	68902
超速行驶	1299	519	1458	2777305
酒后驾驶	351	116	367	1440594
逆　　行	804	191	1101	2728841
疲劳驾驶	147	71	180	1262504
无证驾驶	1232	325	1788	1328261
未按规定让行	4124	698	4999	6176087
违法变更车道	890	139	1131	3730437
违反交通信号	549	116	744	1663028
违法占道行驶	369	101	501	648959
违法超车	590	104	783	1793226
违法倒车	308	65	269	439353
违法掉头	279	32	353	478732
违法会车	783	194	1144	1663971
违法抢行	61	27	46	51155
违法装载	75	51	72	385451
违法停车	72	23	85	624855
其　　他	17649	3263	20478	51402405

6-43 2011年全省交通事故机动车违法行为情况

项　　目	起　数	死　亡	受　伤	直接财产损失(元)
合计	**26576**	**5866**	**31050**	**93573820**
不按规定使用灯光	45	7	55	94800
超速行驶	1103	470	1189	2846783
酒后驾驶	305	105	303	928922
逆　　行	709	165	1077	1589857
疲劳驾驶	128	73	136	1511453
无证驾驶	1145	339	1571	1401311
未按规定让行	3319	629	3902	25251570
违法变更车道	759	115	955	1961715
违反交通信号	462	137	609	1393283
违法占道行驶	342	96	444	1147598
违法超车	450	131	552	1120557
违法倒车	271	68	214	437598
违法掉头	292	38	392	670932
违法会车	623	171	844	1395916
违法抢行	55	12	59	77411
违法装载	66	43	50	267656
违法停车	61	24	68	298411
其　　他	16441	3243	18630	51178047

6-44 2012年全省交通事故机动车违法行为情况

项 目	起 数	死 亡	受 伤	直接财产损失(元)
合计	**25741**	**5711**	**29178**	**79335029**
不按规定使用灯光	31	6	37	50511
超速行驶	1036	430	1080	2249906
酒后驾驶	285	100	263	1075820
逆 行	591	147	782	1590835
疲劳驾驶	102	48	101	850451
无证驾驶	1189	345	1504	1648701
未按规定让行	2996	537	3477	6845300
违法变更车道	625	96	730	1926766
违反交通信号	334	76	434	944155
违法占道行驶	409	88	480	955441
违法超车	392	118	489	1094820
违法倒车	258	46	213	688235
违法掉头	264	18	328	479648
违法会车	557	169	694	1749615
违法抢行	56	10	72	251400
违法装载	55	41	46	711750
违法停车	54	22	49	367100
其 他	16507	3414	18399	55854575

6-45 2013年全省交通事故机动车违法行为情况

项目	起数	死亡	受伤	直接财产损失(元)
合计	**22704**	**5165**	**25294**	**71882853**
不按规定使用灯光	25	6	25	24300
超速行驶	208	91	199	501260
酒后驾驶	262	83	282	1174800
逆行	524	133	705	1566345
疲劳驾驶	99	57	96	451800
无证驾驶	1288	402	1631	1645281
未按规定让行	83	20	96	192700
违法变更车道	637	114	736	2175235
违反交通信号	264	63	315	724550
违法占道行驶	160	21	180	172070
违法超车	6	1	5	2700
违法倒车	222	54	168	931450
违法掉头	324	34	366	422568
违法会车	604	177	786	1557160
违法抢行	8	2	9	5800
违法装载	3		4	1210
违法停车	64	32	48	936460
其他	17923	3875	19643	59397164

6-46 2014年全省交通事故机动车违法行为情况

项　　目	起　数	死　亡	受　伤	直接财产损失(元)
合计	**26882**	**5628**	**30720**	**73596596**
不按规定使用灯光	25	7	30	38150
超速行驶	180	85	162	594980
酒后驾驶	315	89	329	947320
逆　　行	549	125	731	1423718
疲劳驾驶	114	59	117	907934
无证驾驶	1317	394	1721	1975129
未按规定让行	2578	467	3003	4574032
违法变更车道	665	103	797	2334378
违反交通信号	307	62	391	898078
违法占道行驶	127	24	141	358211
违法超车	305	86	367	1038470
违法倒车	204	59	144	476910
违法掉头	262	16	333	498990
违法会车	549	128	709	1326950
违法抢行	52	7	61	67820
违法装载	42	19	41	455500
违法停车	77	23	95	317799
其　　他	19214	3875	21548	55362227

6-47 2009年全省各市交通事故情况

地　　区	起　数 (起)	死　人 (人)	伤　人 (人)	直接财产损失 (元)
广　　州	4261	1131	5191	13396538
韶　　关	379	227	413	4035807
深　　圳	1955	605	2108	13174532
珠　　海	854	116	1028	2562897
汕　　头	594	197	573	1994670
佛　　山	4600	704	5240	9592439
江　　门	4016	368	5151	5024306
湛　　江	1581	222	2081	5022995
茂　　名	1040	284	1405	2244507
肇　　庆	931	242	1193	3315516
惠　　州	741	347	899	3029861
梅　　州	244	186	205	271920
汕　　尾	777	153	1203	1824628
河　　源	175	101	189	1648224
阳　　江	965	179	1235	2783532
清　　远	648	202	811	2378547
东　　莞	5037	545	5560	6704022
中　　山	2352	307	2507	3068089
潮　　州	311	89	390	579686
揭　　阳	517	200	638	1704385
云　　浮	477	137	578	1171674
全　　省	**32455**	**6542**	**38598**	**85528775**

6-48 2010年全省各市交通事故情况

地　区	起　数 (起)	死　人 (人)	伤　人 (人)	直接财产损失 (元)
广　州	3582	1018	4254	11090174
韶　关	380	220	476	6508811
深　圳	1783	582	2016	9626677
珠　海	737	116	957	1638548
汕　头	540	194	518	1966701
佛　山	4441	692	4983	9039674
江　门	3853	370	5125	7416374
湛　江	1785	210	2490	4583192
茂　名	1016	267	1263	2091048
肇　庆	967	231	1188	2820635
惠　州	636	331	792	3406382
梅　州	245	155	213	321554
汕　尾	645	138	927	1519647
河　源	134	107	140	665917
阳　江	862	171	1215	2369782
清　远	622	197	790	2482963
东　莞	4872	527	5354	6390223
中　山	2112	303	2346	3034458
潮　州	292	86	321	643048
揭　阳	510	179	626	1682580
云　浮	466	129	546	1214805
全　省	**30480**	**6223**	**36540**	**80513193**

6-49 2011年全省各市交通事故情况

地区	起数（起）	死人（人）	伤人（人）	直接财产损失（元）
广州	2664	930	3018	9105132
韶关	340	209	412	7331055
深圳	1313	498	1410	8327821
珠海	630	114	796	1493106
汕头	437	193	335	21458009
佛山	3975	648	4382	8052512
江门	2994	365	3816	5801665
湛江	1654	228	2300	3859858
茂名	895	251	1111	2074532
肇庆	916	220	1143	2436015
惠州	569	312	645	2603478
梅州	235	151	194	208519
汕尾	445	125	589	1431704
河源	296	106	327	2281976
阳江	753	161	983	1502823
清远	854	194	1043	3695850
东莞	4490	495	4999	5663136
中山	1979	299	2189	2841115
潮州	293	82	323	674218
揭阳	426	174	475	1091172
云浮	428	118	525	1653957
全省	**26586**	**5873**	**31015**	**93587653**

6-50 2012年全省各市交通事故情况

地区	起数（起）	死人（人）	伤人（人）	直接财产损失（元）
广州	2457	889	2708	10815180
韶关	372	207	407	6819601
深圳	1228	476	1302	9255500
珠海	502	111	607	1364820
汕头	410	185	328	1400140
佛山	3884	639	4128	7494410
江门	2558	361	3148	4879840
湛江	1536	204	2073	5095379
茂名	796	247	974	1718970
肇庆	881	215	1062	3321651
惠州	552	299	575	2852380
梅州	280	150	270	245886
汕尾	586	119	927	1498905
河源	763	104	597	3530732
阳江	716	159	866	1449480
清远	890	191	965	5086100
东莞	4299	490	4831	5565943
中山	1884	297	2076	2653910
潮州	283	81	304	726811
揭阳	442	172	486	1238402
云浮	400	118	461	2134250
全省	**25719**	**5714**	**29095**	**79148290**

6-51 2013年全省各市交通事故情况

地区	起数(起)	死人(人)	伤人(人)	直接财产损失(元)
广州	2521	879	2833	9436060
韶关	386	198	442	6043960
深圳	1000	467	981	12010000
珠海	433	107	488	973600
汕头	361	179	258	1303450
佛山	3764	630	3903	8115600
江门	3026	364	3764	6593340
湛江	1512	200	2035	3101550
茂名	748	238	798	1895994
肇庆	876	215	1084	3231636
惠州	546	297	499	2777600
梅州	247	145	247	216345
汕尾	531	140	741	3446955
河源	629	110	482	3459089
阳江	669	159	811	1506700
清远	910	184	1013	3441600
东莞	4359	484	4941	6065281
中山	1810	296	1927	2637340
潮州	285	78	297	626760
揭阳	418	162	442	1133496
云浮	389	115	430	2105480
机场	4		19	47500
全省	**25424**	**5647**	**28435**	**80169336**

6-52 2014年全省各市交通事故情况

地　　区	起　数 （起）	死　人 （人）	伤　人 （人）	直接财产损失 （元）
广　　州	2700	852	2918	10478330
韶　　关	400	204	446	4913220
深　　圳	1114	459	1005	7661000
珠　　海	431	105	482	1271300
汕　　头	358	171	321	946610
佛　　山	1600	438	1918	460305
江　　门	3268	346	4103	7016200
湛　　江	2244	194	2887	3367569
茂　　名	749	236	766	1600250
肇　　庆	1366	225	1627	2926901
惠　　州	538	294	515	2729010
梅　　州	249	146	247	248290
汕　　尾	604	134	780	1777397
河　　源	541	117	556	2610200
阳　　江	656	158	801	1216970
清　　远	945	176	1278	2897767
东　　莞	4214	482	4671	6062485
中　　山	1790	295	1925	2605410
潮　　州	416	128	481	1631810
揭　　阳	483	173	544	1822557
云　　浮	416	117	506	2639960
机　　场	7	1	12	266500
全　　省	**26820**	**5629**	**30585**	**73683696**

6-53 全省各市交通事故发生起数情况

地　区	2009年	2010年	2011年	2012年	2013年	2014年
广　州	4261	3582	2664	2457	2521	2700
深　圳	1955	1783	1313	372	1000	1114
珠　海	854	737	630	1228	433	431
汕　头	594	540	437	502	361	358
佛　山	4600	4441	3975	410	3764	1600
韶　关	379	380	340	3884	386	400
河　源	175	134	296	2558	629	541
梅　州	244	245	235	1536	247	249
惠　州	741	636	569	796	546	538
汕　尾	777	645	445	881	531	604
东　莞	5037	4872	4490	552	4359	4214
中　山	2352	2112	1979	280	1810	1790
江　门	4016	3853	2994	586	3026	3268
阳　江	965	862	753	763	669	656
湛　江	1581	1785	1654	716	1512	2244
茂　名	1040	1016	895	890	748	749
肇　庆	931	967	916	4299	876	1366
清　远	648	622	854	1884	910	945
潮　州	311	292	293	283	285	416
揭　阳	517	510	426	442	418	483
云　浮	477	466	428	400	389	416
机　场					4	7
全　省	**32455**	**30480**	**26586**	**25719**	**25424**	**26820**

6-54 全省各市交通事故受伤情况

地　区	2009年	2010年	2011年	2012年	2013年	2014年
广　州	5191	4254	3018	2708	2833	2918
深　圳	2108	2016	1410	407	981	1005
珠　海	1028	957	796	1302	488	482
汕　头	573	518	335	607	258	321
佛　山	5240	4983	4382	328	3903	1918
韶　关	413	476	412	4128	442	446
河　源	189	140	327	3148	482	556
梅　州	205	213	194	2073	247	247
惠　州	899	792	645	974	499	515
汕　尾	1203	927	589	1062	741	780
东　莞	5560	5354	4999	575	4941	4671
中　山	2507	2346	2189	270	1927	1925
江　门	5151	5125	3816	927	3764	4103
阳　江	1235	1215	983	597	811	801
湛　江	2081	2490	2300	866	2035	2887
茂　名	1405	1263	1111	965	798	766
肇　庆	1193	1188	1143	4831	1084	1627
清　远	811	790	1043	2076	1013	1278
潮　州	390	321	323	304	297	481
揭　阳	638	626	475	486	442	544
云　浮	578	546	525	461	430	506
机　场					19	12
全　省	**38598**	**36540**	**31015**	**29095**	**28435**	**30585**

6-55 全省各市交通事故死亡人数情况

地　区	2009年	2010年	2011年	2012年	2013年	2014年
广　州	1131	1018	930	889	879	852
深　圳	605	582	498	207	467	459
珠　海	116	116	114	476	107	105
汕　头	197	194	193	111	179	171
佛　山	704	692	648	185	630	438
韶　关	227	220	209	639	198	204
河　源	101	107	106	361	110	117
梅　州	186	155	151	204	145	146
惠　州	347	331	312	247	297	294
汕　尾	153	138	125	215	140	134
东　莞	545	527	495	299	484	482
中　山	307	303	299	150	296	295
江　门	368	370	365	119	364	346
阳　江	179	171	161	104	159	158
湛　江	222	210	228	159	200	194
茂　名	284	267	251	191	238	236
肇　庆	242	231	220	490	215	225
清　远	202	197	194	297	184	176
潮　州	89	86	82	81	78	128
揭　阳	200	179	174	172	162	173
云　浮	137	129	118	118	115	117
机　场						1
全　省	**6542**	**6223**	**5873**	**5714**	**5647**	**5629**

6-56 全省各市交通事故直接财产损失情况

地 区	2009年	2010年	2011年	2012年	2013年	2014年
广 州	13396538	11090174	9105132	10815180	9436060	10478330
深 圳	13174532	9626677	8327821	6819601	12010000	7661000
珠 海	2562897	1638548	1493106	9255500	973600	1271300
汕 头	1994670	1966701	21458009	1364820	1303450	946610
佛 山	9592439	9039674	8052512	1400140	8115600	4603050
韶 关	4035807	6508811	7331055	7494410	6043960	4913220
河 源	1648224	665917	2281976	4879840	3459089	2610200
梅 州	271920	321554	208519	5095379	216345	248290
惠 州	3029861	3406382	2603478	1718970	2777600	2729010
汕 尾	1824628	1519647	1431704	3321651	3446955	1777397
东 莞	6704022	6390223	5663136	2852380	6065281	6062485
中 山	3068089	3034458	2841115	245886	2637340	2605410
江 门	5024306	7416374	5801665	1498905	6593340	7016200
阳 江	2783532	2369782	1502823	3530732	1506700	1216970
湛 江	5022995	4583192	3859858	1449480	3101550	3367569
茂 名	2244507	2091048	2074532	5086100	1895994	1600250
肇 庆	3315516	2820635	2436015	5565943	3231636	2926901
清 远	2378547	2482963	3695850	2653910	3441600	2897767
潮 州	579686	643048	674218	726811	626760	1631810
揭 阳	1704385	1682580	1091172	1238402	1133496	1822557
云 浮	1171674	1214805	1653957	2134250	2105480	2639960
机 场					47500	26.65
全 省	**85528775**	**80513193**	**93587653**	**79148290**	**80169336**	**73683696**

6-57 2009年—2014年各地市机动车拥有量情况

市（区）名称	2009		2010		2011	
	机动车总计	其中：汽车	其中：汽车	机动车总计	机动车总计	其中：汽车
合　计	**17825413**	**6602356**	**19281331**	**7835042**	**20581293**	**9120998**
广州市	1954727	1340540	2146364	1598934	2325357	1857740
深圳市	1452642	1419005	1705461	1669674	1976164	1939653
珠海市	223068	180226	249843	209671	280360	241022
汕头市	701521	222170	764089	266354	827613	314837
佛山市	663067	247503	687872	297412	695295	339258
南海区	582255	257628	618704	313330	644479	361811
顺德区	681140	256027	711873	301679	736786	342493
韶关市	379495	83415	403151	99543	417589	118044
湛江市	574624	123611	613902	149295	650154	180481
肇庆市	805807	120964	880255	147382	945675	173506
江门市	1753233	236673	1979328	278817	2186390	319663
茂名市	1178129	139050	1249169	164011	1301815	193024
惠州市	696964	210875	738368	256415	778129	306376
梅州市	577894	86612	583163	106711	569811	130280
汕尾市	132072	28075	136413	31833	139832	36796
河源市	359043	60614	383556	75560	398108	91682
阳江市	660436	66929	698325	85452	725513	106567
清远市	529574	104242	565052	127952	597056	155367
东莞市	1269078	795554	1347524	920766	1417131	1061373
中山市	653262	314671	706191	371343	756094	426411
潮州市	516154	94180	542530	111453	554541	128182
揭阳市	512955	113559	555228	137433	597246	164825
云浮市	517899	53363	574064	68746	618266	85711
省直属	76528	46870	67060	45276	68043	45896
省农机办	373846		373846		373846	

6-57续表　2009年—2014年各地市机动车拥有量情况

市（区）名称	2012		2013		2014	
	机动车总计	其中：汽车	其中：汽车	机动车总计	机动车总计	其中：汽车
合　计	**21722942**	**10385119**	**22803061**	**11785076**	**24334479**	**13329421**
广州市	2440810	2041592	2477208	2148053	2504390	2227715
深圳市	2252377	2213975	2622873	2583869	3153902	3111488
珠海市	310097	273365	346048	312196	391190	345636
汕头市	871899	359868	927473	408481	969582	455842
佛山市	714211	389188	719582	438932	705344	492455
南海区	680477	422212	716914	484862	766960	561280
顺德区	755166	386238	756757	434565	807245	484725
韶关市	423738	135754	389621	153291	384118	175403
湛江市	681481	214356	709324	245060	729947	278880
肇庆市	1000046	199243	1061765	236077	1145282	265419
江门市	2366768	361205	2527021	410631	2673337	457034
茂名市	1343584	228248	1414609	268634	1500037	292012
惠州市	800162	357655	818168	414021	846880	470906
梅州市	571886	156700	570738	185191	588899	218704
汕尾市	139139	42553	139090	50134	142503	59312
河源市	409530	108258	406387	123456	431392	144802
阳江市	749781	128012	759075	154244	825730	183092
清远市	633478	187704	670875	231923	713766	279611
东莞市	1486827	1207044	1546939	1389103	1651437	1559588
中山市	806080	482647	878388	554767	964133	639769
潮州市	556160	145528	569393	166831	593521	186567
揭阳市	627439	191602	640742	218563	673957	252984
云浮市	658115	105940	689553	126264	725502	141199
省直属	69845	46232	70672	45928	71579	44998
省农机办	373846		373846		373846	

6-58 2011年全省机动车驾驶人情况

项目			实际人数	其中：汽车驾驶证人数
总计			**21426773**	**15444039**
机动车驾驶人	男	合计	15813415	11950306
		18-20岁	149140	98765
		21-25岁	1511614	1210488
		26-35岁	4821647	4032915
		36-50岁	7007356	5322053
		51-60岁	1843460	1046218
		超过60岁	480198	239867
	女	合计	5613358	3493733
		18-20岁	32565	18486
		21-25岁	507868	347417
		26-35岁	2078833	1441097
		36-50岁	2601200	1533237
		51-60岁	358256	141467
		超过60岁	34636	12029

6-59 2012年全省机动车驾驶人情况

项目			实际人数	其中：汽车驾驶证人数
总计			**23393996**	**17726627**
机动车驾驶人	男	合计	17147273	13514276
		18-20岁	157312	111882
		21-25岁	1679870	1401600
		26-35岁	5397585	4681557
		36-50岁	7310870	5785778
		51-60岁	2059364	1246283
		超过60岁	542272	287176
	女	合计	6246723	4212351
		18-20岁	37277	23999
		21-25岁	578721	436008
		26-35岁	2366188	1777457
		36-50岁	2793880	1772540
		51-60岁	427602	186222
		超过60岁	43055	16125

6-60　2013年全省机动车驾驶人情况

项　目			实际人数	其中：汽车驾驶证人数
总　计			**24617481**	**19170816**
机动车驾驶人	男	合　计	17935980	14498677
		18-20岁	121907	83124
		21-25岁	1694461	1430515
		26-35岁	5718108	5047285
		36-50岁	7541014	6144895
		51-60岁	2267478	1457724
		超过60岁	593012	335134
	女	合　计	6681501	4672139
		18-20岁	28573	15706
		21-25岁	587812	451591
		26-35岁	2529427	1967175
		36-50岁	2983861	1977029
		51-60岁	500768	239622
		超过60岁	51060	21016

6-61　2014年全省机动车驾驶人情况

项　目			实际人数	其中：汽车驾驶证人数
总　计			**26423248**	**21202135**
机动车驾驶人	男	合　计	19141008	15896942
		18-20岁	140198	104133
		21-25岁	1781939	1545017
		26-35岁	6132637	5514638
		36-50岁	7958335	6669913
		51-60岁	2457920	1659180
		超过60岁	669979	404061
	女	合　计	7282240	5305193
		18-20岁	32923	19806
		21-25岁	617620	490147
		26-35岁	2740622	2215017
		36-50岁	3260951	2259796
		51-60岁	566852	291323
		超过60岁	63272	29104

6-62 全省各市机动车拥有量情况

地　　区	2009年	2010年	2011年	2012年	2013年	2014年
广　州	1954727	2146364	2325357	2440810	2477208	2504390
深　圳	1452642	1705461	1976164	2252377	2622873	3153902
珠　海	223068	249843	280360	310097	346048	391190
汕　头	701521	764089	827613	871899	927473	969582
佛　山	1926462	2018449	2076560	2149854	2193253	705344
韶　关	379495	403151	417589	423738	389621	384118
河　源	359043	383556	398108	409530	406387	431392
梅　州	577894	583163	569811	571886	570738	588899
惠　州	696964	738368	778129	800162	818168	846880
汕　尾	132072	136413	139832	139139	139090	142503
东　莞	1269078	1347524	1417131	1486827	1546939	1651437
中　山	653262	706191	756094	806080	878388	964133
江　门	1753233	1979328	2186390	2366768	2527021	2673337
阳　江	660436	698325	725513	749781	759075	825730
湛　江	574624	613902	650154	681481	709324	729947
茂　名	1178129	1249169	1301815	1343584	1414609	1500037
肇　庆	805807	880255	945675	1000046	1061765	1145282
清　远	529574	565052	597056	633478	670875	713766
潮　州	516154	542530	554541	556160	569393	593521
揭　阳	512955	555228	597246	627439	640742	673957
云　浮	517899	574064	618266	658115	689553	725502
省直属	76528	67060	68043	69845	70672	71579
省农机办	373846	373846	373846	373846	373846	373846
全　省	**17825413**	**19281331**	**20581293**	**21722942**	**22803061**	**24334479**

6-63 全省各市机动车驾驶员情况

地 区	2009年	2010年	2011年	2012年	2013年	2014年
广州	2697253	2704628	2998201	3315808	3447028	3678702
深圳	1546100	1788206	2090911	2556994	2762606	3000078
珠海	364060	379515	421558	480903	533222	605969
汕头	812500	802214	894076	1002316	1047561	1134580
佛山	2065140	2139932	2281075	2436075	2562324	1284998
韶关	461433	452671	491900	530987	553208	580674
河源	611374	626137	675724	705563	741059	809426
梅州	900251	776719	811278	844047	832460	869151
惠州	676220	702852	823429	937724	1030821	1171397
汕尾	367931	347016	405765	439954	438550	462594
东莞	1144901	1287738	1486810	1674774	1827929	2025514
中山	714863	774453	841528	903354	953565	1012614
江门	1233872	1218414	1279702	1334881	1399630	1482104
阳江	716341	731036	757581	784239	813422	846178
湛江	710309	665557	708967	740461	757620	801305
茂名	1109582	1090852	1142971	1186753	1261060	1325930
肇庆	912243	913857	992883	1043155	1099167	1143993
清远	636023	588364	642593	710637	727090	771785
潮州	491591	484846	506965	524409	544559	592176
揭阳	515821	527607	587420	631776	661858	724990
云浮	558190	557595	585436	609186	622742	651000
全省	**19245998**	**19560209**	**21426773**	**23393996**	**24617481**	**26423248**

6-64 2009年广东省各市人口情况

地区	年末总人口（人）	性别		年龄			
		男	女	18岁以下	18-35岁	35-60岁	60岁以上
广东省	**83659815**	**43091081**	**40568734**	**21100380**	**24469264**	**27606727**	**10483444**
广州	7946154	4036898	3909256	1430457	2367357	3029456	1118884
深圳	3255402	1676930	1578472	697731	995093	1127309	435269
珠海	2459581	1307795	1151786	536804	858085	919221	145471
汕头	1026504	522968	503536	202032	315559	411112	97801
佛山	5107302	2559726	2547576	1561562	1410658	1591677	543405
韶关	3676325	1832894	1843431	738452	1039454	1393423	504996
河源	3915152	1976798	1938354	732451	1057017	1527505	598179
梅州	7631426	4042701	3588725	2115789	2310199	2199343	1006095
惠州	7353135	3902189	3450946	2108269	2189095	2163155	892616
汕尾	4136879	2131915	2004964	965841	1162216	1449373	559449
东莞	3243580	1650893	1592687	831250	974738	1047675	389917
中山	5073605	2603210	2470395	1318874	1492426	1621368	640937
江门	3406141	1773280	1632861	1144515	984007	900753	376866
阳江	3489849	1779245	1710604	856442	1047941	1171864	413602
湛江	2756739	1466674	1290065	589191	810910	966245	390393
茂名	4088204	2106185	1982019	887978	1273990	1368556	557680
肇庆	1787288	907747	879541	399436	518508	637323	232021
清远	1478600	737372	741228	322386	431988	545970	178256
潮州	2578852	1309118	1269734	689044	688775	868285	332748
揭阳	6491064	3321595	3169469	2270843	1722698	1782964	714559
云浮	2758033	1444948	1313085	701033	818550	884150	354300

6-65 2010年广东省各市人口情况

地区	年末总人口（人）	性别		年龄			
		男	女	18岁以下	18-35岁	35-60岁	60岁以上
广东省	**85215492**	**43886139**	**41329353**	**21311260**	**24939537**	**28246332**	**10718363**
广州	8061370	4089885	3971485	1444409	2374865	3078740	1163356
深圳	3281000	1695485	1585515	686984	996663	1149426	447927
珠海	2598675	1378955	1219720	555502	907581	981894	153698
汕头	1047437	534361	513076	202049	319427	421062	104899
佛山	5241143	2625211	2615932	1585715	1476431	1614911	564086
韶关	3708907	1847231	1861676	723842	1043236	1412635	529194
河源	3922842	1979830	1943012	710224	1070878	1529565	612175
梅州	7777700	4121593	3656107	2134604	2382149	2283049	977898
惠州	7471679	3969985	3501694	2095906	2222113	2233898	919762
汕尾	4224121	2181917	2042204	1002988	1182525	1464484	574124
东莞	3372810	1713557	1659253	894511	999941	1082778	395580
中山	5147468	2636360	2511108	1328460	1501017	1658294	659697
江门	3449777	1804575	1645202	1117982	1023769	923461	384565
阳江	3583877	1824756	1759121	910124	1061704	1184249	427800
湛江	2828085	1499458	1328627	636481	826103	981181	384320
茂名	4134704	2126659	2008045	865068	1270387	1449676	549573
肇庆	1817709	922666	895043	394032	531060	651677	240940
清远	1491842	743785	748057	318696	429024	557067	187055
潮州	2608910	1321090	1287820	686086	700012	873335	349477
揭阳	6617852	3386047	3231805	2292041	1782467	1809068	734276
云浮	2827584	1482733	1344851	725556	838185	905882	357961

6-66 2011年广东省各市人口情况

地区	年末总人口（人）	性别		年龄			
		男	女	18岁以下	18-35岁	35-60岁	60岁以上
广东省	**86371937**	**44454813**	**41917124**	**21130983**	**25490013**	**28614689**	**11136252**
广州	8145797	4125784	4020013	1434404	2387586	3111355	1212452
深圳	3296503	1702728	1593775	680614	981398	1177699	456792
珠海	2793700	1476766	1316934	595263	980731	1052498	165208
汕头	1060148	541440	518708	196983	325767	428611	108787
佛山	5294375	2653466	2640909	1538340	1554564	1614568	586903
韶关	3747651	1865478	1882173	710425	1055800	1424660	556766
河源	3937096	1986141	1950955	689569	1074848	1537885	634794
梅州	7920550	4197222	3723328	2103247	2458469	2334786	1024048
惠州	7613014	4045167	3567847	2090416	2316807	2245226	960565
汕尾	4268970	2203221	2065749	986544	1208005	1479982	594439
东莞	3430337	1739755	1690582	896657	1022190	1110989	400501
中山	5176015	2647885	2528130	1320991	1513552	1668498	672974
江门	3471796	1810665	1661131	1088080	1069926	926870	386920
阳江	3667833	1863649	1804184	947387	1071458	1183108	465880
湛江	2846145	1511460	1334685	617016	841774	990017	397338
茂名	4165260	2142971	2022289	848635	1280190	1468919	567516
肇庆	1847691	937618	910073	385599	549183	662478	250431
清远	1507294	749888	757406	312891	430919	563749	199735
潮州	2627799	1329634	1298165	672943	709279	887363	358214
揭阳	6692811	3422762	3270049	2296733	1822860	1818410	754808
云浮	2861152	1501113	1360039	718246	834707	927018	381181

6-67 2012年广东省各市人口情况

地区	年末总人口（人）	性别		年龄			
		男	女	18岁以下	18-35岁	35-60岁	60岁以上
广东省	**86358893**	**44484510**	**41874383**	**21019227**	**25784931**	**28540232**	**11014503**
广州	8222969	4158292	4064677	1440689	2387620	3130341	1264319
深圳	3264884	1691829	1573055	667034	956599	1193753	447498
珠海	2991518	1572110	1419408	676036	1083490	1067370	164622
汕头	1065548	544238	521310	197770	328353	422390	117035
佛山	5328750	2671878	2656872	1485349	1602633	1627856	612912
韶关	3776486	1878773	1897713	702247	1047767	1420634	605838
河源	3917987	1974221	1943766	664665	1084752	1517410	651160
梅州	7851691	4179674	3672017	2092649	2502320	2293967	962755
惠州	7488986	4001390	3487596	2107818	2307599	2191911	881658
汕尾	4275913	2210422	2065491	999607	1226279	1469120	580907
东莞	3419137	1734145	1684992	884285	1034833	1109893	390126
中山	5213515	2665762	2547753	1332303	1530737	1670905	679570
江门	3471580	1802970	1668610	1083274	1104529	915470	368307
阳江	3550586	1810524	1740062	926373	1054148	1167459	402606
湛江	2825007	1504988	1320019	622947	842049	981794	378217
茂名	4056705	2098917	1957788	830740	1271847	1433237	520881
肇庆	1860547	944076	916471	377189	555316	666911	261131
清远	1520075	755516	764559	309086	435710	567567	207712
潮州	2647956	1338080	1309876	636815	725517	899271	386353
揭阳	6739381	3444237	3295144	2246163	1858054	1873551	761613
云浮	2869672	1502468	1367204	736188	844779	919422	369283

6-68 2013年广东省各市人口情况

地区	年末总人口（人）	性别		年龄			
		男	女	18岁以下	18-35岁	35-60岁	60岁以上
广东省	**87594645**	**45135130**	**42459515**	**20976440**	**26230391**	**28818053**	**11569761**
广州	8323096	4201393	4121703	1450471	2385149	3157053	1330423
深圳	3243236	1691540	1551696	736159	1174658	1149529	182890
珠海	1085650	554148	531502	200825	315996	444246	124583
汕头	5399975	2706499	2693476	1470837	1623022	1641191	664925
佛山	3816127	1898275	1917852	700178	1050029	1438823	627097
韶关	3280084	1700723	1579361	662180	958859	1196269	462776
河源	3609453	1840005	1769448	922569	1068588	1169085	449211
梅州	5249580	2687133	2562447	1334593	1538157	1682448	694382
惠州	3433721	1742588	1691133	854218	1056944	1118180	404379
汕尾	3525348	1835019	1690329	1080441	1158372	907197	379338
东莞	1889306	958314	930992	371022	567336	677850	273098
中山	1540907	765062	775845	307661	440100	576692	216454
江门	3929975	1980587	1949388	652194	1081578	1509229	686974
阳江	2851284	1517653	1333631	609988	840456	1010309	390531
湛江	8042298	4275881	3766417	2125676	2545638	2327748	1043236
茂名	7576901	4059834	3517067	2076173	2384712	2202601	913415
肇庆	4298198	2233068	2065130	1007551	1242632	1454739	593276
清远	4097766	2124732	1973034	824295	1273999	1440220	559252
潮州	2671566	1349979	1321587	633683	734815	911561	391507
揭阳	6826813	3488553	3338260	2227124	1931036	1873904	794749
云浮	2903361	1524144	1379217	728602	858315	929179	387265

6-69 2014年广东省各市人口情况

地区	年末总人口（人）	性别		年龄			
		男	女	18岁以下	18-35岁	35-60岁	60岁以上
广东省	**88868799**	**45770999**	**43097800**	**21036984**	**26760250**	**29132978**	**11938587**
广州	8424169	4244403	4179766	1458009	2369967	3189694	1406499
深圳	3291270	1704182	1587088	645481	956982	1212464	476343
珠海	3465952	1796124	1669828	797722	1239277	1235516	193437
汕头	1102229	562174	540055	199304	326230	450491	126204
佛山	5465749	2737583	2728166	1467079	1681822	1646536	670312
韶关	3856084	1917226	1938858	694505	1099599	1441264	620716
河源	3933870	1981990	1951880	637048	1070308	1509237	717277
梅州	8189976	4355200	3834776	2302907	2555813	2321303	1009953
惠州	7723795	4142201	3581594	2056249	2434998	2244357	988191
汕尾	4337328	2258426	2078902	1001834	1248338	1466035	621121
东莞	3485197	1767694	1717503	847754	1077605	1142417	417421
中山	5286373	2703785	2582588	1331864	1548062	1694208	712239
江门	3590865	1865592	1725273	1056863	1214753	920222	399027
阳江	3652891	1862899	1789992	923195	1111045	1170954	447697
湛江	2894263	1537332	1356931	612317	821684	1016555	443707
茂名	4122614	2137862	1984752	801807	1316082	1445562	559163
肇庆	1913879	970181	943698	365228	566826	696401	285424
清远	1560582	774218	786364	310134	439519	582855	228074
潮州	2687922	1360778	1327144	605018	773601	920239	389064
揭阳	6941595	3546939	3394656	2202796	2004365	1902227	832207
云浮	2942196	1544210	1397986	719870	903374	924441	394511

6-70 2014年广东暂住人口分布情况

地 区	合计	性别		暂住时间		
		男	女	半年以下	半年至五年	五年以上
全 省	**34952519**	**19212383**	**15740136**	**10296797**	**19136406**	**5519316**
广州市	7093075	4018451	3074624	1859068	5081047	152960
韶关市	34369	24799	9570	9047	22609	2713
深圳市	14624412	7708981	6915431	7072042	5147415	2404955
珠海市	780138	448847	331291	43342	551089	185707
汕头市	266233	160814	105419	94321	155103	16809
佛山市	4189054	2512961	1676093	298614	3377991	512449
江门市	590879	350042	240837	22374	481935	86570
湛江市	26717	18724	7993	1165	23737	1815
茂名市	35594	25700	9894	9522	19255	6817
肇庆市	307878	184490	123388	18994	248857	40027
惠州市	899231	525652	373579	113483	494735	291013
梅州市	22502	12534	9968	6172	13593	2737
汕尾市	70719	44277	26442	9592	50749	10378
河源市	118409	73618	44791	10813	89692	17904
阳江市	85257	56855	28402	2114	81046	2097
清远市	129308	88059	41249	22973	94997	11338
东莞市	4158580	2103624	2054956	433182	2281114	1444284
中山市	1345608	742551	603057	247825	778350	319433
潮州市	50307	35378	14929	5904	43458	945
揭阳市	91609	54685	36924	13069	76471	2069
云浮市	32640	21341	11299	3181	23163	6296

6-70续表1 2014年广东暂住人口分布情况

地区	来自地区					
	省内		省外		港澳台	国外
	市	县	市	县		
全省	**3666532**	**6709030**	**7745245**	**16584231**	**167149**	**80332**
广州市	532832	1861137	1251058	3372587	30096	45365
韶关市	6269	8739	5862	13257	177	65
深圳市	1382667	2980581	2494528	7662658	84194	19784
珠海市	121636	178232	140327	337199	2685	59
汕头市	43555	45789	80161	96004	328	396
佛山市	669709	648949	1227855	1630777	8543	3221
江门市	96129	70643	227803	191225	2677	2402
湛江市	4718	3475	5301	13181	15	27
茂名市	9092	9453	7077	9972		
肇庆市	39397	38500	110442	118601	732	206
惠州市	101640	181805	223511	390517	1355	403
梅州市	5543	763	12145	3935	111	5
汕尾市	13315	20519	14631	22188	64	2
河源市	6403	14228	23651	74016	101	10
阳江市	8726	14421	15925	46125	11	49
清远市	22463	19075	32858	54382	371	159
东莞市	464145	463760	1329354	1860455	32932	7934
中山市	123748	134926	488788	595275	2649	222
潮州市	3687	3698	12253	30669		
揭阳市	3132	4385	34631	49427	34	
云浮市	7726	5952	7084	11781	74	23

6-70续表2 2014年广东暂住人口分布情况

地区	居住处所					
	旅店	居民家中	单位内部	工地现场	租赁房屋	其他
全 省	**258243**	**1537566**	**7797839**	**812297**	**22579573**	**1967001**
广州市	31517	604952	1002500	51388	4937275	465443
韶关市	2589	7032	5018	2161	16021	1548
深圳市	131408	541935	2288172	110049	10751393	801455
珠海市	578	8769	217475	22196	367821	163299
汕头市	6984	9439	105611	13956	97448	32795
佛山市	15052	63654	1067999	251477	2686459	104413
江门市	2019	30548	237652	26633	247128	46899
湛江市	60	2722	4535	5868	11279	2253
茂名市	491	6404	6402	5462	14664	2171
肇庆市	3814	34971	108992	56997	89885	13219
惠州市	4216	23233	388212	41693	434910	6967
梅州市	50	3305	2533	3481	12538	595
汕尾市	893	5634	7063	7063	46302	3764
河源市	616	4059	64696	13124	23551	12363
阳江市	200	7332	32115	10638	31893	3079
清远市	2122	6138	56632	10381	44003	10032
东莞市	40953	110574	1874545	125040	1919830	87638
中山市	7051	59295	273223	34641	767346	204052
潮州市	2816	2134	15774	1725	24597	3261
揭阳市	4676	2561	28649	15192	40471	60
云浮市	138	2875	10041	3132	14759	1695

6-71 历年广东省发生交通事故情况

年份	发生起数	死亡人数	受伤人数	直接财产损失(元)
1990	25909	3639	14875	5043.79
1991	30306	4429	16979	6621.6
1992	34023	5509	18286	10463.9
1993	42700	6933	21075	19798.5
1994	46140	7647	23848	28028.3
1995	42115	7809	25210	28699.6
1996	39574	7725	27884	26554.4
1997	39086	7617	32882	26517.4
1998	38914	8246	36124	23050.5
1999	54812	9065	51883	25623.6
2000	66072	10208	63759	27526.1
2001	69555	10801	64788	30098.9
2002	78929	12035	75040	35833.8
2003	68903	11151	73170	31387.5
2004	68423	10657	78562	24127.2
2005	67756	9959	77591	20882.79
2006	56171	8828	67242	13297.6
2007	46558	7994	55565	12075.2
2008	39389	7182	46998	10013.6
2009	32455	6542	38598	8552.9
2010	30480	6223	36540	8051.3
2011	26586	5873	31015	9358.8
2012	25719	5714	29095	7914.8
2013	255424	5647	28435	8016.9
2014	26820	5629	30585	7368.4

6-72 历年广东省发生火灾事故情况

年 份	发生起数	死亡人数	受伤人数	直接财产损失(元)
1990	1725	128	312	9102
1991	1363	173	257	10746.9
1992	1204	171	239	13187.4
1993	1362	329	889	38653.6
1994	1382	278	450	35484
1995	1254	220	283	17419.2
1996	1426	242	351	14441.7
1997	3563	201	414	10745.4
1998	4488	242	347	11314.2
1999	8781	349	382	13831.3
2000	8622	261	386	101064.7
2001	7885	248	385	8035
2002	13882	188	338	9491
2003	16133	249	334	7821
2004	16090	280	384	11476
2005	17276	298	350	8052
2006	8866	173	197	5725
2007	6168	194	130	9027
2008	4876	220	157	11490
2009	4548	107	76	12607.9
2010	6052	107	55	17487.6
2011	8148	110	64	19692.8
2012	8051	96	51	19939.8
2013	21142	177	137	37830.8
2014	22113	119	112	41318.1

6-73 历年刑事治安案件情况

年　份	刑事案件		治安案件		
	立案（起）	破案（起）	发现受理（起）	查处（起）	处罚违法人员（人次）
1990	194685	79403	122374	113854	253169
1991	197362	86926	155939	145512	338358
1992	135254	70883	201299	166374	381061
1993	148007	84554	207546	172185	399454
1994	163533	100951	210746	189046	430676
1995	164691	108757	218085	202655	460588
1996	145819	100330	218987	208248	487504
1997	129740	85982	223877	213890	484637
1998	128310	81785	228318	218750	484185
1999	145884	87092	246153	231259	493400
2000	467222	131627	309009	260026	571223
2001	524440	141871	391019	317598	626082
2002	474137	169103	400391	297668	554323
2003	516971	161765	409209	266207	447841
2004	514507	178984	439026	275974	435497
2005	497525	186476	465598	323186	452751
2006	468589	188055	901751	795086	692183
2007	447576	178859	1042397	979934	784686
2008	422016	168869	1101926	1066451	804132
2009	486476	192179	1226409	1190608	997559
2010	536146	196105	1037680	1000515	749510
2011	483950	187690	940024	904404	622990
2012	648255	211917	1048029	1007265	686815
2013	912343	187402	1085101	1008796	663159
2014	864551	206947	1070602	933703	604842

6-74 2009年全省法律援助工作情况

项目 / 市别	法律援助机构数量（个）	工作人员（人）	机构中法援律师（人）	法援志愿者(人)	业务经费（万元）	案件承办数（件）	案件结案数（件）	受援人总数（人）
广东省	**1**	**19**	**12**	**833**	**400**	**513**	**304**	**513**
广州市	13	62	28	248	577.22	8798	4462	11512
深圳市	7	46	19	384	1305.25	18648	13999	18812
珠海市	6	24	12	196	130.2	1634	1229	1878
汕头市	8	48	16	37	175.08	829	591	840
佛山市	6	44	15	348	311.1	2411	1743	7912
韶关市	11	37	19		129.4	1016	962	1230
河源市	7	28	7		93.2	282	261	314
梅州市	9	38	23	41	133.3	973	920	1032
惠州市	7	26	10		162.5	1477	1267	1671
汕尾市	5	13	3		79.8	172	148	172
东莞市	1	5	4		592.36	2995	1593	2995
中山市	1	7	1	174	112.9	828	460	1006
江门市	8	28	17		46.6	1036	896	1036
阳江市	5	20	5		57.28	509	544	1306
湛江市	10	30	16		127	930	691	1232
茂名市	7	32	20	330	143	817	772	817
肇庆市	9	41	7	185	142.5	598	561	1034
清远市	9	31	10		118.5	680	633	855
潮州市	5	13	9		62.8	329	275	329
揭阳市	6	28	6		91.8	578	578	578
云浮市	6	17	2		69	404	374	448
顺德区								
合　计	**147**	**637**	**261**	**2776**	**5060.79**	**46457**	**33263**	**57522**

6-75 2010年全省法律援助工作情况

项目 市别	法律援助机构数量（个）	工作人员（人）	机构中法援律师（人）	法援志愿者(人）	业务经费（万元）	案件承办数（件）	案件结案数（件）	受援人总数（人）
广东省	1	21	12	833	442.7	682	279	682
广州市	13	62	30	243	682.43	5994	4139	8246
深圳市	7	66	17		1383.86	15929	11081	16531
珠海市	6	17	9	196	127.16	1037	866	1037
汕头市	8	46	16	103	152.8	602	435	675
佛山市	5	28	12	182	287.99	1421	1102	2770
韶关市	11	32	14		158.9	1073	950	1494
河源市	7	26	6	32	100	279	229	289
梅州市	9	37	15		131	738	693	1360
惠州市	7	28	10		166	1458	1465	1546
汕尾市	5	13	3		96.18	162	141	162
东莞市	1	5	4		625.6	2329	1468	3045
中山市	1	8	2	196	130	774	308	884
江门市	8	30	17		50.5	844	1003	1022
阳江市	5	21	4		53.78	527	549	2789
湛江市	10	34	21		129	874	670	970
茂名市	7	32	20		143	854	776	854
肇庆市	9	31	11		124.1	551	418	938
清远市	9	32	12		126.7	608	586	713
潮州市	5	14	9		63.5	352	335	363
揭阳市	6	27	13		96.8	638	554	665
云浮市	6	15	1		70	335	298	364
顺德区	1	14	3		60.48	488	264	979
合　计	**147**	**639**	**261**	**1785**	**5402.48**	**38549**	**28609**	**48378**

6-76 2011年全省法律援助工作情况

市别 \ 项目	法律援助机构数量（个）	工作人员（人）	机构中法援律师（人）	法援志愿者(人)	业务经费（万元）	案件承办数（件）	案件结案数（件）	受援人总数（人）
广东省	**1**	**23**	**9**	**833**	**380**	**592**	**301**	**598**
广州市	13	65	30	249	834	7798	4457	8507
深圳市	7	75	21	50	1998	18723	16207	19300
珠海市	6	17	9	196	127.2	3085	2933	3085
汕头市	8	50	15	103	150.08	601	479	609
佛山市	5	31	15	182	232.62	1860	1340	4992
韶关市	11	35	20		169.3	1417	1235	1591
河源市	7	28	8	32	88.6	298	271	298
梅州市	9	38	14	46	128	918	879	1009
惠州市	7	31	12		198	1517	1331	1533
汕尾市	5	13	3		97	182	173	182
东莞市	1	10	3		643.6	3205	1810	3205
中山市	1	8	2	252	134.77	665	379	665
江门市	8	25	18		60	1437	1298	1497
阳江市	5	21	6		54.28	489	559	825
湛江市	10	33	21		147	832	702	1009
茂名市	7	30	20		135	3174	675	3174
肇庆市	9	40	13		145.6	605	478	1273
清远市	9	35	12		129.4	614	605	789
潮州市	5	12	7		57.7	286	280	294
揭阳市	6	27	13		92.8	716	672	827
云浮市	6	16	4		70	461	463	507
顺德区	1	15	3		77.4	679	441	3306
合　计	**147**	**678**	**278**	**1943**	**6150.35**	**50154**	**37968**	**59075**

6-77 2012年全省法律援助工作情况

市别＼项目	法律援助机构数量（个）	工作人员（人）	机构中法援律师（人）	法援志愿者（人）	业务经费（万元）	案件承办数（件）	案件结案数（件）	受援人总数（人）
广东省	1	25	9	833	395	591	228	607
广州市	13	70	28	478	885.26	8672	4256	8735
深圳市	7	80	25		1846.5	21754	15567	24829
珠海市	6	17	9	196	118.6	3668	3528	3668
汕头市	8	44	15	103	151.82	630	424	644
佛山市	5	26	15	305	268	1859	1268	5329
韶关市	11	41	23		174.81	1628	1478	1796
河源市	7	26	8	32	109	300	283	311
梅州市	9	41	23	4	136	957	926	1333
惠州市	7	30	9		254	1864	1714	1872
汕尾市	5	13	3		114	210	203	210
东莞市	1	12	3		653.4	3832	1939	5505
中山市	1	7	2	259	119.37	776	473	776
江门市	8	34	17		60	1069	1069	1095
阳江市	5	28	8		71.68	446	543	822
湛江市	10	33	19		149	1037	892	1182
茂名市	7	32	16		161.44	837	779	904
肇庆市	9	35	9		141.6	634	574	981
清远市	9	35	10		139.5	826	770	842
潮州市	5	14	7		58.7	259	257	276
揭阳市	6	29	13		92.8	823	771	934
云浮市	6	16	3		66	297	282	314
顺德区	1	14	3		60.07	625	392	3589
合　计	**147**	**702**	**277**	**2210**	**6226.55**	**53594**	**38616**	**66554**

6-78 2013年全省法律援助工作情况

项目 市别	法律援助机构数量（个）	工作人员（人）	机构中法援律师（人）	法援志愿者(人）	业务经费（万元）	案件承办数（件）	案件结案数（件）	受援人总数（人）
广东省	**1**	**24**	**9**	**833**	**395**	**1167**	**482**	**1167**
广州市	13	72	25	609	1323.67	12030	8245	12036
深圳市	7	78	15		2182.7	21303	14896	24642
珠海市	6	17	10	196	192	3342	2944	3344
汕头市	8	45	14	103	184.58	1252	830	1262
佛山市	5	27	15	169	368	5785	4106	5983
韶关市	11	45	30		157.7	1657	1593	1959
河源市	7	23	7	32	86	350	316	359
梅州市	9	41	15		149	972	912	1479
惠州市	7	31	12		260	2188	1852	2188
汕尾市	5	13	3		86	357	335	357
东莞市	1	11	3		619	5780	4080	5780
中山市	1	7	1	348	151.83	1137	484	1137
江门市	8	23	17		74	1745	1230	1745
阳江市	5	28	4		87.28	565	604	1783
湛江市	10	34	19		175.55	1310	1154	1515
茂名市	7	34	15		249.05	1212	1053	1309
肇庆市	9	34	10		131.6	846	619	1067
清远市	9	28	9		155.8	840	799	1081
潮州市	5	13	7		58.35	438	423	440
揭阳市	6	29	12		100.5	1340	1327	1514
云浮市	6	14	3		58	372	326	417
顺德区	1	15	12		99.17	1021	572	2786
合　计	**147**	**686**	**267**	**2290**	**7344.78**	**67009**	**49182**	**75350**

6-79 2014年全省法律援助工作情况

市别＼项目	法律援助机构数量（个）	法律援助机构工作人员（个）	其中有律师资格或法律职业资格（人）	经费总额（万元）	业务经费（万元）	受理案件（件）	受援人总数（人）	咨询（人次）
广东省	1	23	10	908.9	395	1018	1018	3747
广州市	13	72	30	2319.64	1460	13964	13984	59450
深圳市	11	87	38	3130.6	2117.9	18208	31171	128286
珠海市	6	17	9	647.65	410	2893	2893	12884
汕头市	8	45	17	495.67	212.08	1102	1109	11453
佛山市	5	26	18	673.4	376	8733	8854	20677
韶关市	11	50	38	435.02	218.2	1778	1969	4858
河源市	7	25	9	261.79	141.5	377	381	4561
梅州市	9	43	26	328.36	205.76	989	1378	14557
惠州市	7	30	15	349	297	2318	2319	19143
汕尾市	5	14	3	170.72	112	455	455	4419
东莞市	1	10	3	897	854	5399	5402	14036
中山市	1	7	2	387.79	201.97	1361	1361	8522
江门市	8	23	18	200.65	161.65	1969	1969	20820
阳江市	5	32	12	123.14	95.28	623	1740	3644
湛江市	10	33	23	321.72	223.9	1460	1488	12052
茂名市	6	29	14	341.7	211.23	1079	1133	8490
肇庆市	9	34	16	282.48	180	786	853	11719
清远市	9	30	13	368.58	199	819	884	15108
潮州市	5	13	5	122.38	85.94	448	448	1733
揭阳市	6	29	16	200.41	109.5	812	882	8875
云浮市	6	14	6	145.94	87	364	404	4271
顺德区	1	16	13	448.84	107.14	1058	6426	10549
合　计	150	702	354	13561.38	8462.05	68013	88521	403854

6-80 2009年全省律师工作情况

市别＼项目	律师事务所（个）	专职律师（人）	兼职律师（人）	律师辅助人员（人）	担任法律顾问（处）	民事诉讼代理（件）
广 州	357	5593	308	3118	10095	45447
深 圳	322	5516	91		9435	36597
珠 海	55	597	10	326	1255	5110
汕 头	59	300	20	174	794	2257
佛 山	119	1195	48	619	3981	12330
韶 关	39	148	11	81	437	1938
河 源	30	64	4	62	184	821
梅 州	42	95	5	68	345	688
惠 州	56	396	5	281	1058	3629
汕 尾	15	44		39	72	239
东 莞	88	1143	59	951	2541	14111
中 山	45	427	1	561	2183	9434
江 门	58	252	26	205	935	4148
阳 江	15	60	1	64	110	597
湛 江	49	213	29	117	281	1829
茂 名	35	122	9	75	165	946
肇 庆	39	144	14	163	492	1939
清 远	34	133	13	109	571	2245
潮 州	24	71	4	67	185	726
揭 阳	18	87	1	49	266	733
云 浮	18	47		28	134	749

6-80续表　2009年全省律师工作情况

市别＼项目	刑事诉讼辩护及代理（件）	行政诉讼代理（件）	非诉讼法律事务（件）	解答法律咨询（件）	代写法律文书（件）	参加公益事业和社会活动（件）
广　州	3188	874	47579	60149	4096	46163
深　圳	6792	2613	13335	84910	6985	33727
珠　海	808	93	5170	11836	289	11341
汕　头	485	126	411	5234	870	1373
佛　山	744	316	9234	13993	3855	13274
韶　关	378	116	430	5849	539	5018
河　源	50	42	65	2656	119	360
梅　州	80	46	442	5911	442	2923
惠　州	515	114	6352	7592	1302	2705
汕　尾	172	39	35	1622	380	495
东　莞	758	338	21861	157173	2689	6335
中　山	443	39	21217	30441	6569	7750
江　门	608	52	708	17458	606	1889
阳　江	96	39	155	1050	124	386
湛　江	222	151	1016	11814	308	3026
茂　名	220	97	124	3784	241	1159
肇　庆	98	78	23388	15092	305	3226
清　远	916	113	5873	17726	951	4693
潮　州	189	12	143	4139	429	563
揭　阳	153	7	389	3829	262	1718
云　浮	160	75	599	2415	307	585

6-81 2010年全省律师工作情况

市别 \ 项目	律师事务所（个）	专职律师（人）	兼职律师（人）	律师辅助人员（人）	担任法律顾问（处）	民事诉讼代理（件）
广　州	388	6006	324	3508	9980	40259
深　圳	360	6317	99	2888	9116	37884
珠　海	55	657	12	355	1337	5424
汕　头	60	319	18	154	802	2144
佛　山	147	1363	82	690	4601	12954
韶　关	41	150	14	78	496	1851
河　源	30	69	4	64	212	875
梅　州	38	99	6	75	339	785
惠　州	49	458	27	386	1266	4244
汕　尾	17	44	3	51	83	202
东　莞	115	1295	19	1012	2752	12563
中　山	51	485		570	2295	9094
江　门	63	298	6	208	1108	4855
阳　江	16	70	2	59	125	755
湛　江	53	219	14	121	253	2020
茂　名	35	134	7	75	181	1082
肇　庆	42	169	15	157	525	1847
清　远	45	142	14	127	413	3051
潮　州	28	83	4	57	138	605
揭　阳	18	94	1	38	288	780
云　浮	17	53		38	174	954

6-81续表 2010年全省律师工作情况

项目 市别	刑事诉讼辩护及代理（件）	行政诉讼代理（件）	非诉讼法律事务（件）	解答法律咨询（件）	代写法律文书（件）	参加公益事业和社会活动（件）
广州	4029	824	30841	46587	3865	34326
深圳	6973	1376	15466	72826	11617	55412
珠海	674	108	2709	13462	353	8140
汕头	285	54	2458	4631	741	2002
佛山	1158	628	9458	31118	4240	10629
韶关	309	66	345	4004	1928	1481
河源	118	69	67	2259	102	243
梅州	75	117	563	6544	456	3285
惠州	496	192	8247	14100	1671	5677
汕尾	145	36	32	2579	367	611
东莞	1060	199	14983	34747	2075	7137
中山	448	125	16792	19701	6573	3133
江门	642	86	998	28320	939	1433
阳江	194	62	181	1120	177	504
湛江	298	259	2903	12361	549	7343
茂名	138	116	105	5469	211	1532
肇庆	480	79	18637	7827	181	2339
清远	433	58	950	12733	1066	8120
潮州	178	7	171	2876	224	463
揭阳	171	33	573	5107	292	1770
云浮	111	35	248	2637	153	392

6-82 2011年全省律师工作情况

项目 市别	律师事务所（个）	专职律师（人）	兼职律师（人）	律师辅助人员（人）	担任法律顾问（处）	民事诉讼代理（件）
广　州	417	6617	334	3592	11186	41170
深　圳	401	6669	93	2672	9519	32633
珠　海	60	688	11	380	1360	6433
汕　头	65	339	19	166	835	2253
佛　山	172	1452	84	740	5175	13761
韶　关	43	154	15	68	400	1958
河　源	33	80	4	82	252	1089
梅　州	46	88	16	65	323	675
惠　州	62	511	25	429	1372	4152
汕　尾	17	48		43	112	236
东　莞	95	1241	21	789	2574	11876
中　山	57	537	1	663	2478	9827
江　门	63	328	14	222	1126	4754
阳　江	23	79	3	53	128	840
湛　江	53	223	15	119	308	1915
茂　名	36	143	7	57	160	1243
肇　庆	47	186	16	167	514	2123
清　远	37	150	24	165	414	2664
潮　州	24	86	5	51	162	714
揭　阳	19	79	10	41	312	713
云　浮	19	55		43	203	964

6-82续表 2011年全省律师工作情况

市别 \ 项目	刑事诉讼辩护及代理（件）	行政诉讼代理（件）	非诉讼法律事务（件）	解答法律咨询（件）	代写法律文书（件）	参加公益事业和社会活动（件）
广　州	5566	816	39823	46304	5741	28084
深　圳	5979	1427	14265	92605	16440	51543
珠　海	734	73	2152	14576	338	10770
汕　头	324	70	415	7022	750	1531
佛　山	1382	796	9838	29875	6626	12743
韶　关	412	86	414	4163	274	1282
河　源	160	167	135	4083	209	292
梅　州	68	41	474	4354	206	4963
惠　州	341	114	5649	13120	1963	4922
汕　尾	170	50	39	2980	537	1019
东　莞	756	321	14984	19801	2326	8740
中　山	430	251	22310	16720	4544	3203
江　门	361	187	715	17794	572	1715
阳　江	128	23	129	2112	329	475
湛　江	263	212	802	13624	420	8793
茂　名	184	151	99	4317	225	1152
肇　庆	316	92	12076	7111	230	1466
清　远	353	107	32166	12117	1541	9184
潮　州	347	13	191	2606	157	500
揭　阳	206	30	298	4932	518	1670
云　浮	224	26	169	2781	208	631

6-83 2012年全省律师工作情况

市别 \ 项目	律师事务所（个）	专职律师（人）	兼职律师（人）	律师辅助人员（人）	担任法律顾问（处）	民事诉讼代理（件）
广 州	477	6943	356	3620	11290	42011
深 圳	413	7124	47		7690	26883
珠 海	65	761	13	392	1414	6408
汕 头	68	332	20	176	845	2120
佛 山	188	1570	30	607	5219	14895
韶 关	45	174	16	81	559	2692
河 源	35	90	4	81	288	1294
梅 州	47	99	29	60	358	784
惠 州	55	549	26	409	1473	6143
汕 尾	16	49		42	112	228
东 莞	142	1547	52	1051	3203	15163
中 山	62	575	1	607	2639	10366
江 门	63	344	7	219	1855	5168
阳 江	16	93	6	57	160	973
湛 江	59	235	18	119	275	2246
茂 名	38	158	8	63	224	1012
肇 庆	47	190	17	157	563	1989
清 远	41	172	3	160	425	3120
潮 州	34	102	5	50	263	802
揭 阳	18	83	1	42	281	1031
云 浮	21	61		37	206	1155

6-83续表 2012年全省律师工作情况

市别 \ 项目	刑事诉讼辩护及代理（件）	行政诉讼代理（件）	非诉讼法律事务（件）	解答法律咨询（件）	代写法律文书（件）	参加公益事业和社会活动（件）
广　州	8086	771	25956	47907	4536	23028
深　圳	4681	913	15074	56558	15278	28132
珠　海	1196	128	2716	13270	588	12101
汕　头	566	46	376	7718	886	1678
佛　山	1559	859	10051	33959	6747	15989
韶　关	593	125	537	9447	1605	3573
河　源	200	97	124	4556	174	335
梅　州	156	48	452	7429	1412	5548
惠　州	732	191	4293	16095	1713	4813
汕　尾	134	36	100	3568	566	689
东　莞	1539	407	21932	19065	1686	6245
中　山	733	235	19256	17457	3962	3517
江　门	391	92	1367	5391	595	1639
阳　江	305	27	151	3001	241	1240
湛　江	434	216	5349	13908	916	6655
茂　名	204	108	147	3763	383	1164
肇　庆	460	94	11870	10629	124	2022
清　远	482	90	715	14202	1193	9048
潮　州	337	42	205	3913	376	1633
揭　阳	248	27	240	6687	588	2266
云　浮	241	29	65	2803	232	810

6-84 2013年全省律师工作情况

市别 \ 项目	律师事务所（个）	专职律师（人）	兼职律师（人）	律师辅助人员（人）	担任法律顾问（处）	民事诉讼代理（件）
广 州	482	7553	342	3477	12300	47552
深 圳	459	7769	85	2782	6890	26433
珠 海	71	816	15	407	1564	7416
汕 头	68	376	18	201	923	2314
佛 山	213	1730	37	799	5557	13927
韶 关	46	185	18	67	630	2456
河 源	37	113	4	84	321	1467
梅 州	47	103	12	68	321	949
惠 州	57	576	27	512	1589	6835
汕 尾	15	43		32	107	163
东 莞	146	1669	47	1109	3534	15328
中 山	74	669	1	633	2882	11726
江 门	67	376	7	219	1540	5618
阳 江	17	99	6	61	192	1136
湛 江	58	243	17	110	323	2199
茂 名	39	1669	5	82	227	1936
肇 庆	46	191	15	174	606	2234
清 远	42	199	1	147	520	3879
潮 州	36	105	4	64	252	796
揭 阳	19	85	1	47	247	1300
云 浮	26	64		38	147	1328

6-84续表 2013年全省律师工作情况

市别＼项目	刑事诉讼辩护及代理（件）	行政诉讼代理（件）	非诉讼法律事务（件）	解答法律咨询（件）	代写法律文书（件）	参加公益事业和社会活动（件）
广　州	7818	966	54044	30327	5007	27366
深　圳	3528	889	15605	66229	11763	31308
珠　海	876	174	4342	10098	260	12726
汕　头	666	502	903	7402	1348	2270
佛　山	1888	406	38251	42214	3751	10041
韶　关	538	102	200	8394	1635	2602
河　源	166	61	84	4947	215	327
梅　州	121	44	325	9667	468	6832
惠　州	858	202	6994	13152	1354	4502
汕　尾	125	29	142	3023	594	712
东　莞	1481	572	23574	23043	2318	7548
中　山	478	245	16781	20375	6571	3468
江　门	623	85	1053	26941	1108	2917
阳　江	291	33	222	4627	232	3047
湛　江	536	197	5289	14211	421	7267
茂　名	377	202	257	18034	537	2519
肇　庆	95	125	16259	6946	111	1932
清　远	492	181	2370	15481	1066	7494
潮　州	211	55	309	2387	575	1043
揭　阳	275	21	269	16759	1394	3517
云　浮	214	32	37	2068	120	861

6-85 2014年全省律师工作情况

项目 市别	律师事务所（个）	专职律师（人）	兼职律师（人）	律师辅助人员（人）	担任法律顾问（处）	民事诉讼代理（件）
广东省						
广州市	519	8919	356	3440	13952	53594
深圳市	514	8431	43	11	11428	39521
珠海市	75	965	21	362	1742	7888
汕头市	73	451	21	194	927	2631
佛山市	231	2019	28	1121	6720	21343
韶关市	50	275	19	55	542	2288
河源市	37	152	4	103	425	1860
梅州市	42	167	14	73	470	1231
惠州市	65	678	28	571	1898	7108
汕尾市	15	63		35	161	192
东莞市	147	1855	50	1278	3855	18553
中山市	62	764	1	773	3439	14084
江门市	64	470	15	139	1724	7730
阳江市	16	127	8	55	124	708
湛江市	55	315	27	123	353	2449
茂名市	41	232	3	97	336	2939
肇庆市	55	178	161	175	793	2472
清远市	44	255	1	147	604	3749
潮州市	33	155	6	65	234	232
揭阳市	21	114	1	62	509	1083
云浮市	23	61	0	61	352	1459

6-85续表　2014年全省律师工作情况

项目 市别	刑事诉讼辩护及代理（件）	行政诉讼代理（件）	非诉讼法律事务（件）	解答法律咨询（件）	代写法律文书（件）	参加公益事业和社会活动（件）
广东省						
广州市	13782	2426	35127	34501	4668	19202
深圳市	11528	4333	11119	72245	15221	56292
珠海市	2490	184	3040	7635	546	10957
汕头市	1799	427	484	9143	1376	2716
佛山市	5856	669	16500	45299	3887	11631
韶关市	873	89	217	5017	791	1748
河源市	546	95	166	865	273	488
梅州市	368	86	393	9825	422	6134
惠州市	2037	488	5819	11576	1133	4524
汕尾市	430	227	54	3162	357	879
东莞市	5115	370	18664	24044	1912	8785
中山市	2340	291	18454	23568	7171	8462
江门市	2422	145	1181	13905	913	2481
阳江市	822	24	142	3637	159	663
湛江市	2154	219	2036	15672	507	12738
茂名市	1703	212	201	13450	405	5591
肇庆市	598	174	12899	6150	133	2214
清远市	1329	222	1079	13975	764	3883
潮州市	602	28	113	2431	304	366
揭阳市	1280	45	303	13596	1127	3258
云浮市	650	53	42	1824	136	1584

6-86 2010年全省公证工作情况

项目 市别	公证处（个）	公证处工作人员（人）	公证员（人）	公证员助理（人）	办理公证总数（件）	国内公证（件）	涉外公证（件）	涉港澳台公证（件）
广 州	10	472	156	122	540447	356099	173877	10471
深 圳	7	174	85	15	284507	229777	51981	2749
珠 海	4	63	34	6	37383	20576	10526	6281
汕 头	8	86	40	2	42241	35988	5454	799
佛 山	6	122	34	53	86351	68184	15119	3048
韶 关	11	45	26	5	11260	8659	2059	542
河 源	7	33	15	7	4771	3362	936	473
梅 州	9	47	32	6	15141	7590	5618	1933
惠 州	7	70	28	24	18685	13929	3489	1267
汕 尾	5	37	15	2	5052	2042	1367	1643
东 莞	3	97	18	28	47818	38448	5856	3514
中 山	4	68	12	5	45278	10012	18019	17247
江 门	8	124	45	17	141542	33101	99259	9182
阳 江	5	29	13	1	4535	2440	1567	528
湛 江	5	25	17	5	15702	6965	7630	1107
茂 名	7	35	16	9	10482	6669	2934	879
肇 庆	9	47	26	13	14180	8323	4793	1064
清 远	9	39	20	9	9749	5731	3278	740
潮 州	3	16	13	1	3163	1614	1368	181
揭 阳	6	45	27	15	8904	6313	1859	732
云 浮	6	23	16	3	4751	2400	1602	749

6-87 2011年全省公证工作情况

市别 \ 项目	公证处（个）	公证处工作人员（人）	公证员（人）	公证员助理（人）	办理公证总数（件）	国内公证（件）	涉外公证（件）	涉港澳台公证（件）
广　州	10	485	155	129	538022	361831	166049	10142
深　圳	7	184	93	13	226168	166562	55377	4229
珠　海	4	61	33	6	42499	28307	10333	3859
汕　头	8	86	40	2	43207	37013	5140	1054
佛　山	6	131	38	65	94109	76553	14060	3496
韶　关	11	42	23	4	12422	9852	2042	528
河　源	7	33	15	7	5533	3939	1087	507
梅　州	9	54	31	12	14775	8048	4670	2057
惠　州	7	49	22	13	23715	16521	3236	3958
汕　尾	5	47	15	2	8999	3382	2169	3448
东　莞	3	105	26	22	58236	47524	5949	4763
中　山	4	95	18	11	37593	9536	14495	13562
江　门	8	132	41	17	125703	40391	73132	12180
阳　江	5	32	16	5	4607	2654	1313	640
湛　江	8	45	25	7	18040	9659	7166	1215
茂　名	7	42	21	11	12000	8493	2698	809
肇　庆	9	48	25	13	16942	9308	4635	2999
清　远	9	47	20	10	11248	7153	2941	1154
潮　州	3	19	12	5	3276	1817	1325	134
揭　阳	6	48	25	15	9918	6920	1747	1251
云　浮	6	20	13	5	5713	2724	1463	1526

6-88 2012年全省公证工作情况

市别 \ 项目	公证处（个）	公证处工作人员（人）	公证员（人）	公证员助理（人）	办理公证总数（件）	国内公证（件）	涉外公证（件）	涉港澳台公证（件）
广　州	10	491	165	175	577824	379814	170560	27450
深　圳	7	311	98	52	228137	167431	56444	4262
珠　海	4	85	31	18	39600	25827	9508	4265
汕　头	8	81	37	2	38552	32304	5452	796
佛　山	6	122	40	57	101582	84076	14214	3292
韶　关	11	48	25	6	12144	10097	1559	488
河　源	7	41	17	7	6358	4999	926	433
梅　州	9	58	34	7	15046	8816	3576	2654
惠　州	7	50	22	16	26002	22704	2516	782
汕　尾	5	45	15		5520	1915	973	2632
东　莞	3	105	26	26	61690	49681	7538	4471
中　山	4	98	19	27	38573	19935	13730	4908
江　门	8	130	42	27	125583	35581	84008	5994
阳　江	5	34	16	15	4503	2716	1239	548
湛　江	7	54	24	15	18116	8213	8847	1056
茂　名	7	42	21	5	11911	7616	2553	1742
肇　庆	10	57	29	18	15562	9376	4748	1438
清　远	9	53	21	12	17090	13311	2802	977
潮　州	3	13	13		3346	1672	1559	115
揭　阳	6	55	26	16	9633	7069	1841	723
云　浮	6	22	11	4	5458	2906	1396	1156

6-89 2013年全省公证工作情况

市别 \ 项目	公证处（个）	公证处工作人员（人）	公证员（人）	公证员助理（人）	办理公证总数（件）	国内公证（件）	涉外公证（件）	涉港澳台公证（件）
广州	10	502	165	179	511798	339344	160978	11476
深圳	7	344	100	81	250855	189292	57151	4412
珠海	7	95	30	31	45222	31284	9959	3979
汕头	8	8	38	2	45294	39283	5169	842
佛山	6	140	41	66	115793	95927	16659	3207
韶关	11	50	22	17	13328	10978	1907	443
河源	7	41	17	7	6043	4775	845	423
梅州	9	61	33	10	15673	9881	3193	2599
惠州	7	73	27	23	45339	40387	4037	915
汕尾	5	35	15		5681	2611	1061	2009
东莞	5	110	26	27	70272	58138	7951	4183
中山	4	106	25	17	43838	23119	15760	4959
江门	8	134	38	33	150963	41706	103105	6152
阳江	4	31	14	14	5177	3414	1367	396
湛江	8	53	24	15	21098	9887	9972	1239
茂名	6	47	21	7	13779	10023	3044	712
肇庆	10	62	28	20	17146	10256	5563	1327
清远	9	55	21	13	14495	10822	2837	836
潮州	3	22	13	7	4021	2299	1607	115
揭阳	6	49	24	17	9903	7103	1978	822
云浮	6	26	11	6	6078	3614	1544	920

6-90 2014年全省公证工作情况

市别 \ 项目	公证处（个）	公证处工作人员（人）	公证员（人）	公证员助理（人）	办理公证总数（件）	国内公证（件）	涉外公证（件）	涉港澳台公证（件）
广东省								
广州市	9	390	136	149	354374	236935	111070	6369
深圳市	6	352	103	88	257820	186276	66519	5025
珠海市	4	102	33	31	52270	35658	11149	5463
汕头市	8	82	37	11	43465	36945	5757	763
佛山市	5	117	33	56	72040	57602	12797	1641
韶关市	11	45	25	6	14892	12036	2431	425
河源市	7	46	22	7	6555	5113	1004	438
梅州市	9	66	36	10	14426	9249	2632	2545
惠州市	7	89	27	27	43200	37337	4566	1297
汕尾市	5	32	15	3	5226	2633	966	1627
东莞市	3	116	27	35	71153	56399	10323	4431
中山市	5	119	23	19	49877	26380	17184	6313
江门市	8	142	38	33	137650	40877	89327	7446
阳江市	5	35	12	16	4867	3101	1357	409
湛江市	8	54	24	13	17680	9785	6829	1066
茂名市	7	47	19	7	14141	10048	3219	874
肇庆市	10	70	31	25	19912	11425	6714	1773
清远市	9	55	21	9	13726	9389	3557	786
潮州市	3	24	12	9	4348	2643	1572	133
揭阳市	6	55	24	16	7721	5118	1974	629
云浮市	6	27	11	8	5472	3036	1542	894
南方公证处	1	102	36	24	125402	50768	46973	27661
合计	**145**	**2198**	**752**	**615**	**1405698**	**907474**	**417310**	**80914**

6-91 2012年全省人民调解工作情况

市别 \ 项目	调解委员会总数（个）	村（居）调委会（个）	乡镇(街道)调委会（个）	企事业单位调委会（个）	社会团体和其他组织调委会（个）	调解员总数(人)	调解案件数(件)
广州	3322	2697	165	382	78	19726	22968
深圳	2100	700	57	791	552	15536	95857
珠海	384	308	28	45	3	2336	12089
汕头	1199	1063	69	38	29	5870	13011
佛山	1050	753	33	222	42	15208	8332
韶关	1611	1429	108	45	29	8692	12874
河源	1557	1419	98	32	8	7648	5439
梅州	2675	2234	113	313	15	11148	18831
惠州	1567	1226	83	215	43	9606	6186
汕尾	917	856	54	3	4	5110	3925
东莞	1492	587	32	787	86	7708	16332
中山	681	310	24	233	14	4227	23755
江门	1627	1319	80	61	167	6843	8895
阳江	881	824	47	5	5	3465	12739
湛江	2317	1789	118	342	68	12722	13758
茂名	2234	1876	113	213	32	10448	18641
肇庆	1988	1564	106	300	18	9264	8166
清远	1449	1209	85	131	24	10588	11650
潮州	1121	1009	50	55	7	4201	5807
揭阳	1824	1612	91	106	15	7187	13604
云浮	1062	965	63	22	12	6430	8122

6-92 2013年全省人民调解工作情况

市别＼项目	调解委员会总数（个）	村（居）调委会（个）	乡镇(街道)调委会（个）	企事业单位调委会（个）	社会团体和其他组织调委会（个）	调解员总数(人)	调解案件数(件)
广　州	3435	2715	164	439	117	19901	24787
深　圳	1871	687	57	648	479	13128	93836
珠　海	405	327	25	49	4	2514	9948
汕　头	1193	1067	68	36	22	5791	15400
佛　山	1216	750	33	283	150	14051	8518
韶　关	1653	1435	108	63	47	9114	17083
河　源	1655	1482	104	42	27	8459	5796
梅　州	2657	2234	113	287	23	11222	19485
惠　州	1585	1237	78	205	65	10272	6703
汕　尾	911	850	54	3	4	5113	2230
东　莞	1536	587	32	745	172	7907	15575
中　山	704	281	27	260	136	4478	25006
江　门	1669	1318	80	77	194	7491	10747
阳　江	895	825	47	7	16	3512	15544
湛　江	2313	1787	119	324	83	12738	13416
茂　名	2176	1872	112	153	39	10019	17528
肇　庆	1970	1535	106	306	23	9084	7899
清　远	1615	1212	86	153	164	10723	14068
潮　州	1123	1009	50	54	10	4234	6146
揭　阳	1790	1611	90	70	19	6992	11528
云　浮	1064	967	63	22	12	6445	9234

6-93 2014年全省人民调解工作情况

市别 \ 项目	调解委员会总数（个）	村（居）调委会（个）	乡镇(街道)调委会（个）	企事业单位调委会（个）	社会团体和其他组织调委会（个）	调解员总数(人)	调解案件数(件)
广东省							
广州市	3357	2630	170	464	93	18752	25088
深圳市	2329	694	57	582	996	12737	95884
珠海市	393	316	25	29	26	2357	11102
汕头市	1183	1068	69	26	20	5538	11331
佛山市	1243	738	32	304	169	12770	10471
韶关市	1675	1452	108	75	40	8894	14356
河源市	1585	1428	99	30	28	7626	5829
梅州市	2638	2240	112	265	21	11054	21816
惠州市	1600	1261	76	183	80	9423	7242
汕尾市	922	857	54	4	7	4208	2324
东莞市	1573	589	32	762	190	11707	13925
中山市	801	278	24	297	202	4616	3428
江门市	1669	1319	80	89	181	8082	12360
阳江市	899	831	47	7	14	3657	14788
湛江市	1998	1808	121	52	17	11280	14575
茂名市	2152	1857	115	108	72	9373	17584
肇庆市	1940	1543	106	288	3	8805	6828
清远市	1616	1209	85	180	142	9414	14913
潮州市	1112	1008	50	40	14	3726	6775
揭阳市	1790	1615	91	54	30	6936	10497
云浮市	1066	963	63	23	17	5804	9988
合计	**33542**	**25702**	**1616**	**3862**	**2362**	**176764**	**331104**

6-94 人民检察院直接立案侦查案件情况（2014）

案件类别	受案（件）	立案件数（件）	#大案	立案人数（人）	#要案	结案件数（件）	结案人数（人）
合　计	**5194**	**2778**	**1940**	**3443**	**51**	**2544**	**3185**
贪污贿赂案件	3845	2145	1940	2681		1993	2517
贪　污	1394	440	369	731		417	700
贿　赂	2250	1635	1503	1863		1501	1725
挪用公款	101	56	55	69		58	71
集体私分	34	12	12	16		12	15
巨额财产来源不明	28						
其　他	38	2	1	2		5	6
渎职侵权案件	1349	633		762	51	551	668
滥用职权	532	247		290	32	212	247
玩忽职守	401	214		254	10	196	235
徇私舞弊	202	76		90	5	54	67
其　他	214	96		128	4	89	119

6-95 人民检察院审查批准、决定逮捕犯罪嫌疑人和提起公诉被告人情况（2014）

案件类别	批捕、决定逮捕		提起公诉	
	(件)	(人)	(件)	(人)
合　计	**95364**	**133463**	**106973**	**149135**
公安、安全、监狱管理机关提请	93941	131893	104753	146194
危害国家安全案	32	39	79	84
危害公共安全案	5591	6087	14792	15335
破坏社会主义市场经济秩序案	9011	13083	8574	12494
侵犯公民人身、民主权利案	13486	18195	15937	22375
侵犯财产案	29744	41334	32161	45465
妨害社会管理秩序案	36053	53128	33182	50402
危害国防利益案	24	27	27	38
军人违反职责案			1	1
检察机关直接立案侦查案件	1423	1570	2220	2941
贪污贿赂案	1266	1394	1884	2501
渎职侵权案	156	175	332	426
其他	1	1	4	14

6-96 人民检察院出庭公诉情况 (2014年)

单位：件

案件类别	适用简易程序	出庭公诉	一　审	二　审			再　审
					上诉案	抗诉案	
合　计	**56727**	**90657**	**90531**	**118**	**4186**	**347**	**8**
贪污贿赂	195	1079	1061	17	236	53	1
渎职侵权	41	183	175	7	37	13	1
刑事案件	56490	89395	89295	94	3913	281	6
军人违反职责	1						

6-97 人民检察院办理刑事抗诉案件情况(2014)

案件类别	提出抗诉(件)	审判结果合计(件)	改判		维持原判(件)	发回重审(件)
			(件)	(人)		
合　计	**384**	**126**	**60**	**88**	**45**	**21**
二审小计	347	118	56	76	45	17
贪污贿赂案件	53	17	8	11	6	3
渎职侵权案件	13	7	5	8	1	1
刑事案件	281	94	43	57	38	13
再审小计	37	8	4	12		4
贪污贿赂案件	12	1				1
渎职侵权案件	1	1				1
刑事案件	24	6	4	12		2

6-98 人民检察院办理民事、行政抗诉案件情况(2014年)

单位:件

案件类别	合　计	民事案件	行政案件
立　案	**5349**	4226	1123
提请抗诉	**306**	281	25
抗　诉	**305**	286	19
提出再审检察建议	**257**	255	2
抗诉案件再审	**310**	275	35
改　判	**97**	92	5
发回重审	**13**	12	1
调　解	**19**	19	
维持原判	**176**	148	28
和解撤诉	**3**	2	1
其　他	**2**	2	

6-99 人民检察院纠正违法情况（2014）

项　　目	2012	2013	2014
书面提出纠正件次合计(件次)	3954	7445	5620
立案监督小计	2798	3966	2416
监督立案	1411	1864	935
监督撤案	1387	2102	1481
侦查监督小计	1034	3288	2170
审查批捕环节	629	2414	1456
审查起诉环节	405	874	714
刑事审判监督	122	191	171
刑罚执行监督人次小计（人次）	1816	1921	863
监管活动	657	691	363
超期羁押	16	22	9
减刑、假释、保外就医	1143	1208	491
已纠正件次合计(件次)	3765	7063	5474
立案监督小计	2798	3966	2385
监督立案	1411	1864	915
监督撤案	1387	2102	1470
侦查监督小计	864	2931	2068
审查批捕环节	588	2261	1419
审查起诉环节	276	670	649
刑事审判监督	103	166	167
刑罚执行监督人次小计（人次）	1827	1917	854
监管活动	657	691	367
超期羁押	16	21	10
减刑、假释、保外就医	1154	1205	477

6-100 人民检察院处理申诉案件情况（2014）

单位：件

案件分类	受　案	立案复查	结　案	#改变原决定
合　　计	1231	480	440	8
不服检察机关处理决定	321	156	44	8
不服不批捕	28	17	9	
不服不起诉	265	122	23	7
不服撤案	1		1	0
不服原免予起诉	1	1	0	0
其　他	26	16	10	1
不服法院刑事判决裁定	910	324	397	
刑罚执行中被害人申诉	363	150	149	
刑罚执行中被告人申诉	262	78	153	
刑罚执行完毕后被害人申诉	84	37	26	
刑罚执行完毕后被告人申诉	201	59	69	

6-101 人民检察院受理举报、控告和申诉案件情况 (2014年)

单位：件

案件类别	受　理	处　理	#分送检察机关	#转其他机关
合　　计	24463	23821	14967	3564
首次举报	9528	9215	6263	924
首次控告	3827	3727	1417	1626
首次申诉	11108	10879	7287	1014

6-102　各市、分院人民检察院直接立案侦查案件情况

市　别	2009				2010				2011			
	立案		结案		立案		结案		立案		结案	
	件	人	件	人	件	人	件	人	件	人	件	人
广州市院	408	422	417	431	412	449	371	404	400	444	404	450
深圳市院	174	209	168	195	185	232	195	244	148	189	159	208
珠海市院	90	90	79	79	69	71	95	96	58	58	43	44
汕头市院	69	95	64	86	68	97	56	83	71	97	71	92
佛山市院	92	108	99	112	91	110	80	87	111	130	118	147
韶关市院	66	86	67	87	86	99	85	98	87	110	87	110
河源市院	42	42	41	41	40	45	45	50	40	45	40	44
梅州市院	59	68	63	72	62	70	62	70	67	70	66	69
惠州市院	55	68	52	64	53	69	49	69	53	75	58	80
汕尾市院	35	35	27	27	35	37	39	40	28	35	29	29
东莞市院	27	32	28	32	26	35	26	34	34	38	33	39
中山市院	42	44	42	44	49	52	46	48	50	50	52	53
江门市院	78	88	91	100	87	98	82	93	83	103	84	102
阳江市院	27	40	24	33	30	43	26	37	30	37	37	47
湛江市院	81	111	78	106	94	117	97	120	85	114	95	123
茂名市院	67	75	64	72	82	94	74	85	85	99	70	85
肇庆市院	71	76	69	73	65	80	83	97	58	82	66	92
清远市院	68	72	75	82	84	91	81	87	82	96	83	95
潮州市院	28	31	37	40	26	34	25	31	24	33	25	35
揭阳市院	56	70	52	66	58	77	54	73	58	78	53	64
云浮市院	51	55	52	55	45	55	35	41	37	52	51	70
广州铁检分院	15	15	14	14	34	37	34	37	28	29	24	25

6-102续表　各市、分院人民检察院直接立案侦查案件情况

市　　别	2012				2013				2014			
	立案		结案		立案		结案		立案		结案	
	件	人	件	人	件	人	件	人	件	人	件	人
广州市院	659	719	673	730	632	730	568	656	755	866	724	838
深圳市院	217	270	189	237	198	255	184	225	224	307	177	238
珠海市院	81	85	93	95	80	82	67	71	100	106	84	90
汕头市院	121	143	167	208	101	133	44	61	92	112	91	106
佛山市院	123	149	135	164	130	161	128	157	152	169	142	160
韶关市院	159	175	155	168	147	166	126	144	189	207	199	218
河源市院	61	66	60	65	61	70	55	63	50	66	56	74
梅州市院	106	126	106	126	106	120	100	114	104	125	102	123
惠州市院	120	151	110	141	110	150	123	162	109	153	85	129
汕尾市院	36	44	35	47	34	43	29	32	55	68	43	58
东莞市院	62	77	60	73	47	61	34	44	52	66	54	71
中山市院	50	52	50	52	56	58	54	56	70	76	49	55
江门市院	101	115	91	107	107	145	119	146	95	133	86	128
阳江市院	67	86	80	99	53	79	44	67	68	83	56	73
湛江市院	151	204	146	200	124	195	104	172	138	241	146	242
茂名市院	132	156	123	146	81	98	68	84	84	100	68	82
肇庆市院	69	97	65	94	75	95	77	98	94	111	92	108
清远市院	159	176	164	183	129	150	126	144	135	151	108	125
潮州市院	35	47	36	48	38	49	34	45	36	49	38	50
揭阳市院	80	107	92	120	66	91	59	82	63	97	56	84
云浮市院	62	78	61	77	68	84	67	82	54	97	52	96
广州铁检分院	20	20	25	25	13	14	8	9	21	22	18	19

6-103　人民法院审理一审案件情况

单位：件

年　份	收案	刑事	民事	行政	结案	刑事	民事	行政
2009	502216	72219	423694	6303	500131	72320	421399	6412
2010	566972	73940	486039	6993	568934	73632	488366	6936
2011	605285	82249	515664	7372	584271	81054	495966	7251
2012	622395	103542	511170	7683	621730	102497	511587	7646
2013	613053	92468	511506	9079	603943	91673	503649	8621
2014	678759	105226	560856	12677	654786	102903	539802	12081

6-104 人民法院审理刑事一审案件收案情况

单位：件

项　目	2009	2010	2011	2012	2013	2014
合　计	**72219**	**73940**	**82249**	**103542**	**92468**	**105226**
危害公共安全罪	4598	4980	7512	11992	12149	14590
破坏社会主义市场经济秩序罪	2482	3696	3933	8132	5202	7674
侵犯公民人身权利民主权利罪	13043	14399	15462	17714	15006	16212
侵犯财产罪	37183	31966	33553	39475	33427	32751
妨害社会管理秩序罪	13726	17534	20371	23834	24852	31858
危害国防利益罪	18	24	19	19	31	26
贪污贿赂罪	1060	1179	1214	1927	1373	1744
渎职罪	102	139	130	320	281	268
其他	7	23	55	129	147	103
合计中含自诉案件	136	137	146	140	133	197

6-105 人民法院判处刑事罪犯情况

年份	判处罪犯总数（人）	青少年罪犯	不满18岁	18~25岁	青少年罪犯占刑事罪犯比重
2009	101260	33101	8325	24776	32.69%
2010	103406	33944	8361	25583	32.83%
2011	108099	34374	9557	24817	31.80%
2012	127507	34943	9453	25490	27.40%
2013	121070	32748	7513	25235	27.05%
2014	127785	31070	7248	23822	24.31%

6-106 人民法院审理婚姻家庭、继承一审案件收案情况

单位：件

项目	2009	2010	2011	2012	2013	2014
合计	**48908**	**52479**	**55883**	**56061**	**60110**	**61083**
婚姻家庭	47765	50915	54016	53980	57450	58092
离婚	41131	42964	45470	46093	48465	49213
赡养纠纷	200	227	213	199	262	266
抚养、扶养关系纠纷	3134	4113	3885	3498	3888	3760
抚育费纠纷	853	767	965	1070	1042	1108
其他	2447	2844	3483	3120	3793	3745
继承	1143	1564	1867	2081	2660	2991
法定继承	575	711	864	1243	1546	1735
遗嘱继承	117	138	174	205	216	236
其他	451	715	829	633	898	1020

6-107 人民法院审理知识产权一审案件收案情况

单位：件

项 目	2009年	2010年	2011年	2012年	2013年	2014年
合 计	**6144**	**10029**	**16094**	**23672**	**24843**	**23900**
著作权	2516	5560	8995	13836	16497	16244
商标权	1989	2331	4009	5519	4419	3797
专利权	1200	1646	2608	3726	3096	3154
技术合同	34	37	40	47	53	75
发现权与发明权纠纷	1	3		3		3
不正当竞争	105	130	139	130	232	197
其他知识产权纠纷	299	322	303	411	546	430

6-108 人民法院审理海事海商一审案件收案情况

单位：件

项 目	2009年	2010年	2011年	2012年	2013年	2014年
合 计	**800**	**770**	**762**	**1231**	**1139**	**1311**
海事侵权纠纷	100	103	135	59	151	108
海上人身损害赔偿	11	17	33	15	18	18
其他海事侵权纠纷	89	86	102	44	133	90
海商合同	657	654	606	1111	861	1180
海上货物运输合同	295	229	284	240	258	227
海员劳务合同	150	60	18	368	143	266
船舶建造买卖合同	24	24	22	97	36	32
船舶租用合同	21	30	25	27	47	37
海上保险合同	25	14	24	9	10	18
其他海商合同	142	297	233	370	367	600
其他海事海商纠纷	43	13	21	61	127	23

6-109 人民法院审理合同纠纷一审案件收案情况

单位：件

项　　目	2009	2010	2011	2012	2013	2014
合　计	**269359**	**302634**	**287900**	**292871**	**295977**	**338950**
借款合同	54847	56808	61889	70862	83529	109362
买卖合同	41798	35836	39583	43556	45469	53676
电信合同	7127	13055	7536	8477	9777	5037
租赁合同	11112	12164	14039	12257	11936	13400
劳动争议	67738	84940	68551	62633	50156	49636
房地产合同	18469	14880	12343	13931	12739	17624
供用动力合同	688	2045	870	2142	2889	1970
建设工程合同	5444	4323	4392	4629	4800	5619
农村承包合同	2717	2684	2940	2315	2553	1581
承揽合同	5490	4186	4740	4410	5032	5973
其　他	53929	71713	71017	67659	67097	75072

6-110 人民法院审理权属、侵权纠纷及其他民事一审案件收案情况

单位：件

项目	2009	2010	2011	2012	2013	2014
合计	**105427**	**130926**	**171881**	**162238**	**155419**	**160823**
所有权及其相关权利	13219	19305	20484	12688	11707	12034
特别程序	29285	25610	46019	46549	39490	43976
人身权纠纷	38317	59350	72118	65006	61617	61071
# 人身损害赔偿	37221	58177	69968	63694	59238	59294
特殊侵权纠纷	1285	1521	2633	2038	2775	4908
不当得利	3773	3169	2136	1596	1750	2445
无因管理	8575	4058	1986	3770	4155	3697
票据、证券、股东权纠纷	2817	5605	7852	3597	4501	3754
其他	8156	12308	18653	26994	29424	28938

6-111 人民法院审理行政一审案件收案情况

单位：件

项目	2009	2010	2011	2012	2013	2014
合计	**6303**	**6993**	**7372**	**7683**	**9079**	**12677**
资源	1085	1230	1276	1107	1169	1527
公安	478	658	577	491	606	944
城建	940	1000	938	727	621	974
交通	253	152	129	148	123	159
工商	126	195	286	675	1111	1993
环保	50	90	66	34	50	73
计划生育	90	100	152	91	105	41
税务	30	41	20	47	47	49
卫生	24	66	29	55	40	37
乡政府	739	612	652	479	439	396
劳动和社会保障	1080	1157	1117	1280	1058	1352
其他	1408	1692	2130	2549	3710	5132

6-112 各市人民法院各类一审案件收案情况

单位：件

地　区	2009	2010	2011	2012	2013	2014
广　州	99350	96726	106496	120950	122309	136988
深　圳	93699	117497	120871	111242	109596	134610
珠　海	14340	15540	20465	18714	18788	22542
汕　头	10053	9694	8656	9871	9105	10336
佛　山	41825	62509	70016	68269	62533	69113
韶　关	9876	11933	12318	13814	12696	14031
河　源	6036	7022	6432	7121	7084	7882
梅　州	8998	10566	12460	12372	12564	11637
惠　州	15170	16402	18812	19847	21936	26735
汕　尾	2895	2877	2860	3347	4849	5698
东　莞	69381	65534	62648	63794	59931	60099
中　山	25246	26498	31715	34187	32134	36742
江　门	20803	30776	32827	32694	32730	29169
阳　江	6892	8287	8195	8806	8995	11145
湛　江	17484	20356	19875	20333	22659	20798
茂　名	11339	11171	13889	13902	14205	16661
肇　庆	11955	13697	13316	16744	16187	17998
清　远	10148	11571	15122	15783	16213	17660
潮　州	4221	4479	4665	5038	4883	5064
揭　阳	14841	15337	13808	13622	12179	9801
云　浮	5750	6565	8031	9039	8982	10432
海　事	1235	1092	1106	2144	1845	2023
铁　路	651	641	686	728	634	904

6-113 各市人民法院各类案件收案情况

单位：件

地　区	2009	2010	2011	2012	2013	2014
广　州	186033	171332	180035	195175	201010	228200
深　圳	175789	199586	191077	175478	174289	208752
珠　海	24732	26608	31455	30173	30225	33867
汕　头	14791	16785	12762	13086	12998	14783
佛　山	84340	106555	111380	102755	97882	110284
韶　关	15453	17970	18500	20254	19643	21038
河　源	8551	9284	8592	9306	9966	10685
梅　州	13346	14473	16332	16271	18800	17215
惠　州	23891	25445	27714	29595	32217	40874
汕　尾	3680	3763	3780	4443	5842	6830
东　莞	115322	110195	97835	96781	101363	102188
中　山	39889	40028	45783	48640	48809	55543
江　门	34394	47273	48166	52162	51216	47343
阳　江	10680	11688	11767	12695	13079	16014
湛　江	23403	27084	25779	26424	28616	28213
茂　名	17749	17161	19358	19522	19761	22459
肇　庆	18132	20832	18465	21348	21827	24538
清　远	16049	16922	20974	21493	23438	26640
潮　州	5543	6045	6274	6715	6554	6854
揭　阳	17152	17964	15768	15850	14341	12179
云　浮	10216	10048	11851	12746	13375	14868
海　事	1578	1327	1406	2523	2079	2315
铁　路	791	772	811	824	733	1138

6-114 各类生产安全事故综合情况（2009年—2014年）

行业	2009年				2010年				2011年			
	起数（起）	死亡人数（人）	受伤人数（人）	经济损失（万元）	起数（起）	死亡人数（人）	受伤人数（人）	经济损失（万元）	起数（起）	死亡人数（人）	受伤人数（人）	经济损失（万元）
一、工矿商贸	519	464	234	6684.2	498	494	277	8870.2	456	455	192	14768.2
二、火灾	4548	106	76	12584.5	6051	104	55	17487.6	8148	110	64	19692.8
其中:生产经营性	—	—	—	—	—	—	—	—	—	—	—	—
三、道路交通	32455	6542	38598	8552.9	30480	6223	36540	8051.3	26586	5873	31015	9358.8
其中:生产经营性	—	—	—	—	—	—	—	—	—	—	—	—
四、水上交通	45	30		4742	46	33		4856.6	51	36	0	4668.1
五、铁路交通	74	73	1	80.3	56	48	9	213.4	61	56	6	262
六、渔业船舶	54	37	2	1083.7	62	74		1615.6	24	43	7	150
七、农业机械								0.0	3	2	1	5
全省合计	37695	7252	38911	33728	37193	6976	36881	41095	35329	6575	31285	48905
生产性事故合计	—	—	—	—	—	—	—	—	—	—	—	—

注：2013年开始，增加了生产经营性火灾、道路交通事故指标统计。

6-114续表 各类生产安全事故综合情况（2009年—2014年）

行业	2012年				2013年				2014年			
	起数（起）	死亡人数（人）	受伤人数（人）	经济损失（万元）	起数（起）	死亡人数（人）	受伤人数（人）	经济损失（万元）	起数（起）	死亡人数（人）	受伤人数（人）	经济损失（万元）
一、工矿商贸	410	429	141	15152.2	401	408	105	8683.8	355	391	164	8032.0
二、火灾	8051	96	51	19939.8	21006	177	137	36595.2	22113	119	112	41510.9
其中:生产经营性	—	—	—	—	6136	50	50	30416.8	7052	36	29	35236.0
三、道路交通	25719	5714	29095	7914.8	25424	5647	28435	8016.9	26820	5629	30585	7368.4
其中:生产经营性	—	—	—	—	5223	1806	5247	2878.0	4792	1711	4789	2581.5
四、水上交通	41	33		7545.7	41	25		6211.3	43	53	—	3883.4
五、铁路交通	45	41	4	234.9	13	12	2	197.7	25	19	5	150.3
六、渔业船舶	32	22			44	17		0.0	40	15	0	—
七、农业机械	2		2	8.5	4	1	3	0.1	0	0	0	0.0
全省合计	34300	6335	29293	50796	46933	6287	28682	59705	49396	6226	30866	60945
生产性事故合计	—	—	—	—	11862	2319	5407	48387.7	12307	2225	4987	49883.21

注：2013年开始，增加了生产经营性火灾、道路交通事故指标统计。

6-115 各市各类生产安全事故指标情况（2009年—2014年）

地区	2009年				
	起数（起）	死亡（人）	亿元GDP安全生产事故死亡率（%）	工商贸企业十万人死亡率（%）	道路交通安全万车死亡率（%）
广州	5531	1223	0.13	1.14	6.02
韶关	439	305	0.53	2.35	6.07
深圳	2847	716	0.09	1.43	4.48
珠海	961	134	0.13	2.05	5.43
汕头	638	227	0.22	0.29	2.86
佛山	4690	823	0.17	0.99	3.70
江门	4177	446	0.33	1.39	2.19
湛江	1711	256	0.22	1.46	3.89
茂名	1345	323	0.26	0.67	2.43
潮州	386	109	0.23	0.33	1.77
揭阳	545	237	0.29	0.27	3.99
肇庆	986	271	0.32	0.99	3.08
惠州	1087	495	0.35	0.62	5.06
梅州	279	217	0.43	1.24	3.06
汕尾	884	182	0.46	0.36	10.30
河源	210	123	0.30	3.25	2.86
阳江	985	192	0.37	0.47	2.76
清远	749	258	0.30	3.38	3.87
东莞	6125	635	0.17	0.71	4.34
中山	2433	362	0.23	1.84	4.83
云浮	514	175	0.50	1.17	2.73
全省	**37695**	**7252**	**0.19**	**1.14**	**3.85**

注：1. 2009-2014年全省生产安全事故起数及死亡人数包括工矿商贸、道路交通、火灾、铁路路外、水上交通、渔业船舶及农业机械事故；各市生产安全事故起数及死亡人数只包括工矿商贸、道路交通、火灾事故。

6-115续表1 各市各类生产安全事故指标情况（2009年—2014年）

地区	2010年				
	起数（起）	死亡（人）	亿元GDP安全生产事故死亡率（%）	工商贸企业十万人死亡率（%）	道路交通安全万车死亡率（%）
广州	4854	1229	0.12	1.39	5
韶关	459	250	0.4	2.81	5.65
深圳	2898	705	0.08	1.29	3.71
珠海	819	132	0.12	2.21	4.93
汕头	588	224	0.20	0.56	2.67
佛山	4550	740	0.14	1.23	3.52
江门	4181	399	0.27	2.14	2
湛江	1902	236	0.19	1.28	3.54
茂名	1323	297	0.22	0.90	2.2
潮州	353	97	0.19	0.74	1.63
揭阳	550	211	0.24	0.64	3.36
肇庆	1107	254	0.28	1.09	2.74
惠州	1164	370	0.24	0.99	4.63
梅州	294	202	0.36	1.50	2.67
汕尾	784	159	0.37	1.22	10.26
河源	156	129	0.28	2.73	2.89
阳江	883	188	0.33	0.78	2.51
清远	686	229	0.25	3.60	3.61
东莞	6767	577	0.14	0.70	4.06
中山	2206	343	0.20	1.73	4.47
云浮	505	154	0.41	3.1	2.36
全省	**37193**	**7125**	**0.17**	**1.32**	**3.45**

注：1. 2009-2014年全省生产安全事故起数及死亡人数包括工矿商贸、道路交通、火灾、铁路路外、水上交通、渔业船舶及农业机械事故；各市生产安全事故起数及死亡人数只包括工矿商贸、道路交通、火灾事故。

6-115续表2　各市各类生产安全事故指标情况（2009年—2014年）

地　区	2011年				
	起数（起）	死亡（人）	亿元GDP安全生产事故死亡率（%）	工商贸企业十万人死亡率（%）	道路交通安全万车死亡率（%）
广　州	3761	1012	0.082	1.03	4.154
韶　关	399	231	0.284	2.31	5.091
深　圳	3153	589	0.051	1.02	2.706
珠　海	689	130	0.093	1.33	4.310
汕　头	683	212	0.151	0.71	2.431
佛　山	4081	698	0.106	0.67	3.168
江　门	3510	398	0.217	1.25	1.751
湛　江	1711	245	0.143	0.88	3.553
茂　名	1233	270	0.152	1.26	1.959
潮　州	343	86	0.133	0.2	1.480
揭　阳	475	199	0.162	0.83	3.010
肇　庆	1062	237	0.179	1.63	2.403
惠　州	1477	336	0.16	1.02	4.098
梅　州	279	167	0.228	1.23	2.575
汕　尾	737	136	0.247	1.37	9.031
河　源	325	122	0.215	2.37	2.698
阳　江	777	166	0.215	0.46	2.256
清　远	933	217	0.169	2.51	3.334
东　莞	6996	539	0.114	0.48	3.559
中　山	2104	328	0.15	1.46	4.087
云　浮	462	120	0.244	0.36	1.970
全　省	**35329**	**6575**	**0.125**	**1.09**	**2.940**

注：1.2009-2014年全省生产安全事故起数及死亡人数包括工矿商贸、道路交通、火灾、铁路路外、水上交通、渔业船舶及农业机械事故；各市生产安全事故起数及死亡人数只包括工矿商贸、道路交通、火灾事故。

6-115续表3 各市各类生产安全事故指标情况（2009年—2014年）

地 区	2012年				
	起数（起）	死亡（人）	亿元GDP安全生产事故死亡率（%）	工商贸企业十万人死亡率（%）	道路交通安全万车死亡率（%）
广 州	3533	967	0.073	1.03	3.67
韶 关	453	234	0.258	1.93	4.89
深 圳	2317	543	0.042	0.78	2.27
珠 海	565	132	0.089	1.50	3.76
汕 头	627	209	0.147	0.71	2.16
佛 山	4642	673	0.072	0.55	3.04
江 门	2982	385	0.205	1.29	1.58
湛 江	1586	217	0.118	0.99	3.05
茂 名	1031	266	0.139	1.35	1.68
潮 州	843	89	0.126	0.10	1.46
揭 阳	685	188	0.136	0.53	2.59
肇 庆	1181	230	0.157	2.02	2.21
惠 州	1279	318	0.135	0.71	3.6
梅 州	448	161	0.216	0.98	2.62
汕 尾	763	128	0.223	0.53	7.76
河 源	797	122	0.198	2.43	2.47
阳 江	942	174	0.197	0.99	1.94
清 远	1081	223	0.218	2.48	3.02
东 莞	5907	532	0.106	0.34	3.21
中 山	2089	328	0.134	1.39	3.68
云 浮	429	120	0.226	0.34	1.79
全 省	**34301**	**6355**	**0.102**	**0.86**	**2.7**

注：1. 2009-2014年全省生产安全事故起数及死亡人数包括工矿商贸、道路交通、火灾、铁路路外、水上交通、渔业船舶及农业机械事故；各市生产安全事故起数及死亡人数只包括工矿商贸、道路交通、火灾事故。

6-115续表4　各市各类生产安全事故指标情况（2009年—2014年）

地　区	2013年				
	起数（起）	死亡（人）	亿元GDP安全生产事故死亡率（%）	工商贸企业十万人死亡率（%）	道路交通安全万车死亡率（%）
广　州	4999	971	0.063	1.007	3.56
韶　关	700	215	0.216	2.010	4.54
深　圳	3460	562	0.039	0.745	1.93
珠　海	1896	125	0.075	1.496	3.27
汕　头	864	205	0.131	0.630	2.02
佛　山	4731	671	0.069	0.461	3.16
江　门	3791	391	0.197	1.572	1.49
湛　江	2601	216	0.106	0.968	2.87
茂　名	1048	263	0.123	1.328	1.72
潮　州	827	84	0.108	0.218	1.39
揭　阳	1504	179	0.112	0.497	2.54
肇　庆	1378	244	0.147	2.295	2.09
惠　州	1580	307	0.115	0.266	3.66
梅　州	632	169	0.211	1.562	2.52
汕　尾	816	146	0.228	0.446	9.97
河　源	997	120	0.182	1.523	2.71
阳　江	1037	171	0.164	1.234	2.09
清　远	1448	197	0.182	0.745	2.8
东　莞	7152	552	0.101	0.462	3.19
中　山	4734	323	0.122	1.347	3.52
云　浮	632	121	0.201	0.541	1.69
全　省	**46933**	**6287**	**0.101**	**0.866**	**2.53**

注：1.2009-2014年全省生产安全事故起数及死亡人数包括工矿商贸、道路交通、火灾、铁路路外、水上交通、渔业船舶及农业机械事故；各市生产安全事故起数及死亡人数只包括工矿商贸、道路交通、火灾事故。

6-115续表5 各市各类生产安全事故指标情况（2009年—2014年）

地区	2014年				
	起数（起）	死亡（人）	亿元GDP安全生产事故死亡率（%）	工商贸企业十万人死亡率（%）	道路交通安全万车死亡率（%）
广州	6061	939	0.056	0.856	3.396
韶关	1118	220	0.198	1.638	5.085
深圳	3217	534	0.033	0.767	1.599
珠海	1139	125	0.067	1.752	2.803
汕头	1105	191	0.111	0.634	1.780
佛山	4805	667	0.064	0.727	2.729
江门	4206	364	0.175	0.862	1.317
湛江	3284	215	0.095	1.101	2.705
茂名	1132	259	0.110	1.297	1.600
潮州	1157	133	0.156	0.000	2.186
揭阳	1385	197	0.111	0.165	2.618
肇庆	1978	246	0.133	1.831	2.027
惠州	1513	315	0.105	0.522	3.501
梅州	714	163	0.184	0.831	2.512
汕尾	1085	145	0.202	0.443	9.436
河源	1062	131	0.173	1.377	2.798
阳江	1212	165	0.141	0.248	2.019
清远	1589	183	0.154	0.612	2.537
东莞	6805	526	0.089	0.443	3.006
中山	3926	322	0.114	1.189	3.209
云浮	788	132	0.199	2.309	1.645
全省	**49396**	**6226**	**0.092**	**0.814**	**2.376**

注：1. 2009-2014年全省生产安全事故起数及死亡人数包括工矿商贸、道路交通、火灾、铁路路外、水上交通、渔业船舶及农业机械事故；各市生产安全事故起数及死亡人数只包括工矿商贸、道路交通、火灾事故。

6-116 工矿商贸企业伤亡事故情况表（2009年—2014年）

	2009年				2010年			
	事故起数（起）	死亡人数（人）	受伤人数（人）	经济损失（万元）	事故起数（起）	死亡人数（人）	受伤人数（人）	经济损失（万元）
总　计	**519**	**464**	**234**	**6684.17**	**497**	**490**	**277**	**8870.17**
A 农、林、牧、渔业	4	2	2		2	2		83
B 采矿业	32	37	8	530.1	23	26	2	247.5
煤炭采选业								
石油和天然气开采业								
黑色金属矿采选业	1	1		3				
有色金属矿采选业	7	7	2	10.5	5	5		34
非金属矿采选业	16	23	4	440.9	10	12	1	152.5
其他采矿业	8	6	2	75.7	8	9	1	61
C 制造业	238	187	127	2829.59	232	188	139	3864.82
D 电力、燃气及水的生产和供应业	17	17	2	123.8	10	14		180
E 建筑业	137	140	58	2578.48	148	177	93	3094.45
F 交通运输、仓储和邮政业	21	16	6	118	16	17	1	189.4
G 信息传输、计算机服务和软件业	5	5		28	2	3	1	
H 批发和零售业	9	8	2	33	12	11	3	316.5
I 住宿和餐饮业	7	6	1	44	9	8	3	80
J 金融业								
K 房地产业	5	5	2		5	3	3	113
L 租赁和商务服务业	5	3	2	45	5	5	1	38.5
M 科学研究、技术服务和地质勘查业	3	2	2	75	3	2	1	51
N 水利、环境和公共设施管理业	3	3		48	6	5	12	65
O 居民服务和其他服务业	27	27	2	132.2	13	13	4	317.5
P 教育					3	3		53
Q 卫生、社会保障和社会福利业	1	1		20				
R 文化、体育和娱乐业	5	5		79	7	12	12	176.5
S 公共管理和社会组织					1	1		
其它行业								

注：表格空白处数值为0。

6-116续表1 工矿商贸企业伤亡事故情况表（2009年—2014年）

	2011年				2012年			
	事故起数（起）	死亡人数（人）	受伤人数（人）	经济损失（万元）	事故起数（起）	死亡人数（人）	受伤人数（人）	经济损失（万元）
总　计	**456**	**455**	**192**	**14768.23**	**407**	**426**	**141**	**15142.18**
A 农、林、牧、渔业	3	3		95	10	8	3	207.3
B 采矿业	20	26	4	749.5	19	23	2	1020.38
煤炭采选业								
石油和天然气开采业								
黑色金属矿采选业	3	3		20	2	3		10
有色金属矿采选业	2	2			1	2	1	226
非金属矿采选业	8	10	1	475	12	14	1	699.38
其他采矿业	7	11	3	254.5	4	4		85
C 制造业	219	179	97	6481.1	152	135	64	4552.6
D 电力、燃气及水的生产和供应业	9	9	5	330.7	5	11	1	680
E 建筑业	123	157	59	5277.31	128	146	20	4607.5
F 交通运输、仓储和邮政业	21	24	7	552	20	22	6	997
G 信息传输、计算机服务和软件业	5	6	5	60	5	6	1	248
H 批发和零售业	14	13	1	499.3	14	23	35	1565
I 住宿和餐饮业	5	5		166	9	8	1	109
J 金融业					1	1		
K 房地产业	3	3		120.52	3	4		135
L 租赁和商务服务业	4	3	2	167.8	5	5		260
M 科学研究、技术服务和地质勘查业	3	3		80	2	2		60
N 水利、环境和公共设施管理业	2	2		41	3	3		81
O 居民服务和其他服务业	16	16	1	113	25	23	7	572.4
P 教育	2	1	4	2	3	3		47
Q 卫生、社会保障和社会福利业	1	1						
R 文化、体育和娱乐业	4	4			2	2	1	
S 公共管理和社会组织	1		1	3	1	1		
其它行业	1		4	30				

注：表格空白处数值为0。

6-116续表2　工矿商贸企业伤亡事故情况表（2009年—2014年）

	2013年				2014年			
	事故起数（起）	死亡人数（人）	受伤人数（人）	经济损失（万元）	事故起数（起）	死亡人数（人）	受伤人数（人）	经济损失（万元）
总　　计	**401**	**408**	**106**	**8883.83**	**355**	**391**	**164**	**8032**
A 农、林、牧、渔业	6	7	2	117.5	3	5	10	540
B 采矿业	17	18	2	408	14	20		416.5
煤炭采选业								
石油和天然气开采业					1	5		
黑色金属矿采选业	2	2			2	2		
有色金属矿采选业	5	7		85	7	7		95
非金属矿采选业	6	6	1	221	3	5		321.5
其他采矿业	4	3	1	102	1	1		
C 制造业	144	123	66	2868.03	126	127	86	2942
D 电力、燃气及水的生产和供应业	7	10			3	3		
E 建筑业	147	155	24	4070.3	134	146	26	2323.5
F 交通运输、仓储和邮政业	14	27	2	385	20	27	16	322
G 信息传输、计算机服务和软件业	8	8		202	3	3	1	
H 批发和零售业	12	16	6	3	7	7		50
I 住宿和餐饮业	3	3		180	6	7		158
J 金融业								
K 房地产业	5	3	2	83				
L 租赁和商务服务业	9	10	1	140	7	8	2	
M 科学研究、技术服务和地质勘查业	2	2						
N 水利、环境和公共设施管理业	3	3		175	3	3	1	40
O 居民服务和其他服务业	18	17	1	192	23	19	6	180
P 教育					1	1		
Q 卫生、社会保障和社会福利业	1	1						
R 文化、体育和娱乐业	5	5		60	4	4		60
S 公共管理和社会组织					1	11	16	1000
其它行业								

注：表格空白处数值为0。

6-117 工矿商贸企业生产安全事故情况（2009年—2014年）

指标	2009年					2010年				
	合计	事故等级				合计	事故等级			
		特别重大事故	重大事故	较大事故	一般事故		特别重大事故	重大事故	较大事故	一般事故
总计	**519**			**15**	**504**	**497**			**15**	**482**
技术和设计有缺陷	15				15	16				16
设备设施工具附件有缺陷	58			2	56	39			1	38
安全设施缺少或有缺陷	59			4	55	64			2	62
生产场所环境不良	37			3	34	46			3	43
个人防护用品缺少或有缺陷	47				47	66				66
没有安全操作规程或不健全	22				22	28				28
违反操作规程或劳动纪律	189			4	185	151			4	147
劳动组织不合理	2				2	1				1
对现场工作缺乏检查或指挥错误	12				12	17			1	16
教育培训不够缺乏安全操作知识	27			1	26	30				30
其他	92			3	89	97			6	91

注：表格空白处数值为0。

6-117续表1 工矿商贸企业生产安全事故情况（2009年—2014年）

指标	2011年					2012年				
	合计	事故等级				合计	事故等级			
		特别重大事故	重大事故	较大事故	一般事故		特别重大事故	重大事故	较大事故	一般事故
总计	**456**			**17**	**439**	**407**		**1**	**8**	**398**
技术和设计有缺陷	12				12	5				5
设备设施工具附件有缺陷	41			1	40	29			1	28
安全设施缺少或有缺陷	55				55	32				32
生产场所环境不良	36			1	35	32				32
个人防护用品缺少或有缺陷	53			1	52	54			1	53
没有安全操作规程或不健全	24				24	27				27
违反操作规程或劳动纪律	142			5	137	125			3	122
劳动组织不合理	3				3	1				1
对现场工作缺乏检查或指挥错误	14			2	12	16				16
教育培训不够缺乏安全操作知识	21			1	20	21				21
其他	93			8	85	94		1	4	89

注：表格空白处数值为0。

6-117续表2　工矿商贸企业生产安全事故情况（2009年—2014年）

指　　标	2013年					2014年				
	合计	事故等级				合计	事故等级			
		特别重大事故	重大事故	较大事故	一般事故		特别重大事故	重大事故	较大事故	一般事故
总　　计	**401**			**8**	**393**	**355**		**2**	**10**	**343**
技术和设计有缺陷	13				13	9		1	2	6
设备设施工具附件有缺陷	21				21	28			1	27
安全设施缺少或有缺陷	33				33	44				44
生产场所环境不良	34			1	33	29			2	27
个人防护用品缺少或有缺陷	89			1	88	66				66
没有安全操作规程或不健全	21			2	19	39				39
违反操作规程或劳动纪律	123			3	120	104		1	4	99
劳动组织不合理	3				3	1				1
对现场工作缺乏检查或指挥错误	16				16	11			1	10
教育培训不够缺乏安全操作知识	20				20	20		1		19
其他	71			3	68	45				45

注：表格空白处数值为0。

6-118 各市工矿商贸企业伤亡事故情况（2009年—2014年）

	2009年				2010年			
	事故起数（起）	死亡人数（人）	受伤人数（人）	经济损失（万元）	事故起数（起）	死亡人数（人）	受伤人数（人）	经济损失（万元）
总　计	**519**	**464**	**234**	**6684.17**	**497**	**490**	**277**	**8870.17**
广州市	82	75	38	359	73	69	72	470
韶关市	15	19	2	19	14	16		100
深圳市	118	99	38	200.28	101	87	60	1720
珠海市	18	18	3	443	21	18	5	678.57
汕头市	4	5		106	8	14	2	573
佛山市	36	35	12	814.7	32	32	25	850
江门市	26	21	9	932.6	26	25	8	1125.9
湛江市	15	17	4	155	15	16	1	110.6
茂名市	10	11	2	74.4	12	16	16	111.8
潮州市	3	3	2	79	5	6	7	96.5
揭阳市	6	4	17	133.76	18	16	10	339.95
肇庆市	12	12	4	215.1	19	22	19	422.35
惠州市	60	11	49	370.9	34	10	24	326.3
梅州市	14	14	1	40	15	19	2	
汕尾市	2	2			3	3		
河源市	15	18	11	420.9	15	16		455
阳江市	4	4		99	8	5	11	199
清远市	16	24	15	659.3	16	23	3	624.4
东莞市	30	30	10	134.73	24	31	2	74
中山市	29	36	9	425	33	34	5	592.5
云浮市	4	6	8	1002.5	5	12	5	0.3

注：表格空白处数值为0。

6-118续表1 各市工矿商贸企业伤亡事故情况（2009年—2014年）

	2011年				2012年			
	事故起数（起）	死亡人数（人）	受伤人数（人）	经济损失（万元）	事故起数（起）	死亡人数（人）	受伤人数（人）	经济损失（万元）
总　计	**456**	**455**	**192**	**14768.23**	**407**	**426**	**141**	**15142.18**
广州市	66	70	21	1244	57	67	19	2002
韶关市	12	19	12	560	15	25	11	
深圳市	107	81	51	2877	83	65	33	3725.8
珠海市	13	13	4	685.3	14	15	1	1062
汕头市	12	12	1	195	12	12		
佛山市	25	28	6	1842	20	20	1	940
江门市	26	22	12	1735	26	24	6	1655.5
湛江市	12	11	12	255.52	13	13		267
茂名市	11	16	7	929	20	16	9	886.48
潮州市	2	2			1	1	1	
揭阳市	12	18		190.8	8	10	4	
肇庆市	13	16	5	684.7	15	15	9	814.8
惠州市	44	22	27	1322.6	23	17	10	754.7
梅州市	10	14	8		9	11	1	
汕尾市	4	9	7		4	4	1	
河源市	14	14	1	400.5	14	16		
阳江市	4	4	1	209	6	8	1	389
清远市	14	23	6	596.4	9	27	23	2283
东莞市	27	30	6	90	29	31	11	20
中山市	26	29	3	849.1	27	27		341.2
云浮市	2	2	2	102.31	2	2		0.7

注：表格空白处数值为0。

6-118续表2 各市工矿商贸企业伤亡事故情况（2009年—2014年）

	2013年				2014年			
	事故起数（起）	死亡人数（人）	受伤人数（人）	经济损失（万元）	事故起数（起）	死亡人数（人）	受伤人数（人）	经济损失（万元）
总　计	**401**	**408**	**106**	**8883.83**	**355**	**391**	**164**	**8032.0**
广州市	66	70	25	390	57	62	35	
韶关市	14	17			14	14		
深圳市	88	67	23	1081.8	79	69	27	
珠海市	15	15		994.3	17	18		1233.0
汕头市	11	11			11	11		
佛山市	23	23	22	1338	22	39	53	1438.0
江门市	25	26	3	1314	13	14	3	1146.0
湛江市	13	13		270	12	15	10	390.0
茂名市	15	18		475.5	8	18	16	1000.0
潮州市	1	2	3					
揭阳市	6	9	2	130	3	3		
肇庆市	15	23	5	1652.23	13	19	2	1287.5
惠州市	12	6	6	437	14	12	4	750.5
梅州市	13	19	3		11	11		
汕尾市	3	3			3	3		
河源市	8	10		66	8	9		
阳江市	8	10	2	107	2	2		145.0
清远市	8	7	2	416	7	6	5	465.0
东莞市	28	29	5	46	24	29	3	
中山市	26	27	5	166	25	24	3	177.0
云浮市	3	3			12	13	3	

注：表格空白处数值为0。

6-119 各市生产安全事故情况（2009年—2014年）

市别	2009(起、人)						2010(起、人)					
	工矿		火灾		交通		工矿		火灾		交通	
	起数	死亡	起数	死亡	起数	死亡	起数	死亡	起数	死亡	起数	死亡
广州	82	75	1188	17	4261	1131	73	69	1199	13	3582	1018
韶关	15	19	45		379	227	14	16	65	7	380	220
深圳	118	99	774	12	1955	605	102	91	1013	3	1783	582
珠海	18	18	89		854	116	21	18	61		737	116
汕头	4	5	40	25	594	197	8	14	40	10	540	194
佛山	36	35	54	6	4600	704	32	32	77	6	4441	692
江门	26	21	135	3	4016	368	26	25	302	9	3853	370
湛江	15	17	115	3	1581	222	15	16	102	8	1785	210
茂名	10	11	295	3	1040	284	12	16	295		1016	267
潮州	3	3	72	3	311	89	5	6	56	4	292	86
揭阳	6	4	22	3	517	200	18	16	22	14	510	179
肇庆	12	12	43	4	931	242	19	22	121	4	967	231
惠州	60	11	286	7	741	347	34	10	494	5	636	331
梅州	14	14	21	1	244	186	15	19	34	1	245	155
汕尾	2	2	105	1	777	153	3	3	136	1	645	138
河源	15	18	20	4	175	101	15	16	7	1	134	107
阳江	4	4	16	3	965	179	8	5	13	2	862	171
清远	16	24	85		648	202	16	23	48	1	622	197
东莞	30	30	1058	5	5037	545	24	31	1871	15	4872	527
中山	29	36	52	4	2352	307	33	34	61		2112	303
云浮	4	6	33	2	477	137	5	12	34		466	122
全省	**519**	**464**	**4548**	**106**	**32455**	**6542**	**498**	**494**	**6051**	**104**	**30480**	**6216**

6-119续表1 各市生产安全事故情况（2009年—2014年）

市别	2011(起、人)						2012(起、人)					
	工矿		火灾		交通		工矿		火灾		交通	
	起数	死亡	起数	死亡	起数	死亡	起数	死亡	起数	死亡	起数	死亡
广州	66	70	1031	12	2664	930	57	67	1019	11	2457	889
韶关	12	19	47	3	340	209	15	25	66	2	372	207
深圳	107	81	1733	10	1313	498	83	65	1006	2	1228	476
珠海	13	13	46	3	630	114	14	15	49	6	502	111
汕头	12	12	234	7	437	193	12	12	205	12	410	185
佛山	25	28	81	22	3975	648	20	20	735	11	3884	639
江门	26	22	490	11	2994	365	26	24	398		2558	361
湛江	12	11	45	6	1654	228	13	13	37		1536	204
茂名	11	16	327	3	895	251	20	16	215	3	796	247
潮州	2	2	48	2	293	82	1	1	559	7	283	81
揭阳	12	18	37	7	426	174	8	10	235	6	442	172
肇庆	13	16	133	1	916	220	15	15	285		881	215
惠州	44	22	864	2	569	312	23	17	704	2	552	299
梅州	10	14	34	2	235	151	9	11	159		280	150
汕尾	4	9	288	2	445	125	4	4	173	5	586	119
河源	14	14	15	2	296	106	14	16	20	2	763	104
阳江	4	4	20	1	753	161	6	8	220	7	716	159
清远	14	23	65		854	194	9	27	182	5	890	191
东莞	27	30	2479	14	4490	495	29	31	1579	11	4299	490
中山	26	29	99		1979	299	27	27	178	4	1884	297
云浮	2	2	32		428	118	2	2	27		400	118
全省	**456**	**455**	**8148**	**110**	**26586**	**5873**	**407**	**426**	**8051**	**96**	**25719**	**5714**

6-119续表2 各市生产安全事故情况（2009年—2014年）

市别	2013(起、人)						2014(起、人)					
	工矿		火灾		交通		工矿		火灾		交通	
	起数	死亡	起数	死亡	起数	死亡	起数	死亡	起数	死亡	起数	死亡
广州	66	70	2412	22	2521	879	57	62	3304	20	2700	852
韶关	14	17	300		386	198	14	14	704	0	400	204
深圳	88	67	2372	28	1000	467	79	69	2024	5	1114	459
珠海	15	15	1448	3	433	107	17	18	691	5	431	105
汕头	11	11	492	15	361	179	11	11	736	6	358	171
佛山	23	23	944	18	3764	630	22	39	1452	12	3331	616
江门	25	26	740	1	3026	364	13	14	925	2	3268	346
湛江	13	13	1076	3	1512	200	12	15	1028	5	2244	194
茂名	15	18	285	7	748	238	8	18	375	3	749	236
潮州	1	2	541	4	285	78	0	0	741	4	416	128
揭阳	6	9	1080	8	418	162	3	3	899	19	483	173
肇庆	15	23	487	6	876	215	13	19	599	2	1366	225
惠州	12	6	1022	4	546	297	14	12	961	7	538	294
梅州	13	19	372	5	247	145	11	11	454	4	249	146
汕尾	3	3	282	3	531	140	3	3	478	5	604	134
河源	8	10	360		629	110	8	9	513	1	541	117
阳江	8	10	360	2	669	159	2	2	554	2	656	158
清远	8	7	530	6	910	184	7	6	637	1	945	176
东莞	28	29	2765	39	4359	484	24	29	2567	14	4214	482
中山	26	27	2898		1810	296	25	24	2111	3	1790	295
云浮	3	3	240	3	389	115	12	13	360	2	416	117
全省	**401**	**408**	**21006**	**177**	**25420**	**5647**	**355**	**391**	**22113**	**119**	**26820**	**5629**

主要统计指标解释

刑事案件立案 是指实施违反我国刑事法律的行为，构成犯罪的案件。根据《关于公安机关办理刑事案件程序规定》第一百六十二条，公安机关受理案件后，经过审查，认为有犯罪事实需要追究刑事责任，且属于自己管辖的，由接受单位制作《刑事案件立案报告书》，经县级以上公安机关负责人批准，予以立案。

刑事案件破案 根据《关于公安机关办理刑事案件程序规定》第一百六十六条的规定，刑事案件破案应当具备下列条件：（一）犯罪事实已有证据证明；（二）有证据证明犯罪事实是犯罪嫌疑人实施的；（三）犯罪嫌疑人或者主要犯罪嫌疑人已经归案。

查处治安案件 是指报告期内公安机关对发现受理的违反治安管理行为的案件进行调查处理的案件。

检察机关立案 是指人民检察院对所获得的案件材料进行审查，认为有犯罪事实并需要追究刑事责任，依法决定作为刑事案件交付侦查的诉讼活动。

抗诉 是指人民检察院以法定程序提出抗诉的案件，是启动再审程序的审判监督方式。

法院刑事案件收案 是指法院对刑事一审案件数。包括新收、检察院重新起诉、上级法院发回重审以及其他法院转来四项。

法院刑事案件结案 是指法院对刑事一审案件经过审理终结后所作出的处理结果的案件数。包括判决、移送其他法院处理、终止审理的处理结果，检察院、自诉人撤回起诉，人民法院裁定同意撤诉的以及其他处理结果的。

律师 是指收聘参加法律顾问处工作，担任法律顾问、刑（民）事代理人、刑事辩护人、办理非诉讼事件、解答法律询问，代写法律事物文书等主要从事律师业务的专职法律工作者和兼职律师。

办理公证文书 是指公证处在一定时期内办结的公证文书文件。公证文书系按司法部规定或批准的格式制作，包括国内公证、涉外公证和涉港澳台公证三部分，其中国内公证分为经济公证和民事公证两大类。

七、民　政

简要说明

1. 本篇资料主要反映广东省民政事业发展情况。

2. 本篇资料主要包括:

(1)全省民政事业情况、社会福利企业情况、城市居民生活保障情况、福利工厂情况等。

(2)地区分全省和各地级以上市。

(3)年份主要为2010—2014年数据。

3. 统计资料来源:本篇资料由广东省民政厅负责整理、审核、提供。

7-1 民政事业发展情况（2014）

项　　目	2013	2014	2014年比2013年增减%
社会工作			
社会服务床位数(万张)	19.69	22.22	11.40%
#老年及残疾人床位	15.43	20.16	23.44%
智障和精神疾病床位	0.43	0.41	-4.21%
儿童床位	0.47	0.49	4.79%
社区服务中心数(个)	2523	2776	9.11%
城镇居民最低生活保障人数(万人)	33.99	31.60	-7.58%
农村居民最低生活保障人数(万人)	163.22	158.76	-2.81%
家庭儿童收养登记总数(件)	1989	1789	-11.18%
社会福利企业(个)	154	147	-4.76%
福利彩票销售额(亿元)	189.94	206.80	8.15%
国家重点优抚对象(万人)	43.43	43.29	-0.33%
成员组织			
社会组织(个)	41317	47680	13.35%
村民委员会(万个)	1.93	1.93	0.47%
社区居委会(万个)	0.66	0.66	0.21%
其他社会服务			
办理结婚登记(万对)	87.47	89.15	1.88%
办理离婚登记(万对)	15.06	15.16	0.67%
火化遗体数(万具)	46.54	47.42	1.85%

7-2 社会服务机构基本情况（2014）

指　　标	单位数(个)		职工人数(万人)	
	2013	2014	2013	2014
(一)社会工作				
提供住宿的社会服务机构	1913	1637	25909	26199
老年人与残疾人服务机构	1762	1489	21384	21635
城市养老服务机构	254	267	6899	8067
农村养老服务机构	1197	925	5147	4801
社会福利院	163	157	7785	7261
光荣院	65	58	447	428
荣誉军人康复医院	2	2	237	220
复员军人疗养院	2	2	148	143
军休所	79	78	721	715
智障与精神疾病服务机构	13	12	1293	1215
复退军人精神病院	10	9	636	579
社会福利医院	3	3	657	636
儿童收养救助服务机构	40	39	929	1076
儿童福利机构	39	37	838	958
流浪儿童救助保护中心	1	2	91	118
其他提供住宿的服务机构	98	97	2303	2273
生活无着人员救助管理站	74	74	1733	1744
其他收养机构	8	10	255	281
军供站	13	13	256	248
不提供住宿的社会服务机构	45771	55932	141500	159327
老龄机构	114	111	359	348
社会福利企业	154	147	14107	13817
救灾储备仓库	66	68	188	201
福利彩票发行单位	68	65	722	731

7-2续表　社会服务机构基本情况（2014）

指　　标	单位数(个)		职工人数(万人)	
	2013	2014	2013	2014
军队离退休人员管理中心	4	6	78	88
军队离退休人员活动中心				
烈士纪念建筑物管理单位	86	115	330	318
社区服务机构	45233	55374	125066	143332
救助、低保服务机构	3	4	24	31
其他事业单位	43	42	626	461
(二)成员组织和其他社会服务机构				
成员组织				
社会组织	547245	47680	6365813	574091
社会团体	289026	22132	3531635	184832
基金会	3549	558	18646	3090
民办非企业	254670	24990	2815532	386169
自治组织	25829	25933		
居委会	6572	6586		
村委会	19257	19347		
其他社会服务				
婚姻				
婚姻登记服务机构	138	133	636	669
殡葬				
殡仪馆	91	90	4195	4126
公墓	84	113	1934	2204
骨灰堂	12	9	76	50
殡葬管理机构	96	103	1239	1286
二、行政机关	141	141	3880	3868

7-3 各项民政事业经费情况（2014）

单位:亿元

项　目	2013	2014	2014年比 2013年增减%
民政事业经费合计	198.17	223.71	12.89%
抚恤	29.61	32.07	8.30%
退役安置	20.65	22.91	10.97%
社会福利	30.84	34.92	13.23%
社会救助	73.98	88.01	18.97%
#城市最低生活保障	13.05	15.46	18.50%
农村最低生活保障	34.01	37.81	11.17%
其他社会救济	17.95	22.22	23.77%
医疗救助	8.97	12.53	39.64%
自然灾害生活救助	6.88	5.16	-24.92%
离退休人员费	3.45	3.75	8.80%
其他	32.76	36.88	12.57%

7-4 各市民政事业经费情况（2014）

市　别	社会服务事业费总支出	抚恤	退役安置	社会福利	社会救助	自然灾害生活救助	离退休人员经费	其他
合　计	2237116.3	320673.1	229139.4	349232.9	880137.6	51645.7	37507.2	368780.4
省本级	34301.8	2993.5	54.2	3753.4	5337.7	2455.3	5142.3	14565.4
广　州	482846.6	34553.1	97212.0	114162.1	84187.5	1079.6	10633.4	141018.9
深　圳	153981.5	7001.5	25453.2	38609.2	16240.7	241.5	1289.4	65146.0
珠　海	29028.3	3845.0	7381.7	3639.2	7008.6	64.5	861.7	6227.6
汕　头	89478.5	20436.2	4811.6	15475.6	40069.7	1146.2	1836.3	5702.9
佛　山	90915.4	15085.0	9431.7	13609.6	29103.5	313.5	1490.5	21881.6
韶　关	64348.1	12317.0	4597.9	7071.4	31401.0	2723.9	1594.7	4642.2
河　源	91674.5	14040.0	2921.7	8038.7	59538.2	1971.2	646.6	4518.1
梅　州	125346.3	25929.9	5796.1	12754.4	70909.8	2001.7	1452.0	6502.4
惠　州	122801.8	17854.8	10272.1	15017.4	49960.5	1391.7	2793.2	25512.1
汕　尾	61398.0	11667.8	2583.9	5580.6	34741.2	1880.5	711.5	4232.5
东　莞	75903.9	7874.8	7072.1	22404.0	22444.3	466.6	575.2	15066.9
中　山	39336.4	7643.0	2839.0	9688.6	10368.7	77.1	400.8	8319.2
江　门	70991.2	15176.0	5055.3	11023.6	28601.2	865.2	1030.5	9239.4
阳　江	61255.7	10930.9	2560.1	5523.7	34136.5	2937.6	2132.1	3034.8
湛　江	170677.6	27950.9	14987.0	11083.7	93935.6	16429.5	1102.2	5188.7
茂　名	128616.7	18637.7	7003.7	14438.9	79864.0	3106.4	891.0	4675.0
肇　庆	75154.7	14952.0	4761.6	9503.2	34481.7	3794.0	872.9	6789.3
清　远	87324.4	11283.1	3452.0	13458.9	46910.1	4594.9	732.2	6893.2
潮　州	44855.6	9761.1	2368.7	4519.7	24268.3	985.0	491.1	2461.7
揭　阳	85079.2	21143.6	6126.1	5093.9	46073.4	1724.1	586.9	4331.2
云　浮	51800.1	9596.2	2397.7	4783.1	30555.4	1395.7	240.7	2831.3

7-5 各市抚恤、补助优抚对象总人数（2014）

单位：人

市别	抚恤、补助优抚对象总人数	定期抚恤人数合计	烈属	因公牺牲军人遗属	病故军人遗属	定期补助人数合计	伤残人员合计
合计	**432929**	**7838**	**5209**	**929**	**1700**	**401041**	**24050**
省本级	432	81	81			303	48
广州	24914	389	209	62	118	21602	2923
深圳	3420	88	43	16	29	2130	1202
珠海	2928	47	20	10	17	2571	310
汕头	30561	331	177	55	99	28031	2199
佛山	11857	220	156	20	44	10876	761
韶关	15590	264	147	35	82	14538	788
河源	21595	546	411	43	92	19741	1308
梅州	33631	1071	708	93	270	31193	1367
惠州	16087	213	111	32	70	15108	766
汕尾	16511	1332	1214	41	77	14324	855
东莞	9711	97	67	6	24	9246	368
中山	8185	78	45	13	20	7823	284
江门	23337	346	227	51	68	22075	916
阳江	17202	206	123	33	50	16386	610
湛江	38990	697	400	137	160	35434	2859
茂名	43395	455	278	69	108	41371	1569
肇庆	21604	229	122	38	69	20739	636
清远	21230	238	132	33	73	20344	648
潮州	20704	199	91	37	71	19441	1064
揭阳	36730	579	379	89	111	33993	2158
云浮	14315	132	68	16	48	13772	411

7-6 各市抚恤、补助优抚对象总人数

单位:人

市别	2010	2011	2012	2013	2014
合计	**275752**	**389978**	**419740**	**434344**	**432929**
省本级	745	753	442	441	432
广州	17422	21151	23566	24633	24914
深圳	2684	2776	3085	3326	3420
珠海	2248	2779	2962	2847	2928
汕头	20446	30932	31595	30278	30561
佛山	9283	11875	12217	12028	11857
韶关	9986	14002	15385	16138	15590
河源	16448	20939	21325	23181	21595
梅州	25674	34440	35960	35697	33631
惠州	11636	13227	15831	15863	16087
汕尾	15338	15042	17922	18695	16511
东莞	4012	8994	9211	9531	9711
中山	3348	8151	7853	8127	8185
江门	15241	23192	23610	24213	23337
阳江	10267	16004	16535	17553	17202
湛江	30622	31699	39308	41679	38990
茂名	18081	27532	34196	34768	43395
肇庆	10008	20603	20767	21962	21604
清远	13874	20014	20448	20875	21230
潮州	10460	19564	20699	21714	20704
揭阳	20770	32833	33419	36700	36730
云浮	7159	13476	13404	14095	14315

7-7 各市城镇居民最低生活保障人数

单位:人

市别	2010	2011	2012	2013	2014
合计	**406502**	**400494**	**371609**	**339911**	**315969**
广州	43206	41548	37682	34523	29297
深圳	12220	10716	8598	7095	6729
珠海	4914	4700	4181	3902	3395
汕头	24488	25453	24626	23630	23108
佛山	17488	13435	10258	9465	8301
韶关	27366	28427	23958	19348	15957
河源	31585	31944	30307	19652	19979
梅州	19015	19614	15560	13711	12298
惠州	9875	9799	9327	9028	11577
汕尾	25789	25647	26519	24714	24186
东莞	9895	9415	6598	6584	5716
中山	6210	5774	4814	4155	3590
江门	13958	12984	11332	10162	9150
阳江	17429	18192	18216	17550	14270
湛江	44725	45273	44700	43224	43378
茂名	35883	34931	34418	33650	31022
肇庆	9631	9495	7569	7180	6534
清远	10731	10818	11573	10807	9831
潮州	12928	13671	13711	13911	10628
揭阳	23453	22898	22362	22136	21374
云浮	5713	5760	5300	5484	5649

7-8 各市城镇居民最低生活保障家庭数

单位:户

市别	2010	2011	2012	2013	2014
合计	**173307**	**173619**	**165089**	**161431**	**156836**
广州	20648	20703	19815	18946	17029
深圳	4470	4009	3320	2866	2787
珠海	2373	2452	2289	2208	2046
汕头	10825	11552	11538	11749	11811
佛山	7786	6528	5004	4898	4484
韶关	13005	13764	12144	10732	9351
河源	11243	11774	11908	9178	9697
梅州	8377	8655	7242	6753	6295
惠州	3647	3687	3592	3579	4894
汕尾	9135	8704	8748	8940	9498
东莞	4047	3796	2732	3025	2771
中山	2593	2471	2110	1890	1751
江门	5627	5474	5242	4925	4727
阳江	6550	6626	6750	7444	6373
湛江	18396	18653	18930	19429	20563
茂名	16272	15596	15129	15342	15076
肇庆	4147	4231	3602	3512	3288
清远	4950	5015	4978	4859	4685
潮州	5826	6472	6587	7081	5531
揭阳	10466	10571	10656	11183	11214
云浮	2924	2886	2773	2892	2965

7-9 各市农村居民最低生活保障人数

单位:人

市别	2010	2011	2012	2013	2014
合计	**1840053**	**1840544**	**1778371**	**1632234**	**1587610**
广州	68545	65528	56657	52284	43221
深圳					
珠海	8689	7018	5507	4811	4459
汕头	84921	86468	86212	87488	88241
佛山	36391	32745	27353	25390	22360
韶关	83634	90590	85164	71931	60352
河源	212335	213075	210949	156523	147699
梅州	259940	266228	247841	196598	192916
惠州	69694	71386	80019	79153	72314
汕尾	82254	82824	78586	78496	78787
东莞	24533	21959	17423	15432	13745
中山	16230	13912	12246	8951	7841
江门	60629	58143	57113	54216	52498
阳江	62888	64899	63738	64598	66211
湛江	162023	171435	173294	163361	170767
茂名	156290	163977	168931	169214	168394
肇庆	75271	76882	66704	64423	60629
清远	144603	133755	120384	109621	104076
潮州	57863	49910	50996	52886	53553
揭阳	112271	111758	113301	118269	120422
云浮	61049	58052	55953	58589	59125

7-10 各市农村居民最低生活保障家庭数

单位:户

市　别	2010	2011	2012	2013	2014
合　计	**744882**	**784164**	**784847**	**721482**	**717464**
广　州	26282	25893	22644	21346	18303
深　圳					
珠　海	4263	3168	2758	2604	2504
汕　头	35430	34965	34588	36735	37253
佛　山	16357	15311	12885	12487	11283
韶　关	35611	39138	38238	34585	28208
河　源	73959	102793	110820	65868	66341
梅　州	94789	97393	92004	75963	77382
惠　州	24789	25329	28081	28303	26327
汕　尾	33981	36231	34164	36349	36324
东　莞	9766	8744	8299	6768	6220
中　山	5798	4948	4467	3434	3116
江　门	24819	24259	24414	24227	24043
阳　江	29035	29038	32202	31931	28535
湛　江	68620	74928	78265	80210	88010
茂　名	72018	74757	80056	78136	78579
肇　庆	33221	34436	29893	28533	26873
清　远	54948	53594	47763	42135	42171
潮　州	24747	23445	24534	25637	27099
揭　阳	47059	48735	53006	59874	62619
云　浮	29390	27059	25766	26357	26274

7-11 各市农村五保集中供养人数

单位:人

市别	2010	2011	2012	2013	2014
合计	**39533**	**36200**	**33657**	**32608**	**27417**
广州	1290	1277	1172	1106	954
深圳					
珠海	275	253	254	244	272
汕头	666	644	594	561	519
佛山	1780	1545	1395	1221	1134
韶关	1922	1936	1879	1799	1755
河源	2438	2029	1994	1881	1821
梅州	2643	2772	2696	2629	2342
惠州	916	905	891	790	757
汕尾	1336	1137	1167	1180	752
东莞	905	794	794	600	619
中山	803	853	828	828	662
江门	1607	1550	1351	1269	1295
阳江	1496	1486	1509	1522	1431
湛江	9583	7843	6508	7410	4080
茂名	2729	2414	2430	2419	2462
肇庆	3364	3274	3028	2191	1974
清远	2350	2236	2095	1960	1804
潮州	329	326	320	331	319
揭阳	1367	1352	1350	1337	1232
云浮	1734	1574	1402	1330	1233

7-12 各市农村五保分散供养人数

单位:人

市别	2010	2011	2012	2013	2014
合计	**214934**	**221373**	**217673**	**210379**	**211498**
广州	3796	3655	3678	3503	3511
深圳					
珠海	734	763	693	732	771
汕头	2480	2820	2811	2857	2927
佛山	1079	1113	1436	1397	1396
韶关	5110	5238	4813	4778	4903
河源	14724	15047	14959	15052	14695
梅州	15272	15172	14108	12295	11534
惠州	8055	8258	8030	8086	7776
汕尾	11439	11746	11447	11428	11068
东莞	358	330	328	313	234
中山	807	649	627	627	443
江门	4342	5714	5639	5691	6072
阳江	13124	15482	13393	13942	13542
湛江	42385	44768	44887	39118	39433
茂名	35812	34882	34168	31732	31562
肇庆	9127	9072	10153	11055	11567
清远	18845	19324	19034	19525	19187
潮州	3721	3722	3892	4064	3967
揭阳	8892	8891	8860	9184	11950
云浮	14832	14727	14717	15000	14960

7-13 各市孤儿人数

单位:人

市　别	2010	2011	2012	2013	2014
合　计	**12848**	**41624**	**44375**	**43526**	**41711**
省本级			46	102	60
广　州	565	2944	2969	2969	3080
深　圳	326	1242	1257	1296	1273
珠　海	11	307	313	264	313
汕　头	68	39	773	695	664
佛　山	133	349	742	735	670
韶　关		1054	962	987	981
河　源	1559	2721	2830	2608	2421
梅　州	2369	2526	3144	2979	2454
惠　州	93	824	798	769	698
汕　尾	269	2710	3245	3228	3029
东　莞		1037	1028	999	925
中　山	240	190	744	643	627
江　门	356	1052	1011	932	880
阳　江	1080	1866	2344	2347	2443
湛　江	3301	8422	8133	7837	7469
茂　名	23	7920	6987	7138	6729
肇　庆	489	1234	1211	1227	1268
清　远	360	1373	1501	1435	1386
潮　州	11	212	409	424	336
揭　阳	1527	2425	2580	2578	2718
云　浮	68	1177	1348	1334	1287

7-14 各市收养登记件数

单位:件

市别	2010	2011	2012	2013	2014
合计	**3397**	**3717**	**2553**	**1989**	**1789**
省本级			800	556	481
广州	403	518	200	118	63
深圳	118	134	68	43	53
珠海	36	40	45	13	34
汕头	28	21	17	6	14
佛山	135	138	88	54	56
韶关	178	233	135	151	194
河源	87	422	39	45	30
梅州	53	42	32	19	41
惠州	85	82	55	50	34
汕尾	94	53	28	21	30
东莞	61		49	59	29
中山	397	587	149	92	70
江门	229	204	132	122	116
阳江	366	317	137	156	122
湛江	285	117	31	62	40
茂名	214	132	114	57	32
肇庆	125	116	82	64	79
清远	264	269	156	136	111
潮州	8	1	7	4	7
揭阳	19	21	20	15	13
云浮	212	270	169	146	140

7-15 各市收养类单位数

单位:个

市别	2010	2011	2012	2013	2014
合计	**2514**	**2460**	**2488**	**1743**	**1470**
省本级	4	4	5	5	5
广州	159	165	173	180	185
深圳	33	35	38	38	25
珠海	30	33	33	32	30
汕头	63	61	61	60	40
佛山	65	65	65	64	60
韶关	112	110	110	110	89
河源	148	149	108	111	109
梅州	136	136	138	144	61
惠州	78	93	94	93	89
汕尾	59	59	60	60	57
东莞	39	36	34	37	37
中山	25	26	24	24	24
江门	79	79	87	95	87
阳江	58	62	63	65	34
湛江	852	795	800	12	14
茂名	123	115	119	130	82
肇庆	130	128	127	128	137
清远	104	102	102	100	87
潮州	46	44	44	44	22
揭阳	96	90	130	136	132
云浮	75	73	73	75	64

7-16 各市收养类单位床位数

单位:张

市　别	2010	2011	2012	2013	2014
合　计	**128297**	**138557**	**152178**	**159670**	162950
省本级	1036	1097	1364	1378	1382
广　州	27704	33070	34566	41237	42937
深　圳	4709	4692	5567	5567	6473
珠　海	1653	2209	2463	2500	3036
汕　头	2203	2196	2054	2076	1805
佛　山	9706	9949	10573	11090	11315
韶　关	4516	5224	5613	5698	5491
河　源	4291	4500	5353	6239	6416
梅　州	4642	4755	4986	5247	3619
惠　州	4858	6710	7611	7836	8168
汕　尾	2308	2483	2588	2651	2477
东　莞	5077	4693	4605	4931	5152
中　山	4249	4444	3939	4150	4156
江　门	4890	5241	7257	10032	11194
阳　江	2992	3183	4054	4304	3692
湛　江	12805	11474	11462	1752	3059
茂　名	5697	8109	9748	10844	8523
肇　庆	5698	5702	6494	6495	9149
清　远	4566	4534	4633	5694	5617
潮　州	2346	1754	1768	1804	1209
揭　阳	9187	9266	12297	14207	14474
云　浮	3164	3272	3183	3938	3606

7-17 各市收养类单位年末在院人数

单位:人

市别	2010	2011	2012	2013	2014
合计	**92224**	**89965**	**91606**	**83638**	**82616**
省本级	790	878	1187	1219	1167
广州	23666	26023	25382	25151	26621
深圳	2802	2646	2880	3088	3026
珠海	1116	1309	1488	1492	1553
汕头	1314	1384	1269	1325	954
佛山	7619	7868	8032	8440	8347
韶关	3378	3267	3366	3469	3134
河源	2856	2776	3241	2722	3087
梅州	3509	3599	3686	3855	2259
惠州	3668	2237	2224	2188	2261
汕尾	1708	1606	1657	1680	1520
东莞	3409	3536	2726	2759	2724
中山	2256	2260	2075	2036	2033
江门	3300	3505	4478	4862	6278
阳江	2417	2399	2705	2732	1983
湛江	12012	9616	9383	1324	1332
茂名	4054	3484	4141	4318	4174
肇庆	4479	4414	4319	3420	3329
清远	2895	2790	2762	2742	2468
潮州	714	593	609	628	398
揭阳	2248	1992	2375	2172	2220
云浮	2014	1783	1621	2016	1748

7-18 各市救助类单位数

单位:个

市别	2010	2011	2012	2013	2014
合计	**72**	**79**	**81**	**75**	**76**
省本级	3	3	3	3	3
广州	6	6	6	6	6
深圳	4	4	3	3	3
珠海	2	2	2	2	2
汕头	4	4	4	4	4
佛山	1	1	1	1	1
韶关	2	2	2	1	1
河源	1	2	3	2	2
梅州	7	7	7	7	7
惠州	5	5	5	5	5
汕尾	4	4	4	4	5
东莞	1	1	1	1	1
中山	1	1	1	1	1
江门	6	6	6	6	6
阳江	1	1	1	1	1
湛江	3	3	4	5	6
茂名	5	5	6	6	5
肇庆	3	6	6	2	2
清远	4	4	4	4	4
潮州	2	2	2	2	2
揭阳	4	6	5	4	4
云浮	3	4	5	5	5

7-19 各市救助类单位床位数

单位:张

市　　别	2010	2011	2012	2013	2014
合　　计	**7026**	**7221**	**7734**	**8120**	**8087**
省本级	950	935	1035	1150	1150
广　　州	1654	1664	1664	1664	1664
深　　圳	810	830	830	830	850
珠　　海	330	350	375	375	388
汕　　头	337	387	417	417	417
佛　　山	132	180	150	150	150
韶　　关	168	168	210	210	210
河　　源	70	70	160	182	182
梅　　州	260	186	234	234	234
惠　　州	226	240	463	471	424
汕　　尾	200	210	210	210	240
东　　莞	322	334	346	322	322
中　　山	50	75	50	50	50
江　　门	396	446	422	422	384
阳　　江	120	120	120	120	120
湛　　江	25	119	184	210	234
茂　　名	106	102	100	172	177
肇　　庆	110	132	113	111	111
清　　远	286	271	144	259	259
潮　　州	78	82	90	94	94
揭　　阳	396	292	352	402	362
云　　浮		28	65	65	65

7-20 各市救助类单位救助人次数

单位:人次

市别	2010	2011	2012	2013	2014
合计	**146656**	**112953**	**133718**	**141098**	**154027**
省本级	968	1160	1457	1625	1848
广州	38610	30625	36754	37070	39429
深圳	51375	21721	23815	24110	22085
珠海	2002	1729	3113	3004	2694
汕头	2402	3027	4821	5099	3712
佛山	2150	2150	2031	2547	3198
韶关	3482	3182	2376	4100	4025
河源	885	3135	3205	4015	4308
梅州	3601	3244	3835	5169	5276
惠州	7430	7264	7176	11067	16265
汕尾	6332	6038	7018	6326	8833
东莞	4592	8354	6751	8627	9263
中山	3242	2841	2782	2782	2782
江门	2133	2032	2614	4240	3653
阳江	1765	1862	1767	1854	1925
湛江	2400	2838	6516	3517	6525
茂名	5294	2581	3185	3681	4610
肇庆	1442	1530	1856	1734	2517
清远	2949	3002	6578	3916	3784
潮州	1320	1698	1897	2186	945
揭阳	1843	2456	3428	3310	5236
云浮	439	484	743	1119	1114

7-21 各市救助类单位年末在站人数

单位:人

市别	2010	2011	2012	2013	2014
合计	**2530**	**2250**	**2472**	**1406**	**1764**
省本级	296	380	773	441	458
广州	1153	385	1141	278	380
深圳	717	339	352	381	564
珠海	27	28	20	3	33
汕头	56	60	53	50	59
佛山	110	110	20	35	13
韶关	4	4	14	16	16
河源		2			
梅州	15			2	7
惠州	13	16	19	17	71
汕尾		25			
东莞	85	92		80	80
中山	4	9	9	9	9
江门	6	15	16	7	51
阳江		1	1		
湛江	10	24	34	15	17
茂名	1	511			4
肇庆		20			
清远	17	17	3		
潮州	2	15	15	70	
揭阳	14	197	2	2	2
云浮					

7-22 优抚安置单位情况（2014）

项目	单位数(个)	休养所可提供休养的户数/床位数	年末休养人数/接待人次数	机构占地面积(平方米)	烈士纪念建筑物数(个)
军队离退休干部休养所	78	6727	7561		
军用供养站	13	3146	214957		
军队离退休人员管理中心	6		914		
烈士纪念建筑物管理机构	115			1476463	251

7-23 各市优抚安置单位数

单位:个

市别	2010	2011	2012	2013	2014
合计	**159**	**162**	**163**	**182**	**212**
省本级	1	1	1	1	1
广州	38	38	38	38	38
深圳	5	5	5	5	5
珠海	3	3	3	2	2
汕头	8	8	8	9	9
佛山	3	3	4	4	4
韶关	8	9	9	9	9
河源	10	11	9	11	11
梅州	10	10	10	9	9
惠州	6	3	1	1	1
汕尾	12	12	8	15	15
东莞	2	2	2	2	2
中山	1	1	1	1	0
江门	3	3	3	3	3
阳江	5	3	3	3	3
湛江	12	10	11	11	12
茂名	5	4	10	10	43
肇庆	8	13	6	6	7
清远	6	6	6	11	11
潮州	2	2	2	2	2
揭阳	7	11	19	25	21
云浮	4	4	4	4	4

7-24 各市老龄事业单位数

单位:人

市别	2010	2011	2012	2013	2014
合计	**104**	**115**	**122**	**114**	**111**
省本级	1	1	1	1	1
广州	10	10	11	10	11
深圳	6	7	6	6	6
珠海	1	1	1	2	2
汕头	8	7	7	7	7
佛山	2	2	7		
韶关	5	6	8	8	9
河源	2	3	6	5	4
梅州	8	9	9	9	9
惠州	6	7	6	6	6
汕尾	5	5	5	5	5
东莞	1	1	1	1	1
中山					
江门	8	8	8	8	8
阳江	3	5	5	5	5
湛江	3	5	4	2	1
茂名	7	6	5	5	5
肇庆	7	8	8	8	8
清远	8	6	6	6	5
潮州	1	3	3	5	5
揭阳	6	9	9	10	8
云浮	6	6	6	5	5

7-25 社会福利企业情况(2014)

市别	机构数(个)	年末职工人数(人)			应减免税金总额(万元)	实际减免税金总额(万元)	交纳税金总额(万元)	盈利总额(万元)
			残疾职工	女残疾职工				
合计	**147**	**13817**	**5689**	**2020**	**4148**	**3441.5**	**7551.9**	**3414.6**
按登记机构分								
工商登记	137	13459	5560	1991	4148	3441.5	7551.9	3388
编制登记	10	358	129	29				26.6
按单位类别分								
福利工厂	110	10678	4573	1664	3674.8	3093.4	6926.2	3516
假肢厂	2	86	10	3				
农场								
其他福利企业	35	3053	1106	353	473.2	348.1	625.7	-101.4

7-26 各市福利企业单位数

单位:个

市别	2010	2011	2012	2013	2014
合计	**172**	**149**	**157**	**154**	**147**
省本级	1	1	1	1	1
广州	34	37	34	34	33
深圳	12	14	15	17	20
珠海			1	1	1
汕头	3	3	3	3	3
佛山	31	31	31	28	27
韶关	7	6	6	6	5
河源	2	2	3	2	2
梅州	3	3	3	3	2
惠州					
汕尾	1	1	1	1	1
东莞	20	10	7	7	6
中山	1	1	2	2	2
江门	9	8	9	10	10
阳江	1	1	1	1	1
湛江	5	2	3	3	3
茂名	20	10	18	16	13
肇庆	9	8	8	8	7
清远	4	4	3	3	2
潮州	7	5	6	6	6
揭阳					
云浮	2	2	2	2	2

7-27 各市福利企业年末职工人数

单位:人

市别	2010	2011	2012	2013	2014
合计	**13648**	**13165**	**14004**	**14107**	**13817**
省本级	85	85	78	75	70
广州	2814	3702	3428	3389	3128
深圳	688	693	902	1590	1976
珠海			11	295	273
汕头	154	167	131	131	113
佛山	3163	3146	3037	2406	2197
韶关	189	259	257	237	204
河源	24	11	15	11	11
梅州	140	140	140	133	84
惠州					
汕尾	12	7	7	7	9
东莞	676	3	2	219	151
中山	46	39	80	80	80
江门	2211	2328	2407	2115	2374
阳江	13	13	13	13	13
湛江	116	37	99	100	100
茂名	1074	617	1147	983	866
肇庆	687	695	646	646	634
清远	199	198	135	110	80
潮州	1193	854	1298	1387	1274
揭阳					
云浮	164	171	171	180	180

7-28 各市福利企业残疾女职工数

单位:人

市别	2010	2011	2012	2013	2014
合计	**1492**	**1440**	**1700**	**1902**	**2020**
省本级					
广州	366	459	401	381	343
深圳	6	12	133	370	382
珠海			2	18	34
汕头	22	21	11	11	10
佛山	410	413	369	318	253
韶关	23	23	24	17	9
河源	2				
梅州	5	12	12	11	7
惠州					
汕尾					
东莞	62	5	47	47	32
中山	9	8	19	19	19
江门	243	240	256	281	532
阳江	4	4	4	4	4
湛江	47	1	48	48	48
茂名	55	47	112	83	64
肇庆	81	76	65	65	65
清远	40	15	43	12	12
潮州	92	72	122	198	171
揭阳					
云浮	25	32	32	19	35

7-29 各市福利企业残疾职工数

单位:人

市别	2010	2011	2012	2013	2014
合计	**4818**	**4852**	**5618**	**5987**	**5689**
省本级		2	2	2	2
广州	952	1279	1220	1128	1063
深圳	261	289	528	1254	1186
珠海			10	80	153
汕头	75	68	48	48	45
佛山	1068	1098	1020	794	706
韶关	73	95	95	88	64
河源	6	7	9	8	8
梅州	35	70	70	70	35
惠州					
汕尾	1	1	1	1	1
东莞	247	20	172	172	119
中山	21	18	42	42	42
江门	914	899	952	864	943
阳江	8	8	8	8	8
湛江	63	6	70	70	69
茂名	251	215	560	551	510
肇庆	234	236	208	208	205
清远	98	96	91	56	26
潮州	437	374	441	481	441
揭阳					
云浮	74	71	71	62	63

7-30 各市救灾储备单位数

单位:个

市别	2010	2011	2012	2013	2014
合计	**38**	**59**	**60**	**66**	**68**
省本级	1	1	1	1	1
广州	2	13	10	8	7
深圳					
珠海	1	1	1	2	2
汕头	1	3	3	3	3
佛山				5	5
韶关		4	5	5	5
河源	2	3	4	4	5
梅州	2	2	2	2	2
惠州	2	3	1	1	1
汕尾	2	2	2	2	2
东莞	1	1	1	1	1
中山			1	1	1
江门	5	6	6	6	6
阳江	1	1	2	2	2
湛江		1	1	1	2
茂名	1	1	1	1	3
肇庆	7	7	8	9	9
清远	1	1	1	1	1
潮州	5	4	4	4	3
揭阳	3	4	4	4	4
云浮	1	1	2	3	3

7-31 各市救灾储备单位库房建筑面积

单位：平方米

市 别	2010	2011	2012	2013	2014
合 计	**28481.0**	**39425.7**	**47966.7**	**55317.7**	**60194.9**
省本级					
广 州	2800.0	9711.4	9849.4	8699.4	9368.0
深 圳					
珠 海		100.0	100.0	100.0	200.0
汕 头			2621.0	2221.0	2221.0
佛 山				3970.0	3970.0
韶 关		3985.3	4885.3	4885.3	4885.0
河 源	180.0	1280.0	2600.0	2420.0	2620.0
梅 州	75.0	75.0	100.0	100.0	895.0
惠 州	3084.0	3204.0	2684.0	2684.0	2684.0
汕 尾	1800.0	600.0	600.0	600.0	600.0
东 莞	4833.0	7079.0	7079.0	7079.0	7079.0
中 山			2500.0	2500.0	2500.0
江 门	2738.0	2758.0	2758.0	2758.0	2758.0
阳 江	2500.0	0.0	1960.0	1960.0	1960.0
湛 江					
茂 名	1980.0	1982.0	2001.0	2001.0	6001.0
肇 庆	4193.0	4303.0	3881.0	6579.0	6516.9
清 远	2998.0	2998.0	2998.0	2998.0	2998.0
潮 州	560.0	610.0	610.0	1414.0	490.0
揭 阳	150.0	150.0	150.0	1000.0	1100.0
云 浮	590.0	590.0	590.0	1349.0	1349.0

7-32 各市救灾储备单位仓储面积

单位：平方米

市别	2010	2011	2012	2013	2014
合计	**21977.0**	**31824.2**	**39966.2**	**49651.0**	**54059.0**
省本级			2400.0	2400.0	2400.0
广州	1800.0	7824.2	7382.2	6722.2	7330.0
深圳					
珠海		100.0	100.0	100.0	200.0
汕头		1500.0	2576.0	2221.0	2221.0
佛山				3970.0	3970.0
韶关		3323.8	4223.8	4223.8	4223.0
河源	64.0	1414.0	1850.0	1618.0	1668.0
梅州	75.0	75.0	100.0	100.0	895.0
惠州	2400.0	2500.0	2000.0	2000.0	2000.0
汕尾	1200.0	600.0	600.0	600.0	600.0
东莞	4791.0	3330.2	3330.2	5900.0	5900.0
中山			2207.0	2207.0	2207.0
江门	1748.0	1758.0	2316.0	2316.0	2316.0
阳江	500.0		1100.0	1100.0	1100.0
湛江					
茂名	1500.0	1500.0	1762.0	1762.0	5142.0
肇庆	3651.0	3761.0	3881.0	5920.0	6270.0
清远	2998.0	2998.0	2998.0	2998.0	2998.0
潮州	400.0	450.0	450.0	1294.0	350.0
揭阳	300.0	140.0	140.0	890.0	960.0
云浮	550.0	550.0	550.0	1309.0	1309.0

7-33 各市社区服务中心数

单位：个

市别	2010	2011	2012	2013	2014
合计	**1366**	**1552**	**1559**	**2523**	**2776**
广州	123	130	174	180	194
深圳	143	201	260	389	538
珠海	12	54	20	20	20
汕头	34	136	146	146	142
佛山	197	292	96	103	116
韶关	68	5	5	5	4
河源	27	18	18	14	16
梅州	86	86	72	72	72
惠州	23	78	72	764	766
汕尾	14	14	14	14	14
东莞	222	16	32	32	52
中山		2	2	2	2
江门	38	38	76	74	111
阳江	1	46	37	37	40
湛江			114	9	19
茂名	57	87	68	84	85
肇庆	33	68	29	104	105
清远	20	20	81	231	231
潮州	42	43	44	44	48
揭阳	216	217	198	198	200
云浮	10	1	1	1	1

7-34 各市社区服务站数

单位：个

市别	2010	2011	2012	2013	2014
合计	**1632**	**3190**	**8773**	**12381**	**12992**
广州	115	1080	1297	1327	1305
深圳					
珠海	154	144	197	193	197
汕头	48	325	330	330	323
佛山	84	143	449	505	539
韶关	75	152	152	152	151
河源			123	136	150
梅州			94	94	96
惠州		247	311	2675	2675
汕尾				4	4
东莞	183	1	1110	1110	1122
中山		335	335	335	335
江门	138	138	139	1315	1316
阳江		203	927	927	1080
湛江	472		252	183	144
茂名	23	27	66	58	57
肇庆		1	118	162	606
清远	10	28	1281	964	982
潮州	74	78	81	81	81
揭阳	170	170	1393	1712	1711
云浮	86	118	118	118	118

7-35 各市其他社区服务机构数

单位：个

市别	2010	2011	2012	2013	2014
合计	**12962**	**15931**	**27067**	**30329**	**39606**
广州	1153	2092	2417	794	878
深圳	5720	6917	6943	7003	7619
珠海	213	561	561	423	420
汕头	939	238	225	13	56
佛山	231	231	231	7492	11348
韶关	143	1510	1531	1531	1553
河源	24	1	5		2
梅州	86		10	1	100
惠州	23	889	1350	2530	2564
汕尾	364	217	267	368	370
东莞	599	8	1841	1984	2628
中山		253	253	253	253
江门	981	1157	1200	775	919
阳江	1	2	803	796	912
湛江	472		2223	2025	2229
茂名	80	18			52
肇庆	318	538	523	138	3292
清远	1	30	3662	1527	1626
潮州	1332	211	220	220	296
揭阳	186	81	1728	1382	1404
云浮	96	977	1074	1074	1085

7-36 社会组织情况（2014）

指标	年末实有单位数（个）	负责人（人）	#女性（人）
社会团体	22,132	51220	16834
民办非企业单位	22,132	29816	11275
基金会	558	1278	514

7-37 各市社会团体单位数

单位：个

市别	2010	2011	2012	2013	2014
合计	**13059**	**13661**	**15853**	**19000**	**22132**
省本级	999	1069	1190	1394	1570
广州	1413	1478	1564	1729	1937
深圳	1661	1772	1970	2235	2752
珠海	438	491	523	638	751
汕头	709	758	986	1066	1053
佛山	1098	1138	1337	1581	1775
韶关	536	582	713	787	888
河源	296	323	389	462	523
梅州	788	807	892	996	1221
惠州	542	605	699	849	945
汕尾	275	289	310	332	345
东莞	298	328	379	435	561
中山	318	368	414	460	522
江门	628	655	806	1780	2564
阳江	280	293	320	399	464
湛江	430	257	542	599	669
茂名	504	526	608	708	774
肇庆	520	519	594	678	741
清远	375	401	462	532	561
潮州	276	286	328	420	506
揭阳	381	398	478	520	574
云浮	294	318	349	400	436

7-38 各市民办非企业单位数

单位：个

市　别	2010	2011	2012	2013	2014
合　计	**15249**	**16756**	**19135**	**21883**	**24990**
省本级	307	363	435	555	642
广　州	2694	2892	3172	3441	3632
深　圳	2440	2651	3002	3318	3818
珠　海	651	680	683	739	829
汕　头	552	616	959	1041	861
佛　山	1104	1179	1307	1579	1773
韶　关	365	400	444	507	616
河　源	195	244	424	487	649
梅　州	279	257	326	388	474
惠　州	669	764	897	1084	1216
汕　尾	306	312	320	337	365
东　莞	1503	1692	1821	2111	2512
中　山	1139	1290	1418	1308	1389
江　门	430	506	610	753	893
阳　江	254	291	365	456	481
湛　江	525	581	603	923	1483
茂　名	255	289	345	393	499
肇　庆	425	479	543	626	716
清　远	455	494	533	620	676
潮　州	248	273	331	474	529
揭　阳	311	351	423	533	678
云　浮	142	152	174	210	259

7-39 各市基金会单位数

单位：个

市别	2010	2011	2012	2013	2014
合计	**202**	**267**	**336**	**434**	**558**
省本级	202	248	286	338	380
广州			3	7	10
深圳		19	47	76	127
珠海					
汕头				2	4
佛山					3
韶关					
河源				1	1
梅州				1	4
惠州					5
汕尾					
东莞					3
中山					
江门				2	2
阳江					1
湛江					
茂名				1	4
肇庆					
清远				1	1
潮州					
揭阳				5	9
云浮					4

7-40 各市居委会单位数

单位：个

市 别	2010	2011	2012	2013	2014
合 计	**6248**	**6323**	**6466**	**6572**	**6586**
广 州	1496	1500	1528	1533	1516
深 圳	790	792	792	792	795
珠 海	172	189	189	189	189
汕 头	513	516	516	517	519
佛 山	282	395	389	408	411
韶 关	209	209	217	220	220
河 源	161	145	170	171	171
梅 州	189	189	190	190	194
惠 州	197	201	207	207	210
汕 尾	142	143	147	140	143
东 莞	216	214	245	245	247
中 山	126	126	126	129	127
江 门	264	263	265	264	268
阳 江	109	109	113	114	116
湛 江	297	233	262	298	298
茂 名	248	263	265	271	270
肇 庆	242	244	253	292	293
清 远	176	176	176	176	183
潮 州	123	120	120	120	120
揭 阳	178	178	178	178	178
云 浮	118	118	118	118	118

7-41 各市村委会单位数

单位：个

市别	2010	2011	2012	2013	2014
合计	**19506**	**19034**	**19180**	**19257**	**19347**
广州	1142	1142	1142	1142	1144
深圳					
珠海	121	120	120	122	122
汕头	542	548	548	548	549
佛山	485	366	361	328	328
韶关	1204	1205	1205	1205	1205
河源	1251	1092	1250	1251	1251
梅州	2040	2040	2040	2043	2045
惠州	1041	1041	1042	1043	1043
汕尾	718	718	719	727	726
东莞	383	383	350	350	350
中山	158	153	153	150	150
江门	1049	1051	1051	1051	1051
阳江	709	709	709	709	709
湛江	1501	1309	1341	1500	1500
茂名	1626	1621	1621	1625	1622
肇庆	1330	1329	1320	1255	1255
清远	1021	1022	1023	1023	1112
潮州	893	893	893	893	893
揭阳	1445	1445	1445	1445	1445
云浮	847	847	847	847	847

7-42 婚姻登记情况（2014）

指　　标	单位	数量
（一）登记结婚件数	对	891457
（二）登记结婚人数	人	1782914
1.按居住地分类		
(1) 内地居民登记结婚件数	对	883,056
内地居民登记结婚人数	人	1,764,438
(2) 涉外及华侨、港澳台居民登记结婚件数	对	8,401
内地居民	人	8,329
其中：女性	人	5,977
香港居民	人	2,630
澳门居民	人	948
台湾居民	人	887
华侨	人	1,825
外国人	人	2,183
2.按婚前状况分类		
初婚人数	人	1,620,113
再婚人数	人	162,801
其中：女性	人	76,146
恢复结婚件数	对	19,607
3.按年龄分类		
其中：20～24	人	550,911
25～29	人	758,750
30～34	人	241,158
35～39	人	91,820
40以上	人	140,275
（三）离婚登记	对	151,645
1.内地居民登记离婚	对	150,151
2.涉外及华侨、港澳台居民登记离婚	对	1,494
其中：外国人	人	264

7-43 各市登记结婚人数

单位：人

市别	2010	2011	2012	2013	2014
合计	**1714292**	**1727226**	**1741482**	**1749446**	**1782914**
广州	163774	192316	184414	177664	195172
深圳	76466	108790	106682	107376	121044
珠海	20286	25716	24912	24162	26760
汕头	106108	96864	93816	106304	98184
佛山	69432	78218	75800	71284	79314
韶关	61488	62618	59236	57524	59848
河源	77494	64554	64838	64472	65284
梅州	124370	106486	109762	104678	104350
惠州	70930	65812	63762	62458	65432
汕尾	84356	67822	74490	88602	72308
东莞	22830	38080	36578	34262	37750
中山	28134	33966	32876	30756	33572
江门	67374	73726	70962	66692	69006
阳江	55000	52440	52494	50620	51672
湛江	146748	154576	162166	162282	164070
茂名	136824	130278	144182	144340	154774
肇庆	82726	77472	78106	77170	75812
清远	89356	82082	82622	80666	82028
潮州	45602	45362	41178	43388	41504
揭阳	123728	119530	130684	142368	132962
云浮	61266	50518	51922	52378	52068

7-44 各市内地居民结婚登记人数

单位：人

市　别	2010	2011	2012	2013	2014
合　计	**1676430**	**1693841**	**1724368**	**1732996**	**1764438**
广　州	162210	190832	182042	175864	192816
深　圳	75492	107542	105432	105940	119448
珠　海	19282	24638	23970	23208	25756
汕　头	105982	96706	93626	106084	96350
佛　山	68960	77690	74532	70730	78750
韶　关	61220	62322	58952	57242	59556
河　源	77296	64313	64576	64272	65082
梅　州	123818	105748	108668	104070	103824
惠　州	70502	65262	63246	61980	64874
汕　尾	83668	67012	72990	86932	70490
东　莞	22672	18902	36392	33960	37468
中　山	27798	33654	32352	30214	33062
江　门	62940	69310	66534	61926	64534
阳　江	54788	52176	52224	50346	51380
湛　江	123638	153986	161622	161736	163502
茂　名	136526	129982	143802	143798	154406
肇　庆	82466	77144	77816	76838	75472
清　远	89028	81738	82250	80282	81714
潮　州	45586	45338	41120	43310	41416
揭　阳	121526	119314	130480	142144	132688
云　浮	61032	50232	51742	52120	51850

7-45 各市涉外及华侨、港澳台居民登记结婚件数

单位：件

市别	2010	2011	2012	2013	2014
合计	**6698**	**7251**	**8558**	**8225**	**8401**
广州	782	742	1186	900	1178
深圳	487	624	625	718	798
珠海	499	539	471	477	502
汕头	60	79	95	110	91
佛山	236	264	634	277	282
韶关	134	148	142	141	146
河源	116	125	131	100	101
梅州	276	369	547	304	263
惠州	214	274	258	239	279
汕尾	344	405	750	835	909
东莞	79	144	93	151	141
中山	188	156	262	271	255
江门	2217	2208	2214	2383	2234
阳江	106	132	135	137	146
湛江	290	295	272	273	286
茂名	149	148	192	271	184
肇庆	130	164	144	166	170
清远	164	172	186	192	157
潮州	8	12	29	39	33
揭阳	102	108	102	112	137
云浮	117	143	90	129	109

7-46 各市香港居民登记结婚人数

单位：人

市别	2010	2011	2012	2013	2014
合计	**1552**	**1748**	**2405**	**2491**	**2630**
广州	2		188	125	190
深圳	98	164	163	238	258
珠海	39	28	32	33	37
汕头	12	34	18	18	20
佛山	47	66	224	68	78
韶关	51	45	39	54	85
河源	51	51	53	51	45
梅州	34	63	53	59	59
惠州	133	116	127	115	138
汕尾	273	339	688	768	828
东莞	34	50	37	60	60
中山	88	17	28	42	35
江门	352	411	407	383	359
阳江	26	52	54	57	54
湛江	78	80	64	62	121
茂名	48	41	49	132	58
肇庆	40	43	51	77	57
清远	44	52	65	62	55
潮州	8	3	3	2	12
揭阳	40	50	28	31	38
云浮	54	43	34	54	43

7-47 各市离婚登记件数

单位：对

市别	2010	2011	2012	2013	2014
合计	**100759**	**115813**	**129733**	**150631**	**151645**
广州	17410	19116	20715	24764	23277
深圳	8154	9832	11776	15751	15578
珠海	2638	2660	2886	3653	3753
汕头	1580	2036	2266	2633	2799
佛山	7152	7660	8713	10366	9512
韶关	6238	6504	6622	7071	7456
河源	4596	5126	6077	6853	6994
梅州	5195	5816	6484	7145	7985
惠州	4813	5367	5892	6367	6298
汕尾	2544	2961	3449	3965	4020
东莞	1856	2737	3188	3514	3694
中山	2583	3043	3337	3857	3774
江门	5565	5819	6434	7102	7197
阳江	3330	3598	3938	4379	4515
湛江	4385	6597	7754	9000	9422
茂名	4823	5793	6695	7705	8243
肇庆	5296	6008	6504	7758	7805
清远	6779	7623	8094	8918	8753
潮州	844	945	1201	1402	1699
揭阳	1718	2846	3580	4110	4488
云浮	3260	3726	4128	4318	4383

7-48 各市殡仪馆情况（2014）

市别	单位数（个）	火化炉数（个）	全年处理遗体数（人）	穴位数（个）	本年销售穴位数	安葬数（人）	本年安葬数
合计	**90**	**409**	**474196**	**82236**	**1609**	**31135**	**1989**
广州	6	48	59389				
深圳	1	13	15031				
珠海	2	9	7019	15000	116	296	114
汕头	4	18	26642				
佛山	5	37	28104			2586	179
韶关	9	28	17778	4000	110	1647	110
河源	6	18	16831				
梅州	7	23	30035	1200	12	239	9
惠州	4	17	16355				
汕尾	4	13	8861				
东莞	1	10	15534				
中山	1	8	12192				
江门	6	31	30043	24257	315	15118	291
阳江	4	12	14670	31563	1001	4113	423
湛江	6	19	39072				
茂名	2	11	19259				
肇庆	6	24	25031				
清远	6	24	23554			678	678
潮州	2	12	17678	6216	55	6458	185
揭阳	4	20	36208				
云浮	4	14	14910				

7-49 历年社会捐赠

单位：万元、万件

年　份	社会捐赠款物合计	社会捐赠款	社会捐赠其他物资折款	接收社会捐赠衣被数量
2003	13596.3	13037.7	558.6	1184.7
2004	22238.2	21791.0	447.2	958.4
2005	69603.0	68405.1	1197.9	1071.0
2006	209355.7	203208.7	6147.0	1026.1
2007	133271.7	131099.0	2172.7	1419.7
2008	625668.6	611318.6	14350.0	2209.1
2009	79419.6	78321.6	1098.0	159.3
2010	277828.6	275547.1	2281.5	166.6
2011	215517.8	214417.6	1100.2	180.0
2012	185106.1	183215.0	1891.1	205.5
2013	177739.7	175933.0	1806.7	1717.8
2014	117854.4	116588.6	1265.8	3194.4

7-50 各省社会服务事业费支出水平（2014）

地 区	2014年			2013年		
	民政事业费支出（亿元）	每万人民政事业费支出（万元/万人）及排名		民政事业费支出（亿元）	每万人民政事业费支出（万元/万人）及排名	
全 国	**4404.12**	**321.98**		**4276.5**	**314.28**	
北 京	160.04	743.66	1	155.6	735.57	1
天 津	59.18	390.12	11	55.2	375.08	13
河 北	165.33	223.90	28	167.2	228.07	28
山 西	114.46	313.77	21	113.0	311.41	19
内蒙古	140.93	562.58	3	123.7	495.04	5
辽 宁	169.41	385.81	12	167.3	381.07	12
吉 林	94.20	342.30	17	98.6	358.50	14
黑龙江	137.34	358.32	14	159.0	414.50	8
上 海	85.73	353.38	15	83.2	344.60	16
江 苏	246.05	309.11	23	233.5	294.15	21
浙 江	150.26	272.80	27	142.9	259.88	26
安 徽	169.96	279.40	25	160.1	265.53	25
福 建	77.56	203.79	31	73.0	193.38	30
江 西	147.22	324.13	18	122.4	270.77	24
山 东	270.68	276.51	26	250.2	257.09	27
河 南	205.49	217.77	29	209.7	222.83	29
湖 北	185.28	318.57	20	184.9	318.92	18
湖 南	208.54	309.54	22	199.6	298.35	20
广 东	223.71	208.61	30	198.2	186.18	31
广 西	139.13	292.65	24	129.3	273.90	23
海 南	28.78	318.69	19	25.4	284.25	22
重 庆	102.77	343.61	16	99.9	336.51	17
四 川	291.79	358.46	13	288.1	355.33	15
贵 州	139.17	396.72	10	134.1	383.07	11
云 南	197.95	419.91	8	184.6	393.80	10
西 藏	13.68	430.16	7	15.6	500.24	4
陕 西	167.90	444.77	6	183.8	488.42	6
甘 肃	121.48	468.87	5	129.9	503.22	3
青 海	38.16	654.54	2	37.8	653.28	2
宁 夏	26.47	399.79	9	26.6	407.12	9
新 疆	112.63	490.11	4	110.1	486.40	7

注：1.全国数据包括中国人民解放军现役军人数，但不包括香港、澳门特别行政区和台湾地区数据；分省数据中未包括中国人民解放军现役军人数。
2.2010年数据为当年人口普查数据推算数；其余年份数据根据年度人口抽样调查推算。

7-51 各省社会组织发展指数(2014)

地区	2014年			2013年		
	社会组织数(个)	每万人拥有社会组织数量(个/万人)	排名	社会组织数(个)	每万人拥有社会组织数量(个/万人)	排名
全国	**606047**	**4.43**	—	**547245**	**4.02**	—
北京	9083	4.22	17	8560	4.05	16
天津	4729	3.12	27	4516	3.07	26
河北	17642	2.39	30	16530	2.25	30
山西	12330	3.38	24	11611	3.20	25
内蒙古	11790	4.71	11	10685	4.28	14
辽宁	20137	4.59	13	19494	4.44	11
吉林	10521	3.82	21	9193	3.34	22
黑龙江	12479	3.26	25	12672	3.30	23
上海	12365	5.10	8	11626	4.81	8
江苏	71571	8.99	1	56234	7.08	1
浙江	39844	7.23	2	36426	6.63	2
安徽	22549	3.71	22	20705	3.43	21
福建	21357	5.61	5	19372	5.13	6
江西	14236	3.13	26	13375	2.96	27
山东	41165	4.21	18	38976	4.00	17
河南	27572	2.92	28	23577	2.50	28
湖北	26560	4.57	14	25778	4.45	10
湖南	24011	3.56	23	21663	3.24	24
广东	47680	4.45	15	41317	3.88	18
广西	20321	4.27	16	17370	3.68	19
海南	4847	5.37	7	4338	4.85	7
重庆	14387	4.81	9	13154	4.43	12
四川	37800	4.64	12	35050	4.32	13
贵州	9424	2.69	29	8295	2.37	29
云南	19207	4.07	20	16954	3.62	20
西藏	600	1.89	31	589	1.89	31
陕西	18050	4.78	10	17360	4.61	9
甘肃	14400	5.56	6	13335	5.16	5
青海	3362	5.77	4	3039	5.26	4
宁夏	4324	6.53	3	4002	6.12	3
新疆	9453	4.11	19	9259	4.09	15

7-52 各省社工发展指数（2014）

地区	2014年			2013年		
	持证社工人数（个）	每万人中社工人数（个/万人）	排名	持证社工人数（个）	每万人中社工人数（个/万人）	排名
全国	**158954**	**1.16**	—	**123833**	**0.91**	—
北京	17964	8.35	1	15429	7.30	1
天津	3370	2.22	6	2404	1.63	6
河北	2950	0.40	24	2497	0.34	24
山西	1633	0.45	23	1361	0.37	22
内蒙古	794	0.32	26	585	0.23	26
辽宁	5393	1.23	8	4413	1.01	7
吉林	3067	1.11	9	2519	0.92	9
黑龙江	2779	0.73	11	2363	0.62	11
上海	7388	3.05	3	5943	2.46	2
江苏	21155	2.66	4	15955	2.01	4
浙江	12753	2.32	5	10119	1.84	5
安徽	4229	0.70	15	3002	0.50	14
福建	4929	1.30	7	3552	0.94	8
江西	2085	0.46	22	1812	0.40	18
山东	6948	0.71	13	5509	0.57	12
河南	3719	0.39	25	3017	0.32	25
湖北	4140	0.71	12	3085	0.53	13
湖南	3390	0.50	18	2738	0.41	17
广东	33359	3.11	2	24627	2.31	3
广西	2184	0.46	21	1825	0.39	21
海南	207	0.23	29	144	0.16	29
重庆	2468	0.83	10	2562(含社工员749)	0.86	10
四川	4968	0.61	16	3452	0.43	15
贵州	627	0.18	30	500	0.14	30
云南	1252	0.27	28	1056	0.23	28
西藏	10	0.03	31	8	0.03	31
陕西	2666	0.71	14	1369	0.36	23
甘肃	742	0.29	27	588	0.23	27
青海	268	0.46	20	240	0.42	16
宁夏	322	0.49	19	261	0.40	19
新疆	1195	0.52	17	898	0.40	20

注：2013年各省数据为通过社工考试人数，含通过考试未取得社工资格证书人数。

7-53 各市社会服务事业费支出水平（2014）

地区	2014年			2013年		
	民政事业费支出（亿元）	每万人民政事业费支出（万元/万人）	排名	民政事业费支出（亿元）	每万人民政事业费支出（万元/万人）	排名
全省	**223.7**	**208.61**	—	**198.2**	**186.18**	—
省本级	3.4	—	—	4.7	—	—
珠三角	114.1	1633.1	—	102.7	179.74	—
广州	48.3	369.13	1	42.9	332.25	1
深圳	15.4	142.85	17	15.5	146.04	14
珠海	2.9	179.83	13	2.5	156.29	13
佛山	9.1	123.68	19	8.1	110.72	20
惠州	12.3	259.81	4	10.3	219.50	4
东莞	7.6	90.98	21	7.1	85.90	21
中山	3.9	123.21	20	3.6	113.25	19
江门	7.1	157.36	16	6.3	139.04	16
肇庆	7.5	186.22	12	6.4	158.62	12
粤东西北	106.2	2617.4	—	90.8	184.12	—
汕头	8.9	161.99	15	7.1	130.20	18
韶关	6.4	221.21	8	6.0	208.65	6
河源	9.2	299.28	2	8.9	294.48	2
梅州	12.5	289.93	3	10.7	247.69	3
汕尾	6.1	204.21	11	5.8	193.73	8
阳江	6.1	245.07	5	5.3	213.01	5
湛江	17.1	236.64	6	13.0	181.17	9
茂名	12.9	212.62	9	10.1	167.70	11
清远	8.7	228.65	7	7.7	203.75	7
潮州	4.5	164.89	14	3.9	142.15	15
揭阳	8.5	140.97	18	7.9	131.40	17
云浮	5.2	211.90	10	4.4	180.25	10

7-54 各市社会组织发展指数（2014）

地区	2014年			2013年		
	社会组织数（个）	每万人拥有社会组织数量（个/万人）	排名	社会组织数（个）	每万人拥有社会组织数量（个/万人）	排名
全省	**47,680**	**4.45**	—	**41,317**	**3.88**	—
省本级	2,592	—	—	2,287	—	—
珠三角	29476	5.11		25429	4.45	
广州	5579	4.27	8	5177	4.00	8
深圳	6697	6.21	3	5629	5.30	4
珠海	1580	9.79	1	1377	8.66	1
佛山	3551	4.83	6	3160	4.33	6
惠州	2166	4.58	7	1933	4.11	7
东莞	3076	3.69	13	2546	3.06	15
中山	1911	5.99	4	1768	5.57	3
江门	3459	7.67	2	2535	5.64	2
肇庆	1457	3.61	14	1304	3.24	12
粤东西北	15612	3.15	—	13601	2.76	—
汕头	1918	3.47	15	2109	3.85	9
韶关	1504	5.17	5	1294	4.47	5
河源	1173	3.83	10	950	3.13	14
梅州	1699	3.93	9	1385	3.22	13
汕尾	710	2.36	19	669	2.24	18
阳江	946	3.78	12	855	3.45	10
湛江	2152	2.98	17	1522	2.12	19
茂名	1277	2.11	20	1102	1.83	20
清远	1238	3.24	16	1153	3.04	16
潮州	1035	3.80	11	894	3.30	11
揭阳	1261	2.09	21	1058	1.76	21
云浮	699	2.86	18	610	2.51	17

7-55 各市社工发展指数（2014）

地区	2014年			2013年		
	持证社工人数（人）	每万人中持证社工人数（人/万人）	排名	持证社工人数（人）	每万人中持证社工人数（人/万人）	排名
全省	**33359**	**3.11**	—	**24455**	**2.30**	—
省本级	1626	—	—	1491	—	—
珠三角	28985	—	—	21276	3.72	—
广州	8542	6.53	2	6766	5.23	3
深圳	7030	6.52	3	5833	5.49	2
珠海	992	6.15	4	715	4.50	4
佛山	3245	4.41	6	1740	2.38	6
惠州	1228	2.60	8	420	0.89	10
东莞	4170	5.00	5	3248	3.91	5
中山	2482	7.77	1	1872	5.90	1
江门	1022	2.27	9	526	1.17	8
肇庆	274	0.68	12	156	0.39	11
粤东西北	2748	—	—	1688	0.34	—
汕头	630	1.14	10	502	0.92	9
韶关	944	3.25	7	585	2.02	7
河源	102	0.33	15	68	0.22	14
梅州	93	0.22	18	56	0.13	17
汕尾	102	0.34	14	15	0.05	21
阳江	93	0.37	13	62	0.25	13
湛江	94	0.13	20	66	0.09	18
茂名	150	0.25	17	107	0.18	15
清远	304	0.80	11	126	0.33	12
潮州	53	0.19	19	40	0.15	16
揭阳	156	0.26	16	43	0.07	20
云浮	27	0.11	21	18	0.07	19

主要统计指标解释

民政经费 包括民政事业费实际支出、民政事业基本建设投资、社会福利基金三部分。其中民政事业费实际支出包括抚恤事业费、军队移交地方安置的离退休人员费用、社会救济福利事业费、社会残疾人福利事业费、救灾支出、其他民政事业费、地方离退休人员经费和其他款项用于民政支出。

社会福利院 是指提供食宿、不以盈利为目的、主要收养对象为城市中无亲属子女赡养、无生活来源、无劳动能力的孤老、孤儿和残疾人的综合性社会福利事业单位。

社区服务中心 由区或街道（镇）管理的，民政部门指导的为老年人、残疾人、烈军属等社区居民提供多功能综合性服务（服务内容两项以上）的福利事业单位。称为社区服务中心的基本条件：1.有一点的服务场所（建筑面积在100米2以上）；2.固定的工作人员；3.所提供社会福利项目在两项以上；4.财务上独立核算的单位。社区服务中心分为提供住宿的社区服务中心和不提供住宿的社区服务中心两类。

慈善事业 是以社会成员的慈善心为道德基础，以社会成员的自愿捐献为经济基础，以民间公益事业团体根据捐献者的意愿对需要帮助的社会成员进行物质帮助为基本内容的一种社会保障事业。慈善基金会的慈善基金主要来源于以下五个方面：一是企事业单位和其他组织、个人的捐赠或资助，二是港澳台地区和国外友好团体、组织、个人的捐赠或资助，三是政府资助，四是基金母本的增值部分，五是基金会的其他合法收入。

最低生活保障线 是指以保障公民基本生存权利为目标的社会救助制度，它的通常做法是根据维持最起码的生活需要的标准设立一条最低生活保障线，每一个公民当其收入水平低于最低生活保障线而发生生活困难时，按照法定程序有权得到国家和社会按照明文公布的标准提供的现金和实物救助。

八、体 育

简要说明

1. 本篇资料主要反映广东省体育事业发展情况。
2. 本篇资料主要包括：
（1）全省体育运动情况。
（2）地区分全省和各地级以上市。
（3）年份主要为2009-2014年数据以及近6年数据。
3. 统计资料来源：本篇资料由广东省体育局负责整理、审核、提供。

8-1 2009-2014年体育系统分行政级别机构数

单位：个

年 份	合计			省级		
	小计	独立	合并	小计	独立	合并
2009	379	333	46	20	20	
2010	398	370	28	10	10	
2011	370	344	26	10	10	
2012	370	333	37	9	9	
2013	417	343	74	21	21	
2014	394	362	32	21	21	

8-1续表 2009-2014年体育系统分行政级别机构数

单位：个

年 份	地级			县级		
	小计	独立	合并	小计	独立	合并
2009	162	147	15	197	166	31
2010	178	176	2	200	174	26
2011	148	146	2	210	187	23
2012	151	147	4	210	177	33
2013	127	122	5	269	198	71
2014	128	123	5	245	218	27

8-2 2009-2014年体育系统分单位类型机构数

单位：个

指 标	2009			2010			2011		
	小计	独立	合并	小计	独立	合并	小计	独立	合并
合 计	**379**	**333**	**46**	**398**	**370**	**28**	**370**	**344**	**26**
体育行政机关	142	114	28	142	114	28	171	145	26
运动项目管理部门	18	18		18			11		
职业、运动技术学院	2	2		2			1		
体育运动学校	14	14		14			15		
竞技体校	1		1	1					
业余体校	66	52	14	68			61		
单项运动学校	2	2		2			2		
训练基地	8	8		8			6		
体育场馆	75	72	3	72			60		
体育科研机构	2	2		2			1		
其他事业单位	49	49		47			42		
其他机构				22					

8-2续表　2009-2014年体育系统分单位类型机构数

单位：个

指　标	2012			2013			2014		
	小计	独立	合并	小计	独立	合并	小计	独立	合并
合　计	**370**	**333**	**37**	**417**	**343**	**74**	**394**	**362**	**32**
体育行政机关	168	131	37	171	97	74	171	102	69
运动项目管理部门	13			18			15		
职业、运动技术学院	2			3			2		
体育运动学校	16			19			18		
竞技体校	1								
业余体校	60			59			54		
单项运动学校	2			3			8		
训练基地				7			8		
体育场馆	59			59			55		
体育科研机构	1			2			2		
其他事业单位	40			72			58		
其他机构				4			3		

8-3 2009-2014年分行政级别体育系统从业人员总数

单位：人

指　标	2009	2010	2011	2012	2013	2014
合　计	**9526**	**9678**	**10384**	**10054**	**11795**	**9751**
体育行政机关	2414	2370	3181	3487	1828	2481
运动项目管理部门	2047	2075	1871	402	1090	467
职业、运动技术学院	408	330	295	1599	414	678
体育运动学校	817	910	1151	1425	2052	2175
竞技体校	42				3	
业余体校	1065	1100	1359	768	2475	1298
单项运动学院	41	52	35	31	105	98
训练基地	124	90	359	80	1177	121
体育场馆	1977	1894	1503	1384	1776	1859
体育科研机构	76	67	25	25	67	59
其他事业单位	515	548	605	580	761	485
其他机构		242		2	47	30

8-4 2009-2014年体育系统分单位类型从业人员总数

单位：人

指　标	2009	2010	2011	2012	2013	2014
合　计	**9526**	**9678**	**10384**	**10054**	**11795**	**9751**
公务员	1447	1298	1445	1461	1450	1232
教练员	952	1094	1629	1351	1628	1318
运动员	848	1036	1471	1432	3160	1586
科研人员	125	113	58	58	109	87
医务人员	126	97	70	101	80	73
文化教师	925	918	887	785	900	910
管理人员	2151	2074	1893	2147	2343	2155
工勤人员	1617	1355	1593	1472	1084	1327
其他	1335	1693	1338	1247	1041	1063

8-5 2009-2014年体育国际交流情况

单位：人

年 份	交流层次	交流性质			交流类型	
		计	来访	出访	世界	洲际
2009	**合 计**	**450**	**19**	**431**	**262**	**17**
	国家（起数）	250		250	200	
	省级（起数）	150	10	140	120	
	地级（起数）	50	9	41	8	18
	合 计	**5086**	**1903**	**3183**	**1944**	**1003**
	国家（人次）	1280		1280	1024	
	省级（人次）	1050	140	910	420	
	地级（人次）	2756	1763	993	500	1003
2010	**合 计**	**267**	**31**	**236**	**98**	**65**
	国家（起数）	115	4	111	54	31
	省级（起数）	91	6	85	35	32
	地级（起数）	61	21	40	9	2
	合 计	**2218**	**855**	**1363**	**937**	**209**
	国家（人次）	635	35	600	635	
	省级（人次）	772	454	318	200	200
	地级（人次）	811	366	445	102	9
2011	**合 计**	**200**	**26**	**174**	**58**	**36**
	国家（起数）	3	1	2	1	
	省级（起数）	89	4	85	37	27
	地级（起数）	108	21	87	20	9
	合 计	**4020**	**2838**	**1182**	**674**	**311**
	国家（人次）	32	31	1	31	
	省级（人次）	719	326	393	390	270
	地级（人次）	3269	2481	788	253	41
2012	**合 计**	**191**	**4**	**187**	**141**	
	国家（起数）	150	4	146	120	
	省级（起数）	41		41	21	
	地级（起数）					
	合 计	**1433**	**170**	**1263**	**1256**	
	国家（人次）	737		737	659	
	省级（人次）	696	170	526	597	
	地级（人次）					
2013	**合 计**	**124**		**124**	**86**	**12**
	国家（起数）	91		91	71	12
	省级（起数）	33		33	15	
	地级（起数）					
	合 计	**562**		**562**	**326**	**31**
	国家（人次）	309		309	261	31
	省级（人次）	253		253	65	
	地级（人次）					
2014	**合 计**	**175**	**6**	**169**	**67**	**52**
	国家（起数）	113	3	110	53	30
	省级（起数）	62	3	59	14	22
	地级（起数）					
	合 计	**935**	**120**	**815**	**720**	**102**
	国家（人次）	633	43	590	475	70
	省级（人次）	302	77	225	245	32
	地级（人次）					

8-5续表　2009-2014年体育国际交流情况

单位：人

年份	交流层次	交流类型		交流形式	
		双边	其他	政府间	民间
2009	**合　计**	**149**	**22**	**392**	**58**
	国家（起数）	50		220	30
	省级（起数）	30		130	20
	地级（起数）	2	22	42	8
	合　计	**1007**	**1132**	**3839**	**1247**
	国家（人次）	256		1126	154
	省级（人次）	630		910	140
	地级（人次）	121	1132	1803	953
2010	**合　计**	**79**	**25**	**232**	**35**
	国家（起数）	30		114	1
	省级（起数）	24		91	
	地级（起数）	25	25	27	34
	合　计	**504**	**568**	**1667**	**551**
	国家（人次）			635	
	省级（人次）	72	300	772	
	地级（人次）	432	268	260	551
2011	**合　计**	**35**	**71**	**142**	**58**
	国家（起数）	1	1	2	1
	省级（起数）	24	1	88	1
	地级（起数）	10	69	52	56
	合　计	**416**	**2679**	**1095**	**2925**
	国家（人次）	1		1	31
	省级（人次）	59		705	14
	地级（人次）	356	2679	389	2880
2012	**合　计**	**50**		**164**	**27**
	国家（起数）	30		135	15
	省级（起数）	20		29	12
	地级（起数）				
	合　计	**177**		**1045**	**388**
	国家（人次）	78		457	280
	省级（人次）	99		588	108
	地级（人次）				
2013	**合　计**	**26**			**124**
	国家（起数）	8			91
	省级（起数）	18			33
	地级（起数）				
	合　计	**205**			**562**
	国家（人次）	17			309
	省级（人次）	188			253
	地级（人次）				
2014	**合　计**	**56**		**164**	**11**
	国家（起数）	30		107	6
	省级（起数）	26		57	5
	地级（起数）				
	合　计	**113**		**720**	**215**
	国家（人次）	88		475	158
	省级（人次）	250		245	57
	地级（人次）				

8-6 2009-2014年等级运动员当年发展情况

单位：人

项目	2009					2010				
	计	国际级	国家级	一级	二级	计	国际级	国家级	一级	二级
合计	**2561**	**1**	**4**	**477**	**2079**	**2990**	**19**	**180**	**625**	**2166**
田径	537			42	495	459		3	53	403
游泳	289			22	267	437		2	99	336
跳水	11			3	8	83			50	33
水球	14			14		20			20	
花样游泳						11			11	
体操	46			39	7	16			15	1
艺术体操	22			5	17	6			6	
蹦床						12				12
举重	56			35	21	45			23	22
拳击	23			5	18	111		70	11	30
摔跤	15				15	7	1			6
中国式摔跤	12				12	45		30		15
柔道	45			10	35	90		2	19	69
跆拳道	198			89	109	82			9	73
自行车						2			1	1
击剑	61			6	55	85			7	78
马术	3			3						
现代五项	1			1						
射击	26			20	6	38			23	15
射箭	16			6	10	16			3	13
赛艇						44	2	3	27	12
皮划艇	24			13	11	58	6	6	30	16
帆船						65		40	25	
帆板										
足球	453			83	370	274			8	266
篮球	84			28	56	89			34	55
排球	53			6	47	101			24	77
沙滩排球	3			3		4				4
乒乓球	82			2	80	133		20	14	99

8-6续表1 2009-2014年等级运动员当年发展情况

单位：人

项 目	2009					2010				
	计	国际级	国家级	一级	二级	计	国际级	国家级	一级	二级
羽毛球	36			1	35	78			29	49
网球	34				34	62			6	56
手球	27				27	72				72
曲棍球	20				20	88			20	68
棒球	41			9	32	26				26
垒球						23			13	10
速度滑冰						1		1		
技巧						1			1	
健美操	9				9	21			5	16
街舞										
软式网球						6			5	1
武术	168			6	162	151			15	136
滑水	5	1	4			5	1	3	1	
蹼泳	7			2	5	5				5
摩托艇										
围棋	39			3	36	49			3	46
国际象棋	25			4	21	25			6	19
象棋	3				3	4			2	2
登山										
攀岩										
高尔夫球										
橄榄球										
车辆模型	2				2	2				2
航海模型	17			8	9	9				9
定向										
航空模型	3				3	3				3
热气球										
轮滑	9			6	3	9	9			
业余无线电	42			3	39	17			7	10
健美										

8-6续表2 2009-2014年等级运动员当年发展情况

单位：人

项 目	2011					2012				
	计	国际级	国家级	一级	二级	计	国际级	国家级	一级	二级
合 计	**2118**	**28**	**158**	**498**	**1434**	**2554**			**1042**	**1512**
田径	313		1	36	276	285			62	223
游泳	230	1	2	56	171	259			90	169
跳水	55	7	11	15	22	111			93	18
水球	18	5	4	9		18			18	
花样游泳	15	1	5		9	10				10
体操	24		4	8	12	20			20	
艺术体操	5		5			22			22	
蹦床	16		1	3	12	17			4	13
举重	29	1	7	10	11	76			44	32
拳击	33		7		26	31			21	10
摔跤	40		1		39	41			14	27
中国式摔跤	14				14	5				5
柔道	66	1	7	15	43	45			28	17
跆拳道	31			13	18	66			36	30
自行车	8			8		30			28	2
击剑	23		2	6	15	74			25	49
马术										
现代五项	4		4			1			1	
射击	29		1	25	3	41			31	10
射箭	18			8	10	9			9	
赛艇	22		2	14	6	97			47	50
皮划艇	30	1	6	16	7	43			13	30
帆船	23	1	13		9	99			91	8
帆板										
足球	250		10	50	190	204			55	149
篮球	186		21	113	52	219			104	115
排球	73		10	17	46	147			39	108
沙滩排球										
乒乓球	62	1	2	22	37	123			20	103

8-6续表3 2009-2014年等级运动员当年发展情况

单位：人

项目	2011					2012				
	计	国际级	国家级	一级	二级	计	国际级	国家级	一级	二级
羽毛球	74	2	1	11	60	28			16	12
网球	48			2	46	27			7	20
手球	104		12		92	28			8	20
曲棍球	48	1	4		43	22			5	17
棒球	15	5	6	3	1	17			13	4
垒球	12	1			11	38				38
速度滑冰										
技巧										
健美操	14			8	6	37			20	17
街舞										
软式网球										
武术	97		7	18	72	163			29	134
滑水		1	4							
蹼泳	2			1	1	5			2	3
摩托艇										
围棋	34			1	33	40			5	35
国际象棋	15			7	8	21			1	20
象棋	6				6	2			2	
登山	2		2			8			7	1
攀岩										
高尔夫球						1			1	
橄榄球										
车辆模型	2				2					
航海模型	5			2	3	7			5	2
定向										
航空模型	1				1	2			1	1
热气球										
轮滑	2				2	1				1
业余无线电	20			1	19	14			5	9
健美										

8-6续表4 2009-2014年等级运动员当年发展情况

单位：人

项目	2013					2014				
	计	国际级	国家级	一级	二级	计	国际级	国家级	一级	二级
合 计	**2253**	**10**	**148**	**428**	**1667**	**3149**	**8**	**144**	**961**	**2036**
田径	228		4		224	327		9	58	260
游泳	317		14	35	268	398		3	93	302
跳水	15	1	8		6	35	1	17	14	3
水球	39		4	35		15		6	9	
花样游泳	2		2			16			4	12
体操	21	1	2	17	1	29		9	14	6
艺术体操	12		6	6		10			10	
蹦床	21		3	8	10	21	1	2	6	12
举重	30		3	11	16	43	1	1	20	21
拳击	27		4	6	17	19			7	12
摔跤	40		8		32	28		5	7	16
中国式摔跤										
柔道	38			19	19	30		4	12	14
跆拳道	99		1	29	69	38			23	15
自行车	18		1	7	10	13			7	6
击剑	19		4	2	13	41			15	26
马术										
现代五项	6	4	1	1						
射击	8			5	3	40		3	24	13
射箭	2		1	1		1		1		
赛艇	58	1	10	10	37	73			37	36
皮划艇	86	1	5	31	49	54		5	44	5
帆船	12		1	6	5	38		4	32	2
帆板	2				2					
足球	187		11	59	117	243		20	89	134
篮球	214		17	57	140	463	3	10	71	379
排球	132			20	112	171		4	72	95
沙滩排球										
乒乓球	124		5	2	117	198			75	123

8-6续表5　2009-2014年等级运动员当年发展情况

单位：人

项　目	2013					2014				
	计	国际级	国家级	一级	二级	计	国际级	国家级	一级	二级
羽毛球	42		3	2	37	143	2	11	72	58
网球	56			6	50	79			5	74
手球	24		3		21	100		9	8	83
曲棍球	47	1	2	10	34	67			25	41
棒球	40		5	5	30	7				7
垒球	3	1	2			43			28	15
速度滑冰										
技巧										
健美操	5			5		13		1	4	8
街舞										
软式网球										
武术	153		10	13	130	200		11	22	167
滑水										
蹼泳	2		2		52	2		2		
摩托艇										
围棋	53			1		49		1	3	45
国际象棋	19			4	15	14			5	9
象棋	7		1		6					
登山	7		4	1	2	5		1	4	
攀岩	1				1					
高尔夫球	3		1	1	1	10		2	7	1
橄榄球	5				5					
车辆模型	1				1	14			5	9
航海模型	12			9	3	13			4	9
定向										
航空模型	1			1		7			6	1
热气球										
轮滑	1			1		15		1	6	8
业余无线电						24		2	13	9
健美	14			2	12					

8-7 2009-2014年等级教练员当年发展情况

单位：人

项　目	2009					2010					2011				
	合计	国家级	高级	中级	初级	合计	国家级	高级	中级	初级	合计	国家级	高级	中级	初级
合　计	**67**	**3**	**9**	**21**	**34**	**42**	**6**	**6**	**9**	**21**	**42**		**3**	**16**	**23**
田径	7	2		3	2		1				2		1	1	
游泳	6	1	1	2	2		1	3			2		1		1
跳水	1				1		1		3		3			1	2
水球															
花样游泳															
体操	2			2							7			5	2
艺术体操							1								
蹦床											1				1
举重	2			2			1				3			1	2
拳击	2			1	1										
国际式摔跤											4			4	
中国式摔跤	3		1		2										
柔道	2				2										
跆拳道	2			1	1										
击剑	2				2		1				3		1	1	1
现代五项	1			1							2				2
射击	1				1										
射箭	1				1										
赛艇	3		1	2				2	2						
皮划艇	1				1			1	2		1				1
帆船	1		1												
足球	12			4	8				1						
篮球	5		2	1	2										
排球															
乒乓球	4				4						7			2	5
羽毛球											4			1	3
网球	2				2						2				2
手球	2		2												
曲棍球	1			1											
垒球									1						
技巧															
武术	2				2						1				1
滑水															
蹼泳	1			1											
中国象棋	1		1												

8-7续表　2009-2014年等级教练员当年发展情况

单位：人

项　目	2012					2013					2014				
	合计	国家级	高级	中级	初级	合计	国家级	高级	中级	初级	合计	国家级	高级	中级	初级
合　计	**67**	**2**	**7**	**21**	**37**	**38**	**10**	**10**	**10**	**8**	**41**	**11**	**18**	**10**	**2**
田径		1	1	1		2		1		1	5		3	2	
游泳			1	1											
跳水				4		3	1			2	2		1	1	
水球				1											
花样游泳						1	1				2	2			
体操			1			3		2		1	8	3	3		
艺术体操															
蹦床											2		2		
举重			2	1		1	1				1		1		
拳击				2											
国际式摔跤				2		2	2								
中国式摔跤															
柔道															
跆拳道						1		1			1		1		
击剑			1			4	2	2							
现代五项											1		1		
射击				1		2			1	1	2		2		
射箭				1											
赛艇		1	1	1		1				1	2	1	1		
皮划艇				2		2		1	1		1	1			
帆船															
足球				2		1			1		2				2
篮球						1			1		4	2	2		
排球						1			1						
乒乓球				1							5		2	3	
羽毛球						3		1		2	1	1			
网球															
手球						2			2						
曲棍球						1		1							
垒球															
技巧						1	1								
武术				1		4	1	1	2		1			1	
滑水						1			1						
蹼泳						1	1				1	1			
中国象棋															

8-8　2009-2014年等级公益性社会体育指导员发展情况

单位：人

指　标	2009					2010				
	合计	国家级	一级	二级	三级	合计	国家级	一级	二级	三级
本年度认证人数	24822		969	3548	20305	31605	11	2045	5733	23816
截至年末认证总人数	68242	1	5302	12422	50517	91337	51	9407	18555	63324
本年参加指导员的培训人数	23642	5	3	3609	20025	42331	28	2252	7171	32880

8-8续表1　2009-2014年等级公益性社会体育指导员发展情况

单位：人

指　标	2011					2012				
	合计	国家级	一级	二级	三级	合计	国家级	一级	二级	三级
本年度认证人数	37041		1250	4181	31610	45242	85	1362	6412	37383
截至年末认证总人数	106963		9644	16187	81132	141301	172	3429	22265	115435
本年参加指导员的培训人数	37460		1320	3708	32432	84472		1620	12581	70271

8-8续表2　2009-2014年等级公益性社会体育指导员发展情况

单位：人

指　标	2013					2014				
	合计	国家级	一级	二级	三级	合计	国家级	一级	二级	三级
本年度认证人数	5398		14	414	4970	34358		311	3761	30286
截至年末认证总人数	39073		282	6360	32431	214410	320	4268	33699	176123
本年参加指导员的培训人数	60498		858	6147	53493	35237		241	4482	30514

8-9　2009-2014年国民体质监测站点基本情况

单位：个、人

指　标	2009					2010				
	合计	国家	省	地市	县区	合计	国家	省	地市	县区
总站（点）数	181	1	2	23	155	672	1	2	86	583
组建测试队	136		3	21	112	407	1	3	63	340
测试工作人员数	2283		60	396	1827	11904	6	50	4030	7818
累计受测人员数	655620		12691	115560	527369	2750446		43850	818687	1887909
本年度受测人员数	267847		3570	23528	240749	548050		7800	437482	102768
本年度测试达标人数	216797		2986	17768	196043	398464		4872	302532	91060
本年度测试达标率(%)	80.94		83.64	75.52	81.43	72.71		62.46	69.15	88.61

8-9续表1　2009-2014年等级运动员当年发展情况

单位：个、人

指　标	2011					2012				
	合计	国家	省	地市	县区	合计	国家	省	地市	县区
总站（点）数	242			96	146	173			54	119
组建测试队	164			56	108	157			19	138
测试工作人员数	4646			897	3749	15400			407	14993
累计受测人员数	1199328			852334	346994	1619556			1064926	554630
本年度受测人员数	146342			91134	55208	291385			159562	131823
本年度测试达标人数	134405			87395	47010	239559			123136	116423
本年度测试达标率(%)	91.84			95.9	85.15	82.21			77.17	88.32

8-9续表2　2009-2014年等级运动员当年发展情况

单位：个、人

指　标	2011					2012				
	合计	国家	省	地市	县区	合计	国家	省	地市	县区
总站（点）数			1					1		
组建测试队			2					2		
测试工作人员数			40					40		
累计受测人员数			73528					54506		
本年度受测人员数			8453					4780		
本年度测试达标人数			7903					4550		
本年度测试达标率(%)			93.5					95.2		

8-10 2009-2014年政府命名群众体育场地情况

单位：个、m²、万元

年份	级次	数量（个）	规模（m²）		投入（万元）					
			占地面积	场地面积	合计	中央	省级	地级	县级	其他
2009	**合计**	**746**	**3320059**	**1566778**	**87267**	**300**	**18295**	**26293**	**42379**	
	国家	26	476223	206534	2800		2800			
	省级	1								
	地级	15	290382	105664	25637			25637		
	县级	704	2553454	1254580	58830	300	15495	656	42379	
2010	**合计**	**1039**	**10454222**	**8470670**	**202168**	**280**	**4315**	**35948**	**161625**	
	国家	5	810000	18000	250	250				
	省级	31	352241	279044	2600		2600			
	地级	17	157882	13050	2575			2560	15	
	县级	987	9388099	7767540	166813	150	1665	3388	161610	
2011	**合计**	**173**	**920101**	**849538**	**40556**			**39905**	**200**	**451**
	国家									
	省级									
	地级									
	县级									
2012	**合计**	**15209**	**45121741.3**	**2263734.3**	**171477.2**		**5040**	**115211**	**33334.2**	**17892**
	国家									
	省级									
	地级									
	县级									
2013	**合计**									
	国家	2	152850	109840		100			12000	
	省级									
	地级									
	县级									
2014	**合计**									
	国家									
	省级	1	1500	1200			720			
	地级									
	县级									

8-11 2009-2014年政府援建体育场地情况

单位：万元、m²

年份	级次	场地设施数量					
		合计	健身路径（条）	篮球场（个）	乒乓球台（个）	小篮板（个）	其他
2009	**合计**	**16704**	**2080**	**7276**	**6820**	**479**	**49**
	国家						
	省级	6412	59	4325	1698	330	
	地级	347	66	32	195	50	4
	县级	9945	1955	2919	4927	99	45
2010	**合计**	**23335**	**2589**	**8432**	**8687**	**1755**	**1872**
	国家						
	省级	9375	84	4279	4669	343	
	地级	732	186	62	385	50	49
	县级	13228	2319	4091	3633	1362	1823
2011	**合计**	**9454**	**1776**	**6445**	**863**		**370**
	国家						
	省级	4		1	3		
	地级	3594	147	2917	270		260
	县级	5856	1629	3527	590		110
2012	**合计**	**9338**	**1652**	**710**	**576**		**6400**
	国家						
	省级	6617	531		17		6069
	地级	1009	498	62	267		182
	县级	1712	623	648	292		149
2013	**合计**						
	国家						
	省级		163		5110		38
	地级						
	县级						
2014	**合计**						
	国家						
	省级		358	150	9293	0	38
	地级						
	县级						

8-11续表　2009-2014年政府援建体育场地情况

单位：万元、m²

年份	级次	投入（万元）				场地规模（m²）	
		合计	财政拨款	体彩公益金	其他	占地面积	场地面积
2009	**合计**	**35255**	**18959**	**6710**	**9587**	**1901432**	**1245998**
	国家						
	省级	2950	150	2800			
	地级	417	7	410		113604	99354
	县级	31888	18802	3500	9587	1787828	1146644
2010	**合计**	**18613**	**6766**	**8478**	**3369**	**5339246**	**3306210**
	国家						
	省级	3580	150	3430		2308190	1160495
	地级	2138	200	1919	20	124640	112224
	县级	12895	6416	3129	3349	2906416	2033491
2011	**合计**	**39532**	**26158**	**5863**	**7511**	**3017403.2**	**2422317.8**
	国家						
	省级	731	181	550		16100	7296
	地级	2997	643	1953	401	828769	645848
	县级	35804	25333	3360	7110	2172534.2	1769173.8
2012	**合计**	**31599**	**6684**	**14611**	**10304**	**2188031**	**1823505**
	国家						
	省级	4477	790	3627	60	217604	222614
	地级	6780		5369	1411	260376	205186
	县级	20342	5894	5615	8833	1710051	1395705
2013	**合计**						
	国家						
	省级	3485		3485		545828	234199.6
	地级						
	县级						
2014	**合计**						
	国家						
	省级	6270	900	5370	0	589733	516487.74
	地级						
	县级						

8-12 2009-2014年彩票公益金使用情况

单位：万元

指　标	2009	2010	2011	2012	2013	2014
一、体育设施	10681.9	9399	6944.5	6874.3	20454.2	7400
其中：修建训练场地	3107.8	3132.7	3429.3	2576.8		2400
添置训练竞赛器材	442.6	849.2	1217.6	1795.9		
其他	7131.5	5417.1	2297.6	2501.6		5000
二、群众体育	14991.2	15361.2	22165.7	41619.9	26216.7	8717
其中：全民健身路径工程	4264	3831.5	2919.2	5202.9		5645
农民体育健身工程	1803.6	1103.2	1679.3	976.4		
雪炭工程	8891.6	178	1862.3	1698.6		
全民健身中心	271.7	560.3	930.1	1781.8		
全民健身基地	136.9	4.7.0	789.8	1486.1		
俱乐部建设	1011.3	311.7	768	1504.1		
培训管理	579.6	757.4	1922.3	675.4		
其他	6892.1	8212.1	11294.3	28294.4		3072
三、竞技体育	12806.6	11697.2	28667.7	20460	33769.5	11860
其中：国际大型运动会	163	349.5	661.5	702.3		
国内大型运动会	1989.5	5793.7	2836	1256.5		600
研制购进辅助设施	295.7	85	1468.7	954.4		
改善训练生活条件	6048.8	1797.9	861.7	752.1		2600
其他	4309.6	3671.1	22839.8	16794.7		8660
四、青少年体育					5980.7	5443
其中：资助青少年体育活动					2285.4	4273
资助青少年体育组织					738.4	1170
五、其他（含体育扶贫）					2882.8	

8-13 2009-2014年体育系统单位财务状况表

单位：万元

科　目	2009	2010	2011	2012	2013	2014
1、固定资产原价	276126.7	355830.2	256400.3	351870.2	515354	209292.87
2、收入合计	289703.8	319754.8	413231.6	342810.7	465703.5	126700.17
其中：事业收入	64193.4	58896.5	70030.7	43780.3	93415	3900
经营收入	6217.9	7069.4	11011	11292	14990.8	5522
3、支出合计	292156.5	316909.3	415698.3	345844.6	404874.6	95736.5
其中：工资福利支出	55794.4	64344.9	102278	76428.7	105620.1	34228.6
其中：基本工资	17410.8	19396.6	20696.1	16034.6		5269.52
奖金	5122.7	5255.4	23237.5	6335		8106.92
津贴	21694.5	28649.2	28521.8	22549.8		3871.66
社会保险	2785.4	3738.7	5009	3824.5		955.79
其他	8781	7305	10406.7	9579.3		2776.15
商品和服务支出	86452.5	82726.6	136690.9	112778.9	145078	17898.14
其中：办公费	3550.4	3265.4	4783.3	6373.2		355.4
福利费	1600.1	2677.7	2181	2980.4	2223.2	516.5
劳务费	2650.9	3427.2	6641.2	7238.1	9830.3	1393.65
取暖费	70	77.8	5.4	56.1	376.3	
差旅费	7188.9	4226.8	13089.2	8439.8	11213.9	3865.78
对个人和家庭补助支出	28150.7	23513	42267.7	41626	50492	23728.36
其中：助学金	3112.6	5293	6823	3220	6611.7	73.31
抚恤金和生活补助	519.3	485.2	3218.2	646.7	1633.5	286.44
其他资本性支出	53273.4	89891.5	75380.4	45258.5	2901.5	11838.49
4、收支结余	28336.2	26327.8	37899.7	35504.2		30963.67
5、经营税金	225.9	514	235.4	99	1488.4	104.61
6、行政事业单位增加值	10705.9	685.8	183.7	250.5		

8-14　2009-2014年体育科技情况

单位：个、万元、项、部、篇

年份	指标名称		合计	体育行政机关	运动项目管理部门	本科院校	职业、运动技术学院	体育运动学校
2009	科研课题	课题数（个）	15	1	2			3
		课题经费（万元）	139.6	4	15			0.6
	科研成果	获奖（项）	11					10
		著作（部）	1					
		论文（篇）	146		5			53
		其他（篇）	5					
2010	科研课题	课题数（个）	2		1			
		课题经费（万元）	30		15			
	科研成果	获奖（项）	6					6
		著作（部）	2					
		论文（篇）	138		5			63
		其他（篇）	30					
2011	科研课题	课题数（个）	15	1				1
		课题经费（万元）	32	10				0.5
	科研成果	获奖（项）	12	5				6
		著作（部）						
		论文（篇）	112	1				14
		其他（篇）	51					
2012	科研课题	课题数（个）	3	1				2
		课题经费（万元）	13	12				1
	科研成果	获奖（项）	3	1				2
		著作（部）	1					
		论文（篇）	76	38				8
		其他（篇）	55					
2013	科研课题	课题数（个）	54			1	18	
		课题经费（万元）	350.7			20	30	
	科研成果	获奖（项）	10				1	
		著作（部）	8				1	1
		论文（篇）	163				30	46
		其他（篇）	19					
2014	科研课题	课题数（个）	107			65	28	
		课题经费（万元）	154.2			58.2	63	
	科研成果	获奖（项）						
		著作（部）						
		论文（篇）	14				2	
		其他（篇）						

8-14续表 2009-2014年体育科技情况

单位：个、万元、项、部、篇

年 份	指标名称		竞技体校	业余体校	单项运动学校	体育传统项目学校	体育科研机构	其他事业单位	其他机构
2009	科研课题	课题数（个）					9		
		课题经费（万元）					120		
	科研成果	获奖（项）					1		
		著作（部）							
		论文（篇）		73			15		
		其他（篇）							
2010	科研课题	课题数（个）		1					
		课题经费（万元）		15					
	科研成果	获奖（项）							
		著作（部）							
		论文（篇）		70					
		其他（篇）							
2011	科研课题	课题数（个）		13					
		课题经费（万元）		21.5					
	科研成果	获奖（项）					1		
		著作（部）							
		论文（篇）		75			22		
		其他（篇）							
2012	科研课题	课题数（个）							
		课题经费（万元）							
	科研成果	获奖（项）							
		著作（部）							
		论文（篇）		7			23		
		其他（篇）							
2013	科研课题	课题数（个）				5	11	17	2
		课题经费（万元）				5	236.5	40.8	18.4
	科研成果	获奖（项）					4	5	
		著作（部）					6		
		论文（篇）		47			27	12	1
		其他（篇）					19		
2014	科研课题	课题数（个）					14		
		课题经费（万元）					33		
	科研成果	获奖（项）							
		著作（部）							
		论文（篇）					12		
		其他（篇）							

8-15 2009-2014年体育社团组织、运动项目组织数

单位：个

年份	单项运动项目组织					综合运动项目组织				
	合计	国家级	省级	地级	县级	合计	国家级	省级	地级	县级
2009	283		3	50	230	1078		32	332	714
2010	1420	13	35	444	928	214	3	1	31	179
2011	1256		32	413	811	153		1	35	117
2012	1313		36	435	842	169		6	38	125
2013			32					10		
2014			37					13		

8-15续表 2009-2014年体育社团组织、运动项目组织数

单位：个

年份	体育社团组织				
	合计	国家级	省级	地级	县级
2009	1361		35	382	944
2010	1634	16	36	475	1107
2011	1409		33	448	928
2012	1482		42	473	967
2013			42		
2014			50		

主要统计指标解释

体育场 是指有400米跑道（中心含足球场），有固定跑道6条以上，并有固定看台的室外田径场地。以看台容纳观众人数分：甲级25000人以上，乙级15001～25000人，丙级5000～15000人，丁级5000人以下。

等级裁判员 是指经考核正式批准授予等级裁判员称号的裁判员。裁判员等级分为国际裁判、国家级裁判、一级裁判、二级裁判、三级裁判。

全民健身活动设施 是指国家体育总局统一组织，将各级体育行政部门的体育彩票公益金作为启动资金，捐赠给城市社区和乡镇的受赠单位，由受赠单位兴建，旨在开展全民健身活动的公益性体育场地设施，包括设在健身公园、广场、室内的体育设施和青少年体育俱乐部。

九、广播电影电视、出版、档案

简要说明

1. 本篇资料主要反映广东省广播电影电视行业的基本情况。

2. 本篇资料主要包括：

（1）全省电影放映情况，全省广播电视从业人员和总收入，广播电视播出情况，广播电视节目制作情况，广播电视台（站）情况，有线电视用户数量，广播电视覆盖情况等。

（2）地区分全省和21个地级以上市。

（3）年份有当年、近5年和1978年以来连续年份。

3. 统计资料来源：本篇资料由广东省广电新闻出版局、广东省档案局负责整理、审核、提供。

9-1 广播电影电视综合情况（2014）

指　　标	合　　计
广播电台（座）	22
电视台（座）	24
县、市广播电视台（座）	79
有线广播电视用户数（万户）	2162
数字电视用户数（万户）	1971.21
从业人员（人）	51862
总收入（万元）	2491126.24
资产总额（万元）	6227466.61
广播影视节目制作经营机构（家）	1543
在册放映单位（个）	1649
院线（家）	25
座位数（个）	440355
放映场次（万场次）	515.5
观众人数（万人次）	16873.82
放映收入（万元）	414927.5

9-2 电影基本情况（2014）

指　　标	在册放映单位（个）	座位数（个）	放映场次（万场次）	观众人数（万人次）	放映收入（万元）
合　　计	**1649**	**440355**	**515.5**	**16873.82**	**414927.5**
农　　村	1077		28.68	5695	
城　　市	572	440355	486.82	11178.82	414927.5
中影南方新干线	143	116778	127.02	3009.68	110789.7
金逸珠江院线	83	64040	77.05	1610.95	64360.54
广东大地	106	69549	73.02	2131.62	66524.41

注：1. 农村在册放映单位指流动放映队，没有座位数统计指标。
　　2. 城市指院线的电影放映情况，未含院线外的电影放映情况。

9-3 广播电视从业人员和收入情况（2014）

指　　标	从业人员（人）		本年总收入（万元）		
		编播人员		广告收入	网络收入
合计	**51862**	**7092**	**2,491,126.24**	**933,288.26**	**793,468.90**
省级	16771	1540	1,193,656.67	389,319.78	430,240.88
地市级	20432	3980	1,032,877.91	504,179.92	183,321.46
县级	14659	1572	264591.66	39788.56	179906.56

9-4 各市广播电视从业人员和收入情况（2014）

市别	从业人员（人）	编播人员	本年总收入（万元）	广告收入	网络收入
合计	**51,862**	**7,092**	**2,491,126.24**	**933,288.26**	**793,468.90**
省级	16,771	1,540	1,193,656.67	389,319.78	430,240.88
广州	5,402	693	311,026.20	90,023.81	111,724.14
深圳	9,174	1,603	625,726.75	278,726.38	135,301.65
珠海	620	112	14,749.93	10,770.53	—
汕头	486	131	15,745.94	13,273.22	—
佛山	828	139	41,501.73	38,102.74	—
韶关	1,295	261	19,584.65	3,831.82	10,029.42
河源	893	123	10,186.40	1,816.90	4,951.70
梅州	1,548	298	21,583.88	8,511.43	8,021.87
惠州	1,405	207	19,805.69	8,113.14	5,532.42
汕尾	739	19	7,528.47	1,431.09	3,005.00
东莞	1,881	308	22,707.77	19,957.66	—
中山	874	245	21,577.75	11,870.76	—
江门	1,676	214	34,422.56	12,885.00	19,370.40
阳江	707	83	11,711.72	2,574.19	6,870.69
湛江	1,840	271	18,321.69	4,900.26	9,362.38
茂名	949	167	20,457.42	3,081.42	14,286.42
肇庆	841	163	18,678.89	5,354.12	4,183.31
清远	1,022	111	24,055.90	7,579.70	13,527.60
潮州	609	85	10,159.32	12,558.70	6,621.17
揭阳	1,705	233	18,814.79	6,580.40	4,709.80
云浮	597	86	9,122.12	2,025.21	5,730.05

9-5 各市广播电视从业人员情况

单位：人

市别	2004	2005	2006	2007	2008	2009
合计	**37161**	**37306**	**41382**	**42988**	**45042**	**45,152**
省级	4391	3978	4885	5873	6523	5,830
广州	4397	3886	4078	4178	4162	4,303
深圳	4390	4810	6434	6329	7312	7,372
珠海	940	962	926	887	882	946
汕头	1085	1042	1132	1063	1061	1,169
佛山	2438	2634	2742	2455	2610	2,260
韶关	1321	1263	1420	1340	1337	1,358
河源	767	771	833	857	950	957
梅州	1564	1594	1589	1685	1660	1,592
惠州	1466	1559	1917	1864	1915	2,065
汕尾	257	257	1110	881	911	929
东莞	1776	1776	1669	1656	1667	1,901
中山	467	498	1307	1258	1283	1,515
江门	1728	1680	1794	1617	1614	1,697
阳江	769	954	921	900	981	969
湛江	2205	2150	2122	2145	2131	2,183
茂名	1244	1217	1322	1341	1404	1,530
肇庆	1397	1430	1461	1511	1495	1,559
清远	1001	1129	1254	1186	1285	1,118
潮州	796	819	523	961	750	733
揭阳	2091	2202	2233	2259	2335	2,335
云浮	671	695	710	742	774	831

9-5续表　各市广播电视从业人员情况

单位：人

市　别	2010	2011	2012	2013	2014
合　计	**54,291**	**52,718**	**53,095**	**49730**	**51862**
省　级	15,349	16,661	14,850	15401	16771
广　州	5,219	5,152	3,929	3,684	5,402
深　圳	8,866	9,481	11,655	7,439	9,174
珠　海	697	696	1,234	757	620
汕　头	1,232	568	958	720	486
佛　山	2,565	1,026	1,382	1,129	828
韶　关	1,202	1,229	1,102	1,261	1,295
河　源	957	961	880	836	893
梅　州	1,604	1,557	1,422	1,603	1,548
惠　州	1,818	1,974	2,190	2,131	1,405
汕　尾	912	779	769	743	739
东　莞	566	594	629	1,942	1,881
中　山	983	827	817	781	874
江　门	1,625	1,650	1,620	1,635	1,676
阳　江	1,069	1,062	1,011	988	707
湛　江	1,972	1,911	1,914	1,880	1,840
茂　名	1,370	1,438	1,334	1,527	949
肇　庆	1,439	1,522	1,539	1,513	841
清　远	1,151	1,132	1,385	1,310	1,022
潮　州	628	618	627	637	609
揭　阳	2,349	1,199	1,167	1,192	1,705
云　浮	718	681	681	621	597

9-6 各市广播电视总收入情况

单位：万元

市别	2004	2005	2006	2007	2008	2009
合计	**834870**	**858152**	**1000812**	**1093798**	**1251271**	**1,368,363.19**
省级	260385	252526	284354	352735	401465	396,436.47
广州	122528	129262	138200	145289	168317	191,880.83
深圳	166774	181981	238978	238537	263429	300,607.93
珠海	21664	20224	18529	24319	26953	27,624.74
汕头	20445	20582	21098	22926	21621	24,355.40
佛山	57402	57427	64976	70950	79710	87,946.14
韶关	12230	14018	15186	14755	16131	15,105.96
河源	3726	5483	6329	7388	9611	9,161.00
梅州	8574	8915	9973	10857	12621	13,618.76
惠州	18469	18626	18993	18469	22721	29,446.91
汕尾	2269	3069	5321	5034	5868	6,709.50
东莞	32345	30764	27415	33458	53547	83,140.35
中山	17723	12788	26819	25799	29850	29,896.83
江门	24221	26776	28268	30595	35530	39,532.27
阳江	3572	6950	6149	7788	8876	11,230.28
湛江	10361	15624	15399	17017	17915	19,496.88
茂名	9036	9789	10718	13055	15047	13,925.09
肇庆	13818	14626	15068	16469	19090	19,777.56
清远	8552	12146	13138	13786	16823	20,456.40
潮州	8523	9496	7552	8269	8314	8,995.00
揭阳	7827	9437	9330	10631	10946	12,057.79
云浮	4426	4643	5307	5673	6887	6,961.10

9-6续表 各市广播电视总收入情况

单位：万元

市别	2010	2011	2012	2013	2014
合计	**1,737,425.10**	**1,982,906.36**	**2,144,604.14**	**2,364,525.70**	**2,491,126.24**
省级	610,925.40	820,247.73	919,329.90	1,101,335.97	1,193,656.67
广州	270,397.03	267,245.55	229,653.14	246,306.65	311,026.20
深圳	436,081.29	538,217.83	598,928.47	606,774.91	625,726.75
珠海	23,107.64	16,001.29	15,868.81	14,078.45	14,749.93
汕头	27,609.26	18,627.00	26,919.40	22,547.10	15,745.94
佛山	74,390.96	39,319.00	48,690.00	49,296.00	41,501.73
韶关	15,550.02	15,029.29	15,528.28	18,252.98	19,584.65
河源	9,990.92	9,615.63	10,122.66	11,191.54	10,186.40
梅州	15,467.66	16,429.95	17,474.43	17,520.05	21,583.88
惠州	26,208.47	32,819.26	43,969.10	40,937.97	19,805.69
汕尾	6,738.90	6,890.80	5,370.00	7,048.00	7,528.47
东莞	49,728.38	33,383.11	27,673.80	26,124.66	22,707.77
中山	24,782.06	21,370.21	26,829.22	25,216.51	21,577.75
江门	35,246.12	33,422.00	34,728.84	34,649.56	34,422.56
阳江	11,394.50	12,556.47	13,591.69	12,507.09	11,711.72
湛江	17,990.40	17,352.50	17,939.19	20,727.26	18,321.69
茂名	13,218.04	15,409.88	16,260.59	29,818.12	20,457.42
肇庆	19,558.41	21,167.58	21,593.42	21,605.46	18,678.89
清远	19,490.00	20,707.80	24,138.62	28,810.61	24,055.90
潮州	9,354.00	8,816.96	9,028.35	9,770.36	10,159.32
揭阳	12,822.24	10,987.96	13,499.08	12,738.72	18,814.79
云浮	7,373.40	7,288.56	7,467.15	7,267.73	9,122.12

9-7 各市广播电视广告收入情况

单位：万元

市别	2004	2005	2006	2007	2008	2009
合计	**457179**	**478666**	**567514**	**571014**	**607401**	**610,611.45**
省级	136355	151567	200240	200254	210162	200,665.87
广州	68032	65034	64126	68430	73900	68,180.45
深圳	106938	117285	132859	131587	146314	162,125.41
珠海	12773	7964	7650	9978	10469	10,629.86
汕头	13046	13620	11973	13490	11712	14,029.50
佛山	32930	29004	33879	37308	38432	32,662.53
韶关	4964	5195	5638	4744	4885	3,560.05
河源	1159	1503	1596	1938	1973	1,966.00
梅州	3715	3643	4512	4455	4711	4,876.49
惠州	8099	9924	10096	9516	10689	10,821.10
汕尾	893	893	2310	1633	1888	2,027.00
东莞	20949	18976	21962	25432	28027	31,925.51
中山	9244	9050	14948	15666	16458	14,952.42
江门	12652	12840	12641	13954	14886	16,211.60
阳江	1614	2522	2283	2202	2122	2,199.70
湛江	5641	6078	5376	6509	6508	7,456.70
茂名	3096	3240	2763	3942	3170	2,848.83
肇庆	3049	5465	4999	5486	5797	5,533.16
清远	2954	3069	3437	3525	4475	6,029.80
潮州	3619	4139	4379	4718	4412	4,949.00
揭阳	4270	4303	4459	4489	4629	5,225.28
云浮	1187	1784	1676	1760	1782	1,735.19

9-7续表 各市广播电视广告收入情况

单位：万元

市别	2010	2011	2012	2013	2014
合计	**727,374.91**	**823,765.35**	**896,412.27**	**931,328.88**	**933,288.26**
省级	232,831.45	299,310.38	341,852.66	354,020.54	389,319.78
广州	110,370.83	87,331.72	93,760.67	122,190.93	90,023.81
深圳	183,342.26	234,580.35	255,544.66	258,301.40	278,726.38
珠海	12,138.98	13,873.19	13,031.23	11,549.20	10,770.53
汕头	17,380.36	17,901.00	19,070.00	15,917.40	13,273.22
佛山	41,543.90	36,301.00	42,912.00	42,693.00	38,102.74
韶关	4,551.10	4,749.25	4,817.13	5,587.80	3,831.82
河源	1,482.95	1,547.76	2,162.78	1,845.03	1,816.90
梅州	6,051.77	6,577.41	7,017.03	7,237.74	8,511.43
惠州	11,558.84	11,815.75	9,886.85	10,533.67	8,113.14
汕尾	1,961.60	2,034.00	1,702.00	1,967.60	1,431.09
东莞	30,640.14	31,051.94	26,085.96	24,896.90	19,957.66
中山	16,487.96	17,526.26	17,480.65	16,701.16	11,870.76
江门	14,821.00	15,791.00	15,902.30	13,327.26	12,885.00
阳江	2,760.30	2,534.16	2,877.43	2,720.87	2,574.19
湛江	7,564.90	6,689.70	6,467.46	5,540.84	4,900.26
茂名	3,315.74	3,065.31	3,421.47	4,286.14	3,081.42
肇庆	6,299.64	7,076.27	7,866.94	6,942.20	5,354.12
清远	6,776.30	8,074.60	8,767.90	9,730.80	7,579.70
潮州	7,215.00	7,215.92	6,971.24	6,973.67	12,558.70
揭阳	6,255.68	6,862.01	6,937.50	6,332.30	6,580.40
云浮	2,024.21	1,856.37	1,876.41	2,032.43	2,025.21

9-8 各市广播电视网络收入情况

单位：万元

市别	2004	2005	2006	2007	2008	2009
合计	**180400**	**216617**	**285767**	**313716**	**387517**	**461,008.90**
省级	23535	24585	31659	30219	41209	43,047.99
广州	28015	29671	44350	42879	62684	69,862.50
深圳	31534	44850	70715	75961	83271	93,066.59
珠海	4722	7083	9412	12242	14862	16,245.50
汕头	5919	5538	8155	8702	8777	9,255.80
佛山	19802	21500	28746	31644	36673	44,292.16
韶关	6163	6894	7216	8689	9259	9,349.71
河源	2304	2455	3145	3752	6109	5,076.00
梅州	2963	5068	4289	5092	5058	6,251.26
惠州	3548	4098	4665	5384	6194	16,535.60
汕尾	940	1740	1958	2689	3028	2,898.00
东莞	8197	8638	7260	15242	25183	49,521.53
中山	2715	2426	7757	9734	10349	12,636.04
江门	7658	10959	13402	15263	18722	22,261.20
阳江	2820	3667	2878	3633	4279	5,151.79
湛江	3323	5903	7819	7938	9786	10,619.58
茂名	3433	4080	5398	5723	8464	7,739.54
肇庆	7357	7054	7365	7973	9080	10,391.86
清远	4415	8184	8569	8967	10876	13,029.00
潮州	4372	5011	2869	3382	3629	3,714.00
揭阳	4458	4031	4311	5071	5429	5,787.77
云浮	2205	3170	3514	3536	4595	4,275.48

9-8续表　各市广播电视网络收入情况

单位：万元

市　别	2010	2011	2012	2013	2014
合　计	**499,800.77**	**567,012.62**	**654,750.67**	**759,604.32**	**793,468.90**
省　级	138,962.89	264,611.03	305,713.64	366,471.00	430,240.88
广　州	86,948.44	87,888.24	102,594.23	109,489.04	111,724.14
深　圳	103,760.55	116,951.29	120,994.76	135,784.52	135,301.65
珠　海	7,941.39	851.30	3,435.54	4,446.81	—
汕　头	7,527.35	—	4,664.00	4,157.33	—
佛　山	26,261.68	—	—	—	—
韶　关	8,743.90	7,293.23	8,984.73	10,581.40	10,029.42
河　源	5,062.22	5,034.25	5,346.00	5,097.41	4,951.70
梅　州	6,047.55	5,796.70	6,610.37	6,393.30	8,021.87
惠　州	11,537.95	8,013.70	19,179.18	21,590.27	5,532.42
汕　尾	3,152.00	2,934.00	1,784.00	2,403.00	3,005.00
东　莞	15,844.82	—	—	—	—
中　山	7,566.68	—	—	—	—
江　门	19,572.90	16,147.00	16,961.35	20,001.00	19,370.40
阳　江	6,276.57	7,615.29	8,085.74	7,023.99	6,870.69
湛　江	6,822.00	8,121.90	8,830.45	9,653.78	9,362.38
茂　名	6,958.97	8,053.10	9,269.07	21,293.44	14,286.42
肇　庆	9,510.33	10,939.74	9,718.71	10,104.78	4,183.31
清　远	10,980.70	9,498.20	13,004.90	15,507.10	13,527.60
潮　州	1,689.00	1,151.51	1,495.65	1,887.18	6,621.17
揭　阳	4,969.34	1,944.75	3,789.69	2,897.90	4,709.80
云　浮	3,663.54	4,167.39	4,288.66	4,821.07	5,730.05

9-9 广播电视基本情况

年份	从业人员（人）	编播人员	本年总收入（万元）	广告收入	网络收入
2000	24716	5820	402611	220915	
2001	25562	5826	446595	230836	
2002	28032	6268	565974	307525	116723
2003	30352	6826	649639	361327	137661
2004	37161	7058	834870	457179	180400
2005	37306	7250	858152	478666	216617
2006	41382	7403	1000812	567514	285767
2007	42988	7595	1093798	571014	313716
2008	45042	7639	1251271	607401	387517
2009	45,152	8247	1,368,363.19	610,611.45	461,008.90
2010	54,291	8890	1,737,425.10	727,374.91	499,800.77
2011	52,718	8460	1,982,906.36	823,765.35	567,012.62
2012	53,095	8560	2,144,604.14	896,412.27	654,750.67
2013	49730	8362	2,364,525.70	931,328.88	759,604.32
2014	51862	7092	2,491,126.24	933,288.26	793,468.90

9-10 广播电视播出情况（2014）

年份	广播节目套数（套）	全年公共广播节目播出时间（小时）	电视节目套数（套）	全年公共电视节目播出时间（小时）
合计	**148**	**766,091**	**163**	**751,170**
省级	9	78,475	38	115,340
地市级	72	340,910	61	408,800
县级	67	346,750	64	227,030

9-11 各市广播电视播出情况（2014）

市别	广播节目套数（套）	全年公共广播节目播出时间（小时）	电视节目套数（套）	全年公共电视节目播出时间（小时）
合计	**148**	**766,093**	**163**	**751,274**
省级	9	78,387	38	115,391
广州	8	54,088	15	97,623
深圳	5	37,345	14	110,890
珠海	3	6,095	2	243
汕头	3	26,280	3	21,920
佛山	6	52,560	5	32,825
韶关	9	31,383	8	22,598
河源	8	27,541	7	42,014
梅州	8	36,707	6	31,990
惠州	7	48,694	6	28,073
汕尾	4	24,890	5	15,762
东莞	3	23,725	2	13,140
中山	2	14,600	3	17,368
江门	7	46,939	9	39,957
阳江	3	6,971	3	10,725
湛江	8	40,378	7	28,335
茂名	5	26,016	6	20,467
肇庆	8	52,768	2	12,410
清远	7	36,622	6	22,192
潮州	5	32,761	4	20,626
揭阳	7	38,078	7	18,046
云浮	4	23,262	5	28,672

9-12 各市公共广播节目播出时间情况

单位：小时

市 别	2004	2005	2006	2007	2008	2009
合 计	**682715**	**704912**	**746528**	**753474**	**755343**	**778,520**
省 级	57981	77460	77460	77460	62971	75,177
广 州	36596	38426	40347	50975	52228	52,684
深 圳	28573	30002	31502	34087	42119	42,400
珠 海	18175	19084	20038	21437	20805	20,622
汕 头	31922	33518	35194	35198	35213	38,015
佛 山	41640	43722	45908	50917	51934	44,153
韶 关	41750	43837	46029	33066	29178	30,627
河 源	29953	31450	33023	32908	30567	37,038
梅 州	28788	30228	31739	33682	41617	37,149
惠 州	32581	34210	35921	37519	32777	35,365
汕 尾	13826	14517	15243	16684	17240	23,139
东 莞	14331	15048	15800	15790	16912	17,520
中 山	9195	9655	10138	12409	7697	9,901
江 门	41815	43906	46101	46191	47274	47,930
阳 江	18192	19102	20057	17878	19909	19,902
湛 江	41362	43430	45602	45600	45356	41,660
茂 名	36204	38014	39915	39809	39835	39,957
肇 庆	49410	51880	54474	54620	54651	53,961
清 远	32298	33913	35609	34604	35212	38,965
潮 州	17712	18597	19527	12730	21603	25,178
揭 阳	21274	22338	23455	26235	26439	25,130
云 浮	21261	22324	23440	23667	23801	22,040

9-12续表　各市公共广播节目播出时间情况

单位：小时

市　别	2010	2011	2012	2013	2014
合　计	**764,901**	**772,551**	**798,898**	**767,484**	**766,093**
省　级	75,177	77,600	77,600	78,080	78,387
广　州	47,583	50,992	54,840	55,676	54,088
深　圳	40,818	42,680	39,840	34,912	37,345
珠　海	20,805	18,241	18,241	18,606	6,095
汕　头	40,515	26,280	18,080	27,526	26,280
佛　山	32,560	35,370	31,172	52,560	52,560
韶　关	30,542	24,945	36,310	32,950	31,383
河　源	37,045	36,050	32,867	18,205	27,541
梅　州	35,330	36,690	38,641	38,305	36,707
惠　州	35,233	39,298	41,224	41,869	48,694
汕　尾	22,931	24,870	24,870	24,870	24,890
东　莞	17,520	17,520	17,520	19,084	23,725
中　山	7,838	14,600	19,620	14,600	14,600
江　门	48,783	49,093	49,145	46,939	46,939
阳　江	19,902	20,430	20,430	6,971	6,971
湛　江	46,868	46,777	47,434	39,655	40,378
茂　名	40,241	33,137	36,247	25,969	26,016
肇　庆	53,961	53,960	53,528	52,799	52,768
清　远	38,469	37,595	36,256	36,174	36,622
潮　州	25,585	25,863	32,879	32,548	32,761
揭　阳	25,126	38,083	38,801	38,083	38,078
云　浮	22,065	22,474	33,349	31,096	23,262

9-13 各市公共电视节目播出时间情况

单位：小时

市别	2004	2005	2006	2007	2008	2009
合计	**450713**	**499719**	**612264**	**643134**	**653263**	**678,278**
省级	76207	83693	101732	110452	104043	115,326
广州	53262	55925	58721	60153	63587	64,896
深圳	57433	60305	63320	68927	72344	79,934
珠海	12559	13187	13846	14906	14811	14,495
汕头	21080	22134	23241	24176	24797	25,735
佛山	33369	35037	36789	31720	34132	33,309
韶关	32354	33971	35670	25021	30336	30,430
河源	11503	12078	12682	39330	37601	44,447
梅州	31546	33123	34779	43588	43559	37,968
惠州	28160	29568	31046	32409	29364	28,093
汕尾	10204	10714	11250	8540	8600	9,109
东莞	11918	12514	13140	13140	13480	12,719
中山	10391	10910	11456	12900	10086	12,708
江门	23549	24727	25963	27364	32838	33,042
阳江	11572	12150	12758	16373	13798	11,283
湛江	18872	19815	20806	19701	19992	30,136
茂名	19692	20676	21710	18331	18496	18,613
肇庆	10924	11470	12044	12045	11680	11,497
清远	10594	11124	11680	7151	11840	12,715
潮州	13010	13661	14344	11132	18696	18,746
揭阳	10866	11410	11980	12718	12684	21,891
云浮	30206	31716	33302	33053	26494	11,181

9-13续表 各市公共电视节目播出时间情况

单位：小时

市别	2010	2011	2012	2013	2014
合计	**662,706**	**781,663**	**744,564**	**703,381**	**751,274**
省级	100,017	135,682	119,051	113,995	115,391
广州	63,644	70,260	49,871	67,223	97,623
深圳	79,422	79,137	91,273	86,610	110,890
珠海	14,768	23,388	14,595	14,601	243
汕头	27,913	25,276	31,543	24,122	21,920
佛山	34,404	36,497	33,897	28,730	32,825
韶关	30,017	31,668	23,273	19,843	22,598
河源	40,353	35,442	30,007	24,763	42,014
梅州	35,313	43,845	42,569	42,124	31,990
惠州	27,202	32,086	33,449	33,410	28,073
汕尾	9,833	10,658	15,740	15,740	15,762
东莞	9,635	10,159	10,159	13,140	13,140
中山	13,201	20,415	19,534	13,224	17,368
江门	33,042	35,021	42,210	45,031	39,957
阳江	10,607	28,087	26,789	10,725	10,725
湛江	32,236	32,642	34,495	28,268	28,335
茂名	20,948	23,416	24,440	20,361	20,467
肇庆	11,489	12,407	12,410	12,410	12,410
清远	13,025	28,947	31,941	29,378	22,192
潮州	19,059	19,211	17,746	20,612	20,626
揭阳	22,588	18,143	19,150	18,115	18,046
云浮	13,986	29,273	20,417	20,950	28,672

9-14 广播电视播出情况

年 份	广播节目套数（套）	全年公共广播节目播出时间（小时）	电视节目套数（套）	全年公共电视节目播出时间（小时）
2000	114	654810	118	460560
2001	117	673060	125	499668
2002	118	678170	119	428844
2003	118	674520	118	436696
2004	114	682715	115	450713
2005	123	704912	123	499719
2006	120	746528	125	612264
2007	125	753474	139	643134
2008	125	755343	152	653263
2009	125	778,520	152	678,278
2010	125	764,901	143	662,706
2011	129	772,551	143	781,663
2012	129	798,898	134	744,564
2013	129	767,484	134	703,381
2014	148	766,093	163	751,274

9-15 广播电视节目制作情况（2014）

年 份	全年制作广播节目时间（小时）	全年制作电视节目时间（小时）
合 计	**607,735**	**192,757**
省 级	78674	34,296
地市级	351,010	115,277
县 级	178,051	37,639

9-16 各市广播电视节目制作情况（2014）

年份	全年制作广播节目时间（小时）	全年制作电视节目时间（小时）
合计	**607,735**	**192,757**
省级	78,673	34,296
广州	84,609	14,334
深圳	32,619	44,642
珠海	5,034	3,252
汕头	25,871	1,408
佛山	52,560	2,940
韶关	14,456	4,225
河源	13,872	4,076
梅州	20,310	7,577
惠州	34,728	3,832
汕尾	16,700	3,274
东莞	23,725	3,268
中山	15,564	2,578
江门	39,408	12,930
阳江	7,104	1,698
湛江	28,468	3,015
茂名	3,229	17,095
肇庆	36,341	3,008
清远	21,532	2,495
潮州	12,992	1,109
揭阳	23,024	2,906
云浮	16,910	18,792

9-17 各市制作广播节目时间情况

单位：小时

市别	2004	2005	2006	2007	2008	2009
合计	**395048**	**467003**	**446025**	**499438**	**489136**	**471,586**
省级	37367	41104	40540	40565	41481	73,908
广州	33459	36805	38645	42381	43789	35,178
深圳	23730	26103	27408	32809	40131	35,150
珠海	11162	12278	12892	19758	17755	17,065
汕头	5818	6400	6720	27810	28421	26,837
佛山	34058	37464	39337	34044	40125	25,461
韶关	13930	15323	16089	13917	8178	8,027
河源	6411	7052	7405	10631	11204	12,989
梅州	10549	11604	12184	14683	6270	18,164
惠州	22074	24282	25496	18170	19716	19,506
汕尾	8284	9112	9568	16315	15065	12,261
东莞	12009	13210	13870	13932	14863	16,145
中山	8777	9655	10138	12409	6697	9,024
江门	32029	35231	36993	34463	37311	32,682
阳江	6021	6623	6954	6416	6309	6,456
湛江	26872	29559	31037	32237	32631	27,636
茂名	9750	10725	11261	17228	16053	14,154
肇庆	32114	35326	37092	39480	38145	27,781
清远	16780	18458	19381	25425	18224	18,810
潮州	9292	10221	10732	8667	11031	10,899
揭阳	11570	12727	13363	19065	16715	16,555
云浮	16381	18019	18920	19033	19022	9,898

9-17续表 各市制作广播节目时间情况

单位：小时

市别	2010	2011	2012	2013	2014
合计	**539,670**	**514,492**	**535,125**	**612,439**	**607,735**
省级	72,479	73,278	73,867	77256	78673
广州	51,358	42,282	41,278	77,017	84,609
深圳	40,005	40,101	35,669	29,653	32,619
珠海	15,671	17,876	17,508	18,111	5,034
汕头	27,107	18,788	15,633	27,117	25,871
佛山	32,560	28,968	31,172	40,573	52,560
韶关	9,532	8,417	8,188	16,601	14,456
河源	12,401	10,292	10,268	13,880	13,872
梅州	15,884	15,739	17,832	16,272	20,310
惠州	24,850	22,462	25,521	27,173	34,728
汕尾	16,262	16,680	16,680	16,680	16,700
东莞	17,520	17,520	17,520	19,084	23,725
中山	6,861	8,400	16,886	16,768	15,564
江门	38,165	39,256	39,161	39,360	39,408
阳江	7,956	7,544	7,544	7,104	7,104
湛江	30,215	20,663	20,111	28,449	28,468
茂名	17,296	8,564	13,952	21,820	3,229
肇庆	37,791	39,073	39,231	38,867	36,341
清远	24,169	25,625	24,161	24,134	21,532
潮州	11,376	11,620	13,395	12,881	12,992
揭阳	15,975	25,852	25,564	19,535	23,024
云浮	14,237	15,492	23,984	24,097	16,910

9-18 各市制作电视节目时间情况

单位：小时

市　别	2004	2005	2006	2007	2008	2009
合　计	**88732**	**106478**	**138422**	**132211**	**124308**	**114,538**
省　级	23424	28108	36541	33896	33404	27,319
广　州	11033	13240	17212	15926	11744	12,370
深　圳	13903	16684	21689	28061	30360	28,768
珠　海	5635	6762	8791	2042	2664	2,618
汕　头	1388	1665	2165	2171	2365	2,528
佛　山	4226	5071	6592	5421	5650	2,899
韶　关	2524	3029	3938	5583	5779	5,018
河　源	417	500	650	3514	2976	2,163
梅　州	1886	2263	2942	3654	2197	4,100
惠　州	3506	4208	5470	3407	1597	1,927
汕　尾	965	1158	1505	1870	1524	1,487
东　莞	1186	1423	1850	2023	3018	2,840
中　山	1227	1472	1914	1903	1596	1,578
江　门	2383	2860	3718	3980	2369	2,239
阳　江	1669	2002	2603	2463	2128	1,047
湛　江	2303	2764	3593	3602	3727	3,306
茂　名	2148	2578	3351	2670	3325	3,348
肇　庆	822	986	1282	1282	580	1,414
清　远	2230	2676	3479	3217	1629	1,677
潮　州	508	609	792	845	1185	1,600
揭　阳	896	1075	1398	2070	1781	2,114
云　浮	4453	5344	6947	2611	2710	2,178

9-18续表　各市制作电视节目时间情况

单位：小时

市　别	2010	2011	2012	2013	2014
合　计	**126,595**	**148,701**	**173,771**	**175,785**	**192,757**
省　级	28,789	42,409	37,563	35,536	34,296
广　州	10,072	11,797	18,228	11,807	14,334
深　圳	36,067	34,523	62,022	43,884	44,642
珠　海	1,874	1,874	1,985	2,012	3,252
汕　头	2,411	2,411	2,342	3,580	1,408
佛　山	2,922	4,568	3,361	5,180	2,940
韶　关	4,956	3,906	5,910	5,271	4,225
河　源	2,351	3,231	3,690	3,749	4,076
梅　州	5,583	6,090	6,851	5,926	7,577
惠　州	2,164	2,340	2,665	2,674	3,832
汕　尾	3,255	3,254	3,254	3,254	3,274
东　莞	3,031	3,070	3,070	3,558	3,268
中　山	1,826	1,244	1,584	2,200	2,578
江　门	4,109	6,914	5,923	6,548	8,930
阳　江	1,514	1,572	1,649	1,672	1,698
湛　江	3,814	3,750	3,323	2,964	3,015
茂　名	3,696	1,946	1,576	1,757	1,709
肇　庆	1,489	1,338	1,026	1,673	3,008
清　远	2,033	2,757	2,015	2,804	2,495
潮　州	1,790	1,109	1,280	3,775	1,109
揭　阳	2,082	1,851	2,575	2,682	2,906
云　浮	2,767	3,747	2,879	3,274	3,792

9-19 广播电视制作情况

年　份	全年制作广播节目时间（小时）	全年制作电视节目时间（小时）
2000	513160	75822
2001	471641	106173
2002	485671	76220
2003	511631	84003
2004	395048	88732
2005	467003	106478
2006	446025	138422
2007	499438	132211
2008	489136	124308
2009	471,586	114,538
2010	539,670	126,595
2011	514,492	148,701
2012	535,125	173,771
2013	612,439	175,785
2014	607,735	192,757

9-20 广播电视有线传输情况

年　　份	有线广播电视用户数（万户）	数字电视用户数（万户）
2000	785.0	
2001	810.4	
2002	931.8	
2003	986.8	
2004	1094.7	33.8
2005	1121.9	100.6
2006	1248.3	195.6
2007	1345.7	355.9
2008	1493.8	517.2
2009	1570.17	701.97
2010	1701.53	950.45
2011	1825.03	1116.93
2012	1913.01	1432.87
2013	1960	1571.11
2014	2162	1971.21

9-21 广播电视覆盖情况

年 份	广播综合人口覆盖率(%)	电视综合人口覆盖率(%)
1980	21.7	44.7
1981	30.0	68.0
1982	69.0	73.0
1983	69.8	74.5
1984	69.8	74.5
1985	70.3	80.0
1986	71.5	82.0
1987	75.0	82.0
1988	78.0	84.0
1989	82.4	86.3
1990	90.1	90.6
1991	90.3	90.8
1992	90.4	90.9
1993	90.4	91.0
1994	90.6	91.0
1995	90.6	91.0
1996	92.0	92.4
1997	92.0	92.4
1998	92.0	92.4
1999	96.0	96.4
2000	96.0	96.4
2001	96.0	96.4
2002	96.0	96.4
2003	96.0	96.4
2004	96.1	96.4
2005	96.1	96.4
2006	96.4	96.7
2007	97.0	97.3
2008	97.1	97.4
2009	97.5	97.7
2010	98	98
2011	98	98
2012	99.9	99.9
2013	99.9	99.9
2014	99.9	99.9

9-22 图书、杂志、报纸出版数量

项目	2004	2005	2006	2007	2008
图书出版					
种数（种）	5245	5908	5800	5646	6318
总印数（万册）	25732	22600	26993	23234	28005
总印张数（千印张）	1629856	1514191	1901857	1575820	2036526
杂志出版					
种数（种）	379	366	379	379	380
总印数（万册）	19941	20371	23558	25969	24608
总印张数（千印张）	901843	1116814	1344451	1495214	1393465
报纸出版					
种数（种）	100	102	101	101	101
总印数（万份）	438528	398152	434279	426039	439352
总印张数（千印张）	29196999	28996964	29576392	28371149	39628060

注：2000年开始报纸出版统计不包校报、院报。

9-22续表 图书、杂志、报纸出版数量

项目	2009	2010	2011	2012	2013	2014
图书出版						
种数（种）	5881	6354	7257	9851	10355	9495
总印数（万册）	23101	23133	32637	29622	33022	29872
总印张数（千印张）	1746376	1597299	2354474	2228062	2524984	2327130
杂志出版						
种数（种）	381	381	381	381	381	381
总印数（万册）	22594	21201	20403	18572	17460	15520
总印张数（千印张）	1332364	1251752	1238767	1121048	1080030	917005
报纸出版						
种数（种）	100	100	99	101	101	101
总印数（万份）	455781	455912	457530	453166	436021	389869
总印张数（千印张）	42461585	43788152	42884951	41319185	38654745	31458182

注：2000年开始报纸出版统计不包校报、院报。

9-23 报纸出版情况（2014）

项　　目	种数（种）	平均每期印数（万份）	总印数（万份）	总印张（千印张）	定价总金额（万元）
合　计	**101**	**1513.22**	**389869**	**31458182**	**468787**
综合报	45	1004.23	332650	29024501	372103
专业报	56	508.99	57219	2433681	96684
1.省　级	**34**	**741.28**	**189122**	**16431539**	**245594**
综合	5	517.29	158759	14664725	178729
专业报	29	223.99	30363	1766814	66865
2.地市级	**67**	**771.94**	**200747**	**15026642**	**223193**
综合报	40	486.98	173890	14359771	193372
专业报	27	284.96	26857	666871	29821
3. 县 级					
综合报					
专业报					

9-24 期刊出版情况（2014）

项　　目	种数（种）	平均（万册）	总印数（万册）	总印张数（千印张）	总金额（万元）
合计	**381**	**760.29**	**15520.24**	**917005**	**123087.86**
综合	28	31.01	503.46	36001.09	5963.16
哲学、社会科学	99	341.71	7405.11	411469.75	51173.69
自然科学、技术	179	218.79	4635.6	235551.14	33529.68
文化、教育	45	138.86	2549.93	199326.51	27693.65
文学、艺术	30	29.92	426.14	34656.51	4727.68
其中：					
少儿读物	10	54.02	1389.28	40056.4	7326.32
画刊	4	9.28	205.86	21174.55	3355.92

9-25 图书出版情况（2014）

年份	种数（种）			租型图书种数(种)	总印数（万册、张）			
	合计	新出	重印		合计	新出	重印	租型
合计	**9495**	**6005**	**3490**	**155**	**29867**	**6766**	**15308**	**7792**
A．马克思主义、列宁主义、毛泽东思想	17	15	2		8	8	1	
B．哲学	227	185	42		110	69	41	
C．社会科学总论	127	86	41		38	24	14	
D．政治、法律	285	231	54		101	78	23	
E．军事	24	16	8		19	15	4	
F．经济	647	521	126		228	182	46	
G．文化	4586	2239	2347	155	26979	4791	14396	7792
H．语言	327	196	131		209	99	110	
I．文学	1011	913	98		560	475	85	
J．艺术	799	560	239		982	618	363	
K．历史、地理	382	297	85		154	99	55	
N．自然科学总论	10	6	4		7	6	1	
O．数理科学、化学	51	22	29		12	6	6	
P．天文学、地球科学	22	11	11		4	2	2	
Q．生物科学	34	26	8		19	14	5	
R．医药卫生	234	179	55		176	112	64	
S．农业科学	32	27	5		32	25	7	
T．工业技术	410	277	133		137	89	48	
U．交通运输	30	18	12		8	5	3	
V．航空、航天	2	1	1		1	0	0	
X．环境科学	33	21	12		9	5	3	
Z．综合性图书	205	158	47		75	45	31	

9-25续表 图书出版情况（2014）

年 份	总印张（千印张）				定价总金额（万元）			
	合计	新出	重印	租型	合计	新出	重印	租型
合计	**2326580**	**583159**	**1118508**	**624913**	**326301**	**128201**	**142742**	**55358**
A. 马克思主义、列宁主义、毛泽东思想	550	464	86		180	165	16	
B. 哲学	17683	11890	5793		4042	2872	1170	
C. 社会科学总论	6776	3884	2892		1733	1166	567	
D. 政治、法律	16545	12858	3687		4055	3353	702	
E. 军事	2614	2202	412		968	873	95	
F. 经济	35603	28445	7158		9213	7760	1453	
G. 文化	2011709	357970	1028825	624913	232923	55527	122039	55358
H. 语言	29559	10483	19076		6004	2575	3429	
I. 文学	72439	61113	11326		16985	14671	2314	
J. 艺术	57749	40363	17386		23627	18350	5277	
K. 历史、地理	20555	17507	3048		8484	7102	1383	
N. 自然科学总论	554	503	50		126	114	11	
O. 数理科学、化学	1712	784	928		355	186	170	
P. 天文学、地球科学	573	341	232		201	161	40	
Q. 生物科学	1752	1369	384		568	467	101	
R. 医药卫生	19236	11820	7417		4853	3196	1657	
S. 农业科学	2682	1762	920		688	524	164	
T. 工业技术	19649	13088	6561		7050	5839	1211	
U. 交通运输	1046	620	426		274	199	75	
V. 航空、航天	165	98	67		78	64	14	
X. 环境科学	752	560	192		317	250	68	
Z. 综合性图书	6679	5037	1642		3578	2788	790	

9-26 电子出版物出版情况（2014）

单位：种、万盒（张）

	合计		#新版	
	种数	数量	种数	数量
总　计	**209**	**1217.6**	**110**	**219.34**
CD-ROM	190	1208.92	99	216.33
DVD-ROM	18	8.58	10	2.91
CD-I及其他	1	0.1	1	0.1

9-27 录像制品出版情况（2014）

单位：种、万盒（张）

	合计		#新版	
	种数	数量	种数	数量
总　计	**637**	**563.59**	**400**	**508.64**
VT	2	5.2	2	5.2
VCD	12	42.9	12	42.9
DVD-V	623	515.51	386	460.56

9-28 录音制品出版情况（2014）

单位：种、万盒（张）

	合计		#新版	
	种数	数量	种数	数量
总　计	**656**	**440.88**	**539**	**191**
AT	106	107.66	53	43.9
CD	543	320.03	480	134.2
DVD-A	7	13.19	6	12.89

9-29 档案机构基本情况

指　　标	综合档案馆		
	2009	2010	2011
机构数（个）	143	143	143
从业人员（人）	1518	1488	1450
专职	1486	892	834
一.馆藏档案情况			
全宗（个）	15456	16191	16416
案卷（卷）	9527323	10992303	12442225
以件为保管单位档案（件）	3410963	4540465	5817414
照片档案（张）	1964261	2567102	2663688
二.数字化馆藏档案			
归档电子文件（件）			
数码照片（张）			
三.微缩胶片情况			
平片（张）	3823	3828	3828
平窗卡（张）	573	573	573
卷片（幅）	2039601	2434158	2908667
四.档案利用情况			
1.已开放档案			
案卷（卷）	854092	856739	856919
以件为保管单位档案（件）	134791	203712	216115
2.开放档案目录			
案卷级（条）	660000	660000	835000
文件级（条）	5160000	6580000	7624000
3.本年利用档案			
人次（人次）	151348	167177	170550
卷次（卷次）	408590	401666	349946
件次（件次）	73003	66518	129428

9-29续表　档案机构基本情况

指　　标	综合档案馆		
	2012	2013	2014
机构数（个）	143	143	143
从业人员（人）	1341	1343	1261
专职	768	556	471
一.馆藏档案情况			
全宗（个）	17612	17827	18192
案卷（卷）	13444769	14227996	14727829
以件为保管单位档案（件）	6483452	7476812	8770125
照片档案（张）	2716436	2797231	2797231
二.数字化馆藏档案			
归档电子文件（件）	3065966	3262598	4791401
数码照片（张）	1263721	2323090	2323090
三.微缩胶片情况			
平片（张）	3828	3828	3828
平窗卡（张）	573	573	573
卷片（幅）	3240000	3540000	3540000
四.档案利用情况			
1.已开放档案			
案卷（卷）	857850	866318	866318
以件为保管单位档案（件）	262750	362448	410618
2.开放档案目录			
案卷级（条）	1600000	2656100	2656100
文件级（条）	8095700	8574000	8574000
3.本年利用档案			
人次（人次）	193502	205940	259854
卷次（卷次）	332900	416405	438422
件次（件次）	129422	151847	160308

9-30 各市综合档案馆基本情况（2009）

指 标	档案馆（个）	从业人员（人）	馆藏档案	
			全宗（个）	案卷（卷）
合 计	**142**	**1425**	**15100**	**8881477**
广 州	13	260	1607	1745296
深 圳	7	90	615	544153
珠 海	4	72	471	218538
汕 头	8	78	941	272065
佛 山	6	96	793	2148494
韶 关	11	76	1149	352104
河 源	7	56	678	205473
梅 州	9	89	858	324691
惠 州	7	66	819	312750
汕 尾	5	19	327	100654
东 莞	1	26	176	119000
中 山	1	30	203	80007
江 门	8	76	799	412835
阳 江	5	50	563	119403
湛 江	10	46	810	251120
茂 名	6	66	756	320974
肇 庆	9	73	841	337237
清 远	9	66	1266	592445
潮 州	4	32	502	120866
揭 阳	6	26	349	115633
云 浮	6	32	577	187739

9-31 各市综合档案馆基本情况（2010）

指　　标	档案馆（个）	从业人员（人）	馆藏档案	
			全宗（个）	案卷（卷）
合　　计	**142**	**850**	**15812**	**9926307**
广　　州	13	171	1614	1986951
深　　圳	7	31	624	585928
珠　　海	4	35	499	230886
汕　　头	8	26	977	281769
佛　　山	6	41	817	2438074
韶　　关	11	16	1257	401576
河　　源	7	31	689	226975
梅　　州	9	88	879	345249
惠　　州	7	27	867	366217
汕　　尾	5	18	333	102086
东　　莞	1	14	178	101941
中　　山	1	15	215	82017
江　　门	8	60	810	464682
阳　　江	5	41	576	129386
湛　　江	10	56	965	422241
茂　　名	6	68	801	340711
肇　　庆	9	26	942	349950
清　　远	9	27	1307	639426
潮　　州	4	29	517	123190
揭　　阳	6	18	365	119263
云　　浮	6	12	580	187789

9-32 各市综合档案馆基本情况（2011）

指　　标	档案馆（个）	从业人员（人）	馆藏档案	
			全宗（个）	案卷（卷）
合　　计	**142**	**882**	**16310**	**11528441**
广　　州	13	171	1715	2988952
深　　圳	7	48	633	643480
珠　　海	4	38	500	324760
汕　　头	8	25	981	287458
佛　　山	6	39	828	2571198
韶　　关	11	16	1308	449047
河　　源	7	27	750	240027
梅　　州	9	86	899	372959
惠　　州	7	30	883	387119
汕　　尾	5	18	343	104989
东　　莞	1	14	181	106903
中　　山	1	27	234	84821
江　　门	8	74	833	481831
阳　　江	5	44	579	139000
湛　　江	10	58	998	523356
茂　　名	6	63	854	350175
肇　　庆	9	18	943	358126
清　　远	9	27	1357	676661
潮　　州	4	29	517	124702
揭　　阳	6	18	370	122957
云　　浮	6	12	604	189920

9-33 各市综合档案馆基本情况（2012）

指　　标	档案馆（个）	从业人员（人）	馆藏档案	
			全宗（个）	案卷（卷）
合　　计	**142**	**806**	**17262**	**12316447**
广　　州	13	98	1740	3065847
深　　圳	7	40	640	715567
珠　　海	4	34	514	391446
汕　　头	8	27	991	294184
佛　　山	6	27	1259	2713648
韶　　关	11	15	1442	530981
河　　源	7	27	750	245059
梅　　州	9	85	965	424298
惠　　州	7	25	913	538236
汕　　尾	5	14	345	107560
东　　莞	1	15	182	118128
中　　山	1	30	223	88831
江　　门	8	55	841	502262
阳　　江	5	69	624	139109
湛　　江	10	56	1028	533055
茂　　名	6	60	861	363820
肇　　庆	9	24	956	370560
清　　远	9	51	1483	724111
潮　　州	4	25	517	126051
揭　　阳	6	18	376	126622
云　　浮	6	11	612	197072

9-34 各市综合档案馆基本情况（2013）

指　　标	档案馆（个）	从业人员（人）	馆藏档案	
			全宗（个）	案卷（卷）
合　　计	**142**	**808**	**17662**	**13109613**
广　　州	13	98	1746	3249225
深　　圳	7	41	655	751246
珠　　海	4	26	515	483518
汕　　头	8	27	998	304628
佛　　山	6	27	1307	2858047
韶　　关	11	37	1488	540981
河　　源	7	27	761	263125
梅　　州	9	85	968	441491
惠　　州	7	25	956	601508
汕　　尾	5	16	348	108175
东　　莞	1	15	312	137780
中　　山	1	30	228	156622
江　　门	8	41	843	520002
阳　　江	5	69	635	152108
湛　　江	10	56	1034	543089
茂　　名	6	60	862	373713
肇　　庆	9	27	960	380847
清　　远	9	46	1508	769058
潮　　州	4	25	522	127502
揭　　阳	6	18	383	129753
云　　浮	6	12	613	217195

9-35 各市综合档案馆基本情况（2014）

指 标	档案馆（个）	从业人员（人）	馆藏档案	
			全宗（个）	案卷（卷）
合 计	**142**	**1010**	**17835**	**13570049**
广 州	13	98	1652	3374055
深 圳	7	41	656	762390
珠 海	4	40	589	420878
汕 头	8	32	1016	309131
佛 山	6	68	1333	3026719
韶 关	11	93	1465	610089
河 源	7	31	753	242630
梅 州	9	85	974	504388
惠 州	7	41	969	653969
汕 尾	5	20	350	110536
东 莞	1	26	314	146300
中 山	1	30	337	159904
江 门	8	34	854	529855
阳 江	5	69	690	175543
湛 江	10	85	1039	505921
茂 名	6	73	824	365321
肇 庆	9	30	960	374891
清 远	9	46	1529	800809
潮 州	4	26	526	138819
揭 阳	6	26	389	134014
云 浮	6	16	616	223886

主要统计指标解释

广播(电视)节目套数 是指用固定的频率（频道）自办广播（电视）节目，并编排有整套节目时间表，定期向听众（观众）播放节目名称和播出时间。

广播综合人口覆盖率 是指广播综合覆盖的人口与总人口的比率。

电视综合人口覆盖率 是指电视综合覆盖人口与总人口的比率。

图书 是指不少于49页并在“古籍”范围以外的图书。少儿读物、连环画49页以上的按图书统计，48页以下的按小册子统计到“其他”类中。

报刊 报纸是指刊登当前实践的专题或综合新闻，每周至少出版一张并按年、月、日出版的定期或不定期的一种连续出版物。

档案利用卷次 按当年每日提供案卷的数量累计填报。一个利用者上、下午利用同一案卷，按1卷次计算；一个利用者连续若干天利用同一案卷，用1天计算1卷次；一个案卷外借若干天，按1卷次计算。

十、社会参与

简要说明

1. 本篇资料主要反映广东省工会、共青团、妇联、残联、人大、政协、宗教等情况。

2. 本篇资料主要包括：

（1）公会数量、会员人数及构成；共青团组织数量、团干部及团员数量；妇联组织数量及分布、妇女参与状况；残疾人康复与发展、残疾人就业；人大代表和政协委员数量及构成；宗教活动场所、宗教教职人员等。

（2）地区分全省和各地级以上市。

（3）年份主要为2009-2014年数据。

3. 计资料来源：本篇资料由广东省总工会、共青团广东省委员会、广东省妇女联合会、广东省残疾人联合会、广东省人民代表大会、中国人民政治协商会议广东省委员会、广东省民族宗教事务委员会负责整理、审核、提供。

10-1 2009工会组织建设状况

分组	基层工会(个)			基层工会涵盖单位(个)	职工(人)	
		独立基层工会(个)	联合基层工会(个)			女性(人)
总计	**187,714**	**178,126**	**9,588**	**548,076**	**20,750,873**	**9,444,553**
(110)国有企业	5,906	5,644	262	14,049	1,312,542	440,169
(120)集体企业	6,630	6,257	373	14,769	817,380	389,242
(130)股份合作企业	2,193	2,127	66	4,868	350,064	131,732
(140)联营企业	406	360	46	1,897	50,987	20,155
(151)国有独资公司	390	335	55	457	76,725	29,519
(159)其他有限责任公司	10,042	9,925	117	15,182	751,106	305,008
(161)股份有限公司中的国有控股公司	1,001	957	44	2,864	362,074	136,249
(169)其他股份有限公司	1,225	1,184	41	2,579	268,829	102,484
(170)私营企业	93,966	89,429	4,537	240,322	6,615,470	2,886,997
(190)其他内资企业	1,437	1,220	217	4,208	264,510	119,568
(200)台港澳商投资企业	17,486	17,216	270	22,693	4,314,893	2,308,204
(300)外商投资企业	8,979	8,842	137	10,707	2,121,131	1,052,829
(401)财政拨款的事业单位	9,785	8,949	836	32,615	1,110,061	575,446
(402)其他事业单位	7,747	6,816	931	96,506	1,030,429	457,046
(500)机关	8,261	7,630	631	17,858	665,381	229,051
(600)个体经济组织	12,260	11,235	1,025	66,502	639,291	260,854

分组			工会会员			
	农民工(人)	女性农民工(人)		女性(人)	农民工(人)	女性农民工(人)
总计	**10,124,454**	**4,980,562**	**19,175,249**	**8,613,267**	**9,065,426**	**4,456,850**
(110)国有企业	184,020	63,852	1,266,920	422,172	163,904	58,543
(120)集体企业	397,722	223,234	749,771	356,397	360,725	204,347
(130)股份合作企业	115,470	53,390	327,161	121,821	106,260	48,806
(140)联营企业	23,274	9,422	46,929	18,446	21,124	8,567
(151)国有独资公司	24,983	13,217	71,461	28,174	23,013	12,775
(159)其他有限责任公司	369,600	147,461	702,237	279,422	337,476	131,995
(161)股份有限公司中的国有控股公司	75,508	25,957	350,101	131,430	68,877	23,425
(169)其他股份有限公司	113,771	44,680	252,893	96,481	106,517	42,311
(170)私营企业	3,461,809	1,506,521	6,044,731	2,641,081	3,164,382	1,380,023
(190)其他内资企业	159,213	80,301	240,190	112,464	145,618	75,971
(200)台港澳商投资企业	3,075,989	1,682,282	3,896,093	2,008,441	2,660,389	1,474,689
(300)外商投资企业	1,362,559	798,475	1,915,950	946,286	1,201,310	690,698
(401)财政拨款的事业单位	110,007	63,754	1,078,020	556,139	100,019	58,482
(402)其他事业单位	289,615	136,428	981,450	431,593	270,057	127,091
(500)机关	82,273	26,391	649,344	216,315	71,293	19,909
(600)个体经济组织	278,641	105,197	601,998	246,605	264,462	99,218

10-1续表1 工会组织建设状况

单位：人

分组	专职工会工作人员	女性	专职工会工作人员年龄构成 35岁及以下	36-50岁	51岁及以上
总计	**47,744**	**16,560**	**23,095**	**19,491**	**5,158**
(110)国有企业	4,303	1,804	923	2,213	1,167
(120)集体企业	1,901	682	854	799	248
(130)股份合作企业	1,338	311	787	479	72
(140)联营企业	68	27	37	26	5
(151)国有独资公司	182	86	49	96	37
(159)其他有限责任公司	1,764	732	978	623	163
(161)股份有限公司中的国有控股公司	1,101	366	353	566	182
(169)其他股份有限公司	389	136	190	150	49
(170)私营企业	13,507	4,871	7,329	5,142	1,036
(190)其他内资企业	162	51	101	55	6
(200)台港澳商投资企业	8,469	2,402	5,182	2,957	330
(300)外商投资企业	4,023	981	2,367	1,449	207
(401)财政拨款的事业单位	2,797	1,081	1,000	1,259	538
(402)其他事业单位	3,031	1,396	1,256	1,422	353
(500)机关	3,430	1,294	980	1,748	702
(600)个体经济组织	1,279	340	709	507	63

分组	女性农民工(人)	工会会员	女性(人)	农民工女(人)	女性农民工(人)
总计	**706**	**8,989**	**17,021**	**15,660**	**5,368**
(110)国有企业	100	1,050	2,045	995	113
(120)集体企业	7	151	563	874	306
(130)股份合作企业	50	575	448	233	32
(140)联营企业		4	52	11	1
(151)国有独资公司	9	62	71	37	3
(159)其他有限责任公司	44	308	686	593	133
(161)股份有限公司中的国有控股公司	22	452	399	176	52
(169)其他股份有限公司	18	104	140	113	14
(170)私营企业	82	2,050	4,679	5,139	1,557
(190)其他内资企业	2	17	75	63	5
(200)台港澳商投资企业	124	725	2,411	3,668	1,541
(300)外商投资企业	61	757	1,106	1,138	961
(401)财政拨款的事业单位	83	1,041	1,084	468	121
(402)其他事业单位	26	601	1,241	1,020	143
(500)机关	78	984	1,608	620	140
(600)个体经济组织		108	413	512	246

10-1续表2 工会组织建设状况

分组	专职工会工作人员(人)	女性(人)	本级工会是否建立了女职工委员会或设立女职工委员 是
总计	**497,426**	**167,628**	**152,210**
(110)国有企业	26,628	9,299	5,005
(120)集体企业	17,364	6,210	5,184
(130)股份合作企业	7,557	2,581	1,977
(140)联营企业	966	403	249
(151)国有独资公司	1,530	539	342
(159)其他有限责任公司	24,896	6,327	8,698
(161)股份有限公司中的国有控股公司	6,447	2,791	940
(169)其他股份有限公司	3,474	1,380	1,062
(170)私营企业	196,271	59,184	75,208
(190)其他内资企业	6,160	1,845	1,220
(200)台港澳商投资企业	57,250	21,624	14,088
(300)外商投资企业	29,371	10,658	7,646
(401)财政拨款的事业单位	39,143	15,632	8,595
(402)其他事业单位	27,679	10,368	6,379
(500)机关	27,488	9,814	6,916
(600)个体经济组织	25,202	8,973	8,701

分组	本级工会是否建立了女职工委员会或设立女职工委员 否	本级工会女职工工作人员 专职(人)	本级工会女职工工作人员 兼职(人)
总计	**34,725**	**8,434**	**203,574**
(110)国有企业	867	919	8,913
(120)集体企业	1,424	300	7,099
(130)股份合作企业	208	209	2,647
(140)联营企业	155	24	314
(151)国有独资公司	48	28	574
(159)其他有限责任公司	1,150	247	10,332
(161)股份有限公司中的国有控股公司	60	274	2,154
(169)其他股份有限公司	163	62	1,437
(170)私营企业	18,433	2,521	91,620
(190)其他内资企业	212	28	1,740
(200)台港澳商投资企业	3,359	1,205	21,208
(300)外商投资企业	1,315	455	11,453
(401)财政拨款的事业单位	1,173	553	14,073
(402)其他事业单位	1,368	796	9,871
(500)机关	1,345	652	9,498
(600)个体经济组织	3,445	161	10,641

10-2 2010工会组织建设状况

分　组	基层工会(个)	独立基层工会(个)	联合基层工会(个)	基层工会涵盖单位(个)	职工(人)	女性(人)
总　计	**200,061**	**189,575**	**10,486**	**575,886**	**22,411,327**	**9,941,415**
(110)国有企业(仅指非公司制企业,不包括国有独资公司、国有控股公司)	5,614	5,382	232	14,657	1,137,571	377,046
(120)集体企业	5,780	5,345	435	24,590	639,539	277,584
(130)股份合作企业	2,021	1,924	97	4,222	303,594	124,060
(140)联营企业	419	379	40	3,604	64,442	22,191
(151)国有独资公司	576	503	73	915	135,631	44,911
(159)其他有限责任公司	10,839	10,763	76	12,265	861,885	438,333
(161)股份有限公司中的国有控股公司	1,015	961	54	3,586	386,451	146,332
(169)其他股份有限公司	1,576	1,538	38	3,218	304,194	137,931
(170)私营企业	104,000	99,020	4,980	263,673	7,220,459	3,113,100
(190)其他内资企业	1,293	982	311	8,512	239,740	108,122
(200)台港澳商投资企业	17,200	16,919	281	38,216	5,258,671	2,427,971
(300)外商投资企业	9,663	9,500	163	44,430	2,316,342	1,114,490
(401)财政拨款的事业单位	10,025	9,246	779	23,514	1,166,465	596,362
(402)其他事业单位	7,602	6,684	918	36,810	885,192	405,993
(500)机关	8,182	7,635	547	15,863	676,835	252,556
(600)个体经济组织	14,256	12,794	1,462	77,811	814,316	354,433

分　组	农民工(人)	女性农民工(人)	工会会员	女性(人)	农民工(人)	女性农民工(人)
总　计	**11,422,554**	**5,473,495**	**20,650,560**	**9,212,432**	**10,526,233**	**5,019,022**
(110)国有企业(仅指非公司制企业,不包括国有独资公司、国有控股公司)	182,935	68,383	1,091,425	364,187	169,107	63,863
(120)集体企业	338,932	153,739	587,563	256,170	316,374	143,039
(130)股份合作企业	109,328	47,521	282,641	115,857	100,511	43,957
(140)联营企业	27,719	12,350	62,330	21,605	26,511	12,040
(151)国有独资公司	26,874	11,279	128,628	42,027	23,553	10,086
(159)其他有限责任公司	454,849	244,162	791,379	410,273	416,652	225,666
(161)股份有限公司中的国有控股公司	92,632	29,871	378,023	144,134	89,345	28,793
(169)其他股份有限公司	170,550	70,035	286,081	130,778	162,718	65,868
(170)私营企业	4,146,838	1,785,493	6,510,011	2,852,707	3,822,815	1,636,345
(190)其他内资企业	177,889	83,488	214,328	95,816	157,974	73,275
(200)台港澳商投资企业	3,526,122	1,870,493	4,817,515	2,208,481	3,231,320	1,702,751
(300)外商投资企业	1,427,071	749,146	2,114,212	1,022,931	1,315,079	686,901
(401)财政拨款的事业单位	85,778	40,120	1,123,664	577,418	75,410	35,637
(402)其他事业单位	200,221	95,545	833,860	385,771	185,063	89,648
(500)机关	110,554	61,857	660,483	248,749	108,464	61,008
(600)个体经济组织	344,262	150,013	768,417	335,528	325,337	140,145

10-2续表1　2010工会组织建设状况

单位：人

分　组	专职工会工作人员	女性	专职工会工作人员年龄构成 35岁及以下	36-50岁	51岁及以上
总　计	**44,597**	**17,886**	**21,906**	**17,890**	**4,801**
(110)国有企业(仅指非公司制企业，不包括国有独资公司、国有控股公司)	3,397	1,439	588	1,838	971
(120)集体企业	1,771	587	838	717	216
(130)股份合作企业	767	307	355	328	84
(140)联营企业	100	68	21	54	25
(151)国有独资公司	345	154	97	161	87
(159)其他有限责任公司	2,561	1,024	1,335	1,060	166
(161)股份有限公司中的国有控股公司	805	354	155	484	166
(169)其他股份有限公司	467	187	202	229	36
(170)私营企业	12,474	5,130	7,247	4,383	844
(190)其他内资企业	265	110	151	95	19
(200)台港澳商投资企业	7,919	2,819	4,957	2,593	369
(300)外商投资企业	4,124	1,909	2,601	1,297	226
(401)财政拨款的事业单位	2,792	1,145	987	1,284	521
(402)其他事业单位	2,541	1,112	927	1,292	322
(500)机关	3,421	1,258	920	1,804	697
(600)个体经济组织	848	283	525	271	52

分　组	专职工会工作人员文化程度构成 研究生	大学本科	大专	高中（中专、中技）	初中及以下
总　计	**608**	**8,599**	**16,680**	**14,580**	**4,130**
(110)国有企业(仅指非公司制企业，不包括国有独资公司、国有控股公司)	80	929	1,448	835	105
(120)集体企业	4	179	557	677	354
(130)股份合作企业	8	167	293	220	79
(140)联营企业	10	21	32	25	12
(151)国有独资公司	22	129	157	34	3
(159)其他有限责任公司	79	485	1,047	824	126
(161)股份有限公司中的国有控股公司	31	263	353	132	26
(169)其他股份有限公司	10	112	199	114	32
(170)私营企业	44	1,811	4,339	4,940	1,340
(190)其他内资企业	3	17	81	139	25
(200)台港澳商投资企业	30	1,043	3,116	3,066	664
(300)外商投资企业	65	622	1,250	1,298	889
(401)财政拨款的事业单位	90	1,135	1,048	404	115
(402)其他事业单位	46	542	1,013	820	120
(500)机关	86	1,062	1,480	605	188
(600)个体经济组织		82	267	447	52

10-2续表2 2010工会组织建设状况

分组	兼职工会工作人员(人)	女性(人)	有女职工的工会数(个)	女职工组织的覆盖率
总计	516,496	186,426	182,294	
(110)国有企业(仅指非公司制企业,不包括国有独资公司、国有控股公司)	24,292	8,237	5,361	93.99%
(120)集体企业	15,430	5,508	5,489	90.18%
(130)股份合作企业	6,357	2,278	1,986	86.40%
(140)联营企业	1,210	447	413	93.70%
(151)国有独资公司	2,911	1,231	561	96.79%
(159)其他有限责任公司	24,399	7,887	10,773	56.24%
(161)股份有限公司中的国有控股公司	6,254	2,652	1,000	95.00%
(169)其他股份有限公司	4,344	1,694	1,537	92.91%
(170)私营企业	221,466	73,450	90,466	91.01%
(190)其他内资企业	5,420	2,109	1,275	97.88%
(200)台港澳商投资企业	52,286	19,069	16,543	89.42%
(300)外商投资企业	31,035	12,169	8,409	89.96%
(401)财政拨款的事业单位	39,598	16,876	9,876	95.83%
(402)其他事业单位	25,387	10,198	7,465	93.50%
(500)机关	29,456	11,531	8,046	92.97%
(600)个体经济组织	26,651	11,090	13,094	83.81%

分组	本级工会建立女职工组织			本级工会女职工工作人员	
	建立女职工委员会	仅设立女职工委员	未建立	专职	兼职
总计	131,944	29,965	26,770	8,063	210,100
(110)国有企业(仅指非公司制企业,不包括国有独资公司、国有控股公司)	4,287	752	466	858	8,220
(120)集体企业	3,790	1,160	709	285	6,192
(130)股份合作企业	1,457	259	133	212	2,522
(140)联营企业	310	77	24	10	474
(151)国有独资公司	405	138	33	66	928
(159)其他有限责任公司	4,484	1,575	499	581	7,989
(161)股份有限公司中的国有控股公司	839	111	64	186	2,135
(169)其他股份有限公司	1,110	318	128	103	1,865
(170)私营企业	67,216	15,117	17,058	2,128	97,858
(190)其他内资企业	927	321	39	25	1,976
(200)台港澳商投资企业	11,863	2,930	2,294	983	20,774
(300)外商投资企业	6,039	1,526	1,765	589	11,049
(401)财政拨款的事业单位	8,122	1,342	551	572	15,085
(402)其他事业单位	5,781	1,199	615	665	10,248
(500)机关	6,249	1,231	698	696	9,948
(600)个体经济组织	9,065	1,909	1,694	104	12,837

10-3 2011工会组织建设状况

分组	基层工会(个)	独立基层工会(个)	联合基层工会(个)	基层工会涵盖单位(个)	职工(人)	女性(人)
总计	**213,389**	**203,226**	**10,163**	**612,321**	**25,632,870**	**11,632,692**
(110)国有企业(仅指非公司制企业,不包括国有独资公司、国有控股公司)	5,644	5,467	177	10,695	1,141,016	362,708
(120)集体企业	5,871	5,543	328	15,352	625,659	279,456
(130)股份合作企业	1,781	1,712	69	4,663	427,066	154,217
(140)联营企业	332	306	26	1,939	65,470	29,366
(151)国有独资公司	723	700	23	1,296	189,535	65,288
(159)其他有限责任公司	11,104	10,965	139	16,425	951,347	424,925
(161)股份有限公司中的国有控股公司	1,026	986	40	12,145	423,592	150,833
(169)其他股份有限公司	1,617	1,558	59	4,516	407,973	170,594
(170)私营企业	113,998	108,840	5,158	289,107	8,696,481	3,657,496
(190)其他内资企业	1,129	1,000	129	3,741	188,910	87,436
(200)台港澳商投资企业	17,956	17,096	860	53,893	4,247,581	2,240,898
(300)外商投资企业	15,753	15,520	233	54,394	4,504,290	2,322,372
(401)财政拨款的事业单位	10,363	9,742	621	21,244	1,125,837	593,452
(402)其他事业单位	6,805	6,166	639	26,116	814,463	382,644
(500)机关	7,888	7,347	541	15,971	739,516	266,024
(600)个体经济组织	11,399	10,278	1,121	80,824	1,084,134	444,983

分组	农民工(人)	女性农民工(人)	工会会员	女性(人)	农民工(人)	女性农民工(人)
总计	**13,295,173**	**6,142,033**	**22,614,326**	**10,560,564**	**12,097,708**	**5,538,787**
(110)国有企业(仅指非公司制企业,不包括国有独资公司、国有控股公司)	197,583	53,784	977,712	327,141	156,905	46,024
(120)集体企业	291,363	133,516	562,973	256,434	267,867	122,474
(130)股份合作企业	233,012	79,358	393,113	141,200	215,688	71,242
(140)联营企业	37,223	18,053	46,103	18,798	22,984	10,803
(151)国有独资公司	43,563	14,907	168,240	60,215	31,727	11,650
(159)其他有限责任公司	459,255	225,975	867,655	403,018	433,355	213,970
(161)股份有限公司中的国有控股公司	108,585	36,545	394,146	140,124	99,215	31,646
(169)其他股份有限公司	200,889	91,260	374,053	156,935	186,471	84,087
(170)私营企业	4,761,137	2,044,973	7,695,794	3,358,984	4,439,902	1,896,342
(190)其他内资企业	130,900	72,675	170,999	81,137	121,554	68,041
(200)台港澳商投资企业	3,017,013	1,673,508	3,586,265	1,923,673	2,618,875	1,452,538
(300)外商投资企业	2,925,105	1,282,362	3,968,052	2,111,160	2,687,730	1,147,937
(401)财政拨款的事业单位	83,027	39,570	1,064,015	573,778	77,068	36,899
(402)其他事业单位	159,891	78,462	729,253	356,314	143,413	70,196
(500)机关	101,640	48,250	684,679	249,486	99,415	47,168
(600)个体经济组织	544,987	248,835	931,274	402,167	495,539	227,770

10-3续表1 2011工会组织建设状况

单位：人

分组	专职工会工作人员	女性	专职工会工作人员年龄构成		
			35岁及以下	36-50岁	51岁及以上
总计	**48,157**	**17,058**	**22,582**	**19,684**	**5,891**
(110)国有企业(仅指非公司制企业，不包括国有独资公司、国有控股公司)	3,422	1,419	611	611	908
(120)集体企业	1,372	497	626	626	176
(130)股份合作企业	1,416	269	748	748	88
(140)联营企业	87	59	14	14	24
(151)国有独资公司	481	217	106	106	129
(159)其他有限责任公司	2,019	690	969	969	194
(161)股份有限公司中的国有控股公司	1,287	464	421	421	251
(169)其他股份有限公司	601	193	264	264	56
(170)私营企业	13,004	5,294	6,350	6,350	1,228
(190)其他内资企业	717	252	597	597	16
(200)台港澳商投资企业	8,184	2,525	4,833	4,833	755
(300)外商投资企业	6,380	1,787	3,662	3,662	577
(401)财政拨款的事业单位	2,858	930	1,069	1,069	485
(402)其他事业单位	2,470	1,025	1,106	1,106	257
(500)机关	3,106	1,136	782	782	688
(600)个体经济组织	753	301	424	424	59

分组	专职工会工作人员文化程度构成				
	研究生	大学本科	大专	高中（中专、中技）	初中及以下
总计	**1,214**	**11,159**	**16,330**	**13,682**	**5,772**
(110)国有企业(仅指非公司制企业，不包括国有独资公司、国有控股公司)	91	1,010	1,302	832	187
(120)集体企业	6	122	407	554	283
(130)股份合作企业	54	650	460	214	38
(140)联营企业	10	20	28	18	11
(151)国有独资公司	23	195	206	54	3
(159)其他有限责任公司	75	274	765	766	139
(161)股份有限公司中的国有控股公司	64	580	462	129	52
(169)其他股份有限公司	32	170	239	143	17
(170)私营企业	241	2,312	4,637	4,342	1,472
(190)其他内资企业		3	47	263	404
(200)台港澳商投资企业	145	1,040	2,016	2,916	2,067
(300)外商投资企业	189	2,076	2,049	1,458	608
(401)财政拨款的事业单位	130	1,005	1,188	410	125
(402)其他事业单位	22	600	953	714	181
(500)机关	96	1,018	1,362	490	140
(600)个体经济组织	36	84	209	379	45

10-3续表2 2011工会组织建设状况

分组	兼职工会工作人员(人)	女性(人)	有女职工的工会数(个)	女职工组织的覆盖率
总计	**600,474**	**217,527**	**196,541**	**86.94%**
(110)国有企业(仅指非公司制企业,不包括国有独资公司、国有控股公司)	24,062	8,173	5,478	91.42%
(120)集体企业	15,321	5,505	5,403	88.43%
(130)股份合作企业	5,447	1,889	1,748	85.01%
(140)联营企业	1,138	364	325	84.92%
(151)国有独资公司	3,585	1,534	713	83.59%
(159)其他有限责任公司	26,673	8,591	10,901	88.58%
(161)股份有限公司中的国有控股公司	7,011	2,929	1,005	94.33%
(169)其他股份有限公司	5,048	2,009	1,583	82.12%
(170)私营企业	256,900	86,125	100,593	85.99%
(190)其他内资企业	5,730	1,906	1,108	90.16%
(200)台港澳商投资企业	59,392	22,705	17,409	81.88%
(300)外商投资企业	70,910	27,189	14,664	90.60%
(401)财政拨款的事业单位	39,284	16,993	10,210	92.41%
(402)其他事业单位	24,481	9,720	6,674	91.58%
(500)机关	30,068	12,000	7,794	90.84%
(600)个体经济组织	25,424	9,895	10,933	83.75%

分组	本级工会建立女职工组织			本级工会女职工工作人员	
	建立女职工委员会	仅设立女职工委员	未建立	专职	兼职
总计	**133,675**	**37,191**	**40,064**	**10,097**	**231,721**
(110)国有企业(仅指非公司制企业,不包括国有独资公司、国有控股公司)	3,806	1,202	586	926	7,828
(120)集体企业	3,892	886	1,048	226	6,099
(130)股份合作企业	1,181	305	292	178	2,426
(140)联营企业	207	69	54	8	355
(151)国有独资公司	471	125	126	99	1,133
(159)其他有限责任公司	6,704	2,952	1,432	346	12,056
(161)股份有限公司中的国有控股公司	845	103	77	388	2,194
(169)其他股份有限公司	1,018	282	315	115	1,869
(170)私营企业	67,112	19,383	25,426	3,032	104,148
(190)其他内资企业	692	307	124	31	1,732
(200)台港澳商投资企业	11,026	3,229	3,659	1,628	22,227
(300)外商投资企业	11,827	1,459	2,339	1,092	22,178
(401)财政拨款的事业单位	7,571	1,864	928	610	15,211
(402)其他事业单位	5,050	1,062	688	635	9,790
(500)机关	5,562	1,518	807	644	10,551
(600)个体经济组织	6,711	2,445	2,163	139	11,924

10-4 2012工会组织建设状况

分 组	基层工会(个)	独立基层工会(个)	联合基层工会(个)	基层工会涵盖单位(个)	职工(人)	女性(人)
总 计	232,330	220,291	12,039	612,913	29,426,563	12,425,701
(110)国有企业(仅指非公司制企业,不包括国有独资公司、国有控股公司)	5,734	5,558	176	9,783	1,237,265	397,391
(120)集体企业	6,176	5,818	358	15,493	684,507	324,455
(130)股份合作企业	1,967	1,869	98	7,365	468,826	198,987
(140)联营企业	355	315	40	3,581	66,334	27,906
(151)国有独资公司	644	631	13	812	116,742	34,500
(159)其他有限责任公司	14,085	13,520	565	28,193	1,617,266	826,280
(161)股份有限公司中的国有控股公司	1,163	1,120	43	2,291	590,690	195,300
(169)其他股份有限公司	1,686	1,611	75	5,025	610,267	221,940
(170)私营企业	134,647	127,883	6,764	343,593	11,034,894	4,448,260
(190)其他内资企业	1,080	911	169	6,581	199,195	82,592
(200)台港澳商投资企业	19,258	18,651	607	35,990	6,054,268	2,642,587
(300)外商投资企业	10,051	9,854	197	30,464	3,239,355	1,428,698
(401)财政拨款的事业单位	10,557	9,846	711	23,734	1,208,616	635,323
(402)其他事业单位	7,089	6,281	808	27,103	972,993	464,292
(500)机关	8,195	7,674	521	15,715	684,889	222,831
(600)个体经济组织	9,643	8,749	894	57,190	640,456	274,359

分 组	农民工(人)	女性农民工(人)	工会会员	女性(人)	农民工(人)	女性农民工(人)
总 计	14,666,500	6,979,474	26,563,789	11,419,350	13,554,763	6,446,446
(110)国有企业(仅指非公司制企业,不包括国有独资公司、国有控股公司)	231,444	63,757	1,109,549	367,726	192,460	58,209
(120)集体企业	341,190	190,481	606,011	291,572	300,887	169,170
(130)股份合作企业	277,836	133,361	402,647	171,195	238,206	116,616
(140)联营企业	29,181	12,549	53,173	22,535	21,157	9,851
(151)国有独资公司	24,553	8,386	105,859	32,344	19,064	7,064
(159)其他有限责任公司	935,033	542,626	1,500,290	784,225	878,752	515,704
(161)股份有限公司中的国有控股公司	132,525	39,270	512,938	181,798	118,339	33,683
(169)其他股份有限公司	349,165	139,859	572,018	206,993	331,623	131,493
(170)私营企业	5,839,674	2,533,024	9,992,784	4,125,253	5,485,291	2,370,228
(190)其他内资企业	135,474	62,706	181,356	75,579	127,461	59,262
(200)台港澳商投资企业	3,982,936	2,023,277	5,431,321	2,370,662	3,651,920	1,852,584
(300)外商投资企业	1,757,048	900,211	2,871,932	1,281,630	1,604,121	811,573
(401)财政拨款的事业单位	111,858	56,205	1,146,114	609,278	101,432	50,260
(402)其他事业单位	241,563	147,229	882,328	434,862	227,699	140,594
(500)机关	53,385	13,240	625,573	205,182	52,671	13,042
(600)个体经济组织	223,635	113,293	569,896	258,516	203,680	107,113

10-4续表1 2012工会组织建设状况

单位：人

分组	专职工会工作人员	女性	专职工会工作人员年龄构成		
			35岁及以下	36-50岁	51岁及以上
总计	54,281	18,408	25,650	21,986	6,645
(110)国有企业(仅指非公司制企业，不包括国有独资公司、国有控股公司)	3,668	1,616	651	2,040	977
(120)集体企业	1,892	589	855	798	239
(130)股份合作企业	1,369	266	790	513	66
(140)联营企业	101	66	24	53	24
(151)国有独资公司	324	133	59	159	106
(159)其他有限责任公司	4,821	1,485	2,908	1,611	302
(161)股份有限公司中的国有控股公司	1,701	685	583	840	278
(169)其他股份有限公司	464	183	236	178	50
(170)私营企业	16,908	5,851	8,361	6,718	1,829
(190)其他内资企业	132	56	68	56	8
(200)台港澳商投资企业	9,544	2,896	5,683	3,050	811
(300)外商投资企业	4,347	1,271	2,264	1,630	453
(401)财政拨款的事业单位	2,778	946	1,081	1,208	489
(402)其他事业单位	2,144	870	831	1,066	247
(500)机关	3,459	1,233	943	1,809	707
(600)个体经济组织	629	262	313	257	59

分组	专职工会工作人员文化程度构成				
	研究生	大学本科	大专	高中（中专、中技）	初中及以下
总计	1,076	13,450	19,882	14,399	5,474
(110)国有企业(仅指非公司制企业，不包括国有独资公司、国有控股公司)	98	1,144	1,422	846	158
(120)集体企业	2	246	580	634	430
(130)股份合作企业	50	642	431	214	32
(140)联营企业	10	23	39	19	10
(151)国有独资公司	22	115	129	53	5
(159)其他有限责任公司	35	775	2,233	1,543	235
(161)股份有限公司中的国有控股公司	119	836	553	146	47
(169)其他股份有限公司	30	142	151	119	22
(170)私营企业	185	3,834	6,262	5,112	1,515
(190)其他内资企业		34	47	49	2
(200)台港澳商投资企业	149	1,330	2,824	3,109	2,132
(300)外商投资企业	84	1,192	1,539	1,038	494
(401)财政拨款的事业单位	144	1,103	1,122	315	94
(402)其他事业单位	30	748	914	400	52
(500)机关	112	1,234	1,404	505	204
(600)个体经济组织	6	52	232	297	42

10-4续表2 2012工会组织建设状况

分 组	兼职工会工作人员(人)	女性(人)	有女职工的工会数(个)	女职工组织的覆盖率
总 计	**640,924**	**234,509**	**214,925**	**93.36%**
(110)国有企业(仅指非公司制企业,不包括国有独资公司、国有控股公司)	25,455	9,009	5,567	95.01%
(120)集体企业	15,470	5,446	5,920	90.84%
(130)股份合作企业	5,370	2,027	1,939	95.00%
(140)联营企业	1,094	381	337	93.47%
(151)国有独资公司	2,927	1,274	629	91.26%
(159)其他有限责任公司	46,247	12,689	13,825	94.32%
(161)股份有限公司中的国有控股公司	9,651	3,813	1,143	97.20%
(169)其他股份有限公司	5,276	2,112	1,650	96.00%
(170)私营企业	302,170	106,937	120,418	94.01%
(190)其他内资企业	5,594	2,023	1,071	94.02%
(200)台港澳商投资企业	70,932	27,633	18,681	91.98%
(300)外商投资企业	34,500	12,942	8,956	92.25%
(401)财政拨款的事业单位	42,805	19,445	10,421	96.22%
(402)其他事业单位	25,196	10,238	6,941	96.08%
(500)机关	27,666	10,540	8,048	95.22%
(600)个体经济组织	20,571	8,000	9,379	80.00%

分 组	本级工会建立女职工组织			本级工会女职工工作人员	
	建立女职工委员会	仅设立女职工委员	未建立	专职	兼职
总 计	**151,888**	**48,763**	**28,202**	**10,905**	**281,541**
(110)国有企业(仅指非公司制企业,不包括国有独资公司、国有控股公司)	3,879	1,410	401	1,021	8,934
(120)集体企业	4,103	1,275	772	371	6,756
(130)股份合作企业	1,439	403	120	182	2,715
(140)联营企业	215	100	40	9	406
(151)国有独资公司	385	189	69	62	982
(159)其他有限责任公司	10,141	2,899	1,038	614	26,783
(161)股份有限公司中的国有控股公司	979	132	52	513	3,100
(169)其他股份有限公司	1,121	463	100	110	2,198
(170)私营企业	85,213	27,992	18,249	3,662	140,004
(190)其他内资企业	675	332	72	14	2,197
(200)台港澳商投资企业	13,025	4,157	2,021	1,792	25,840
(300)外商投资企业	6,643	1,619	1,672	710	13,973
(401)财政拨款的事业单位	8,100	1,927	528	503	17,202
(402)其他事业单位	5,040	1,629	415	519	10,483
(500)机关	5,927	1,736	531	690	10,614
(600)个体经济组织	5,003	2,500	2,122	133	9,354

10-5 2013工会组织建设状况

分组	基层工会(个)	独立基层工会(个)	联合基层工会(个)	基层工会涵盖单位(个)	职工(人)	女性(人)
总计	**247,173**	**233,756**	**13,417**	**678,145**	**29,121,418**	**12,673,372**
(110)国有企业(仅指非公司制企业,不包括国有独资公司、国有控股公司)	5,559	5,375	184	17,653	1,054,522	348,245
(120)集体企业	5,617	5,152	465	14,658	640,167	264,128
(130)股份合作企业	1,988	1,905	83	7,327	379,011	189,004
(140)联营企业	358	319	39	3,085	84,771	35,622
(151)国有独资公司	798	776	22	903	186,631	58,725
(159)其他有限责任公司	14,074	13,679	395	25,473	1,500,507	650,595
(161)股份有限公司中的国有控股公司	1,085	1,054	31	2,138	434,438	166,641
(169)其他股份有限公司	1,960	1,866	94	5,731	649,367	254,754
(170)私营企业	149,470	141,730	7,740	381,405	11,995,244	5,254,572
(190)其他内资企业	1,733	1,578	155	6,808	194,021	86,775
(200)台港澳商投资企业	17,610	17,422	188	23,797	4,759,905	2,214,359
(300)外商投资企业	11,581	11,304	277	28,427	3,259,867	1,469,230
(401)财政拨款的事业单位	10,893	10,178	715	24,795	1,214,745	641,272
(402)其他事业单位	6,561	5,809	752	27,695	777,613	372,219
(500)机关	8,151	7,627	524	16,670	703,039	239,980
(600)个体经济组织	8,583	7,533	1,050	64,221	719,852	296,224
(700)其他工会组织形式	1,152	449	703	27,359	567,718	131,027

10-5续表　2013工会组织建设状况

分　组	农民工(人)	女性农民工(人)	工会会员	女性(人)	农民工(人)	女性农民工(人)
总　计	**15,831,088**	**7,015,764**	**26,889,932**	**11,753,896**	**14,813,682**	**6,471,068**
(110)国有企业(仅指非公司制企业,不包括国有独资公司、国有控股公司)	263,230	69,718	983,388	332,149	238,832	63,688
(120)集体企业	310,287	132,822	567,740	231,072	270,004	110,227
(130)股份合作企业	232,936	122,443	344,280	172,938	213,349	113,965
(140)联营企业	29,589	14,060	72,580	30,884	22,693	11,281
(151)国有独资公司	35,791	11,016	168,679	54,468	29,813	9,247
(159)其他有限责任公司	813,487	339,104	1,395,034	606,304	762,678	312,500
(161)股份有限公司中的国有控股公司	131,191	39,336	406,672	156,551	121,192	36,097
(169)其他股份有限公司	353,289	164,876	605,347	234,552	335,999	154,676
(170)私营企业	7,172,587	3,103,840	11,070,249	4,917,660	6,775,404	2,915,556
(190)其他内资企业	133,078	56,312	180,733	80,888	125,567	52,071
(200)台港澳商投资企业	3,298,448	1,650,345	4,333,430	1,983,419	3,063,158	1,488,845
(300)外商投资企业	1,958,546	965,416	2,968,001	1,334,689	1,803,710	873,469
(401)财政拨款的事业单位	117,218	54,433	1,172,686	623,799	108,815	51,115
(402)其他事业单位	174,792	75,826	729,271	355,658	161,880	71,060
(500)机关	99,783	23,067	668,714	228,545	94,834	20,806
(600)个体经济组织	274,759	129,691	670,357	284,892	260,607	125,569
(700)其他工会组织形式	432,077	63,459	552,771	125,428	425,147	60,896

10-5续表1 2013工会组织建设状况

单位：人

分组	专职工会工作人员	女性	专职工会工作人员年龄构成 35岁及以下	36-50岁	51岁及以上
总计	58,679	22,033	25,353	25,328	7,998
(110)国有企业(仅指非公司制企业，不包括国有独资公司、国有控股公司)	3,062	1,329	659	1,621	782
(120)集体企业	1,462	491	632	600	230
(130)股份合作企业	1,271	223	762	448	61
(140)联营企业	152	86	33	69	50
(151)国有独资公司	458	208	74	249	135
(159)其他有限责任公司	3,106	1,239	1,511	1,393	202
(161)股份有限公司中的国有控股公司	1,252	509	425	569	258
(169)其他股份有限公司	566	223	277	219	70
(170)私营企业	25,316	9,432	11,731	10,470	3,115
(190)其他内资企业	110	42	63	39	8
(200)台港澳商投资企业	7,775	3,168	3,728	3,119	928
(300)外商投资企业	4,664	1,504	2,336	1,866	462
(401)财政拨款的事业单位	3,009	1,112	1,147	1,283	579
(402)其他事业单位	1,973	826	571	1,093	309
(500)机关	3,542	1,243	905	1,909	728
(600)个体经济组织	410	201	184	177	49
(700)其他工会组织形式	551	197	315	204	32

10-5续表1-1 2013工会组织建设状况

单位：人

分组	专职工会工作人员文化程度构成				
	研究生	大学本科	大专	高中（中专、中技）	初中及以下
总计	1,240	15,332	22,414	15,584	4,115
(110)国有企业（仅指非公司制企业，不包括国有独资公司、国有控股公司）	80	985	1,144	715	138
(120)集体企业	7	271	533	506	145
(130)股份合作企业	48	622	397	173	31
(140)联营企业	10	34	57	40	11
(151)国有独资公司	27	219	161	47	4
(159)其他有限责任公司	129	524	1,074	1,013	366
(161)股份有限公司中的国有控股公司	53	606	435	112	46
(169)其他股份有限公司	34	190	186	133	23
(170)私营企业	251	5,837	9,901	7,618	1,710
(190)其他内资企业	2	9	42	52	5
(200)台港澳商投资企业	160	1,581	2,881	2,421	732
(300)外商投资企业	96	1,282	1,572	1,201	513
(401)财政拨款的事业单位	194	1,114	1,272	326	106
(402)其他事业单位	39	618	878	396	43
(500)机关	103	1,273	1,464	500	203
(600)个体经济组织	6	54	160	161	29
(700)其他工会组织形式	1	113	257	170	10

10-5续表2 2013工会组织建设状况

单位：人

分组	兼职工会工作人员(人)	女性(人)	有女职工的工会数(个)	女职工组织的覆盖率
总计	**698,250**	**261,380**	**230,367**	**98.04%**
(110)国有企业（仅指非公司制企业，不包括国有独资公司、国有控股公司）	22,148	8,210	5,396	97.35%
(120)集体企业	15,873	5,978	5,425	93.86%
(130)股份合作企业	5,761	2,099	1,971	97.97%
(140)联营企业	1,030	378	354	93.22%
(151)国有独资公司	3,967	1,793	783	96.42%
(159)其他有限责任公司	37,930	13,447	14,018	97.35%
(161)股份有限公司中的国有控股公司	7,750	3,182	1,084	98.15%
(169)其他股份有限公司	6,667	2,654	1,947	97.64%
(170)私营企业	347,357	122,677	135,175	98.11%
(190)其他内资企业	6,180	2,330	1,710	98.71%
(200)台港澳商投资企业	83,946	33,998	17,087	99.47%
(300)外商投资企业	41,002	15,220	10,571	97.58%
(401)财政拨款的事业单位	44,001	19,536	10,814	98.65%
(402)其他事业单位	22,445	9,012	6,421	98.72%
(500)机关	27,919	10,645	8,091	98.64%
(600)个体经济组织	20,165	8,137	8,376	97.47%
(700)其他工会组织形式	4,109	1,484	1,144	96.42%

10-5续表2-1 2013工会组织建设状况

单位：人

分 组	本级工会建立女职工组织			本级工会女职工工作人员	
	建立女职工委员会	仅设立女职工委员	未建立	专职	兼职
总 计	**169,515**	**56,327**	**20,750**	**16,491**	**301,843**
(110)国有企业（仅指非公司制企业，不包括国有独资公司、国有控股公司）	3,852	1,401	306	957	8,166
(120)集体企业	3,861	1,231	525	404	7,742
(130)股份合作企业	1,560	371	57	176	2,847
(140)联营企业	245	85	28	21	411
(151)国有独资公司	508	247	43	124	1,398
(159)其他有限责任公司	9,901	3,745	428	1,031	16,779
(161)股份有限公司中的国有控股公司	881	183	21	415	2,589
(169)其他股份有限公司	1,472	429	59	165	2,691
(170)私营企业	99,911	32,704	16,281	6,979	163,038
(190)其他内资企业	1,404	284	45	28	2,429
(200)台港澳商投资企业	13,119	3,878	613	2,539	26,885
(300)外商投资企业	8,429	1,886	1,266	1,233	15,889
(401)财政拨款的事业单位	8,229	2,439	225	637	18,038
(402)其他事业单位	4,916	1,423	219	631	9,441
(500)机关	5,972	2,009	169	801	10,933
(600)个体经济组织	4,555	3,609	416	181	11,122
(700)其他工会组织形式	700	403	49	169	1,445

10-6 2014工会组织建设状况

分组	基层工会(个)	独立基层工会(个)	联合基层工会(个)	基层工会涵盖单位(个)	职工(人)	女性(人)
总计	**254,422**	**241,164**	**13,258**	**723,332**	**29,620,945**	**13,071,947**
(01)农、林、牧、渔业	5,149	4,453	696	16,317	491,479	195,310
(02)采矿业	1,082	1,034	48	2,355	103,671	25,945
(03)制造业	131,129	127,867	3,262	237,319	16,332,600	7,374,523
(04)电力、热气、燃气及水生产和供应业	3,988	3,799	189	9,736	390,401	119,345
(05)建筑业	4,173	4,027	146	9,825	500,957	127,977
(06)批发和零售业	12,893	12,195	698	56,540	1,074,304	416,731
(07)交通运输、仓储及邮政业	5,289	5,182	107	7,440	930,031	291,711
(08)住宿和餐饮业	12,740	12,006	734	53,137	1,065,993	530,263
(09)信息传输、软件和信息技术服务业	5,527	5,319	208	14,874	560,857	245,067
(10)金融业	1,636	1,585	51	3,162	395,049	184,452
(11)房地产业	2,492	2,414	78	3,807	206,870	79,265
(12)租赁和商务服务业	6,215	5,880	335	22,769	495,675	227,001
(13)科学研究和技术服务业	1,476	1,440	36	1,984	143,886	56,048
(14)水利、环境和公共设施管理业	2,068	1,986	82	4,083	151,170	55,273
(15)居民服务、修理和其他服务业	26,526	23,420	3,106	151,649	2,711,919	1,224,689
(16)教育	12,673	12,039	634	21,831	1,172,568	637,814
(17)卫生和社会工作	3,568	3,417	151	7,763	527,260	299,964
(18)文化、体育和娱乐业	2,824	2,728	96	4,486	190,134	86,889
(19)公共管理、社会保障和社会组织	12,936	10,335	2,601	94,217	2,173,146	892,634
(20)国际组织	38	38		38	2,975	1,046

10-6续表 2014工会组织建设状况

分 组			工会会员			
	农民工(人)	女性农民工(人)		女性(人)	农民工(人)	女性农民工(人)
总计	16,731,512	7,362,234	27,562,323	12,252,126	15,764,272	6,921,657
(01)农、林、牧、渔业	260,727	100,485	464,807	186,031	251,245	96,490
(02)采矿业	46,416	9,067	100,478	25,405	45,134	8,824
(03)制造业	11,498,854	5,221,427	15,109,332	6,848,684	10,854,970	4,897,606
(04)电力、热气、燃气及水生产和供应业	117,934	31,994	362,729	113,593	110,921	30,604
(05)建筑业	226,090	57,693	469,143	122,104	216,549	55,631
(06)批发和零售业	438,832	151,479	1,021,254	401,808	424,823	149,351
(07)交通运输、仓储及邮政业	265,921	78,606	870,912	274,350	246,096	72,827
(08)住宿和餐饮业	474,556	215,736	976,697	488,068	440,164	194,692
(09)信息传输、软件和信息技术服务业	246,385	101,074	520,341	226,997	236,980	96,508
(10)金融业	62,271	21,187	382,651	180,345	60,382	20,533
(11)房地产业	106,256	37,815	191,983	74,601	99,582	35,435
(12)租赁和商务服务业	235,902	99,004	459,887	215,677	222,137	94,828
(13)科学研究和技术服务业	49,766	18,477	132,482	52,436	47,046	17,436
(14)水利、环境和公共设施管理业	51,326	16,058	142,503	52,928	49,222	15,443
(15)居民服务、修理和其他服务业	1,249,442	573,690	2,539,263	1,157,005	1,167,536	542,057
(16)教育	163,627	72,633	1,123,074	616,181	150,240	66,114
(17)卫生和社会工作	144,206	65,962	503,172	289,389	138,126	63,599
(18)文化、体育和娱乐业	58,045	24,637	181,053	83,721	56,508	23,929
(19)公共管理、社会保障和社会组织	1,034,130	464,898	2,007,713	841,815	945,785	439,438
(20)国际组织	826	312	2,849	988	826	312

10-6续表1　2014工会组织建设状况

单位：人

分　组	专职工会工作人员	女性	专职工会工作人员年龄构成 35岁及以下	36-50岁	51岁及以上
总计	**54,785**	**19,820**	**24,219**	**24,073**	**6,493**
(01)农、林、牧、渔业	1,174	300	368	606	200
(02)采矿业	126	37	17	65	44
(03)制造业	28,278	10,787	13,295	12,179	2,804
(04)电力、热气、燃气及水生产和供应业	1,106	487	393	540	173
(05)建筑业	799	321	241	428	130
(06)批发和零售业	1,895	576	1,081	632	182
(07)交通运输、仓储及邮政业	2,473	1,151	632	1,261	580
(08)住宿和餐饮业	1,362	558	669	547	146
(09)信息传输、软件和信息技术服务业	1,171	347	421	591	159
(10)金融业	1,886	475	881	767	238
(11)房地产业	754	275	365	307	82
(12)租赁和商务服务业	729	264	315	336	78
(13)科学研究和技术服务业	509	154	168	221	120
(14)水利、环境和公共设施管理业	428	185	106	248	74
(15)居民服务、修理和其他服务业	3,276	904	1,919	1,227	130
(16)教育	2,903	1,147	1,215	1,280	408
(17)卫生和社会工作	1,238	477	423	568	247
(18)文化、体育和娱乐业	1,306	211	683	522	101
(19)公共管理、社会保障和社会组织	3,372	1,164	1,027	1,748	597
(20)国际组织					

10-6续表1-1 2014工会组织建设状况

单位：人

分组	专职工会工作人员文化程度构成				
	研究生	大学本科	大专	高中（中专、中技）	初中及以下
总计	**1,273**	**14,001**	**21,195**	**13,898**	**4,418**
(01)农、林、牧、渔业	8	312	563	250	41
(02)采矿业	3	29	47	43	4
(03)制造业	430	4,948	10,401	9,089	3,410
(04)电力、热气、燃气及水生产和供应业	28	359	431	236	52
(05)建筑业	30	281	300	173	15
(06)批发和零售业	21	287	1,099	413	75
(07)交通运输、仓储及邮政业	93	963	939	378	100
(08)住宿和餐饮业	25	250	473	537	77
(09)信息传输、软件和信息技术服务业	80	519	336	212	24
(10)金融业	130	1,013	505	187	51
(11)房地产业	54	225	272	178	25
(12)租赁和商务服务业	16	182	287	216	28
(13)科学研究和技术服务业	27	176	182	93	31
(14)水利、环境和公共设施管理业	15	126	185	94	8
(15)居民服务、修理和其他服务业	22	1,155	1,410	615	74
(16)教育	106	1,176	1,135	340	146
(17)卫生和社会工作	78	378	487	204	91
(18)文化、体育和娱乐业	15	417	732	118	24
(19)公共管理、社会保障和社会组织	92	1,205	1,411	522	142
(20)国际组织					

10-6续表2 2014工会组织建设状况

单位：人

分组	兼职工会工作人员(人)	女性(人)	有女职工的工会数(个)	女职工组织的覆盖率
总计	**706,447**	**262,380**	**240,820**	**97.16%**
(01)农、林、牧、渔业	13,905	4,535	4,958	94.55%
(02)采矿业	3,321	885	1,012	94.27%
(03)制造业	340,060	117,044	122,461	97.66%
(04)电力、热气、燃气及水生产和供应业	12,804	4,120	3,712	93.94%
(05)建筑业	12,070	3,965	4,073	95.65%
(06)批发和零售业	34,746	14,669	12,445	97.31%
(07)交通运输、仓储及邮政业	22,375	8,651	5,233	97.00%
(08)住宿和餐饮业	31,139	13,104	12,572	95.78%
(09)信息传输、软件和信息技术服务业	16,944	7,005	5,459	96.94%
(10)金融业	8,334	3,835	1,628	94.16%
(11)房地产业	6,990	2,851	2,444	95.05%
(12)租赁和商务服务业	15,473	6,287	6,143	94.87%
(13)科学研究和技术服务业	5,305	2,195	1,464	95.90%
(14)水利、环境和公共设施管理业	6,143	2,370	2,015	96.08%
(15)居民服务、修理和其他服务业	57,479	18,650	23,386	98.16%
(16)教育	48,286	23,139	12,601	97.75%
(17)卫生和社会工作	14,395	6,427	3,547	97.07%
(18)文化、体育和娱乐业	8,516	3,519	2,796	94.92%
(19)公共管理、社会保障和社会组织	48,046	19,078	12,833	96.70%
(20)国际组织	116	51	38	100.00%

10-6续表2-1 2014工会组织建设状况

单位：人

分组	本级工会建立女职工组织			本级工会女职工工作人员	
	建立女职工委员会	仅设立女职工委员	未建立	专职	兼职
总计	**174,693**	**59,291**	**19,814**	**11,895**	**320,451**
(01)农、林、牧、渔业	3,038	1,650	460	360	5,871
(02)采矿业	573	381	128	25	1,267
(03)制造业	94,658	24,940	10,990	6,083	157,623
(04)电力、热气、燃气及水生产和供应业	2,203	1,284	497	250	4,855
(05)建筑业	2,679	1,217	275	201	4,971
(06)批发和零售业	7,346	4,764	769	351	16,916
(07)交通运输、仓储及邮政业	3,631	1,445	211	668	8,394
(08)住宿和餐饮业	7,884	4,158	679	357	15,497
(09)信息传输、软件和信息技术服务业	4,005	1,287	232	200	7,444
(10)金融业	1,181	352	103	417	3,410
(11)房地产业	1,631	692	168	123	3,167
(12)租赁和商务服务业	3,764	2,064	374	148	7,596
(13)科学研究和技术服务业	969	435	72	132	2,304
(14)水利、环境和公共设施管理业	1,344	592	130	127	2,609
(15)居民服务、修理和其他服务业	16,220	6,736	3,551	619	28,802
(16)教育	9,653	2,664	356	662	20,620
(17)卫生和社会工作	2,665	778	124	379	5,952
(18)文化、体育和娱乐业	1,728	926	168	108	3,649
(19)公共管理、社会保障和社会组织	9,495	2,914	527	685	19,454
(20)国际组织	26	12			50

10-7 2009年共青团组织情况统计表

项目			应建团单位数	已建团单位数	团组织数目			
					基层团委数	团总支数	团支部数	基层团工委数
总计			**117828**	**106685**	**8103**	**12393**	**141847**	**1845**
农、林、牧、渔业	总数		24713	23351	1193	3416	24179	108
	其中	国营农林牧业	457	408	82	96	947	1
		乡镇	4142	3222	1011	833	3371	73
		行政村	20114	19721	100	2487	19861	34
采掘业			231	207	40	46	525	3
制造业			11587	6190	743	431	7765	26
电力、煤气及水的生产和供应数			1453	1298	131	115	1329	125
建筑业			1358	1128	141	130	1016	11
地质勘查业、水利管理业			484	424	57	41	455	
交通运输、仓储及邮电通信业			3869	3698	453	419	3453	175
批发和零售贸易、餐饮业			2221	1489	121	196	1301	6
金融、保险业			1441	1245	80	107	1186	1

注：缺2010年数据。

10-7续表 2009年共青团组织情况统计表

项目			应建团单位数	已建团单位数	团组织数目			
					基层团委数	团总支数	团支部数	基层团工委数
房地产业			650	480	21	42	424	0
社会服务业			1741	1277	117	153	1375	14
教育文化艺术和广播影视业	总数		53746	53095	3650	5714	85693	1160
	其中	大专院校	11810	11638	516	1270	22949	37
		中专	3605	3588	258	275	7084	120
		职业高中	2761	2691	302	203	3738	66
		普通高中	11609	11562	965	1183	17589	654
		初中	17439	17169	1213	2279	27187	268
卫生、体育和社会福利事业			2119	2001	151	263	2695	32
科学研究和综合技术服务业			432	381	62	42	435	31
国家机关、政党机关和社会团体			8099	7652	890	992	7384	114
其他			3684	2769	253	286	2632	39
城镇街道			3372	3052	303	363	3246	244

注：缺2010年数据。

10-8 2011年共青团有关信息统计表

内容	领域	高校		高中			初中
		公办高校	民办高校	普通高中	中专	职业高中	
基层团组织	基层团委数	458	55	1352	379	999	1800
	基层团工委数	23	4	15	1	3	36
	团总支数	1399	558	1555	500	408	2109
	团支部数	23741	7312	22617	8887	6487	25522
团员队伍	团员数	905584	200916	1032759	197752	191586	785025
团干部队伍	专职团干部数	1075	101	548	235	222	1372
	兼职团干部数	16659	3471	31315	11124	8915	26197

10-8续表 2011年共青团有关信息统计表

内容	领域	国有企业	非公企业	机关事业单位	社会组织	农村	城市社区	总数
基层团组织	基层团委数	1208	1382	2811	234	669	213	11560
	基层团工委数	2	5	455	4	2	45	595
	团总支数	507	1398	2661	123	799	420	12437
	团支部数	4450	19769	11174	1765	12413	3432	147569
团员队伍	团员数	117633	829645	292212	70807	210255	177086	5011260
团干部队伍	专职团干部数	887	880	4549	314	695	475	11353
	兼职团干部数	13100	32581	30034	2892	17864	6243	200395

10-9 2012年共青团有关信息统计表

内容 \ 领域		公办学校	民办学校	国有企业	非公企业
基层团组织	基层团委数	3569	637	1199	3437
	基层团工委数	179	4	6	18
	团总支数	5297	648	812	3740
	团支部数	69813	10264	6833	27651
团员队伍	团员数	2806267	479997	204817	625990
团干部队伍	专职团干部数	2802	444	464	644
	兼职团干部数	86007	11445	20658	41451

10-9续表 2012年共青团有关信息统计表

内容 \ 领域		机关事业单位	社会组织	农村	城市社区	总数
基层团组织	基层团委数	3130	350	1222	473	14017
	基层团工委数	488	18	426	75	1214
	团总支数	3612	293	1532	641	16575
	团支部数	14123	3728	18986	4463	155861
团员队伍	团员数	339621	113803	267939	151321	4989755
团干部队伍	专职团干部数	3881	175	1204	525	10139
	兼职团干部数	37726	4581	28307	9055	239230

10-10 2013年共青团有关信息统计表

内容 \ 领域		公办学校			民办学校		
		高校	中学	中职	高校	中学	中职
团组织	基层团委数	489	3582	434	105	372	205
	基层团工委数	69	39	2	2		5
	团总支数	1653	3816	781	399	361	255
	团支部数	22853	38036	8820	6596	3061	1105
团员	团员数	929749	1617080	280167	284519	145203	59125
团干部	专职团干部数	762	2641	309	162	154	64
	兼职团干部数	21889	52717	13877	5879	4279	2542

内容 \ 领域		国有企业	非公企业	机关事业单位	社会组织
基层团组织	基层团委数	1276	3866	3391	467
	基层团工委数	60	19	532	25
	团总支数	1334	4258	4076	352
	团支部数	7906	32770	16108	4395
团员队伍	团员数	184896	638046	348276	98332
团干部队伍	专职团干部数	854	682	3541	237
	兼职团干部数	20289	43587	41166	5201

填表说明:

1. 基层团组织是指企业、农村、机关、学校、科研院所、街道社区、社会组织和其他基层单位的团组织，含乡镇团委。
2. 机关事业单位团组织、团干部含乡镇、街道团组织、团干部。
3. 农村团员不含学生团员、企业团员、外出务工团员。
4. 企业团员含外来务工团员。
5. 中专学校列入中职学校类别统计。
6. 专职团干部是指专门从事共青团工作，不兼任其他工作的人员；兼职团干部指既从事共青团工作，又兼任其他工作的人员。
7. 所填数据截止到2013年12月31日。

10-11　2014年共青团有关信息统计（汇总）表

内容＼领域		团组织				团员	团干部	
		基层团委数	基层团工委数	团总支数	团支部数	团员数	专职团干部数	兼职团干部数
公办学校	高校	491	27	1438	30068	1038449	564	36576
	中学	2476	18	2254	52782	1624581	1259	55754
	中职	444	10	677	13996	327292	245	19361
民办学校	高校	63	2	280	7753	323096	992	10423
	中学	463	2	289	4604	217374	219	6520
	中职	171		174	1751	59252	22	3640
国有企业		1666	14	1315	8717	266967	397	24498
非公企业		2105	18	808	27051	614329	617	44948
机关事业单位		2778	397	1976	11726	310908	2528	32983
社会组织		253	12	131	4971	96107	80	8081
农　村		631		1252	14163	271481	324	18863
城市社区		531	76	464	4502	139631	254	7551
总　数		12072	576	11058	182084	5289467	7501	269198

填表说明：

1.基层团组织是指企业、农村、机关、学校、科研院所、街道社区、社会组织和其他基层单位的团组织，含乡镇团委。

2.机关事业单位团组织、团干部含乡镇、街道团组织、团干部。

3.农村团员不含学生团员、企业团员、外出务工团员。

4.企业团员含外来务工团员。

5.中专学校列入中职学校类别统计。

6.专职团干部是指专门从事共青团工作，不兼任其他工作的人员；兼职团干部指既从事共青团工作，又兼任其他工作的人员。

7.所填数据截止到2014年12月31日。

10-12 广东省妇联组织状况

单位：人

项 目	2009	2010	2011	2012	2013	2014
一、妇联组织						
市（地、区、盟、州）妇联	21	21	21	21	21	21
街道妇联	437	439	436	446	444	448
社区妇联	5474	5480	5670	5668	5668	5668
县（市、区、旗）妇联	121	121	121	121	121	121
乡（镇）妇联	1105	1143	1134	1134	1131	1131
村妇代会	19178	19180	16763	16759	16759	16759
二、高等院校妇女组织						
中央直属高校中妇女组织	2	2	2	2	2	2
省属高校中妇女组织	25	26	26	26	26	26
市属高校中妇女组织	27	28	30	32	32	32
民办高校中妇女组织	9	6	6	6	6	6
三、非公有制经济组织中妇女组织						
个体劳动者协会中的妇女组织	555	164	157	157	158	158
专业市场中的妇女组织	183	150	75	71	71	71
私营企业中的妇女组织	10378	13233	10411	10415	10420	10420
三资企业中的妇女组织	1287	1269	852	863	860	860
四、机关事业单位妇女组织						
直属机关妇委会（妇工委）	22	22	22	22	22	22
部门机关妇委会（妇工委）	1376	1376	1212	1225	1376	1376
事业单位妇委会（妇工委）	571	4339	4756	4821	4821	4821
五、民主党派妇女组织						
民主党派妇委会	63	65	71	71	71	71
六、团体会员						
工会女职工委员会	无需填写	无需填写	无需填写	无需填写	无需填写	无需填写
民政部门登记注册的妇女社团	163	309	585	621	623	623

10-13 残疾人数量情况

项目	数量（万人）	比重（%）
合计	**539.9**	**100**
1. 按残疾类别分		
视力残疾	75.3	14
听力残疾	136.1	25.1
言语残疾	11.5	2.1
肢体残疾	121.6	22.5
智力残疾	27.2	5
精神残疾	52.5	9.7
多重残疾	115.7	21.4
2. 按性别构成分		
男性	272.2	50.4
女性	267.7	49.6
3. 按年龄构成分		
0～14岁	40.1	7.4
15～64岁	220.7	40.9
65岁及以上	279.1	51.7
4. 按城乡分布分		
城镇	171.5	31.8
农村	368.4	68.2
5. 6岁以上残疾人口受教育情况		
不识字	216.9	41.4
未上过学	6.8	1.3
小学程度	199.2	38
初中程度	69	13.2
高中程度（含中专）	26.7	5.1
大专以上程度	5.6	1.1
6. 学龄残疾儿童受教育情况		
不识字	9.5	39
未上过学	0.2	0.9
小学程度	13.2	54.4
初中程度	1.4	5.7

10-13续表 残疾人数量情况

项 目	数量（万人）	比重（%）
7. 15岁以上残疾人口的婚姻状况		
未婚	67.8	13.6
在婚有配偶	276	55.2
离婚及丧偶	155.9	31.2

注：1. 2006年广东省第二次全国残疾人抽样调查结果显示，全省共有残疾人539.9万，占广东总人口的5.86%。
2. 学龄残疾儿童指6～14岁学龄残疾儿童。
3. 5、6、7项为合计数的其中项。

10-14 残疾人口地区分布及构成

市别	残疾现患率（%）	推算的残疾人口数（万人）	各种类别残疾构成（%）						
			视力	听力	语言	肢体	智力	精神	多重
合 计	**5.9**	**539.9**	**14**	**25.2**	**2.1**	**22.5**	**5**	**9.7**	**21.4**
广 州	5.3	52.1	11.7	21.7	2	23.2	4.9	13.6	22.9
深 圳	4.2	36	4.1	46.4	1	22.7	5.2	8.3	12.4
珠 海	5.3	7.9	10.9	27.5	1.7	19.5	5.2	11.6	23.5
汕 头	4.4	22.8	19.8	14.9	1.3	24.4	4.9	12.7	22.1
佛 山	6.5	19.8	13.7	21.2	2.7	27	5.8	10.6	19
韶 关	5.8	35.1	10.9	29.8	1.9	14.1	2.7	16.5	24.2
河 源	6.1	42.6	12.4	18.2	3.1	33.8	3.8	10.2	18.6
梅 州	6.7	28.5	11.8	29.5	0.7	20.3	4	9	24.8
惠 州	5.8	35.3	13.8	24.9	2.5	19.7	5.2	7.7	26.1
汕 尾	6.3	24.2	15.5	37.1	1	20.6	1.5	5.8	18.5
东 莞	5.9	22.9	10.3	22	3.3	25.2	0.5	5.6	33.2
中 山	5.8	25	14.4	26.5	5.9	19.8	6.9	7.7	18.8
江 门	5.8	16.9	23.3	20.2	1.6	20.4	4.4	9.3	20.9
阳 江	7.1	20.6	20.9	21.9	1.6	20.9	7.9	3.2	23.7
湛 江	6.5	15.8	4	31.7	0.5	24.1	9.4	9.8	20.5
茂 名	8.2	30.9	9.2	37.7	1.8	19.1	3.7	11	17.5
肇 庆	4	27.6	13	26.8	0.9	23.3	5.1	9.8	21.2
清 远	5.7	14.6	8.7	36.2	2.3	5.1	17.4	11.5	18.8
潮 州	6.1	16.1	22.9	31.4	0.9	11.7	1.4	6.7	25.1
揭 阳	5.2	30.3	13.6	12.6	3.1	34.4	5.8	13	17.5
云 浮	6.2	15.1	18.5	19.7	1.7	26.4	3.9	7.3	22.5

注：根据2006年广东省第二次全国残疾人抽样调查结果推算。

10-15 残联组织建设情况（2009-2014）

项目	2009	2010	2011	2012	2013	2014
省级						
1. 省级残联数（个）	1	1	1	1	1	1
2. 残联机关工作人员总数（人）	48	52	52	52	51	51
#残疾人干部人数（人）	3	6	6	6	6	6
3. 所属事业单位个数（个）	5	5	5	5	5	5
工作人员总数（人）	337	305	305	326	326	326
#残疾人数 （人）	38	38	38	40	40	40
4. 举办干部培训班（期）		5	5	5	5	5
#培训人次（人次）		400	816	750	700	150
5. 举办残疾人干部培训班（期）		1	1	1	1	1
#培训人次（人次）		80	51	40	50	30
地市级						
1. 地市级残联数（个）	21	21	21	21	21	21
2. 残联机关工作人员总数（人）	324	325	335	337	332	331
#残疾人干部人数 （人）	32	25	23	24	27	27
3. 所属事业单位个数（个）	67	67	71	71	75	76
工作人员总数（人）	1589	1658	1777	1827	1917	2392
#残疾人数 （人）	80	83	86	91	89	98
4. 举办干部培训班（期）	74	60	140	139	141	129
#培训人次（人次）	2325	4826	10263	10032	9393	2939
5. 举办残疾人干部培训班（期）	16	18	19	26	24	15
#培训人次（人次）	249	1349	1689	1385	1684	589
县市区						
1. 县（市、区）残联数（个）	121	121	129	130	133	136

10-15续表 残联组织建设情况（2009-2014）

项 目	2009	2010	2011	2012	2013	2014
2. 残联机关工作人员总数（人）	975	1019	1132	1165	1096	1106
#残疾人干部人数 （人）	42	57	55	57	61	61
3. 所属事业单位个数（个）	138	145	159	165	179	185
工作人员总数（人）	658	818	934	965	1025	1065
#残疾人数 （人）	34	45	54	54	54	58
4. 举办干部培训班（期）	211	256	157	161	162	212
#培训人次（人次）	4130	5711	7405	8619	9384	8612
乡镇街道						
1. 应建残联数（个）	1589	1601	1602	1609	1910	1620
2. 已建残联数（个）	1547	1601	1600	1608	1605	1616
3. 残联机关实有工作人员（人）	1660	1740	2751	2764	2103	2147
4. 专职残联理事长数（人）	401	526	533	566	503	419
5. 兼职残联理事长数（人）	710	747	826	772	790	656
6. 残疾人专职委员（人）	749	1526	1430	1549	1612	1642
7. 举办干部培训班（期）	184	261	826	773	811	829
#培训人次（人次）	10959	14448	12540	14328	10620	7744
村（社区）						
1. 村（含农村社区）残疾人组织建设						
#应建残协数（个）	14294	18604	19373	19744	19437	19294
#已建残协数（个）	6362	16722	18164	18585	18082	18407
#残疾人专职委员数（人）	2606	17973	17754	18304	19141	19254
2. 社区残疾人组织建设						
#应建残协数（个）	5141	5249	5358	5351	5426	5365
#已建残协数（个）	4175	4872	5168	5215	5014	4966
#残疾人专职委员数（人）	1476	4330	3212	3615	3728	3819

10-16 残疾人专门协会建设情况（2009-2014）

专门协会（个）	2009	2010	2011	2012	2013	2014
地市级：						
盲人协会	21	21	21	21	21	21
聋人协会	21	21	21	21	21	21
肢残人协会	21	21	21	21	21	21
智力残疾人及亲友协会	21	21	21	21	21	21
精神残疾人及亲友协会	21	21	21	21	21	21
县市区：						
盲人协会	118	121	121	123	123	120
聋人协会	118	121	121	123	123	120
肢残人协会	121	121	121	123	123	120
智力残疾人及亲友协会	120	120	120	122	122	114
精神残疾人及亲友协会	120	120	120	122	122	114
智力与精神残疾亲友协会	0	0	0	0	1	6

10-17 残疾人康复情况（2009-2014）

项　目	2009	2010	2011	2012	2013	2014
社区康复						
1. 市辖区开展比例（%）	100.0	100.0	89.2	87.9	86.8	81.8
2. 县（市）开展比例（%）	97.0	100.0	97.1	97.1	97.1	96.9
3. 社区（村）开展比例（%）	41.3	52.6	59.4	61.1	61.1	68.6
4. 社区康复协调员（人）	10537	16458	16965	18409	18414	19241
视力残疾康复						
1. 视力残疾康复机构（个）	//	//	106	69	72	78
2. 白内障复明手术（例）	103654	101603	94771	89302	91901	103241
其中：贫困白内障患者免费手术数（例）	40917	27754	24797	23238	27747	37006
3. 低视力者配用助视器（人）	4086	1212	1243	1442	2769	4511
4. 盲人定向行走训练（人）	743	809	555	4664	6838	6311
听力言语残疾康复						
1. 听力言语残疾康复机构（个）	129	101	83	75	78	68
2. 康复训练（人）	1414	1294	2462	2237	2350	2496
精神残疾康复						
1. 精神残疾康复机构数（个）	565	521	508	343	372	299
2. 康复训练（人）	49198	47208	50924	60006	57580	71020
孤独症儿童康复						
1. 孤独症儿童康复训练机构（个）	36	67	93	102	118	123
2. 康复训练（人）	1137	1051	1507	2118	3000	3559
肢体残疾康复						
1. 肢体残疾康复机构（个）	275	345	95	204	243	257
2. 康复训练（人）	13413	14163	27656	31369	33137	37971
智力残疾康复						
1. 智力残疾康复机构（个）	93	105	99	203	251	261
2. 康复训练（人）	2829	2632	2990	8070	9738	12293
辅助器具供应						
1. 各类辅助器具供应件数（件）	73736	79187	18729	50459	54505	71637
2. 普及型假肢装配（例）	//	//	1524	1702	2599	1600
其中：免费装配（例）	1371	1276	675	1057	1502	1197
3. 矫形器装配（例）	//	//	1314	2526	3834	4094
其中：免费装配（例）	1431	798	819	1409	2233	2223
4. 其他辅助器具供应（件）	//	//	15891	46231	48072	65943
其中：免费发放（件）	19807	25843	10564	8078	7108	9624

备注：//为2010年前未按此口径统计。

10-18 残疾人教育情况（2009-2014）

项　目	2009	2010	2011	2012	2013	2014
学前康复教育阶段						
1. 残疾人事业专项彩票公益金助学项目资助（人）	//	//	13	550	550	550
2. 其他残疾儿童学前教育助学项目资助（人）	//	//	303	318	444	397
义务阶段教育						
1. 未入学学龄残疾儿童少年（人）	6478	3732	5102	4631	4303	3693
视力残疾儿童少年（人）	779	220	268	193	154	113
听力残疾儿童少年（人）	1084	266	336	205	160	122
言语残疾儿童少年（人）	505	159	288	208	180	149
肢体残疾儿童少年（人）	1136	1053	1332	1269	1123	987
智力残疾儿童少年（人）	1449	1240	1622	1556	1546	1251
精神残疾儿童少年（人）	488	217	355	357	346	377
多重残疾儿童少年（人）	1037	577	901	843	794	694
高中阶段教育						
1. 特殊教育普通高中机构数（盲校与聋校）（个）	3	3	6	7	8	8
2. 特殊教育普通高中的在校学生数（人）	139	142	108	134	140	151
3. 残疾人中等职业教育机构数（个）	8	9	5	6	8	9
4. 残疾人中等职业教育在校学生数（人）	858	857	698	515	855	848
高等教育						
1. 高等特殊教育学院录取残疾人数（人）	70	61	62	57	37	66
本科录取人数（人）	11	9				0
专科（高职）（人）	59	52	62	57	37	66
2. 普通高等院校录取残疾人数（人）	282	321	285	280	342	352
本科录取人数（人）	94	115	100	99	62	72
专科（高职）录取人数（人）	188	206	185	181	280	255

10-19 残疾人培训与就业（2009-2014）

项　目	2009	2010	2011	2012	2013	2014
残疾人职业培训						
1. 职业培训基地数（个）	170	191	103	111	130	272
其中：残联兴办（个）	107	109	40	47	56	190
依托社会机构兴办（个）	63	82	63	64	74	82
2. 城镇职业培训（人次）	9389	8814	9960	14247	13117	10919
城镇残疾人就业状况						
1. 城镇就业人数合计（人）	227192	188267	183562	198019	201791	204020
其中：本年度新安排（人）	23314	16424	13655	16902	19784	13600
农村残疾人就业状况						
2. 农村实际就业人数（人）	630900	656192	692527	647177	613836	608025
#从事农业生产劳动（人）	515278	514763	557608	532560	501855	496893
#从事其他形式就业（人）	115622	141429	134919	114617	111981	111132

备注：2009-2010年残疾人培训基地数中包含了残联的职业培训机构数。

10-20 盲人按摩（2009-2014）

项　目	2009	2010	2011	2012	2013	2014
盲人按摩业务培训						
1．保健按摩培训（人）	//	//	661	506	896	745
2．医疗按摩培训（人）	361	250	85	195	282	462
盲人按摩残疾人就业						
1．盲人保健按摩人员就业（人）	//	//	2322	2335	1815	1752
2．盲人医疗按摩人员就业（人）	//	//	72	83	70	71
3．扶持特困盲人按摩师就业（人）	725	989	264	143	246	246
按摩机构						
1. 医疗按摩机构（个）	18	1	6	6	8	7
2. 保健按摩机构（个）	627	668	640	697	752	848

10-21 残疾人社会保障、扶贫与托养（2009-2014）

项 目	2009	2010	2011	2012	2013	2014
城镇残疾人社会救助						
1. 已纳入最低生活保障（人）	87922	95420	91484	93837	91876	84450
2. 集中供养（人）	3758	4251	5180	3620	3765	4001
3. 其他救助救济（人）	22423	23498	10425	30163	32956	30106
农村残疾人社会救助						
1. 已纳入最低生活保障（人）	221132	239086	247678	288701	278395	275854
2. 集中供养（人）	18146	21490	24245	24616	24092	17433
3. 其他救助救济（人）	32719	38935	36073	39246	44433	35066
残疾人社会福利						
1. 享受生活补贴的残疾人数（人）	//	//	31242	239466	362771	405723
2. 享受护理补贴的残疾人数（人）	//	//	7282	135366	299381	416814
残疾人扶贫						
1. 农村贫困残疾人（人）	551983	402158	465489	350439	350993	361985
2. 低收入残疾人（人）	352286	329713	346915	311595	292388	278941
3. 本年扶持贫困残疾人（人次）	56561	63984	78974	61623	46568	50865
4. 残疾人扶贫基地（个）	125	102	80	87	82	94
5. 安置残疾人就业（人）	4235	5412	4157	3820	3506	3666
6. 贫困残疾人危房改造完成（户）	3713	3956	3101	2630	1486	1324
7. 危房改造项目受益残疾人（人）	4901	4488	4993	2992	1655	1377
残疾人托养						
1. 残疾人托养机构总数（个）	102	259	377	553	385	462
2. 机构托养残疾人数（人）	7660	8141	11235	17900	15091	13535
3. 享受居家托养服务的残疾人数（人）		8156	13873	23952	19592	17671

10-22 残疾人宣传与文化活动（2009-2014）

项　目	2009		2010		2011		2012		2013		2014	
	省级	地市级	省级	地市级	省级	地市级	省级	地市级	省级	地市级	省级	地市级
宣传												
1. 报刊报纸专版（个）	1	18		13	1	16	3	22	4	37	4	57
2. 广播电台残疾人专题节目（个）	1	5	1	14	1	16	1	16	1	21	1	10
3. 电视手语栏目（个）	1	5	1	6	1	6	1	6	1	9	1	9
文化												
1. 盲文书架及盲人有声读物图书室(个)	2	21	2	19	2	16	2	19	2	39	2	40
2. 残疾人文化周（场次）	//	//	//	//	10	63	20	73	8	90	4	79
3. 残疾人文化艺术类的比赛及展览(次)	5	140	2	33	2	34	3	23	3	24	4	31
4. 残疾人艺术团队（个）	1	7	1	8	1	8	1	9	1	11	1	12

10-23 残疾人体育活动（2009-2014）

项　目	2009	2010	2011	2012	2013	2014
省级						
1. 残疾人群众体育健身活动（次）	10	10	10	10	8	7
残疾人群众体育健身活动参加人（人次）	2100	2000	1800	1200	1130	920
2. 残疾人体育比赛（次）	9	3		2	8	4
参赛残疾人运动员（人次）	2000	2006		200	430	250
地市级						
残疾人体育活动（次）	89	110	91	103	96	141
残疾人体育活动参加人（人次）	5982	8187	9703	10206	10806	17009

10-24 残疾人维权工作情况（2009-2014）

项 目	2009	2010	2011	2012	2013	2014
法制宣传						
1. 举办普法宣传教育活动（次）	246	256	219	227	258	248
省级	2	3	1	1	2	2
地市级	55	60	58	63	98	99
区县级	189	193	160	163	158	147
2. 参加人数（人次）	10599	14697	16808	17721	24186	25517
省级	200	5500	2200	2500	3000	1000
地市级	4932	2038	5315	4524	8730	11269
区县级	5467	7159	9293	10697	12456	13248
法律救助						
1. 建立残疾人法律救助协调组织（个）	21	17	31	33	42	44
省级	1	1	1	1	1	1
地市级	11	6	6	6	8	10
区县级	9	10	24	26	33	33
2. 残疾人法律救助中心和法律援助（服务）中心						
#省级：残疾人法律救助中心（个）					1	1
法律救助中心办理案件（件）					5	3
残疾人法律援助（服务）中心（个）	1	1	1	1	1	1
法律援助(服务)中心办理案件（件）			15	12	5	3
#地市级：残疾人法律救助中心（个）	2	2	2	3	5	10
法律救助中心办理案件（件）		5	7	20	83	20
残疾人法律援助（服务）中心（个）	20	20	21	21	20	19
法律援助(服务)中心办理案件（件）	64	109	103	157	247	132
#区县级：残疾人法律救助中心（个）			3	5	10	26
法律救助中心办理案件（件）			11	12	78	89
残疾人法律援助（服务）中心（个）	99	100	100	101	103	103
法律援助(服务)中心办理案件（件）	315	281	192	360	372	227
无障碍建设及机动轮椅车燃油补贴						
1. 贫困残疾人家庭无障碍改造（户）	500	725	1780	4718	6560	8525
2. 残疾人机动轮椅车燃油补贴（人）	23320	23320	21039	31407	29087	29631

注：残疾人法律援助（服务）中心是省、地、县司法行政部门和残联联合建立的残疾人法律援助（服务）机构；
残疾人法律救助机构是由残联单独设立的为残疾人提供法律帮助和服务的机构。

10-25 残疾人信访情况（2009-2014）

项　目	2009	2010	2011	2012	2013	2014
收到来信						
1. 省级（封）	76	106	234	144	53	63
2. 地市级（封）	418	344	342	466	310	455
3. 县区级（封）	1344	1348	2263	2329	2845	2806
接受来访						
1. 省级接受来访合计（人次）	62	157	144	205	112	167
#接受个体访（人次）	62	86	104	168	112	107
#接受集体访（批次）		2	2	1		4
#接受集体访（人次）		71	40	37		60
2. 地市级接受来访合计（人次）	2045	2242	2374	3218	2503	4266
#接受个体访（人次）	1454	1929	2039	2809	1992	3772
#接受集体访（批次）	25	22	23	40	29	45
#接受集体访（人次）	591	313	335	409	511	494
3. 县区级接受来访合计（人次）	7779	9521	10134	10850	8964	9411
#接受个体访（人次）	7388	9171	9619	10730	8751	9216
#接受集体访（批次）	50	51	34	19	33	23
#接受集体访（人次）	391	350	515	120	213	195

10-26 各市未入学学龄残疾儿童少年总数

单位：人

市　别	2009	2010	2011	2012	2013	2014
广东省	**6478**	**3732**	**5102**	**4631**	**4303**	**3693**
广州市	767	312	389	387	331	191
韶关市	180	96	179	193	417	479
深圳市	85	78	160	111	85	142
珠海市	24	16	15	21	20	20
汕头市	383	509	545	399	425	360
佛山市	241	267	266	306	291	238
江门市	279	85	299	500	613	205
湛江市	593	290	264	242	202	140
茂名市	1138	1159	823	994	880	464
肇庆市	184	34	126	104	112	156
惠州市	260	183	221	238	203	240
梅州市	350	128	299	246	39	291
汕尾市	428	30	473	21	16	55
河源市	373	139	160	142	81	74
阳江市	512	60	127	80	71	27
清远市	113	46	29	27	17	197
东莞市	33	32	101	112	197	194
中山市	177	54	166	70	14	23
潮州市	55	46	51	25	8	5
揭阳市	96	47	273	331	210	133
云浮市	207	121	136	82	71	59

10-27 各市城镇新增安排按比例就业残疾人数

单位：人

市别	2009	2010	2011	2012	2013	2014
广东省	**7488**	**6956**	**5854**	**7688**	**8655**	**6216**
广州市	139	89	301	239	2781	1384
韶关市	2039	2432	1896	1956	395	313
深圳市	258	309	260	740	220	358
珠海市	341	984	203	210	61	72
汕头市	58	44	193	163	79	236
佛山市	198	143	159	285	456	480
江门市	234	78	117	100	479	295
湛江市	801	226	166	518	384	511
茂名市	538	452	217	78	100	116
肇庆市	75	70	51	138	1117	301
惠州市	363	348	285	238	245	215
梅州市	668	180	249	247	52	111
汕尾市	79	162	143	133	90	40
河源市	131	35	99	96	38	45
阳江市	31	23	65	99	162	153
清远市	154	249	138	206	205	244
东莞市	246	197	207	490	512	210
中山市	288	302	410	520	996	959
潮州市	423	271	309	959	234	161
揭阳市	306	234	266	145	37	10
云浮市	23	18	58	54	12	2

10-28 各市新增城镇失业登记残疾人数

单位：人

市别	2009	2010	2011	2012	2013	2014
广东省	**6,412**	**6,514**	**5154**	**5537**	**7997**	**9574**
广州市	1,604	1,515	2497	2066	3774	5667
韶关市	517	462	79	100	102	47
深圳市	145	154	88	44	114	165
珠海市	26	203	56		20	20
汕头市	31	163	187	102	92	162
佛山市	343	43	417	675	787	696
江门市	74	200	385	1030	730	321
湛江市	657	929	105	92	95	75
茂名市	201	112	244	83	58	11
肇庆市	122	230	119	169	114	165
惠州市	77	148	229	30	29	43
梅州市	260	423	112	131	194	146
汕尾市	120	97	48	279	260	373
河源市	77	140	52	15	1255	1343
阳江市	39	115	79	20	10	15
清远市	251	775	172	467	301	268
东莞市						
中山市	36			192	30	30
潮州市	1,810	539	2			
揭阳市		215				
云浮市	22	51	283	42	32	27

10-29 各市城镇职业培训的残疾人数

单位：人

市 别	2009	2010	2011	2012	2013	2014
广东省	**9389**	**8814**	**9960**	**14247**	**13117**	**10919**
广州市	1472	1372	2681	5627	1114	897
韶关市	194	218	265	382	369	295
深圳市	1549	1441	1903	1247	2543	2942
珠海市	365	236	94	241	66	99
汕头市	406	430	273	153	223	261
佛山市	109	146	241	1145	1679	1069
江门市	327	228	838	525	732	839
湛江市	428	464	168	299	277	178
茂名市	564	181	382	208	946	466
肇庆市	267	353	420	502	521	747
惠州市	393	377	242	195	86	246
梅州市	331	434	314	231	437	393
汕尾市	45	64	82	144	220	289
河源市	314	452	245	699	882	456
阳江市	123	129	285	721	734	653
清远市	224	458	354	1493	1469	281
东莞市	789	825				0
中山市	1120	650	765	247	519	570
潮州市	144	163	52	5	145	65
揭阳市	25	67	126	69	25	40
云浮市	200	126	126	69	25	133

10-30 各市享受护理补贴与生活补贴的残疾人数

市别＼时间	享受生活补贴（人）				享受护理补贴（人）			
	2011	2012	2013	2014	2011	2012	2013	2014
广东省	**31242**	**239466**	**362771**	**405723**	**7282**	**135366**	**299381**	**416814**
广州市	13181	23647	31031	52827			9100	21635
韶关市	456	4636	4238	15129	456	2181	2790	17695
深圳市	1006	1056	1049	3228	357	432	57	12369
珠海市	428	2401	11959	13331		900	544	7591
汕头市	5959	6226	22613	17260	1023	4709	20272	24423
佛山市	2244	6888	38305	59243	2213	2627	12754	17956
江门市	3903	3636	15369	16276	1765	4717	21358	23712
湛江市		29315	75034	29920		26076	62689	38698
茂名市		53412	25049	18038	610	20630	21221	29178
肇庆市	776	8608	16409	18424		4262	15446	20087
惠州市	480	3087	14968	17956	858	2987	12836	14422
梅州市	72	6584	33939	40305		10370	25145	43092
汕尾市		8808	8109	13933		5758	12141	15809
河源市	109	19274	19691	22715		12718	15631	19787
阳江市	738	4445	4854	12581		1208	5427	18292
清远市		45560	15858	17254		16127	22006	28181
东莞市							2613	2671
中山市	1626	3847	2825	2727		808	6238	6947
潮州市		6753	5642	8972		17101	12720	18870
揭阳市		298		4861		867		10218
云浮市	264	985	15829	20743		888	18393	25181

备注：广东省2011年起实行残疾人生活补贴制度与护理补贴制度两项特惠政策。

10-31 各市残疾人事业分项指标（2009-2014）

时间 市别	贫困白内障免费手术（例）						低视力配用注视器（人）					
	2009	2010	2011	2012	2013	2014	2009	2010	2011	2012	2013	2014
广东省	**40917**	**27754**	**24797**	**23238**	**27747**	**37006**	**4086**	**1212**	**1243**	**1442**	**2769**	**4511**
省本级	10916	2908	2219	1817	--	2076	2712	96	109	188	59	198
广州市	1734	2000	2164	1532	1492	1362	219	335	253	113	71	89
韶关市	978	716	294	245	2126	2538	11	19	33	--	--	-
深圳市	693	387	327	214	393	420	147	94	80	151	390	339
珠海市	428	291	715	660	726	1159	10	20	26	140	35	67
汕头市	281	714	1047	1144	1004	1070	24	4	12	39	--	-
佛山市	379	744	573	1000	1621	1253	260	24	26	16	60	-
江门市	2849	1920	1616	2731	2705	2980	49	10	22	57	170	211
湛江市	5638	3391	3282	1891	3076	2629	28	87	110	--	357	549
茂名市	3361	1394	639	807	1299	2337	48	40	29	21	350	402
肇庆市	1861	2094	1425	1579	1580	1476	71	28	43	82	50	643
惠州市	1118	1254	877	1189	629	1813	116	107	52	225	266	249
梅州市	1216	1261	1108	1486	1616	1483	66	53	197	64	56	880
汕尾市	641	478	355	300	584	1374	27	64	75	71	--	-
河源市	1385	937	1198	727	935	1492	41	31	17	14	21	21
阳江市	1307	902	296	--	--	3018	25	21	36	20	250	95
清远市	1360	2628	2482	1140	1533	2490	98	89	40	75	261	335
东莞市	1253	1058	1171	2348	1424	1589	62	34	56	50	42	21
中山市	1680	1072	1248	754	468	241	14	5	--	--	--	-
潮州市	296	208	472	186	874	354	6	8	1	2	4	232
揭阳市	911	772	710	1158	3214	3252	25	23	6	114	124	180
云浮市	632	625	579	330	448	600	27	20	20	--	203	-

10-31续表1 各市残疾人事业分项指标（2009-2014）

时间 市别	盲人定向行走训练（人）						听力言语残疾机构康复训练（人）					
	2009	2010	2011	2012	2013	2014	2009	2010	2011	2012	2013	2014
广东省	**743**	**809**	**555**	**4664**	**6838**	**6311**	**1414**	**1294**	**2462**	**2237**	**2350**	**1149**
省本级	102			92	90	116	239	184	121	120	92	54
广州市	61	133	93	103	701	382	42	99	476	264	217	18
韶关市	13	24	3	220	355	226	40	25	35	53	64	27
深圳市	13	16	1	120	179	199	60	49	121	266	311	77
珠海市	12	28	38	100	104	193	62	83	128	119	76	23
汕头市	12	14	13	283	280	280	51	24	155	154	158	143
佛山市	57	6	39	240	117	51	34	64	92	65	85	62
江门市	13	68	35	251	314	344	41	38	66	72	113	35
湛江市	54	39	41	400	683	778	108	123	152	173	139	59
茂名市	74	81	42	442	847	678	113	99	157	186	191	107
肇庆市	38	49	35	240	277	269	113	37	136	141	140	62
惠州市	18	46	28	240	307	323	25	34	83	82	67	45
梅州市	26	8	3	280	341	370	47	45	54	55	65	35
汕尾市	42	50	52	161	286	233	92	52	185	60	54	31
河源市	63	43	15	270	180	210	57	35	48	39	88	74
阳江市	48	17	21	165	307	293	74	53	68	37	47	47
清远市	36	58	52	232	300	324	59	103	78	103	80	21
东莞市	20	98	13	103	158	300	13	30	88	82	79	42
中山市				55			20	21	25	25	24	9
潮州市	20	19	22	180	446	239	16	20	52	23	48	27
揭阳市	18	9	4	281	340	333	70	45	82	51	151	104
云浮市	3	3	5	206	226	170	38	31	60	67	61	47

10-31续表2 各市残疾人事业分项指标（2009-2014）

时间 / 市别	脑瘫残疾儿童机构康复训练（人）						智力残疾儿童机构康复训练（人）					
	2009	2010	2011	2012	2013	2014	2009	2010	2011	2012	2013	2014
广东省	**3,950**	**4,217**	**2104**	**2699**	**3381**	**3464**	**2161**	**2064**	**1897**	**2511**	**3177**	**3421**
省本级		34	35	40	38	40	71	45	35	35	35	89
广州市	1,151	1,217	103	216	291	309	131	389	355	465	663	637
韶关市	69	103	94	127	155	206	27	38	25	73	83	120
深圳市	536	880	143	253	320	309	154	164	192	257	336	414
珠海市	54	74	64	34	79	82	129	73	104	130	152	129
汕头市	72	29	69	76	124	152	142	150	73	63	137	200
佛山市	201	142	318	214	182	220	134	167	174	177	237	260
江门市	112	358	115	138	234	153	53	96	93	98	145	116
湛江市	58	167	68	90	90	61	51	76	55	99	87	131
茂名市	91	111	98	205	227	188	69	64	61	185	207	85
肇庆市	95	91	93	120	118	118	62	53	53	72	86	85
惠州市	87	68	78	107	109	160	56	92	79	79	82	165
梅州市	53	72	188	377	417	369	35	44	75	185	207	240
汕尾市	19	64	116	161	185	230	34	11	41	55	54	72
河源市	84	77	117	142	188	226	59	40	35	105	132	148
阳江市	30	96	58	123	162	148	53	66	41	78	87	80
清远市	136	169	54	91	119	139	60	33	45	60	60	64
东莞市	156	97	156	17	114	114	283	125	230	53	82	75
中山市	745	196	14	14	26	17	345	231	35	43	83	82
潮州市	143	76	57	87	127	115	59	65	59	87	87	89
揭阳市	56	80	59	57	56	80	66	25	31	51	73	80
云浮市	2	16	7	10	20	28	88	17	6	61	62	60

备注：因2009-2010年脑瘫儿童机构康复训练没有单独统计，因此数据中包含其他肢体残疾儿童康复训练。

10-31续表3 各市残疾人事业分项指标（2009-2014）

市别 \ 时间	精神残疾康复训练（人）						孤独症儿童康复训练（人）					
	2009	2010	2011	2012	2013	2014	2009	2010	2011	2012	2013	2014
广东省	**43730**	**50918**	**66236**	**73924**	**93444**	**98938**	**1137**	**1051**	**1507**	**2118**	**3000**	**3559**
省本级							27	18	16	16	20	43
广州市	6102	7130	12778	12032	12550	13770	184	290	240	224	425	506
韶关市	1126	172	1866	2158	4000	4972	3	5	14	58	73	84
深圳市	1742	2074	2420	2534	2842	3476	216	80	144	216	234	348
珠海市	1466	2300	2266	2300	2576	2786	19	41	47	56	58	59
汕头市	8804	8916	8606	8748	9000	9652	100	67	165	210	275	416
佛山市	2378	2338	6772	6712	7334	7240	88	65	83	107	168	225
江门市	3162	2262	3702	5830	7936	8486	48	18	41	57	106	108
湛江市	3274	1426	2560	4592	5054	4790	25	32	35	76	81	76
茂名市	1822	1816	1826	1726	2240	2136			132	277	370	372
肇庆市	566	1240	2408	2652	5172	4488	74	96	121	171	201	199
惠州市	1310	4818	6616	6902	2746	2628	267	145	259	318	345	449
梅州市	574	924	1458	2614	5068	7234		18	20	95	85	77
汕尾市	384	362	858	754	1688	2456			1			15
河源市	294	756	976	1222	2226	2872	7	6	11	41	55	86
阳江市	10	2882	356	882	2152	1824	8	10	11	15	47	20
清远市	2436	1696	758	1378	1354	1982		16	16	24	28	60
东莞市	3934	5078	5228	5256	5606	6180		69	137	79	181	135
中山市	3310	3310	3186	3422	3692	3690	39	59		19	63	61
潮州市	246	624	306	460	5706	2350	13	5	6	36	63	58
揭阳市	664	672	786	1144	2792	4154	19	11	8	23	113	153
云浮市	126	122	504	606	1710	1772					9	9

10-32 省人民代表大会代表数

单位：人

年 份	2009	2010	2011	2012	2013	2014
代表数	790	795	799	787	792	786

10-33 省十二届人民代表大会代表构成情况统计

单位：人，%

代表总数	性别				民族				代表构成					
	男		女		汉族		少数民族		工农		解放军		党政领导干部	
	人数	比重	人数	比重	人数	比重	人数	比重	人数	比重	人数	比重	人数	比重
786	565	71.9	221	28.1	764	97.2	22	2.8	163	20.7	34	4.3	179	22.8

代表总数	归侨侨眷		中共党员	
	人数	比重	人数	比重
	45	5.7	503	64

注：因增补代表、代表出缺等原因，每年代表数可能发生动态变化。

10-34 政协第十届委员会委员情况

年份：2009年

委员总数	基本情况						
	中共党员	非中共党员（其中民主党派）	女	少数民族	宗教人士	非公有制经济人士	新社会阶层
972	378	594(192)	170	19	11		

港澳台人士			学　历			职　称		
香港人士	澳门人士	台籍人士	研究生	大学本科	大学专科	初级以下	中级	高级
106	31	9	395	289	119			

年　龄					
35岁及以下	36～45岁	46～54岁	55～60岁	61～69岁	70岁及以上
13	191	416	169	81	2

年份：2010年

委员总数	基本情况						
	中共党员	非中共党员（其中民主党派）	女	少数民族	宗教人士	非公有制经济人士	新社会阶层
985	393	592(192)	175	19	11		

港澳台人士			学　历			职　称		
香港人士	澳门人士	台籍人士	研究生	大学本科	大学专科	初级以下	中级	高级
106	31	9	399	291	119			

年　龄					
35岁及以下	36～45岁	46～54岁	55～60岁	61～69岁	70岁及以上
9	138	426	293	117	2

10-34续表　政协第十届委员会委员情况

年份：2011年

委员总数	基本情况						
	中共党员	非中共党员（其中民主党派）	女	少数民族	宗教人士	非公有制经济人士	新社会阶层
986	389	597(194)	184	19	11		

港澳台人士			学　历			职　称		
香港人士	澳门人士	台籍人士	研究生	大学本科	大学专科	初级以下	中级	高级
106	31	9	408	214	119			

年　龄					
35岁及以下	36～45岁	46～54岁	55～60岁	61～69岁	70岁及以上
7	116	420	282	159	2

年份：2012年

委员总数	基本情况						
	中共党员	非中共党员（其中民主党派）	女	少数民族	宗教人士	非公有制经济人士	新社会阶层
991	389	602(196)	188	20	11		

港澳台人士			学　历			职　称		
香港人士	澳门人士	台籍人士	研究生	大学本科	大学专科	初级以下	中级	高级
106	31	9	414	293	113			

年　龄					
35岁及以下	36～45岁	46～54岁	55～60岁	61～69岁	70岁及以上
5	95	403	316	170	2

10–35 政协第十一届委员会委员情况

年份：2013年

委员总数	基本情况						
	中共党员	非中共党员（其中民主党派）	女	少数民族	宗教人士	非公有制经济人士	新社会阶层
978	383	595（218）	178	24	13	146	

港澳台人士			学　历			职　称		
香港人士	澳门人士	台籍人士	研究生	大学本科	大学专科	初级以下	中级	高级
93	31	8	471	304	95			

年　龄					
35岁及以下	36～45岁	46～54岁	55～60岁	61～69岁	70岁及以上
11	126	454	333	54	0

年份：2014年

委员总数	基本情况						
	中共党员	非中共党员（其中民主党派）	女	少数民族	宗教人士	非公有制经济人士	新社会阶层
972	381	591（217）	178	23	13	164	

港澳台人士			学　历			职　称		
香港人士	澳门人士	台籍人士	研究生	大学本科	大学专科	初级以下	中级	高级
93	30	8	468	306	94			

年　龄					
35岁及以下	36～45岁	46～54岁	55～60岁	61～69岁	70岁及以上
8	89	417	303	154	1

10-36 各市宗教活动场所（2009）

市别	寺观教堂					固定处所				
	佛教	道教	伊斯兰教	天主教	基督教	佛教	道教	伊斯兰教	天主教	基督教
合　计	**1084**	**130**	**7**	**309**	**558**	**343**	**59**	**1**	**63**	**181**
广　州	16	5	4	4	14	4	1		2	18
深　圳	6		1	1	1	0		1	8	25
珠　海	2							1	0	7
汕　头	198	3		44	68	114	2		4	9
佛　山	16	6		12	16					0
韶　关	15	4		7	15	4				8
河　源	38	19		21	76	6	1			12
梅　州	203	10		32	78	87	9		3	38
惠　州	27	15		7	7	28	17		5	20
汕　尾	44	10		67	33	19	4		3	5
东　莞	18	6		1	8	17				1
中　山	7	0		2	7	1				0
江　门	9	3		12	33	2			1	4
阳　江	9			1	2	1				3
湛　江	193	2		14	32	23				4
茂　名	17	24		2	5	16	22			
肇　庆	8		2	7	7					4
清　远	10	8		3	25					11
潮　州	112			26	52	8				1
揭　阳	125	14		44	73	12	3		37	9
云　浮	10			2	4	1				2
省佛协	1									
省道协		1								
省伊协										
省天主教两会										
省基督教两会					2					

10-37 各市宗教活动场所(2010)

市别	寺观教堂					固定处所				
	佛教	道教	伊斯兰教	天主教	基督教	佛教	道教	伊斯兰教	天主教	基督教
合　计	**1086**	**133**	**6**	**311**	**564**	**381**	**66**	**3**	**61**	**192**
广　州	17	7	4	4	14	4			2	18
深　圳	4			5	9	2		1	4	18
珠　海	2							1		7
汕　头	197	3		43	67	120	2		5	9
佛　山	16	6		12	17					1
韶　关	15	4		7	13	4				10
河　源	39	19		21	77	6	1			13
梅　州	203	10		32	78	88	10		3	41
惠　州	29	15		7	9	30	20	1	5	20
汕　尾	44	10		68	33	21	5		3	6
东　莞	18	6		1	8	18				2
中　山	7	1		2	7	1				2
江　门	7	3		12	28	7			1	9
阳　江	9			1	2	1				3
湛　江	192	2		14	32	27				4
茂　名	18	23		2	5	16	24			2
肇　庆	10		2	5	9	3			1	4
清　远	10	9		3	25					10
潮　州	112			26	52	11				2
揭　阳	126	14		44	73	18	4		37	9
云　浮	10			2	4	4				2
省佛协	1									
省道协		1								
省伊协										
省天主教两会										
省基督教两会					2					

10-38 各市宗教活动场所（2011）

市别	寺观教堂					固定处所				
	佛教	道教	伊斯兰教	天主教	基督教	佛教	道教	伊斯兰教	天主教	基督教
合计	**1090**	**131**	**6**	**309**	**567**	**416**	**75**	**4**	**65**	**196**
广州	16	5	4	4	14	6	2		2	19
深圳	4			2	9	2		1	8	18
珠海	2							1		7
汕头	200	3		45	65	127	2		5	11
佛山	17	6		12	18					1
韶关	15	4		7	13	4				10
河源	39	19		21	77	9	4			13
梅州	203	10		32	78	90	11		3	41
惠州	29	15		7	9	32	21	1	5	22
汕尾	44	10		68	33	25	5		3	6
东莞	18	6		1	8	20		1		3
中山	7	1		2	7	1				2
江门	9	3		11	33	7			1	4
阳江	9			1	2	2				3
湛江	192	2		14	32	32	1			4
茂名	18	23		2	5	16	25			2
肇庆	10		2	5	8	5			1	4
清远	10	9		3	25					10
潮州	112			26	52	12				2
揭阳	125	14		44	73	22	4		37	11
云浮	10			2	4	4				3
省佛协	1									
省道协		1								
省伊协										
省天主教两会										
省基督教两会					2					

10-39 各市宗教活动场所（2012）

市别	寺观教堂					固定处所				
	佛教	道教	伊斯兰教	天主教	基督教	佛教	道教	伊斯兰教	天主教	基督教
合计	**1080**	**131**	**6**	**313**	**567**	**450**	**93**	**4**	**64**	**196**
广州	16	5	4	4	14	8	2		3	20
深圳	4			4	9	2		1	6	18
珠海	2							1		7
汕头	197	3		43	67	131	3		5	12
佛山	17	6		12	18					1
韶关	15	4		7	13	4				10
河源	39	20		21	77	12	6			13
梅州	193	9		32	78	105	13		3	41
惠州	28	15		7	9	38	24	1	5	21
汕尾	44	10		68	33	25	6		3	7
东莞	18	6		1	8	20		1		4
中山	7	1		2	7	1				2
江门	9	3		11	32	8			1	4
阳江	10			1	2	3				3
湛江	192	2		14	32	32	1			4
茂名	18	21		2	6	18	26			1
肇庆	12	1	2	6	8	5			1	5
清远	10	10		3	25	2				10
潮州	112			26	52	14				3
揭阳	125	14		45	73	19	5		37	10
云浮	10			4	2	3	7			
省佛协	1									
省道协		1								
省伊协										
省天主教两会										
省基督教两会					2					

10-40 各市宗教活动场所（2013）

市别	寺观教堂					固定处所				
	佛教	道教	伊斯兰教	天主教	基督教	佛教	道教	伊斯兰教	天主教	基督教
合　计	**1082**	**131**	**7**	**313**	**574**	**475**	**88**	**3**	**64**	**204**
广　州	18	6	4	4	15	6	2		3	19
深　圳	4		1	5	18	2			5	9
珠　海	2							1		7
汕　头	197	3		43	67	131	3		5	12
佛　山	8	4		6	12					2
韶　关	15	4		7	13	5				10
河　源	39	20		21	77	15	8			13
梅　州	193	9		32	74	110	13		3	45
惠　州	28	15		7	9	43	23	1	5	26
汕　尾	44	10		68	33	27	6		3	7
东　莞	19	6		1	8	19		1		6
中　山	7	1		2	7	1				2
江　门	9	3		11	32	8			1	4
阳　江	12			1	2	3				3
湛　江	193	2		14	32	38	1		1	4
茂　名	18	22		2	5	18	25			2
肇　庆	8			7	8	7	1			5
清　远	11	10	2	3	25	1				10
潮　州	112			26	52	15				4
揭　阳	126	14		45	73	19	6		38	10
云　浮	10			2	4	7				3
顺　德	8	1		6	6					1
省佛协	1									
省道协		1								
省伊协										
省天主教两会										
省基督教两会					2					

10-41 各市宗教活动场所（2014）

市别	寺观教堂					固定处所				
	佛教	道教	伊斯兰教	天主教	基督教	佛教	道教	伊斯兰教	天主教	基督教
合计	**1083**	**134**	**7**	**315**	**579**	**493**	**95**	**3**	**62**	**208**
广州	18	8	4	4	15	6			3	22
深圳	4		1	5	18	2	1		5	12
珠海	3							1		7
汕头	197	3		43	67	132	3		5	12
佛山	8	4		6	11					3
韶关	15	4		7	13	5				10
河源	39	20		21	77	19	9			13
梅州	193	10		33	79	109	13		2	38
惠州	28	15		7	9	46	23	1	5	28
汕尾	42	10		68	33	31	6		3	7
东莞	19	6		1	8	19		1	1	7
中山	7	1		2	7	1				2
江门	9	3		11	32	8			1	4
阳江	10			1	2	2				4
湛江	197	2		15	32	32	3			5
茂名	18	22		2	5	18	27			2
肇庆	8			6	8	8	3			4
清远	11	10	2	3	25	2				11
潮州	112			26	52	16				4
揭阳	126	14		46	73	21	7		37	10
云浮	10			2	4	16				3
顺德	8	1		6	7					
省佛协	1									
省道协		1								
省伊协										
省天主教两会										
省基督教两会					2					

10-42 各市宗教教职人员（2009）

市别	佛教		道教		伊斯兰教	天主教			基督教				小计
	僧	尼	乾道	坤道	阿訇	主教	神甫	修女	牧师	教师	长老	传道	
合　计	**4059**	**3322**	**585**	**196**	**14**	**3**	**65**	**142**	**196**	**71**	**106**	**619**	**9378**
广　州	199	90	43		9	1	5	34	19			33	433
深　圳	97				2		6	8	13		1	21	148
珠　海	38				1				4			5	48
汕　头	413	375	3	11			3	3	19	5	10	44	886
佛　山	101	39	37	4			3	3	3	3	1	17	211
韶　关	657	220	24	1			2	3	3		5	25	940
河　源	40	6	28	16			3	3	9		18	120	243
梅　州	479	498	21	20		1	9	17	24	13	28	56	1166
惠　州	226	41	112	12			3	6	6	17	2	15	440
汕　尾	189	94	23	28			5	8	3	7	8	19	384
东　莞	139	49	21	3			1		2	10	1	1	227
中　山	45	16	5				1		11			10	88
江　门	46	36	21	7			2	14	10	3		25	164
阳　江	39	12					1		1			4	57
湛　江	564	1389	11	6		1	4	17	9		4	16	2021
茂　名	59	52	165	8			1					6	291
肇　庆	66	18			1		2	5	1	2	1	9	105
清　远	44	8	14	15			1		5	10	3	54	154
潮　州	247	131					3	6	10	1	9	40	447
揭　阳	253	244	34	52			9	11	29		15	86	733
云　浮	49	4					1	3	1			5	63
光孝寺	69												69
圆玄道观			23	13									36
省伊协					1								1
省天主教两会								1					1
省基督教两会									14			8	22

10-43 各市宗教教职人员（2010）

市别	佛教		道教		伊斯兰教	天主教			基督教				小计
	僧	尼	乾道	坤道	阿訇	主教	神甫	修女	牧师	教师	长老	传道	
合计	**4047**	**3152**	**550**	**193**	**17**	**3**	**71**	**116**	**214**	**73**	**116**	**609**	**9161**
广州	230	66	57		9	1	8	15	18	30			434
深圳	61				2		6	8	11			17	105
珠海	37				1				4			5	47
汕头	416	365	3	11			3	2	19	5	10	44	878
佛山	96	39	4				3	4	3	5	1	14	169
韶关	670	168	24	1			2	3	3		5	25	901
河源	40	6	28	16			3	3	9		18	120	243
梅州	503	430	33	22		1	9	16	28		34	69	1145
惠州	164	35	94	10	1		4	4	9		2	13	336
汕尾	196	81	22	29			4	8	3	7	7	26	383
东莞	146	49	19	2			2	2	4	12	1	1	238
中山	43	20	5				1		11			12	92
江门	48	43	21	3			3	15	17		2	29	181
阳江	55	12					1		1			4	73
湛江	564	1387	11	6		1	6	15	9		4	15	2018
茂名	82	46	153	14			1					9	305
肇庆	68	2			1		2	5	1	2	1	13	95
清远	44	8	17	15			1		5	10	3	61	164
潮州	221	134					3	3	10	1	9	37	418
揭阳	243	254	34	52			8	10	35		19	86	741
云浮	63	7					1	3	1			6	81
光孝寺	57												57
圆玄道观			25	12									37
省伊协					3								3
省天主教两会													
省基督教两会									13	1		3	17

10-44 各市宗教教职人员（2011）

市别	佛教		道教		伊斯兰教	天主教				基督教			小计
	僧	尼	乾道	坤道	阿訇	主教	神甫	执事	修女	牧师	长老	传道	
合计	**4001**	**3016**	**550**	**206**	**17**	**5**	**65**	**2**	**121**	**229**	**127**	**683**	**9022**
广州	191	41	49		8	1	7		22	21		34	374
深圳	140				2		9		8	11	1	28	199
珠海	37	1	1		1					6		3	49
汕头	387	400	3	11		1	6		5	32	13	37	895
佛山	93	71	28	8			3		2	5	1	23	234
韶关	673	140	14	1			2		2	3	7	13	855
河源	40	6	28	16			2		3	10	20	120	245
梅州	506	307	29	19		1	5	2	12	27	39	66	1013
惠州	108	36	80	8	1		4		8	10	2	16	273
汕尾	185	98	22	28			4		10	3	7	32	389
东莞	144	39	34	9	1		2		2	5	4	11	251
中山	45	16	5				1			14		14	95
江门	76	62	19	5		1	1		16	9		33	222
阳江	45	18								1		4	68
湛江	591	1370	12	6		1	6		15	12	5	16	2034
茂名	86	44	152	12								9	303
肇庆	70	3			1		1		2	1	1	14	93
清远	45	13	17	10			1			5	2	65	158
潮州	197	130					3		2	10	9	48	399
揭阳	222	209	37	58			7		10	29	16	86	674
云浮	63	12					1		2	1		4	83
光孝寺	57												57
圆玄道观			20	15									35
省伊协					3								3
省天主教两会													
省基督教两会										14		7	21

10-45 各市宗教教职人员（2012）

市别	佛教		道教		伊斯兰教	天主教				基督教			小计
	僧	尼	乾道	坤道	阿訇	主教	神父	执事	修女	牧师	长老	传道	
合计	**3882**	**2919**	**620**	**254**	**17**	**5**	**68**		**118**	**239**	**133**	**549**	**8804**
广州	215	64	52		9	1	8		13	23		30	415
深圳	137		4		1		10		8	13	5	15	193
珠海	37				1					6		3	47
汕头	375	404	2	5		1	4		4	32	13	37	877
佛山	135	50	35	7			3		2	5	1	25	263
韶关	439	140	18	1			1		2	3	7	14	625
河源	22	6	66	52			2			11	20	32	211
梅州	697	271	41	41		1	7		15	28	39	64	1204
惠州	166	33	87	8	1		4		6	11	3	15	334
汕尾	185	82	24	29			4		8	3	7	32	374
东莞	55	33	24	2	1		1		2	5	4	11	138
中山	48	21	5	1			1			14		11	101
江门	56	42	17	5		1	2		17	9		26	175
阳江	35	16								1		4	56
湛江	591	1370	11	6		1	6		15	12	5	16	2033
茂名	82	35	150	6						1		8	282
肇庆	68	15	1	4	1		1		2	1	1	12	106
清远	50	13	30	4			1			5	3	47	153
潮州	159	114					3		12	10	9	50	357
揭阳	226	192	53	83			9		10	31	16	86	706
云浮	51	18					1		2	1		4	77
光孝寺	53												53
圆玄道观													
省伊协					3								3
省天主教两会													
省基督教两会										14		7	21

10-46 各市宗教教职人员(2013)

市别	佛教		道教		伊斯兰教	天主教				基督教			小计
	僧	尼	乾道	坤道	阿訇	主教	神父	执事	修女	牧师	长老	传道	
合计	**2761**	**2835**	**606**	**319**	**17**	**5**	**72**		**116**	**249**	**135**	**553**	**7668**
广州	143	38	53		9	1	7		22	26		23	322
深圳	137		4		1		10		8	14	5	15	194
珠海	37				1					6		3	47
汕头	334	321	5	8		1	8		4	30	13	37	761
佛山	81	20	30	2			2		2	2		11	150
韶关	345	152	21	1			1		2	3	6	13	544
河源	16	6	66	68			2			10	18	32	218
梅州	322	413	42	40		1	8		15	25	38	85	989
惠州	99	37	95	5	1		4		6	15	3	25	290
汕尾	94	95	19	36			5		8	3	7	22	289
东莞	55	33	24	2	1		1		2	6	3	10	137
中山	46	18	8	1			1			15		13	102
江门	56	42	17	5		1	2		15	17	1	23	179
阳江	32	12							1	1		9	55
湛江	354	1231	24	8		1	5		14	12	4	14	1667
茂名	77	36	113	8						1		2	237
肇庆	41	15	1	4	1		1		2	1	1	12	79
清远	42	13	24	10			1			5	3	43	141
潮州	90	98					3		1	10	9	32	243
揭阳	209	209	40	105			9		10	29	22	104	737
云浮	46	18					1		2	1		4	72
顺德	50	28	4	5			1		2	2	1	13	106
光孝寺	55												55
圆玄道观			16	11									27
省伊协					3								3
省天主教两会													
省基督教两会										15	1	8	24

10-47 各市宗教教职人员（2014）

市别	佛教		道教		伊斯兰教	天主教				基督教			小计
	僧	尼	乾道	坤道	阿訇	主教	神父	执事	修女	牧师	长老	传道	
合计	**2268**	**2138**	**551**	**184**	**19**	**5**	**58**		**113**	**275**	**154**	**529**	**6294**
广州	166	29	39		10	1	7		22	27		21	322
深圳	138	1	9		2					15	7	22	194
珠海	36				1					6		2	45
汕头	226	282	2	5		1	3		5	32	13	34	603
佛山	71	17	21	2			1			5	1	4	122
韶关	301	134	21	1			1		2	3	8	9	480
河源	17	6	51	34	1		2			12	26	70	219
梅州	165	234	75	23		1	7		15	33	44	37	634
惠州	99	37	95	5	1		5		6	11	3	17	279
汕尾	146	104	19	36			5		8	5	10	21	354
东莞	47	33	14	1	1		2		2	6	4	9	119
中山	46	18	5	1			1			14		12	97
江门	37	31	17	5		1	2		13	14	1	25	146
阳江	28	12							2	1		11	54
湛江	148	811	11	1		1	6		15	13	6	26	1038
茂名	76	38	113	7						2		4	240
肇庆	45	3	4		1		1		3	1	1	15	74
清远	31	13	16	7			1		2	5	4	42	121
潮州	102	92					4		1	16	10	23	248
揭阳	194	204	35	51			8		13	35	16	99	655
云浮	43	14					1		2	3		6	69
顺德	50	25	4	5			1		2	1		12	100
光孝寺	56												56
圆玄道观													
省伊协					2								2
省天主教两会													
省基督教两会										15		8	23

主要统计指标解释

妇女基层组织 根据《中华全国妇女联合会章程》，妇女基层组织包括：乡镇妇联、街道妇联、社区妇联；农村的行政村、乡镇企业、农林牧渔场妇女代表会；城市的居民委员会、街办企业和专业市场妇女代表会；机关和教科文卫等事业单位妇女委员会（简称妇委会）或妇女工作委员会（简称妇工委）。

残疾人法律援助(服务)中心 指由司法行政部门和残联联合建立的残疾人法律援助（服务）机构。

残疾人分散按比例就业 指按照1.5%的比例，分散安排在机关、团体、企事业单位以及各种经济组织等单位就业的残疾人数。未按此比例安排的单位需要交纳残疾人就业保障金。

宗教教职人员 是对各宗教专门从事教务活动人员的通称，就我国五大宗教而言，主要是指：汉传佛教的比丘、比丘尼，藏传佛教的活佛、喇嘛、觉姆，南传佛教的大佛爷、小佛爷；道教的道士、道姑（全真派称乾道、坤道）；伊斯兰教的阿訇、伊玛目、专职哈提甫；基督教的主教、牧师、长老；天主教的主教、司铎、修士、修女。

十一、分县(区)部分指标

简要说明

1. 本篇资料主要反映广东省分县区学校、文化设施、医院、交通事故、火灾等情况。

2. 篇资料主要包括：

（1）各县区学校数、在校生数、专任教师数；各县区公共图书馆、群艺馆（文化馆、站）数；各县区医院数、床位数、卫生技术人员数；各县区交通事故、火灾事故等。

（2）地区分全省各县区。

（3）年份主要为2009-2014年。

3. 统计资料来源：本篇资料由广东省教育厅、广东省文化厅、广东省卫生厅负责整理、审核、提供。

11-1 广东省卫生机构、床位、人员数（2014）

地　区	机构数	床位	卫生人员	卫生技术人员	执业（助理）医师	注册护士
广东省	**19925**	**405707**	**697202**	**575725**	**210658**	**231657**
广州市	2668	77011	145843	120342	40284	52213
荔湾区	211	9227	9227	7694	2932	3108
越秀区	312	42334	42334	36002	11384	16753
海珠区	266	17301	17301	13666	4365	5886
天河区	427	18567	18567	15474	5250	6489
白云区	477	17631	17631	14138	4996	6151
黄埔区	118	3235	3235	2656	939	1133
番禺区	230	12165	12165	10165	3645	4189
花都区	190	7968	7968	6467	2135	2748
南沙区	73	3204	3204	2582	894	1008
萝岗区	115	2624	2624	2101	785	732
增城市	117	6581	6581	5400	1710	2382
从化市	132	5006	5006	3997	1249	1634
韶关市	661	20962	20962	17218	6324	7057
武江区	106	5853	5853	4530	1294	2329
浈江区	124	2620	2620	2111	759	960
曲江区	47	1820	1820	1470	515	675
始兴县	54	1125	1125	950	385	330
仁化县	43	1116	1116	988	383	357
翁源县	48	1898	1898	1611	760	509
乳源县	43	1102	1102	923	344	328
新丰县	29	1227	1227	1014	386	328
乐昌市	95	2408	2408	2079	781	792
南雄市	72	1793	1793	1542	717	449

注：本表数据不含村卫生室。

11-1续表1 广东省卫生机构、床位、人员数（2014）

地　　区	机构数	床位	卫生人员	卫生技术人员	执业（助理）医师	注册护士
深圳市	3185	87389	87389	70485	27081	29930
市辖区	28	5645	5645	4140	1299	2104
罗湖区	326	14360	14360	11083	4261	4676
福田区	482	16667	16667	14114	5375	6219
南山区	359	8287	8287	6781	2788	2928
宝安区	1134	23384	23384	19031	7375	7666
龙岗区	787	17687	17687	14216	5506	5922
盐田区	69	1359	1359	1120	477	415
珠海市	522	16237	16237	13795	5041	5716
香洲区	361	12184	12184	10458	3884	4292
斗门区	79	2575	2575	2101	719	855
金湾区	82	1478	1478	1236	438	569
汕头市	692	24083	24083	19823	8296	7153
龙湖区	115	2010	2010	1629	729	507
金平区	250	11427	11427	9659	3663	4109
濠江区	54	1094	1094	824	346	320
潮阳区	93	3713	3713	3199	1518	912
潮南区	35	2780	2780	2155	1016	575
澄海区	132	2712	2712	2084	904	673
南澳县	13	347	347	273	120	57
佛山市	1267	49472	49472	41405	14786	17582
禅城区	213	12698	12698	10156	3684	4311
南海区	349	14044	14044	12497	4480	5430
顺德区	429	15377	15377	12626	4459	5416
三水区	170	4403	4403	3736	1281	1485
高明区	106	2950	2950	2390	882	940

注：本表数据不含村卫生室。

11-1续表2　广东省卫生机构、床位、人员数（2014）

地　　区	机构数	床位	卫生人员	卫生技术人员	执业（助理）医师	注册护士
江门市	778	27236	27236	22953	7580	9115
市辖区	133	7585	7585	6220	1979	2698
蓬江区	48	1642	1642	1405	461	590
江海区	27	605	605	514	184	197
新会区	155	5511	5511	4596	1305	1544
台山市	160	4563	4563	4018	1429	1603
开平市	67	3540	3540	2957	980	1280
鹤山市	90	2057	2057	1793	647	685
恩平市	98	1733	1733	1450	595	518
湛江市	1225	36988	36988	30082	10786	11783
赤坎区	178	5781	5781	4746	1561	1981
霞山区	193	8242	8242	6913	2185	3107
坡头区	49	1254	1254	998	405	391
麻章区	132	1600	1600	1320	649	365
遂溪县	135	3099	3099	2457	934	843
徐闻县	78	3203	3203	2487	735	994
廉江市	187	5084	5084	4048	1632	1456
雷州市	147	5559	5559	4533	1709	1594
吴川市	126	3166	3166	2580	976	1052
茂名市	502	29474	29474	25126	10591	9041
市辖区	16	6010	6010	5055	1664	2386
茂南区	131	2457	2457	2298	1137	836
茂港区	59	1092	1092	916	496	208
电白县	47	4342	4342	3406	1557	1000
高州市	77	6791	6791	5935	2337	2445
化州市	90	4651	4651	3895	1905	1058
信宜市	82	4131	4131	3621	1495	1108

注：本表数据不含村卫生室。

11-1续表3 广东省卫生机构、床位、人员数（2014）

地　　区	机构数	床位	卫生人员	卫生技术人员	执业（助理）医师	注册护士
肇庆市	830	24951	24951	19783	5856	7782
端州区	215	7967	7967	6274	1960	2762
鼎湖区	20	636	636	528	205	170
广宁县	93	2376	2376	1909	579	798
怀集县	67	3652	3652	2967	673	952
封开县	69	1579	1579	1344	342	550
德庆县	69	1568	1568	1171	338	503
高要市	190	3999	3999	3064	971	1136
四会市	107	3174	3174	2526	788	911
惠州市	1168	31482	31482	26340	9606	10802
市辖区	410	9044	9044	7775	2848	3370
惠城区	146	5774	5774	4769	1730	1961
惠阳区	215	5223	5223	4400	1687	1830
博罗县	130	4974	4974	4064	1403	1635
惠东县	180	4849	4849	3957	1418	1560
龙门县	87	1618	1618	1375	520	446
梅州市	948	24017	24017	20185	8471	6592
市辖区	140	5765	5765	4922	1561	2164
梅江区	52	1415	1415	1115	363	366
梅县区	149	2590	2590	2168	890	783
大埔县	111	1996	1996	1631	773	375
丰顺县	76	1912	1912	1649	705	492
五华县	131	4342	4342	3900	1980	903
平远县	60	1000	1000	788	314	265
蕉岭县	57	1080	1080	938	375	311
兴宁市	172	3917	3917	3074	1510	933

注：本表数据不含村卫生室。

11-1续表4 广东省卫生机构、床位、人员数（2014）

地　　区	机构数	床位	卫生人员	卫生技术人员	执业（助理）医师	注册护士
汕尾市	380	11609	11609	9159	4475	2358
市辖区	36	1490	1490	1179	431	456
城区	129	1816	1816	1526	802	351
海丰县	118	3683	3683	2952	1423	857
陆河县	39	1008	1008	830	492	168
陆丰市	58	3612	3612	2672	1327	526
河源市	380	14777	14777	12311	4193	4511
市辖区	52	2829	2829	2348	797	1017
源城区	72	1386	1386	1168	448	511
紫金县	48	2430	2430	1983	571	559
龙川县	83	3305	3305	2821	1087	983
连平县	44	1551	1551	1330	492	475
和平县	31	1726	1726	1386	402	514
东源县	50	1550	1550	1275	396	452
阳江市	437	14506	14506	12084	4157	4285
市辖区	21	4289	4289	3642	1214	1507
江城区	226	1912	1912	1631	679	431
阳西县	48	2097	2097	1687	523	510
阳东县	51	1953	1953	1710	564	570
阳春市	91	4255	4255	3414	1177	1267
清远市	792	20850	20850	18116	6657	7104
市辖区	274	5972	5972	5067	1722	2098
清城区	34	1438	1438	1276	475	497
清新区	116	2855	2855	2550	1388	816
佛冈县	86	1464	1464	1238	397	495
阳山县	41	1574	1574	1372	418	600

注：本表数据不含村卫生室。

11-1续表5 广东省卫生机构、床位、人员数（2014）

地 区	机构数	床位	卫生人员	卫生技术人员	执业（助理）医师	注册护士
连山县	34	525	525	448	162	181
连南县	26	638	638	538	156	229
英德市	96	3969	3969	3535	1265	1335
连州市	85	2415	2415	2092	674	853
东莞市	1383	51086	51086	41708	14344	18195
中山市	565	22634	22634	18928	6334	8495
潮州市	794	10842	10842	8677	3940	2750
辖区	106	3814	3814	3226	1091	1361
湘桥区	225	1349	1349	1122	558	262
潮安区	302	3068	3068	2528	1464	610
饶平县	161	2611	2611	1801	827	517
揭阳市	370	19994	19994	16496	8108	5363
市辖区	11	2544	2544	2100	876	919
榕城区	102	2725	2725	2157	1174	627
揭东区	37	2196	2196	1810	952	437
揭西县	57	2646	2646	2248	1110	643
惠来县	81	2972	2972	2362	1181	742
普宁市	82	6911	6911	5819	2815	1995
云浮市	378	12770	12770	10709	3748	3830
市辖区	41	2394	2394	2057	682	914
云城区	20	768	768	659	269	195
新兴县	107	2712	2712	2253	837	790
郁南县	86	1791	1791	1535	497	471
云安县	28	637	637	551	230	153
罗定市	96	4468	4468	3654	1233	1307

注：本表数据不含村卫生室。

11-2 全国各地区医疗机构床位情况（2014）

地 区	医疗机构床位数	医院床位数	每千人口医疗卫生机构床位数（张）	每千农业人口乡镇卫生院床位数（张）
北 京	109811	102852	5.01	-
天 津	60869	52350	3.95	1.11
河 北	322909	236889	4.36	1.23
山 西	177442	133957	4.83	1.22
内蒙古	129011	99050	5.14	1.31
辽 宁	255513	210154	5.80	1.45
吉 林	140995	113960	5.12	1.28
黑龙江	201337	163122	5.25	1.12
上 海	117510	98261	4.75	-
江 苏	392293	309301	4.92	1.78
浙 江	245756	213365	4.42	0.47
安 徽	252044	187730	4.19	0.95
福 建	164781	122838	4.33	1.23
江 西	186727	125110	4.11	1.25
山 东	500631	359637	5.11	1.84
河 南	459338	332705	4.88	1.11
湖 北	317500	222388	5.46	1.63
湖 南	355485	247018	5.26	1.49
广 东	405707	319729	3.78	1.28
广 西	201600	129383	4.29	1.32
海 南	34466	26456	3.81	0.95
重 庆	160579	109299	5.36	1.97
四 川	459596	319155	5.67	1.81
贵 州	182189	135561	5.23	1.05
云 南	224899	169722	4.77	1.32
西 藏	11929	7984	3.77	1.23
陕 西	199372	154871	5.28	1.28
甘 肃	122412	90528	4.73	1.21
青 海	33007	26936	5.67	1.31
宁 夏	32506	28493	4.91	0.69
新 疆	142956	112357	6.24	1.84

11-3 主要教育综合指标在全国排位

项　目	2013			2014		
	全国水平	广东	排位	全国水平	广东	排位
按常住人口计算（人）						
每万人口普通本专科在校生	182.27	161.40	21	187.32	167.31	22
每万人口成人本专科在校生	46.26	50.44	8	48.00	58.46	4
每万人口高中阶段教育在校生	324.59	423.78	2	308.52	400.83	2
#每万人中等职业教育学校在校生	144.69	215.69	1	132.11	201.26	1
每万人口普通高中在校生	179.90	208.09	8	176.41	199.57	10
每万人口普通初中在校生	327.92	382.09	11	322.23	351.32	12
每万人口小学在校生	691.31	762.64	11	694.56	775.75	11
每万人口幼儿园在园儿童	287.63	334.69	8	297.69	353.73	4
按户籍人口计算（人）						
每万人口普通本专科在校生	183.60	198.02	10	227.79	201.89	11
每万人口成人本专科在校生	46.60	61.88	4	58.40	70.54	4
每万人口高中阶段教育在校生	326.96	519.92	1	375.36	455.16	1
#每万人中等职业教育学校在校生	145.75	264.63	1	161.20	214.34	1
每万人口普通高中在校生	181.21	255.30	2	214.63	240.82	4
每万人口普通初中在校生	330.31	468.78	2	392.03	423.93	2
按户籍人口计算（人）						
每万人口小学在校生	696.35	935.66	3	845.03	936.10	2
每万人口幼儿园在园儿童	289.73	410.63	1	362.18	426.85	1
小学教师达标率（%）	99.83	99.87	20	99.88	99.96	11
小学教师专科以上学历的比重（%）	87.33	90.06	12	89.84	93.33	9
普通初中教师达标（%）	99.28	99.35	15	99.53	99.82	5
普通高中教师达标（%）	96.80	96.19	23	97.25	97.82	12
普通高校教师高职称比（%）	41.01	37.81	22	41.56	37.84	15
普通高校学校数（所）	2491	138	3	2529	141	3
成人高校学校数（所）	297	15	7	295	15	6
普通本专科招生数（人）	6998330	526162	1	7630179	545132	2
成人本专科招生数（人）	2564934	215771	1	2656040	264058	1
普通本专科在校生数（人）	24680726	1709881	1	25476999	1794188	2
成人本专科在校生数（人）	6264145	534376	1	6531212	626927	1
研究生在校生数（人）	1793953	85180	8	1847689	86568	8

注：每万人口高中阶段教育在校生数中的技工学校学生数，是采用上年度技工学校在校学生数。

11-4 各地区高等学校普通本、专科学生数（2014）

单位：人

地区	学校数（所）	招生数			在校学生数	
			本科	专科		本科
全国	**2529**	**7213987**	**3834152**	**3379835**	**25476999**	**15410653**
北京	89	156928	125328	31600	604578	499256
天津	55	139187	81103	58084	505795	329233
河北	118	318201	164369	153832	1164341	665836
山西	79	205525	112975	92550	713218	421926
内蒙古	50	115584	58523	57061	406414	234824
辽宁	116	273759	180487	93272	998281	705124
吉林	58	168940	114189	54751	618273	463349
黑龙江	80	197057	124977	72080	730614	515481
上海	68	137985	88424	49561	506644	364679
江苏	159	444886	250613	194273	1698636	1012643
浙江	104	267874	148487	119387	978216	599978
安徽	118	310302	152276	158026	1080545	605040
福建	88	208383	120555	87828	748480	477753
江西	95	283187	126830	156357	916415	497642
山东	141	533622	233809	299813	1796665	960951
河南	129	474235	235486	238749	1679744	955201
湖北	123	393140	203830	189310	1419699	864875
湖南	124	326627	165350	161277	1136302	665305
广东	141	535441	261453	273988	1794188	998186
广西	70	220044	93969	126075	701913	355979
海南	17	54540	26035	28505	180565	104704
重庆	63	197192	106066	91126	691555	433586
四川	107	386216	185041	201175	1328329	749123
贵州	55	139429	65665	73764	460401	273417
云南	67	168227	96041	72186	577044	379211
西藏	6	8802	5612	3190	33474	22159
陕西	92	288268	168353	119915	1099613	705800
甘肃	43	129325	72771	56554	452300	288351
青海	12	15477	8652	6825	52907	34320
宁夏	18	32807	19001	13806	111432	71616
新疆	44	82797	37882	44915	290418	155105

注：学校数为普通高校数。学生数包括成人高校的普通本专科学生数。教育部公布的招生数不含专升本的学生数。

11-4续表 各地区高等学校普通本、专科学生数（2014）

单位：人

地区		毕(结)业生数			授予学位数（个）
	专科		本科	专科	
全国	**10066346**	**6593671**	**3413787**	**3179884**	**3338323**
北京	105322	149231	115102	34129	113110
天津	176562	123505	73195	50310	70302
河北	498505	344518	153111	191407	150645
山西	291292	174060	85406	88654	83161
内蒙古	171590	111723	53455	58268	51769
辽宁	293157	247510	152303	95207	150590
吉林	154924	151779	104859	46920	101113
黑龙江	215133	185376	119246	66130	117141
上海	141965	132411	85103	47308	83063
江苏	685993	478713	245558	233155	234303
浙江	378238	253708	134219	119489	131611
安徽	475505	299877	133251	166626	130300
福建	270727	190144	102431	87713	101708
江西	418773	240289	111412	128877	109318
山东	835714	464076	215460	248616	215907
河南	724543	445252	208915	236337	205186
湖北	554824	390921	198066	192855	193963
湖南	470997	295911	151349	144562	147686
广东	796002	440952	211422	229530	208815
广西	345934	174050	70983	103067	69580
海南	75861	44792	23527	21265	22505
重庆	257969	165817	92380	73437	88408
四川	579206	338643	174616	164027	172882
贵州	186984	98599	51173	47426	48651
云南	197833	141970	74098	67872	72016
西藏	11315	9109	4891	4218	4808
陕西	393813	277356	150931	126425	148037
甘肃	163949	118697	64285	54412	62204
青海	18587	12732	7150	5582	6807
宁夏	39816	24456	13282	11174	12780
新疆	135313	67494	32608	34886	29954

注：学校数为普通高校数。学生数包括成人高校的普通本专科学生数。教育部公布的招生数不含专升本的学生数。

11-5 各地区普通高中基本情况（2014）

单位：人

地区	学校数（所）	招生数	在校学生数	毕业生数	教职工数	专任教师
全国	**13253**	**7965960**	**24004723**	**7996189**	**6465117**	**1662700**
北京	306	55184	177554	57773	82224	21107
天津	181	54656	169606	61100	53457	15964
河北	567	382253	1104076	361988	314277	83426
山西	499	255585	827821	273507	221362	60931
内蒙古	278	155257	484042	162138	131663	33610
辽宁	415	208916	652613	231520	203441	48924
吉林	240	132338	415736	155501	132744	28368
黑龙江	378	181627	566805	198990	183497	42543
上海	246	52857	157416	50971	78518	16981
江苏	567	319780	1034205	396668	345458	96540
浙江	561	251727	790838	296640	233445	65596
安徽	694	370649	1201286	429396	286382	75237
福建	542	208637	629074	227273	175725	50923
江西	442	316232	904696	277005	207206	51197
山东	544	559235	1712659	543232	471653	121613
河南	774	644935	1895457	602825	470668	110759
湖北	541	295276	918959	349485	250873	68126
湖南	580	365462	1057008	320363	301432	68459
广东	1012	696807	2140193	728690	553030	148361
广西	445	304639	838231	253288	198158	48357
海南	104	56947	176524	58466	51209	12204
重庆	258	209843	647915	221234	133288	38376
四川	732	497717	1489794	504932	387286	92099
贵州	438	349047	942656	238495	200496	52365
云南	446	268066	768469	221640	195738	49494
西藏	29	18398	55669	16182	14646	4403
陕西	506	279795	851044	304394	203128	56924
甘肃	402	208136	654430	223828	149953	43761
青海	102	39188	113471	32367	29530	7998
宁夏	61	52909	163513	54966	33309	10274
新疆	363	173862	462963	141332	171321	37780

注：教职工数为普通高中和普通初中之和。

11-6 各地区中等职业学校（机构）学生情况（2014）

单位：人

地区	招生数	应届毕业生	初中毕业生	在校学生数	毕业生数	获得职业资格证书	预计毕业生数
全国	4953553	4337617	4145422	14163127	5161519	4032975	4902884
北京	29765	22671	22336	126019	66964	37300	55207
天津	30768	29791	28833	93841	33249	28858	33817
河北	224076	189675	183327	655366	297687	209301	262992
山西	131843	120328	112862	399157	154227	122853	147958
内蒙古	82400	75530	68741	231865	81296	56540	77801
辽宁	108270	89906	84531	333220	115269	81742	113908
吉林	43508	37735	36365	150044	76901	45190	56503
黑龙江	78379	64566	60517	243190	99655	67345	86576
上海	40960	36602	36311	130982	55827	47815	45932
江苏	234361	213495	211569	723628	265876	230586	250484
浙江	179078	170811	170357	533785	202669	193770	181066
安徽	334170	285014	269161	914742	326438	297133	340743
福建	140906	96641	91762	437610	152109	139792	166499
江西	149358	138892	135879	437172	154133	116746	144529
山东	319143	300533	291207	948167	354032	284896	334371
河南	393380	347112	322758	1103864	419551	322300	393250
湖北	126656	120665	117135	372601	147158	122979	128264
湖南	227065	217403	212427	644800	205099	175148	203185
广东	417047	383652	359155	1282205	457010	261493	407820
广西	271153	188181	174230	782675	230497	137042	257344
海南	45410	37471	36640	129497	43688	21628	41220
重庆	115977	111826	109842	339110	115701	98258	111060
四川	443842	356295	338200	1079228	468087	427842	432457
贵州	235809	205163	193440	544462	108500	93567	125508
云南	176030	161493	156961	490558	146232	114020	156033
西藏	7087	6874	6738	16990	6408	1892	6102
陕西	135299	123308	116020	377135	160629	129020	128517
甘肃	88185	81701	79385	262602	88913	74341	94302
青海	27303	18988	17825	77163	20116	14123	22117
宁夏	30388	28792	28365	81966	36834	24117	26169
新疆	85937	76503	72543	219483	70764	55338	71150

注：中等职业学校数据不含技工数。

11-7 各地区普通初中基本情况（2014）

单位：人

地区	学校数（所）	招生数	在校学生数	毕业生数	专任教师
全国	**52623**	**14478215**	**43846297**	**14135127**	**3488430**
北京	337	102693	306789	90140	32500
天津	326	84998	267214	79429	26176
河北	2391	812684	2288195	602528	170121
山西	1919	378867	1218952	448689	115922
内蒙古	725	219734	669657	227594	60750
辽宁	1533	356709	1055661	335469	98888
吉林	1195	209897	622883	210257	66974
黑龙江	1569	263234	916293	269594	95410
上海	522	112213	426789	92226	37133
江苏	2077	617739	1852029	614553	174783
浙江	1719	504317	1499062	460597	119099
安徽	2905	632085	1924134	666342	155211
福建	1239	371730	1125729	343066	97933
江西	2127	594676	1750083	551153	121389
山东	2917	976590	3147954	994028	265310
河南	4566	1383986	3993606	1146583	283461
湖北	2011	454284	1375940	477114	133632
湖南	3314	745371	2206344	652448	170084
广东	3387	1195611	3767505	1382995	278511
广西	1843	664386	1950844	618574	117805
海南	392	111203	337350	110257	25300
重庆	921	324807	979386	348076	75700
四川	3901	834486	2583315	917996	200868
贵州	2166	667302	2068326	674032	119623
云南	1670	671662	1897966	567672	122558
西藏	96	42697	124295	41873	9505
陕西	1714	359557	1117284	407328	107450
甘肃	1538	309956	970919	351673	84838
青海	268	73591	211993	61677	15348
宁夏	235	95464	278323	91222	19080
新疆	1100	305686	911477	299942	87068

11-8 各地区小学基本情况（2014）

单位：人

地区	学校数（所）	招生数	在校学生数	毕业生数	专任教师
全国	**201377**	**16584245**	**94510651**	**14766280**	**5633906**
北京	1040	153249	821152	112819	56870
天津	842	110186	573187	86653	38968
河北	12529	989758	5642864	820402	333537
山西	6885	347419	2245019	388125	176840
内蒙古	2174	224453	1296454	221107	107262
辽宁	4429	331754	1984633	357346	141049
吉林	4806	190001	1268804	231537	112729
黑龙江	3115	227120	1486016	267124	131577
上海	757	163370	802960	131246	51481
江苏	4023	888858	4714813	621936	270190
浙江	3344	598122	3545013	537501	190423
安徽	10547	730882	4151398	634131	237902
福建	5167	529525	2746253	378923	158698
江西	9764	695335	4129817	596483	210329
山东	10770	1246992	6484744	1010227	389080
河南	25578	1594357	9286003	1408127	494031
湖北	5513	597543	3211598	451925	199172
湖南	8560	813950	4738403	741023	248118
广东	10731	1536722	8319147	1243469	454377
广西	12946	749653	4318063	675366	217311
海南	1619	135878	752643	117257	50222
重庆	4586	360673	2034165	317132	116360
四川	6959	929667	5313193	830744	304909
贵州	9275	554793	3463056	664842	192850
云南	12608	609347	3826943	692845	225874
西藏	829	50885	295142	46306	20267
陕西	6574	405034	2264095	374597	159356
甘肃	8979	280655	1802371	319335	140476
青海	1114	76276	461061	78073	25224
宁夏	1763	93204	588694	100594	33357
新疆	3551	368584	1942947	309085	145067

11-9 各地区特殊教育基本情况（2014）

单位：人

地　区	学校数（所）	招生数	在校学生数	毕业生数	教职工数	专任教师
全　国	**2000**	**70713**	**394870**	**49032**	**57360**	**48125**
北　京	22	1110	7742	1997	1278	966
天　津	20	529	3016	273	781	599
河　北	157	2213	12604	1203	3694	3101
山　西	62	1411	8165	832	1679	1432
内 蒙 古	44	1200	6231	457	1437	1209
辽　宁	74	971	8320	786	2764	2049
吉　林	47	765	5403	643	1768	1418
黑 龙 江	74	1482	9101	1176	2281	1899
上　海	29	1150	7917	1610	1587	1228
江　苏	106	3403	22378	3018	3932	3242
浙　江	84	2444	15884	2101	2422	2132
安　徽	66	2722	14304	1189	1529	1347
福　建	74	4150	25104	3346	2077	1825
江　西	87	3888	19765	1638	1245	1128
山　东	145	3607	21805	3297	5724	4797
河　南	142	3556	18348	1215	3957	3466
湖　北	83	2113	11080	1218	1997	1712
湖　南	76	2924	15697	1202	1826	1527
广　东	104	5300	28285	2440	3695	3009
广　西	72	2718	13187	1018	1533	1221
海　南	7	394	1872	270	271	213
重　庆	36	2609	13893	1729	986	878
四　川	122	8014	42289	9004	2466	2211
贵　州	65	2769	13535	1470	1419	1241
云　南	59	4175	21009	2993	1535	1315
西　藏	5	239	1226	26	173	146
陕　西	52	1376	7852	883	1287	1035
甘　肃	33	1285	7635	818	755	671
青　海	14	413	2250	197	178	155
宁　夏	10	490	3058	186	273	260
新　疆	29	1293	5915	797	811	693

11-10 各县区中等职业技术教育基本情况（2014）

地　区	学校数（所）	毕业生数（人）	招生数（人）	在校生数（人）	教职工数（人）	专任教师数（人）
广东省	**495**	**457010**	**417047**	**1282205**	**58051**	**45216**
广州市	86	74889	88650	245434	11457	7970
荔湾区	6	4150	5197	13142	641	374
越秀区	11	12403	15216	41689	1223	898
海珠区	13	12301	15506	42577	1876	1341
天河区	27	21775	26325	72379	3875	2531
白云区	12	11592	13347	37797	1625	1132
黄埔区	3	1789	2013	5748	274	199
番禺区	5	3444	3193	9241	493	371
花都区	4	2353	2854	7997	656	455
南沙区	1	568	472	1479	99	95
萝岗区						
增城市	3	3529	3097	9522	579	474
从化市	1	985	1430	3863	116	100
韶关市	22	12680	7212	27892	2176	1662
武江区	5	2762	2084	7441	473	307
浈江区	9	4879	2180	9419	828	619
曲江区	1	848	539	1781	158	126
始兴县	1	513	655	1842	99	96
仁化县	1	561	305	1089	70	64
翁源县	1	183	129	434	75	52
乳源瑶族自治县	1	700	353	1287	147	119
新丰县	1	362	398	1166	59	52
乐昌市	1	1383	243	2280	147	122
南雄市	1	489	326	1153	120	105
深圳市	16	9593	13628	36870	3023	2279
罗湖区	2	2002	3617	8397	463	395
福田区	3	1709	2550	7174	639	505
南山区	1	609	796	2233	210	170
宝安区	6	3673	4395	12454	939	699
龙岗区	3	1246	1724	4930	643	389
盐田区	1	354	546	1682	129	121

11-10续表1 各县区中等职业技术教育基本情况（2014）

地　区	学校数（所）	毕业生数（人）	招生数（人）	在校生数（人）	教职工数（人）	专任教师数（人）
光明新区代管						
坪山新区代管						
龙华新区代管						
大鹏新区代管						
珠海市	8	7012	7837	21756	1161	908
香洲区	6	6584	7346	20411	1077	860
斗门区	2	411	491	1345	84	48
金湾区		17				
汕头市	22	21035	19615	85327	2097	1613
龙湖区	8	7411	5916	20003	569	377
金平区	7	6169	3322	18242	768	608
濠江区	2	2044	1326	9380	192	140
潮阳区	2	2075	5795	16371	261	221
潮南区	1	27	1700	13273	115	111
澄海区	1	2735	1506	7808	177	145
南澳县	1	574	50	250	15	11
佛山市	36	24875	26068	76322	4763	3935
禅城区	6	2985	2611	7490	542	407
南海区	12	9627	10878	31701	1726	1297
顺德区	13	9282	9635	28715	1988	1829
三水区	3	1671	1992	5174	356	281
高明区	2	1310	952	3242	151	121
江门市	23	14450	16649	46441	2520	2240
蓬江区	6	4354	6056	16424	737	647
江海区	2	2266	1754	5882	139	118
新会区	3	2829	2508	7421	462	395
台山市	5	2138	1960	5902	371	336
开平市	3	1491	1697	5343	429	401
鹤山市	2	1220	1922	4322	257	229
恩平市	2	152	752	1147	125	114
湛江市	54	40068	36275	103765	4497	3348
赤坎区	10	7543	6121	17298	730	521

11-10续表2 各县区中等职业技术教育基本情况（2014）

地　区	学校数（所）	毕业生数（人）	招生数（人）	在校生数（人）	教职工数（人）	专任教师数（人）
霞山区	9	3555	2684	6984	566	439
坡头区	2	337	81	248	49	45
麻章区	12	9536	12015	32689	1262	919
遂溪县	5	1863	1322	5538	497	282
徐闻县	1	878	2095	7597	114	100
廉江市	6	4634	6438	15158	547	378
雷州市	2	8373	3851	12874	343	307
吴川市	7	3307	1624	5245	389	357
开发区代管		42	44	134		
茂名市	29	45285	19352	64333	3125	2475
茂南区	6	5144	4508	13177	598	329
茂港区	1	1039		3587	225	166
电白县	2	1338	1132	2842	292	272
高州市	8	15498	5398	20347	904	742
化州市	7	11787	3071	7945	464	420
信宜市	5	10479	5243	16435	642	546
滨海新区代管						
高新区党政办代管						
肇庆市	20	20024	22212	64359	3194	2513
端州区	13	13523	15521	44125	1857	1327
鼎湖区						
广宁县	2	589	1047	2895	119	99
怀集县	1	2176	1912	5891	583	537
封开县	1	1489	1204	3912	169	153
德庆县	1	761	773	2360	113	97
高要市	1	591	482	1794	125	103
四会市	1	895	1273	3382	228	197
大旺区代管						
惠州市	24	20382	22176	61765	3054	2278
惠城区	15	14282	15896	44590	2096	1562
惠阳区	4	2021	2089	5072	349	240
博罗县	3	2716	2734	7765	340	243

11-10续表3 各县区中等职业技术教育基本情况（2014）

地　区	学校数（所）	毕业生数（人）	招生数（人）	在校生数（人）	教职工数（人）	专任教师数（人）
惠东县	1	956	1092	3234	184	170
龙门县	1	407	365	1104	85	63
大亚湾区代管						
仲恺区代管						
梅州市	29	22853	15604	55795	2363	1817
梅江区	8	9764	7209	24026	1046	722
梅县	5	2079	1519	5404	296	240
大埔县	1	1217	1181	3334	161	137
丰顺县	1	793	763	2201	90	73
五华县	5	2941	1635	7037	192	175
平远县	1	443	302	1118	73	68
蕉岭县	1	371	387	1172	104	100
兴宁市	7	5245	2608	11503	401	302
汕尾市	13	14025	5523	30923	850	752
城区	5	5621	1618	4769	357	312
海丰县	2	4041	545	4147	159	139
陆河县	1	439	1104	2438	88	77
陆丰市	5	3924	2256	19569	246	224
红海湾区代管						
河源市	13	12275	8800	31071	1512	1198
源城区	8	9500	8058	27011	981	788
紫金县						
龙川县	1	379	87	386	63	48
连平县	1	345	83	792	101	82
和平县	1	591	189	688	205	149
东源县	2	1460	383	2194	162	131
阳江市	7	7394	6449	17776	701	609
江城区	3	2048	2424	6444	315	259
阳西县	1	1445	1000	1616	32	32
阳东县	1	628	555	1608	102	93
阳春市	2	3273	2470	8108	252	225
海陵岛试验区代管						

11-10续表4 各县区中等职业技术教育基本情况（2014）

地　区	学校数（所）	毕业生数（人）	招生数（人）	在校生数（人）	教职工数（人）	专任教师数（人）
阳江农垦局代管						
高新区代管						
清远市	14	14507	13382	42553	1947	1597
清城区	5	6262	4996	15715	632	541
清新区	1	1929	2375	8470	256	232
佛冈县	1	454	452	1197	140	125
阳山县	1	1195	1088	3524	150	126
连山壮族瑶族自治县	1		19	41	101	58
连南瑶族自治县	1	94	82	763	36	26
英德市	2	2434	2846	7876	482	365
连州市	2	2139	1524	4967	150	124
东莞市	22	14687	19414	50220	2844	2233
中山市	11	6764	8167	25189	1570	1486
潮州市	12	10197	6556	20446	1106	900
湘桥区	6	4991	3405	9655	491	387
潮安区	2	3986	321	5381	362	310
饶平县	4	1220	2830	5410	253	203
枫溪区代管						
揭阳市	20	50273	42648	138706	2868	2348
榕城区	6	6853	5948	19855	617	491
揭东区	2	1983	1177	4889	342	288
揭西县	3	7083	5912	15259	509	423
惠来县	2	9634	9592	35001	371	274
普宁市	3	20320	14482	47813	758	666
蓝城区代管	3	4135	5512	15501	193	158
空港经济区代管	1	265	25	388	78	48
云浮市	14	13742	10830	35262	1223	1055
云城区	2	837	1772	5336	221	193
新兴县	6	4085	3641	10903	331	275
郁南县	1	2021	813	2865	169	147
云安县	1	590	77	1034	54	52
罗定市	4	6209	4527	15124	448	388

注：不含技工学校

11-11 各县区普通高中基本情况（2014）

地 区	学校数（所）	毕业生数（人）	招生数（人）	在校生数（人）	教职工数（人）	专任教师数（人）
广东省	**1012**	**728690**	**696807**	**2140193**	**553030**	**148361**
广州市	120	57739	60116	178106	57683	13793
荔湾区	9	4984	5303	15679	4415	1139
越秀区	18	8416	9451	27373	5791	2256
海珠区	12	4385	4704	13813	4385	1048
天河区	13	3943	4593	13325	6349	1173
白云区	12	5734	5614	16762	5860	1312
黄埔区	3	1189	1233	3700	1556	292
番禺区	14	8759	8689	26163	7374	1922
花都区	11	5354	5467	16215	7618	1272
南沙区	7	2215	2339	6862	2423	592
萝岗区	3	1605	1531	4599	1544	379
增城市	10	7385	7146	21668	7200	1582
从化市	8	3770	4046	11947	3168	826
韶关市	25	20280	21006	63917	16236	4389
武江区	4	2531	2957	8308	1655	536
浈江区	3	2266	2168	6875	1658	471
曲江区	3	2326	2294	7024	1527	428
始兴县	2	1520	1427	4570	1293	405
仁化县	2	1399	1402	4354	1437	333
翁源县	3	2235	2241	6845	1801	432
乳源瑶族自治县	1	1035	1084	3397	915	204
新丰县	1	1504	1548	4682	1087	321
乐昌市	3	2410	2647	7854	2598	572
南雄市	3	3054	3238	10008	2265	687
深圳市	71	35369	39872	114797	53254	9450
罗湖区	8	4655	4911	14407	4539	1235
福田区	13	7082	7383	21851	6277	1700
南山区	9	4251	4452	13244	6178	1119
宝安区	17	7361	8369	23905	19677	2910
龙岗区	13	7087	8988	24906	16140	2339
盐田区	1	565	611	1579	443	147

注：中学学校教职工数含初级中学、九年一贯制学校、职业初中、完全中学、高级中学、十二年一贯制学校。

11-11续表1 各县区普通高中基本情况（2014）

地　　区	学校数（所）	毕业生数（人）	招生数（人）	在校生数（人）	教职工数（人）	专任教师数（人）
光明新区代管	2	1283	1600	4455		
坪山新区代管	2	1015	1165	3903		
龙华新区代管	6	2070	2393	6547		
大鹏新区代管						
珠海市	20	10718	9815	30008	8439	2279
香洲区	14	6998	6342	18883	5397	1494
斗门区	3	2882	2456	8386	2074	588
金湾区	3	838	1017	2739	968	197
汕头市	93	51253	52132	160793	34203	9886
龙湖区	11	5882	5754	18310	3179	1264
金平区	17	8695	7282	23592	5412	1726
濠江区	8	5221	5057	15698	2291	937
潮阳区	27	13820	17465	49108	10478	2748
潮南区	15	9142	10400	32855	8408	1697
澄海区	14	7813	5797	19767	4011	1383
南澳县	1	680	377	1463	424	131
佛山市	58	37328	38684	113747	26581	8411
禅城区	10	4673	5388	15710	3465	1219
南海区	18	14387	14801	43161	9464	2752
顺德区	22	12669	13627	39611	9254	3225
三水区	4	3371	3075	9689	2953	740
高明区	4	2228	1793	5576	1445	475
江门市	45	27410	26788	81702	19924	5832
蓬江区	5	4284	3634	11903	3526	849
江海区	2	1114	1061	3483	1001	226
新会区	12	5880	5916	18150	4270	1213
台山市	7	5439	5296	16108	3697	1131
开平市	8	5329	5745	16313	3506	1245
鹤山市	5	2924	2756	8525	1788	581
恩平市	6	2440	2380	7220	2136	587
湛江市	80	65051	62168	193675	39230	11669
赤坎区	7	5405	5186	15767	2716	1034

11-11续表2 各县区普通高中基本情况（2014）

地 区	学校数（所）	毕业生数（人）	招生数（人）	在校生数（人）	教职工数（人）	专任教师数（人）
霞山区	8	7372	6459	20308	4308	1485
坡头区	4	3406	2668	8737	1798	591
麻章区	5	2176	2502	8017	2508	600
遂溪县	8	8128	6690	21770	4540	1469
徐闻县	4	5007	4970	15704	3309	879
廉江市	13	10421	10222	30959	7566	2099
雷州市	15	9975	11460	34887	7701	2005
吴川市	11	11217	9888	31059	4784	1507
开发区代管	5	1944	2123	6467		
茂名市	64	73564	67806	211857	39627	13869
茂南区	7	7264	7562	22385	4757	1472
茂港区	3	3779	3237	10566	2362	743
电白县	9	14848	10136	38273	6862	2267
高州市	15	16140	15091	47879	9793	3445
化州市	17	15128	15159	43550	7466	2454
信宜市	12	15812	15970	47091	8387	3488
滨海新区代管	1	593	651	2113		
高新区党政办代管						
肇庆市	32	28695	29302	88027	22967	6373
端州区	10	4005	4494	12861	2958	1012
鼎湖区	3	1510	1296	4163	796	287
广宁县	2	2477	2492	7684	2204	579
怀集县	4	5311	6403	17682	5578	1278
封开县	3	3643	3732	11177	2694	776
德庆县	3	2627	2631	8179	1777	558
高要市	4	5554	4912	15583	3700	1184
四会市	2	2993	2778	9001	3260	699
大旺区代管	1	575	564	1697		
惠州市	36	31586	29977	94257	27020	6278
惠城区	15	9230	9285	28867	8860	2335
惠阳区	4	6801	6161	18528	4948	1099
博罗县	7	6098	5286	17136	5899	1280

11-11续表3 各县区普通高中基本情况（2014）

地区	学校数（所）	毕业生数（人）	招生数（人）	在校生数（人）	教职工数（人）	专任教师数（人）
惠东县	5	5758	5765	18590	5386	1102
龙门县	3	2137	1919	6125	1927	462
大亚湾区代管	1	754	544	2054		
仲恺区代管	1	808	1017	2957		
梅州市	63	42863	36762	115909	26639	8432
梅江区	8	6342	5634	17315	2970	1225
梅县	10	4275	3692	11841	3009	979
大埔县	8	3095	3333	9283	2327	723
丰顺县	9	3950	3702	11539	3219	843
五华县	12	12903	10684	34146	6617	2025
平远县	3	2090	1801	5699	1304	453
蕉岭县	2	1756	1368	4441	1294	400
兴宁市	11	8452	6548	21645	5899	1784
汕尾市	37	31320	25653	82783	18339	5072
城区	8	6088	4731	15540	3084	1173
海丰县	10	9404	6522	21003	5061	1360
陆河县	3	4453	3163	10184	2315	871
陆丰市	15	11124	10618	34273	7879	1668
红海湾区代管	1	251	619	1783		
河源市	38	25037	22974	70632	19735	5375
源城区	6	3855	3248	10766	3882	838
紫金县	9	5378	4799	14629	3527	988
龙川县	11	6118	6220	18414	4843	1396
连平县	4	2399	2178	7005	1946	530
和平县	4	3470	2698	8599	2961	713
东源县	4	3817	3831	11219	2576	910
阳江市	22	20596	16412	56507	14878	4046
江城区	3	3232	4569	14598	4878	1071
阳西县	2	3863	2836	9645	2443	718
阳东县	6	4443	2967	10863	3377	731
阳春市	9	8218	6040	20013	4180	1526
海陵岛试验区代管	1	406		739		

11-11续表4 各县区普通高中基本情况（2014）

地 区	学校数（所）	毕业生数（人）	招生数（人）	在校生数（人）	教职工数（人）	专任教师数（人）
阳江农垦局代管						
高新区代管	1	434		649		
清远市	32	27178	24133	75688	20106	5386
清城区	11	6676	6691	19105	4805	1402
清新区	6	4466	3859	11985	3000	920
佛冈县	2	2758	1954	6786	1467	462
阳山县	3	2769	2397	8089	2428	521
连山壮族瑶族自治县	1	585	477	1592	713	135
连南瑶族自治县	1	634	843	2404	843	172
英德市	6	7274	6121	19980	5144	1372
连州市	2	2016	1791	5747	1706	402
东莞市	40	25180	26741	78053	30998	5291
中山市	20	15636	16188	46957	15043	3350
潮州市	35	25291	21119	66222	13412	4321
湘桥区	8	6181	5582	17883	3153	1140
潮安区	14	8169	7298	23204	5508	1744
饶平县	12	9551	7033	21340	4751	1437
枫溪区代管	1	1390	1206	3795		
揭阳市	61	57333	51724	161058	36150	11098
榕城区	8	7381	6737	20776	6389	2181
揭东区	7	5595	5724	17975	4792	1472
揭西县	10	8772	6849	22360	4234	1530
惠来县	8	7850	8110	24316	5879	1714
普宁市	20	22291	19777	61873	14856	4201
蓝城区代管	4	1953	1901	5177		
空港经济区代管	4	3491	2626	8581		
云浮市	20	19263	17435	55498	12566	3761
云城区	5	2941	2409	7918	1579	591
新兴县	4	3706	3555	10730	2241	696
郁南县	3	3183	2324	8331	2340	788
云安县	1	1333	963	3210	1290	192
罗定市	7	8100	8184	25309	5116	1494

11-12 各县区普通初中基本情况（2014）

地　　区	学校数（所）	毕业生数（人）	招生数（人）	在校生数（人）	专任教师数（人）
广东省	**3387**	**1382995**	**1195611**	**3767505**	**278511**
广州市	380	120501	113479	354764	27708
荔湾区	31	8280	8006	24819	2019
越秀区	17	10806	10730	33439	2615
海珠区	24	11026	10664	33444	2364
天河区	38	11782	12142	37855	2741
白云区	58	16205	14646	47479	3611
黄埔区	16	3115	4208	11074	797
番禺区	45	14816	14976	45267	3269
花都区	64	12123	14297	40077	3069
南沙区	15	5940	5073	15539	1359
萝岗区	11	3084	2587	8440	801
增城市	42	13791	9943	34078	3290
从化市	19	9533	6207	23253	1773
韶关市	129	36712	31388	96761	8529
武江区	9	3539	4015	11160	794
浈江区	14	4017	3437	11026	877
曲江区	12	3366	2943	8928	833
始兴县	11	2747	2352	7454	650
仁化县	14	2619	2019	6502	706
翁源县	15	4278	3325	10404	880
乳源瑶族自治县	7	2421	1915	5700	570
新丰县	8	3193	2319	7601	650
乐昌市	23	5546	4900	15028	1343
南雄市	16	4986	4163	12958	1226
深圳市	254	76864	90897	263893	18870
罗湖区	20	9647	9979	30336	2130
福田区	23	11038	11093	34485	2904
南山区	24	9253	9866	29866	2268
宝安区	52	16332	20788	58902	6106
龙岗区	82	17524	21603	61536	5197
盐田区	2	1348	1426	4220	265

11-12续表1 各县区普通初中基本情况（2014）

地　区	学校数（所）	毕业生数（人）	招生数（人）	在校生数（人）	专任教师数（人）
光明新区代管	11	2789	3985	10906	
坪山新区代管	8	1963	2489	6948	
龙华新区代管	26	6094	8550	23483	
大鹏新区代管	6	876	1118	3211	
珠海市	47	20493	19391	60538	4374
香洲区	24	12516	12544	38992	2609
斗门区	16	5372	4402	14042	1217
金湾区	7	2605	2445	7504	548
汕头市	194	95541	78048	252158	16991
龙湖区	13	7113	6544	19750	1459
金平区	28	13147	11455	37330	2614
濠江区	8	5745	3858	13945	960
潮阳区	60	36045	27815	91825	5643
潮南区	62	23195	20886	65944	4032
澄海区	19	9622	7092	21989	2038
南澳县	4	674	398	1375	245
佛山市	135	66770	64414	194022	13767
禅城区	14	8806	8631	25525	1703
南海区	52	23705	22057	67667	4481
顺德区	39	24160	23748	71160	5286
三水区	23	6682	6749	19724	1498
高明区	7	3417	3229	9946	799
江门市	140	50263	45454	141250	10602
蓬江区	23	7839	8216	24537	1734
江海区	8	2521	2531	7426	480
新会区	27	9629	9204	28493	2264
台山市	30	9229	7326	23454	1804
开平市	22	9942	8937	27675	1934
鹤山市	11	4813	4609	14230	973
恩平市	19	6290	4631	15435	1413
湛江市	236	134153	97962	347100	22830
赤坎区	10	6760	5900	19047	1177

11-12续表2 各县区普通初中基本情况（2014）

地　区	学校数（所）	毕业生数（人）	招生数（人）	在校生数（人）	专任教师数（人）
霞山区	15	8517	7678	24615	1893
坡头区	12	5126	3072	11542	1068
麻章区	13	4226	4086	12087	1385
遂溪县	38	17065	10710	42489	2629
徐闻县	31	11692	7825	28003	2145
廉江市	52	25871	19564	69709	4791
雷州市	29	30669	20003	74884	4704
吴川市	28	19451	15205	52131	3038
开发区代管	8	4776	3919	12593	
茂名市	204	125315	99654	318182	22397
茂南区	24	13225	12337	36783	2664
茂港区	13	5303	3832	13711	1173
电白县	25	20907	16197	52646	3947
高州市	50	26461	22209	69080	5727
化州市	46	28539	23414	73070	4605
信宜市	40	26627	18416	62054	4281
滨海新区代管	4	3491	2675	8924	
高新区党政办代管	2	762	574	1914	
肇庆市	142	71170	53928	178141	13027
端州区	12	5747	5583	17308	1187
鼎湖区	8	1980	1588	4670	409
广宁县	21	5984	4243	14163	1239
怀集县	25	24020	17552	61648	3970
封开县	16	9583	7233	23511	1648
德庆县	12	6058	4190	14048	1006
高要市	22	11280	7587	24656	2199
四会市	24	5759	4948	15304	1369
大旺区代管	2	759	1004	2833	
惠州市	198	63999	60994	182052	12876
惠城区	37	14260	13371	42213	3546
惠阳区	30	12408	12825	37081	2400
博罗县	45	13124	12926	37732	2986

11-12续表3 各县区普通初中基本情况（2014）

地　区	学校数（所）	毕业生数（人）	招生数（人）	在校生数（人）	专任教师数（人）
惠东县	49	15874	13453	40774	2991
龙门县	17	3719	2982	9136	953
大亚湾区代管	5	1266	1529	4175	
仲恺区代管	15	3348	3908	10941	
梅州市	166	62952	45990	147971	14696
梅江区	11	5803	5353	16515	1398
梅县	17	5777	3923	12767	1420
大埔县	18	5113	3908	12059	1264
丰顺县	23	8678	6015	20236	1846
五华县	43	21997	15086	49529	4189
平远县	14	2806	1806	5946	730
蕉岭县	12	1905	1571	4919	738
兴宁市	28	10873	8328	26000	3111
汕尾市	134	54184	42259	140079	9669
城区	15	7411	5632	18814	1513
海丰县	29	11858	9140	28571	2502
陆河县	13	6134	4074	14786	1176
陆丰市	74	27672	22599	75176	4478
红海湾区代管	3	1109	814	2732	
河源市	142	42791	36670	114779	10610
源城区	20	7238	7943	23269	1655
紫金县	24	11086	8434	27897	2323
龙川县	29	11216	8705	27931	2768
连平县	21	4343	3430	10889	1115
和平县	22	4418	4107	12560	1470
东源县	26	4490	4051	12233	1279
阳江市	84	32618	25274	81478	7058
江城区	28	6734	6833	19896	2059
阳西县	16	6770	4616	15435	1450
阳东县	20	5496	3817	12834	1506
阳春市	15	11682	8665	28737	2043
海陵岛试验区代管		796	545	1807	

11-12续表4 各县区普通初中基本情况（2014）

地　　区	学校数（所）	毕业生数（人）	招生数（人）	在校生数（人）	专任教师数（人）
阳江农垦局代管	5	393	408	1307	
高新区代管		747	390	1462	
清远市	144	49325	41153	128103	11113
清城区	26	9466	9927	28957	2172
清新区	18	10034	8223	25393	1669
佛冈县	12	3674	3045	9087	837
阳山县	21	5919	3117	11664	1453
连山壮族瑶族自治县	8	1249	853	3108	369
连南瑶族自治县	10	2134	1876	5783	527
英德市	33	13254	10754	33983	3216
连州市	16	3595	3358	10128	870
东莞市	172	57538	75371	206595	11857
中山市	82	34805	33743	100528	7277
潮州市	104	38220	28110	91362	7346
湘桥区	22	8385	6734	21052	1686
潮安区	46	13854	11089	35274	2762
饶平县	30	13792	8803	29979	2898
枫溪区代管	6	2189	1484	5057	
揭阳市	217	109964	83693	276804	19134
榕城区	20	9374	8101	26444	3329
揭东区	22	9383	6396	22590	2753
揭西县	33	16161	9902	35997	2168
惠来县	33	15548	16490	48993	3092
普宁市	72	48467	35285	116965	7792
蓝城区代管	19	5608	4102	13710	
空港经济区代管	18	5423	3417	12105	
云浮市	83	38817	27739	90945	7780
云城区	10	3982	3541	10760	888
新兴县	15	6879	4471	15728	1375
郁南县	20	5613	4011	13098	1329
云安县	9	3721	2426	8237	975
罗定市	29	18622	13290	43122	3213

11-13 各县区小学基本情况（2014）

地　区	学校数（所）	毕业生数（人）	招生数（人）	在校生数（人）	教职工数（人）	专任教师数（人）
广东省	**10731**	**1243469**	**1536722**	**8319147**	**418242**	**454377**
广州市	938	124999	173884	900072	42714	47379
荔湾区	52	8036	11665	58521	2600	3042
越秀区	53	9356	12235	61914	3248	3341
海珠区	84	12035	15338	82796	4060	4215
天河区	73	14382	20673	103121	3724	5084
白云区	181	21650	25479	145666	8453	7340
黄埔区	28	4421	5857	30837	1317	1519
番禺区	132	16969	24353	124045	5212	6026
花都区	89	13705	24903	119415	4076	5914
南沙区	59	5160	6700	37216	1811	2084
萝岗区	27	2650	4331	21479	1389	1341
增城市	95	10419	14775	76636	3945	4762
从化市	65	6216	7575	38426	2879	2711
韶关市	184	31373	36124	210459	11982	12990
武江区	20	3159	4407	22782	1023	1042
浈江区	24	3517	3982	22509	1126	1195
曲江区	18	3133	3866	22334	1363	1403
始兴县	15	2421	2301	14705	968	939
仁化县	14	2029	2639	14338	800	996
翁源县	11	3324	4665	24197	1404	1528
乳源瑶族自治县	13	2013	2470	14761	978	975
新丰县	9	2351	2409	14909	1109	1015
乐昌市	31	5225	5086	32698	1475	1904
南雄市	29	4201	4299	27226	1736	1993
深圳市	331	97928	162498	793178	26792	39115
罗湖区	46	10292	14784	74479	3597	3814
福田区	52	11585	17272	85250	4426	4932
南山区	36	10746	16689	82691	3001	4463
宝安区	56	22342	39968	191128	8373	14485
龙岗区	67	23422	37994	187827	6706	10782
盐田区	10	1434	2173	10934	689	639

11-13续表1 各县区小学基本情况（2014）

地 区	学校数（所）	毕业生数（人）	招生数（人）	在校生数（人）	教职工数（人）	专任教师数（人）
光明新区代管	14	4508	7614	38787		
坪山新区代管	15	2937	4559	24810		
龙华新区代管	29	9513	20053	89366		
大鹏新区代管	6	1149	1392	7906		
珠海市	115	19848	28020	140593	6009	6613
香洲区	58	13129	18425	90393	3495	3987
斗门区	40	4196	6027	32124	1546	1676
金湾区	17	2523	3568	18076	968	950
汕头市	750	81398	86580	487220	23745	24911
龙湖区	67	7469	10472	52472	2410	2447
金平区	70	11191	13097	69183	3023	3200
濠江区	39	3338	3603	19169	1153	1199
潮阳区	247	28241	25956	150931	8256	8180
潮南区	216	22405	20474	126785	5199	6330
澄海区	107	8324	12459	65853	3317	3186
南澳县	4	430	519	2827	387	369
佛山市	406	68356	86118	474382	22112	22421
禅城区	73	10450	14124	70144	3807	3789
南海区	127	22676	29757	162206	6760	6510
顺德区	150	25016	28884	168466	8110	8444
三水区	35	6706	8363	45604	2035	2365
高明区	21	3508	4990	27962	1400	1313
江门市	313	46502	52625	299322	14887	16084
蓬江区	44	8409	10057	56105	2356	2912
江海区	15	2747	3698	19343	695	868
新会区	65	9444	9923	60307	2894	3326
台山市	52	7365	8576	48140	2621	2759
开平市	56	9010	9065	54069	2808	2783
鹤山市	41	4720	6001	32634	1538	1541
恩平市	40	4807	5305	28724	1975	1895
湛江市	835	97991	99124	549528	36011	34574
赤坎区	14	4468	5246	27619	1156	1397

11-13续表2 各县区小学基本情况（2014）

地　区	学校数（所）	毕业生数（人）	招生数（人）	在校生数（人）	教职工数（人）	专任教师数（人）
霞山区	20	8270	7580	48303	2296	2762
坡头区	13	3292	3697	17123	1697	1575
麻章区	10	3312	3723	18471	1693	1818
遂溪县	132	11217	10875	59013	4480	4454
徐闻县	73	8229	9433	51223	3427	3340
廉江市	225	19826	21064	114705	7522	6747
雷州市	167	20989	20855	118990	8936	7872
吴川市	164	15232	12189	74078	4804	4609
开发区代管	17	3156	4462	20003		
茂名市	1746	101098	98093	563247	33020	33275
茂南区	170	11600	13841	77100	3818	3925
茂港区	104	4417	3933	24512	1887	2148
电白县	321	16479	14634	87969	6904	6891
高州市	295	19879	20394	117305	6926	6547
化州市	403	24001	23220	132856	7877	7663
信宜市	381	20330	18432	101413	5608	6101
滨海新区代管	52	3753	3030	18641		
高新区党政办代管	20	639	609	3451		
肇庆市	219	54843	59447	332450	17499	18604
端州区	23	6035	7068	39968	1789	1980
鼎湖区	10	1475	2432	11645	561	569
广宁县	23	4390	6146	31392	1925	2103
怀集县	40	17839	13547	87524	4779	4951
封开县	23	7347	5557	35715	2117	2136
德庆县	28	4231	5962	30360	1862	1805
高要市	38	7493	9721	49479	2701	2694
四会市	31	5193	7306	38745	1765	2366
大旺区代管	3	840	1708	7622		
惠州市	453	61088	87966	472152	20542	23755
惠城区	95	14698	21507	114539	6071	7293
惠阳区	94	10420	14498	79652	3656	4210
博罗县	98	12681	19682	103570	4589	5315

11-13续表3 各县区小学基本情况（2014）

地 区	学校数（所）	毕业生数（人）	招生数（人）	在校生数（人）	教职工数（人）	专任教师数（人）
惠东县	96	14154	16981	96667	4955	5529
龙门县	23	3072	4690	24226	1271	1408
大亚湾区代管	12	1635	2923	14709		
仲恺区代管	35	4428	7685	38789		
梅州市	444	45066	56929	298971	19223	19526
梅江区	29	4361	5398	28781	1623	1607
梅县	34	4014	6549	32379	2127	2102
大埔县	48	3933	4941	25984	1899	2007
丰顺县	74	6019	8509	38206	2347	2581
五华县	160	15016	15786	91738	5394	5440
平远县	18	1810	2387	12857	929	925
蕉岭县	16	1564	2113	10836	802	872
兴宁市	65	8349	11246	58190	4102	3992
汕尾市	650	43443	37977	240454	15783	15536
城区	81	5543	5534	30618	2711	2361
海丰县	165	9222	12548	65807	3968	3790
陆河县	60	4077	3714	21694	1784	1669
陆丰市	324	23718	15574	118186	7320	7716
红海湾区代管	20	883	607	4149		
河源市	318	36218	50902	260471	15870	16700
源城区	48	7326	10443	56767	2320	2996
紫金县	58	8386	11438	56342	4063	3901
龙川县	57	8670	11571	59931	3950	3835
连平县	75	3579	5308	25917	1670	1550
和平县	15	4178	7273	33508	1928	2337
东源县	65	4079	4869	28006	1939	2081
阳江市	137	25231	36777	192121	11259	12738
江城区	20	6388	8741	48418	2740	3569
阳西县	19	4523	5746	30164	2200	2205
阳东县	29	3972	7090	35159	2170	2816
阳春市	55	8885	13529	68277	4149	4148
海陵岛试验区代管	12	690	847	4665		

11-13续表4　各县区小学基本情况（2014）

地　区	学校数（所）	毕业生数（人）	招生数（人）	在校生数（人）	教职工数（人）	专任教师数（人）
阳江农垦局代管		323	268	2122		
高新区代管	2	450	556	3316		
清远市	320	41251	53812	282153	15627	16604
清城区	61	9895	13646	69901	2890	3338
清新区	61	8305	9039	51802	2762	2765
佛冈县	33	3072	5498	24629	1430	1363
阳山县	28	3155	4853	24064	1945	2074
连山壮族瑶族自治县	8	871	1501	6576	423	517
连南瑶族自治县	31	1939	2033	11275	786	814
英德市	66	10623	12107	67017	3898	4024
连州市	32	3391	5135	26889	1493	1709
东莞市	320	86693	125039	687269	21955	28679
中山市	206	36853	50068	267907	10576	13133
潮州市	640	29542	34278	187458	10933	10619
湘桥区	93	6086	7689	40172	2230	2129
潮安区	282	12829	14259	77989	4698	4769
饶平县	243	8982	9856	56135	4005	3721
枫溪区代管	22	1645	2474	13162		
揭阳市	1247	85837	82517	484782	29436	29128
榕城区	65	8431	10419	56264	4458	4565
揭东区	58	6120	6646	35989	4039	3836
揭西县	224	10185	9188	52469	3283	3428
惠来县	288	18688	17346	107077	6081	6268
普宁市	478	34784	29933	183507	11575	11031
蓝城区代管	69	4064	4708	25102		
空港经济区代管	65	3565	4277	24374		
云浮市	159	27911	37944	194958	12267	11993
云城区	23	3598	5723	29279	1683	1608
新兴县	58	4546	6342	31026	2155	2021
郁南县	24	4169	5667	28686	2051	2019
云安县	23	2474	3137	16831	1219	1250
罗定市	31	13124	17075	89136	5159	5095

注：教职工数不含九年一贯制学校、十二年一贯制学校

11-14 各县区学前教育基本情况（2014）

地　区	学校数（所）	毕业生数（人）	招生数（人）	在校生数（人）	教职工数（人）	专任教师数（人）
广东省	**15416**	**1142897**	**1846417**	**3793381**	**172078**	**91685**
广州市	1628	100932	137608	404261	56664	28159
荔湾区	101	7307	6448	22457	3281	1592
越秀区	114	5343	11610	28755	4635	2173
海珠区	163	8888	11646	36969	5778	2785
天河区	183	12711	13529	41747	5982	3040
白云区	305	25117	28133	79798	10117	5145
黄埔区	54	2949	4974	13522	1874	921
番禺区	287	18519	21076	71072	10327	5080
花都区	100	5328	8579	29932	3715	1864
南沙区	93	3887	5822	19530	2573	1378
萝岗区	34	1613	4227	9083	1338	706
增城市	122	7075	13845	35723	5061	2468
从化市	72	2195	7719	15673	1983	1007
韶关市	458	36337	47280	112750	10219	5491
武江区	54	3351	2454	11190	1246	611
浈江区	63	4024	3823	12482	1531	780
曲江区	48	4237	4706	10258	1030	540
始兴县	35	2474	3438	8461	663	347
仁化县	36	2297	3316	8884	697	376
翁源县	41	4278	6025	13456	1001	550
乳源瑶族自治县	25	2377	4724	7297	524	279
新丰县	28	2480	3342	8936	890	523
乐昌市	74	6385	9539	16594	1496	825
南雄市	54	4434	5913	15192	1141	660
深圳市	1402	131220	174195	399014	57021	28782
罗湖区	146	12201	12106	34141	5343	2706
福田区	147	14759	18945	43850	6940	3497
南山区	179	15094	17484	43862	6815	3397
宝安区	279	29899	35536	90798	21155	10582
龙岗区	361	30966	49534	101714	15890	8174
盐田区	25	1983	2494	5697	878	426

11-14续表1 各县区学前教育基本情况（2014）

地 区	学校数（所）	毕业生数（人）	招生数（人）	在校生数（人）	教职工数（人）	专任教师数（人）
光明新区代管	61	7183	9072	20365		
坪山新区代管	53	4178	7532	14055		
龙华新区代管	140	13817	20377	41359		
大鹏新区代管	11	1140	1115	3173		
珠海市	259	8750	22577	58346	7927	4233
香洲区	155	5216	14283	35300	5142	2678
斗门区	64	2157	4678	15351	1791	997
金湾区	40	1377	3616	7695	994	558
汕头市	847	46222	80208	175588	16591	10163
龙湖区	114	6304	8042	25134	2602	1572
金平区	181	9565	8732	32007	3059	1851
濠江区	53	588	4163	10194	755	432
潮阳区	103	11698	23153	33788	2107	1399
潮南区	193	6237	24989	35926	3940	2478
澄海区	190	10828	10160	36360	3972	2330
南澳县	13	1002	969	2179	156	101
佛山市	837	68785	84010	251361	33431	17086
禅城区	133	11864	10451	37988	5397	2698
南海区	329	18776	35007	93250	12921	6440
顺德区	285	27163	26927	86904	11044	5872
三水区	58	6805	6180	19220	2616	1246
高明区	32	4177	5445	13999	1453	830
江门市	480	41961	51195	132851	13863	7780
蓬江区	103	7667	7953	24862	3428	1777
江海区	38	2315	2806	7198	971	471
新会区	102	6815	6662	20467	2509	1325
台山市	63	8875	10157	23410	1973	1277
开平市	77	8074	9448	25612	2010	1249
鹤山市	70	3720	7228	19114	2250	1154
恩平市	27	4495	6941	12188	722	527
湛江市	1649	86943	175155	278984	20074	12987
赤坎区	101	4515	5359	14370	1643	1034

11-14续表2 各县区学前教育基本情况（2014）

地 区	学校数（所）	毕业生数（人）	招生数（人）	在校生数（人）	教职工数（人）	专任教师数（人）
霞山区	129	6163	8191	21319	2956	1576
坡头区	34	2907	5573	8638	693	396
麻章区	99	3274	6667	12195	1396	860
遂溪县	215	8005	24295	33041	2090	1464
徐闻县	192	9667	17638	26615	2528	1579
廉江市	291	19145	38798	60155	3780	2673
雷州市	345	16813	41993	59127	2597	1919
吴川市	202	14609	20017	33606	2391	1486
开发区代管	41	1845	6624	9918		
茂名市	1394	83606	193630	273446	15680	10415
茂南区	321	6653	25308	40614	3667	2199
茂港区	81	1846	9096	12766	803	526
电白县	113	17144	25377	40448	2070	1243
高州市	273	14555	38541	53963	2853	1887
化州市	381	19581	50284	63652	3206	2365
信宜市	188	18673	38219	52218	3081	2195
滨海新区代管	27	4831	5062	7342		
高新区党政办代管	10	323	1743	2443		
肇庆市	479	50358	66344	140417	12412	6792
端州区	101	6812	5734	19524	2618	1568
鼎湖区	26	1687	2629	6318	650	352
广宁县	72	5353	6918	15058	1564	805
怀集县	61	12142	18298	33712	1752	902
封开县	36	3260	9028	15126	722	402
德庆县	32	6065	8016	14058	830	552
高要市	83	8131	8918	18947	1958	1033
四会市	58	6044	5446	14681	2318	1178
大旺区代管	10	864	1357	2993		
惠州市	513	59037	90106	175808	18899	10153
惠城区	168	16082	16756	46846	7691	4043
惠阳区	98	10576	11272	28296	3783	2195
博罗县	88	15047	24304	35540	3754	1971

11-14续表3　各县区学前教育基本情况（2014）

地　区	学校数（所）	毕业生数（人）	招生数（人）	在校生数（人）	教职工数（人）	专任教师数（人）
惠东县	71	8767	19266	34451	2842	1509
龙门县	24	3524	6801	11623	829	435
大亚湾区代管	20	2561	3814	5873		
仲恺区代管	44	2480	7893	13179		
梅州市	573	34052	87519	136897	9436	6214
梅江区	60	4798	4542	13310	1317	841
梅县	105	5726	8122	18878	1754	1087
大埔县	40	2549	7915	12365	687	503
丰顺县	53	2377	14037	15488	909	598
五华县	172	7436	32136	40449	1738	1287
平远县	33	1875	3744	7241	505	335
蕉岭县	46	2180	2584	6890	566	395
兴宁市	64	7111	14439	22276	1960	1168
汕尾市	154	12722	42653	58005	2875	1869
城区	26	1995	8449	10089	489	292
海丰县	27	2226	7970	12115	854	468
陆河县	28	2702	7061	9570	450	249
陆丰市	71	5691	18945	25913	1082	860
红海湾区代管	2	108	228	318		
河源市	524	51567	66762	120117	10120	5645
源城区	104	8696	10173	25238	3196	1731
紫金县	63	13720	17749	23523	1296	789
龙川县	170	13329	11911	29193	2266	1359
连平县	64	5287	8958	12881	1057	478
和平县	65	6150	10448	16391	1078	612
东源县	58	4385	7523	12891	1227	676
阳江市	454	42280	60203	99316	9413	5369
江城区	139	9871	10298	23604	2968	1659
阳西县	47	6706	8893	15317	1388	950
阳东县	94	7728	14692	21670	2389	1316
阳春市	162	15944	22867	33604	2668	1444
海陵岛试验区代管	8	378	1343	2906		

11-14续表4 各县区学前教育基本情况（2014）

地　区	学校数（所）	毕业生数（人）	招生数（人）	在校生数（人）	教职工数（人）	专任教师数（人）
阳江农垦局代管		199	308	343		
高新区代管	4	1454	1802	1872		
清远市	582	40822	72273	148397	12569	7046
清城区	124	11979	16203	36374	3676	1936
清新区	73	8582	13800	28165	2277	1287
佛冈县	58	5754	5384	14803	1246	726
阳山县	44	2893	5209	10887	968	566
连山壮族瑶族自治县	23	528	1736	4607	362	204
连南瑶族自治县	15	564	3146	5158	321	189
英德市	196	6371	20353	34146	2688	1494
连州市	49	4151	6442	14257	1031	644
东莞市	881	77504	126185	290548	35369	18748
中山市	469	41150	44845	122768	14189	7367
潮州市	698	21664	46641	100639	8729	5915
湘桥区	146	3366	8720	20544	2166	1541
潮安区	384	8028	16808	43591	4646	3064
饶平县	140	8916	18943	30971	1917	1310
枫溪区代管	28	1354	2170	5533	14732	
揭阳市	810	78836	121112	217759	4192	9072
榕城区	151	7660	5942	23792	2987	2434
揭东区	88	6345	6716	16488	1184	1692
揭西县	78	14087	22819	32628	2853	853
惠来县	148	16126	26397	40367	3516	1793
普宁市	206	25406	50117	78652	7778	2300
蓝城区代管	61	4406	4898	12763	1754	
空港经济区代管	78	4806	4223	13069	1628	
云浮市	325	28149	55916	96109	896	4514
云城区	58	3727	3963	15892	445	971
新兴县	55	4005	8704	16892	3055	962
郁南县	49	2730	7459	12720	418242	489
云安县	22	3055	5844	8098	42714	269
罗定市	141	14632	29946	42507	2600	1823